Professioneller Umgang mit Zeit- und Leistungsdruck

Christoph Handrich
Carolyn Koch-Falkenberg
G. Günter Voß

Professioneller Umgang mit Zeit- und Leistungsdruck

Nomos

edition sigma

Dieses Buch basiert auf Ergebnissen des von der Bundesanstalt für Arbeitsschutz und Arbeitsmedizin geförderten Projekts (F2285) „Zeit- und Leistungsdruck bei Dienstleistungstätigkeiten, Entstehungszusammenhänge, Bewältigungsstrategien und Gestaltungsmöglichkeiten im Bereich der Arbeitsorganisation" (Laufzeit: 2012–2015).

Die Deutsche Nationalbibliothek verzeichnet diese Publikation in der Deutschen Nationalbibliografie; detaillierte bibliografische Daten sind im Internet über http://dnb.d-nb.de abrufbar.

ISBN 978-3-8487-2944-9 (Print)
ISBN 978-3-8452-7338-9 (ePDF)

edition sigma in der Nomos Verlagsgesellschaft

1. Auflage 2016
© Nomos Verlagsgesellschaft, Baden-Baden 2016. Printed in Germany. Alle Rechte, auch die des Nachdrucks von Auszügen, der fotomechanischen Wiedergabe und der Übersetzung, vorbehalten. Gedruckt auf alterungsbeständigem Papier.

Inhalt

	Vorwort *Gisa Junghanns*	9
1	**Einleitung**	**13**
2	**Forschungsüberblick**	**17**
3	**Konzeptioneller Hintergrund**	**25**
3.1	Entgrenzung und Subjektivierung von Arbeit	26
3.2	Betriebliche Ziele der Entgrenzung und Subjektivierung von Arbeit	27
3.3	Dienstleistungsarbeit	29
3.4	Zeit- und Leistungsdruck	30
4	**Untersuchungsmethodik**	**33**
4.1	Sampling (Fallauswahl)	36
4.2	Erhebungsmethoden, erhobenes Material und Erhebungsphasen	37
4.3	Praktischer Untersuchungsverlauf	41
4.4	Auswertung	42
4.4.1	Datenerfassung und Aufbereitung	42
4.4.2	Materialnahe formale Auswertungsschritte	42
4.4.3	Materialübergreifende interpretatorische Auswertung	44
4.5	Qualitätssicherung und Form der Ergebnispräsentation	46
5	**Unternehmensprofile der erfassten Dienstleistungsorganisationen**	**49**
5.1	Kreiskrankenhaus S-Stadt gGmbH	49
5.2	Technik- und Infrastruktur-Dienstleistungen GmbH	56
5.3	Personal-Ausbildungs-Gesellschaft GmbH	63
6	**Zeit- und Leistungsdruck – Ein empirisch basierter Analyserahmen zu Zusammenhängen und Begriffen**	**71**
7	**Tätigkeitsanalysen**	**77**
7.1	Die Tätigkeit von Ärzten im Krankenhaus	78

7.1.1	Generelle Funktionen und konkrete Aufgaben	78
7.1.2	Tätigkeitsablauf	80
7.1.3	Konstellationen von Zeit- und Leistungsdruck	82
7.1.4	Fazit – Typische Merkmale des Zeit- und Leistungsdrucks von Ärzten im Krankenhaus	97
7.2	Die Tätigkeit von Fach- und Führungskräften in der Technik- und Infrastrukturdienstleistung	100
7.2.1	Generelle Funktionen und konkrete Aufgaben	100
7.2.2	Tätigkeitsablauf	103
7.2.3	Konstellationen von Zeit- und Leistungsdruck	106
7.2.4	Fazit – Typische Merkmale des Zeit- und Leistungsdrucks von operativen Fachkräften mit Leitungsaufgaben und Führungskräften der Technik- und Infrastrukturdienstleistung	122
7.3	Tätigkeit von Lehr- und Führungskräften im Bildungsbereich	124
7.3.1	Generelle Funktionen und konkrete Aufgaben	124
7.3.2	Tätigkeitsablauf	126
7.3.3	Konstellationen von Zeit- und Leistungsdruck	128
7.3.4	Fazit – Typische Merkmale des Zeit- und Leistungsdrucks von Lehr- und Führungskräften im Bildungsbereich	144
7.4	Zeit- und Leistungsdruck bei qualifizierten Dienstleistungstätigkeiten – Ein vergleichendes Fazit der Tätigkeitsanalysen	146
7.4.1	Dimensionaler Vergleich	146
7.4.2	Wichtige tätigkeitsübergreifende Befunde	149
8	**Entstehungsbedingungen, Formen und Folgen von Zeit- und Leistungsdruck sowie Umgangsweisen von Betroffenen – eine Übersicht**	**155**
8.1	Entstehungsbedingungen von Zeit- und Leistungsdruck	155
8.1.1	Kontext Betrieb: Markt und Betriebsstrukturen als Feld indirekter Entstehungsbedingungen	156
8.1.2	Direkte Entstehungsbedingungen auf der Tätigkeitsebene	161
8.1.3	Kontext Privatsphäre: Die persönliche Lebenssituation als Feld indirekter Entstehungsbedingungen	165
8.1.4	Indirekte Entstehungsbedingungen auf Ebene des Subjekts	166
8.1.5	Fazit zu den Entstehungsbedingungen	168
8.2	Erscheinungsformen von Zeit- und Leistungsdruck	169
8.2.1	Zeitdruck	170
8.2.2	Arbeitsbezogener Leistungsdruck	172

Inhalt 7

8.2.3	Reproduktiver Leistungsdruck	176
8.2.4	Fazit zu den Erscheinungsformen	178
8.3	Umgangsweisen	178
8.3.1	Umgangsweisen in Bezug auf die eigene Person	179
8.3.2	Umgangsweisen in Bezug auf die Tätigkeit	181
8.3.3	Umgangsweisen in Bezug auf den betrieblichen und privaten Kontext	183
8.3.4	Fazit zu den Umgangsweisen mit Zeit- und Leistungsdruck	184
8.4	Konsequenzen von Zeit- und Leistungsdruck	184
8.4.1	Konsequenzen für die eigene Person	186
8.4.2	Konsequenzen für die (Berufs-)Biografie	187
8.4.3	Konsequenzen für die Tätigkeit	188
8.4.4	Konsequenzen für den betrieblichen und privaten Kontext	189
8.4.5	Fazit zu den Konsequenzen von Zeit- und Leistungsdruck	190
9	**Zum Umgang mit Zeit- und Leistungsdruck – Eine Typologie**	**193**
9.1	Methodik der Typenbildung	194
9.1.1	Allgemeine Vorgehensweise	194
9.1.2	Operationalisierung der Dimensionen	196
9.1.3	Typenkonstruktion	198
9.2	Kontrastive Typen personaler Umgangsweisen mit Zeit- und Leistungsdruck	200
9.2.1	Allseitig wertorientierte Umgangsweise (Typ A)	200
9.2.2	Begrenzend pragmatische Umgangsweise (Typ B)	204
9.3.3	Radikal perfektionistische Umgangsweise (Typ C)	208
9.3.4	Instrumentell selbstorientierte Umgangsweise (Typ D)	211
10	**Zusammenfassung und Diskussion wichtiger Ergebnisse**	**215**
10.1	Zeit- und Leistungsdruck – Begriff und empirisch erfasste Formen	215
10.1.1	Was ist Zeit- und Leistungsdruck? Zur Begrifflichkeit	215
10.1.2	Vielfältige Einzelformen in komplexen Konstellationen von Zeit- und Leistungsdruck in allen Bereichen	216
10.1.3	Hohes und möglicherweise steigendes Niveau von Zeit- und Leistungsdruck	218
10.2	Entstehungsbedingungen von Zeit- und Leistungsdruck – Zusammenhänge	219
10.2.1	Komplexe Konstellationen von Entstehungsbedingungen	219
10.2.2	Ursachen-Konstellationen auf verschiedenen Ebenen	220

10.3	Der Umgang mit Zeit- und Leistungsdruck – Konsequenzen	226
10.3.1	Faktoren des Umgangs	227
10.3.2	Allgemeine Logik der Umgangsweisen – Ambivalenzen und Anpassung	231
10.3.3	Typische Formen des Umgangs	232

11 Professioneller Umgang mit Zeit- und Leistungsdruck? Befunde und Gestaltungsoptionen — 237

11.1	Professioneller Umgang der Arbeitenden mit Zeit- und Leistungsdruck – individuelle Gestaltungsmöglichkeiten	237
11.1.1	Subjektbezogener Umgang	238
11.1.2	Tätigkeitsbezogener Umgang	239
11.1.3	Kontextbezogener Umgang	246
11.1.4	Leitprinzipien eines professionellen individuellen Umgangs mit Zeit- und Leistungsdruck	248
11.2	Professioneller Umgang der Betriebe mit Zeit- und Leistungsdruck – organisatorische Gestaltungsmöglichkeiten	250
11.2.1	Verringerung des Zeit- und Leistungsdrucks durch die Betriebe?	251
11.2.2	Ansatzpunkte für einen gestaltenden betrieblichen Umgang mit Zeit- und Leistungsdruck	253

Literatur — 261

Verzeichnis der Abbildungen und Tabellen — 271

Vorwort

Das Gefühl, immer mehr Aufgaben immer schneller erledigen zu müssen, kennzeichnet gegenwärtig die Befindlichkeit vieler arbeitstätiger Menschen. Repräsentative Befragungen – wie die Erwerbstätigenbefragungen des Bundesinstituts für Berufsbildung (BIBB) gemeinsam mit der Bundesanstalt für Arbeitsschutz und Arbeitsmedizin (BAuA) 2005/2006 und 2011/2012 – bestätigen, dass Zeit- und Leistungsdruck einen anhaltend zentralen Belastungsfaktor darstellen. Über 50% der Befragten geben in beiden Erhebungen an, dass sie oft oder immer unter starkem Termin- und Leistungsdruck arbeiten. Zusammenhänge zwischen hohem Zeitdruck und gesundheitlichen Beeinträchtigungen, wie z.b. Schlafstörungen, Erschöpfung oder sogar depressiven Störungen, sind durch Forschungsarbeiten belegt.

Bisher ungeklärt ist aber, was die Beschäftigten unter Zeit- und Leistungsdruck jeweils konkret verstehen, welche betrieblichen Bedingungen in welcher Weise zur Entstehung von Zeit- und Leistungsdruck am Arbeitsplatz beitragen und welche Umgangsweisen und Strategien Organisationen und Beschäftigte entwickelt haben, um den Druck zu bewältigen.

Das sind Forschungsfragen, denen das von der Bundesanstalt für Arbeitsschutz und Arbeitsmedizin (BAuA) geförderte Projekt „Zeit- und Leistungsdruck bei Dienstleistungstätigkeiten" nachging. In diesem Rahmen sollten insbesondere die Entstehungsbedingungen von Zeit- und Leistungsdruck in der modernen Arbeitswelt genauer aufgeklärt und Gestaltungsmöglichkeiten für Betriebe wie für Beschäftigte herausgearbeitet werden.

Insgesamt wurden dazu drei Themen bearbeitet, nämlich der professionelle Umgang mit Zeit- und Leistungsdruck (Institut für Soziologie, Professur für Industrie- und Techniksoziologie an der TU Chemnitz), Zeit- und Leistungsdruck bei Wissens- und Interaktionsarbeit unter Berücksichtigung neuer Steuerungsformen (Institut für sozialwissenschaftliche Forschung – ISF in München) und Humankriterien von Arbeit unter dem Faktor Zeitdruck, eine arbeitspsychologische Studie der BAuA.

Im Fokus aller drei Studien standen qualifizierte Dienstleistungstätigkeiten, die stetig zunehmen, wobei sich der Dienstleistungssektor mittlerweile zum größten Beschäftigungsbereich entwickelt hat.

Das vorliegende Buch enthält die Ergebnisse der Studie zum professionellen Umgang mit Zeit- und Leistungsdruck.[1] Im Zentrum der Studie stehen aktive

---

1 Die Forschungsarbeiten zu „Zeit- und Leistungsdruck bei Wissens- und Interaktionsarbeit unter Berücksichtigung neuer Steuerungsformen" vom ISF München sind eben-

Bewältigungsprozesse der Beschäftigten bei Zeit- und Leistungsdruck und deren Auswirkungen auf die Professionalität und Qualität der Arbeit. Den theoretischen Hintergrund bilden hier Konzepte der „subjektorientierten Soziologie", insbesondere die „Entgrenzung" und „Subjektivierung" der Arbeit sowie ein tätigkeitszentrierter soziologischer Mehrebenenansatz, der das zu untersuchende Phänomen auf verschiedenen Ebenen betrachtet (hier: Subjekt, Tätigkeit und Kontext). Durchgeführt wurden Fallstudien mit Methoden der qualitativen Sozialforschung. Hierbei kam ein mehrstufig angelegter Methodenmix aus Expertengesprächen, Dokumentenanalysen, ganztägigen Begleitungen mit Beobachtungen und Befragungen sowie leitfadengestützten Intensivinterviews zum Einsatz. Insgesamt wurden 50 Fach- und Führungskräfte aus drei kontrastierenden Bereichen qualifizierter Dienstleistungstätigkeiten (Gesundheitswesen, Technik- und Infrastrukturdienstleistung, kommerzielles Bildungswesen) einbezogen.

Die Befunde zeigen eine große Vielfalt an Formen des Zeit- und Leistungsdrucks, der unterschieden werden kann in „reinen Zeitdruck", in „arbeitsbezogenen Leistungsdruck" sowie in „reproduktiven Leistungsdruck". Ein typisierender Vergleich der Umgangsweisen mit Zeit- und Leistungsdruck verdeutlicht, dass sich ein professioneller Umgang mit Zeit- und Leistungsdruck insbesondere durch einen „pragmatisch begrenzenden" und einen „situativ balancierenden" Umgang auszeichnen kann.

Neben der Beschreibung von individuellen Gestaltungsmöglichkeiten (z.B. Entdichtung von Arbeit, Limitierung zeitlicher Erreichbarkeit und Mehrarbeit, unterstützende Kooperationen etc.), aus denen „Leitprinzipien" abgeleitet werden, werden auch organisatorisch betriebliche Ansatzpunkte (wie z.B. „substanzielle" Unterstützung, „echte" Autonomie, „entlastende" Perspektiven) dargestellt. Darüber hinaus werden konkrete Beispiele zur Verringerung von Zeit- und Leistungsdruck durch die Betriebe genannt, bezogen auf die Dimension „Zeit" bei der Arbeit an sich, den Arbeitsprozess und das Arbeitsergebnis (z.B. Zielvereinbarungen und keine Zieldiktate, Begrenzung von Nebenaufgaben und bürokratischen Verpflichtungen, klare Stellvertreterregelungen etc.).

*

Für die engagierte Arbeit im gesamten Projekt danken wir herzlich unserem interdisziplinär zusammengesetzten Beirat aus der soziologischen und psychologischen Forschungsrichtung mit Vertretern aus Deutschland – *Prof. Eva Bamberg, Prof. Ingo Bode, Prof. Fritz Böhle, Prof. Kerstin Jürgens, Prof. Kerstin*

---

falls bei edition sigma im Nomos-Verlag veröffentlicht. Die Studie der BAuA mit dem Titel „Gefordert unter Druck? – Anforderungen und Zeitdruck bei qualifizierter Dienstleistungsarbeit" von Anika Schulz-Dadaczynski und Gisa Junghanns ist nachzulesen im Journal Psychologie des Alltagshandelns, 2014, Vol. 7, No. 2.

Rieder –, aus Österreich – *Prof. Christian Korunka* – und der Schweiz – *Prof. Eberhard Ulich* und *Prof. Andreas Krause*. Ihre vielen konstruktiven und die Arbeit befördernden Hinweise waren für uns eine wichtige Unterstützung.

Am Ende sei hier eine gelungene Kooperation im interdisziplinären Dialog mit den Forschungsteams des ISF München, der TU Chemnitz sowie der BAuA erwähnt, die zum gegenseitigen Verständnis von arbeitspsychologischer und industriesoziologischer Forschung beitrug.

Berlin, Dezember 2015 *Gisa Junghanns*

1 Einleitung

Der folgende Bericht stellt Anlage und Ergebnisse eines Forschungsprojektes dar, das auf Basis qualitativer Methoden der Sozialforschung fallstudienartig Formen von „Zeit- und Leistungsdruck", deren Entstehungsbedingungen sowie die Folgen für Beschäftigte in exemplarisch ausgewählten Tätigkeitsfeldern qualifizierter Dienstleistungsarbeit untersucht hat. [2]

Allgemeiner Hintergrund für diese Themenstellung sind Hinweise auf eine mögliche Zunahme von im weitesten Sinne psycho-sozialen Belastungen bei Berufstätigen, in die das Thema „Zeit- und Leistungsdruck" eingeordnet werden kann. Diese finden in der Öffentlichkeit große Aufmerksamkeit und werden kontrovers diskutiert, vor allem unter dem Aspekt der strukturellen Veränderungen in der Arbeitswelt.

Auffällig ist bei genauerer Betrachtung der vorliegenden Befunde, dass von den ermittelten psycho-sozialen Belastungen anscheinend in starkem Maße auch qualifizierte und hoch motivierte Mitarbeiterinnen und Mitarbeiter und nicht zuletzt auch Führungskräfte betroffen zu sein scheinen – und dies gehäuft auch in modernen Dienstleistungsbereichen. Betroffen sind also möglicherweise Branchen, Tätigkeiten und damit Arbeitende, für die man bisher eher annehmen konnte, dass sie (etwa im Vergleich mit geringer qualifizierten Berufstätigen in gewerblichen Bereichen) vergleichsweise weniger belastende Bedingungen vorfinden, bzw. erweiterte Möglichkeiten haben (etwa aufgrund größerer Handlungsspielräume) mit Anforderungen so umzugehen, dass sie nicht übermäßig belastend wirken.

Zudem deutet sich an, dass zunehmende psycho-soziale Belastungen gerade in diesen, meist auf hohe Arbeitsqualität ausgerichteten Bereichen bisher wenig beachtete Auswirkungen auf die Qualität und Professionalität der Tätigkeit und der Arbeitsergebnisse haben können – andererseits zugleich erschwerte Möglichkeiten, fachlich qualitätsvoll zu arbeiten, eine Ursache für neue Belastungen zu sein scheinen. Die beruflichen Gesundheitsgefährdungen würden sich demnach tendenziell von den klassischen körperlichen Problemen (die es natürlich

---

2 Das Projekt bedankt sich bei den Kooperationsbetrieben und dort vor allem bei denjenigen, die als Partner zur Verfügung standen. Ein Dank gilt auch Ines Eckart, Jeanne Franke, Claudia Graf, Frank Kleemann, Eva Scheder-Voß, Tom Schulz und Santana Süßenbach für ihre zeitweise Mitarbeit am Projekt und/oder am Bericht. Hilfreich waren die Anregungen der Mitglieder des Projektbeirates sowie der Betreuerinnen des Projektes bei der BAuA, auch ihnen gilt ein Dank. Im Bericht wird das generische Maskulinum angewandt, es sei denn, es wird explizit auf ein Geschlecht verwiesen.

nach wie vor gibt) zu psychischen Problemen sowie zu Aspekten der Professionalität und von produktionsnahen Bereichen der „alten" Industrie hin zu wissensintensiven und kundennahen „modernen" Bereichen der Dienstleistungsbranchen verschieben, wobei nun eben auch statushöhere resp. höher qualifizierte Berufstätige betroffen sind. So sehr daher die Entwicklung in Teilen der einschlägigen wissenschaftlichen Diskurse und in Teilen der Öffentlichkeit als hoch relevant eingeschätzt wird, sind vertiefende, wissenschaftlich basierte Befunde über die Erscheinungen und Ursachen nach wie vor begrenzt. Ein früher Versuch der Beurteilung der Entwicklung durch die DAK (2005) angesichts erster Daten hatte folgende Faktoren als möglicherweise entscheidend festgehalten: Zunehmend überhöhte Anforderungen (Leistungsdruck, Terminstress, überlange Arbeitszeiten, häufige Reorganisationen, Vermischungen von Beruf und Privatsphäre, emotionale Belastungen durch Kundenkontakt usw.) in Verbindung mit faktisch zu geringen Einflussmöglichkeiten auf die Gestaltung der Arbeit (trotz formell hoher Handlungsspielräume), geringe Chancen zur Begrenzung von Belastungen, nachlassende Unterstützung durch Kollegen und nicht zuletzt fehlende Anerkennung, Wertschätzung und Hilfe durch Vorgesetzte. Allein die Heterogenität dieser Auflistung zeigt, dass ein großer Bedarf nach genaueren und differenzierteren Untersuchungen besteht.

Hierbei wurde konzeptionell die Perspektive einer sogenannten „subjektorientierten Soziologie" angelegt, mit der versucht wurde, empirisch möglichst subjektsensibel an Betroffene heranzutreten und das Thema aus deren Sicht differenziert zu erfassen. Besondere Aufmerksamkeit wurde darauf gerichtet, wie Beschäftigte Zeit- und Leistungsdruck erleben (ja, was für sie dieser „Druck" überhaupt ist) und wie sie versuchen, mit diesem praktisch umzugehen. Ein besonderes Augenmerk galt zudem der Wahrnehmung der Betroffenen zu möglichen Auswirkungen auf die fachliche Professionalität und Qualität ihrer Arbeit.

Methodisch wurde ein komplexer, mehrstufig eingesetzter Mix von Instrumenten der qualitativen Sozialforschung angewendet. Die damit durchgeführten Untersuchungen wendeten sich den genannten Themen zudem nicht in aller Breite zu – was allein aus methodischen Gründen wenig sinnvoll gewesen wäre. Vielmehr wurden Zeit- und Leistungsdruck in Form von Fallstudien am Beispiel exemplarisch gewählter qualifizierter Dienstleistungstätigkeiten untersucht. Dazu konnten drei in mehrfacher Hinsicht kontrastierende Dienstleistungsunternehmen als Kooperationspartner gewonnen werden, bei denen jeweils spezifische Tätigkeitsbereiche und Arbeitskräftegruppen (mit besonderem Blick auch auf Führungskräfte) als engeres Untersuchungsfeld ausgewählt wurden: Ärzte eines Krankenhauses, Fach- und Führungskräfte in einem Technik- und Infrastrukturdienstleistungsunternehmen sowie Lehr- und Führungskräfte eines großen Bildungsanbieters.

Einleitung

In diesem thematischen und methodischen Rahmen war allgemeines Ziel des Projektes, am Beispiel der ausgewählten Bereiche zu untersuchen, in welcher Weise qualifizierte Dienstleistungsbeschäftigte einen sie belastenden Zeit- und Leistungsdruck erleben, wie sie damit umgehen und welche Schlüsse daraus für eine betriebliche Gestaltung gezogen werden können. Im Einzelnen wurden dazu folgende Forschungsfragen angelegt:

- Welche Formen von Zeit- und Leistungsdruck in qualifizierten Dienstleistungstätigkeiten entstehen vor dem Hintergrund von Entgrenzung und Subjektivierung in der Arbeitswelt?
- Welche Faktoren begünstigen die Entwicklung von (neuartigem) Zeit- und Leistungsdruck im Dienstleistungsbereich?
- Wie wirken konkrete Formen und Konstellationen von Zeit- und Leistungsdruck im Dienstleistungsbereich auf die Beschäftigten? Gibt es insbesondere Probleme bei der Realisierung von Professionalitäts- und Qualitätsstandards in der Arbeit?
- Wie reagieren die Beschäftigten individuell und ggf. in Kooperation mit anderen darauf? Welche Formen des Umgangs mit Zeit- und Leistungsdruck gibt es und lassen sich spezifische Bewältigungskompetenzen erkennen?
- Welche Folgen der verschiedenen Umgangsweisen ergeben sich für Betroffene und ihre Arbeit sowie ggf. für Betriebe im Dienstleistungsbereich als Ganzes? Welche speziellen Folgen ergeben sich für den Umgang mit Professionalitäts- und Qualitätsstandards bzw. darauf bezogene Probleme in Dienstleistungstätigkeiten?
- Lassen sich Aspekte eines professionellen Umgangs mit Zeit- und Leistungsdruck identifizieren und wie können diese betrieblich gefördert werden? Welche Folgerungen können für eine betriebliche Gestaltung gezogen werden?

Der Bericht ist wie folgt aufgebaut:

- Es folgt ein Überblick zum Stand der Forschung hinsichtlich ausgewählter Themenaspekte (Kap. 2) sowie
- Hinweise auf allgemeine Hintergrundkonzepte, mit denen das Projekt bei der Anlage der Untersuchung und der Auswertung und Interpretation der generierten empirischen Materialien gearbeitet hat (Kap. 3).
- Ein Abschnitt erläutert die Vorgehensweise der empirischen Untersuchung in allen Stufen (Kap. 4), an welchen dann mit mehreren Kapiteln, eine schrittweise aufeinander aufbauende Darstellung der empirischen Befunde anschließt:

- Zuerst werden ausführliche Hintergrundinformationen zu den Betrieben vorgestellt, in denen die Untersuchung erfolgte (Kap. 5).
- Ein vor dem Hintergrund erster Auswertungen entstandener formaler Analyserahmen stellt die zentralen Forschungsebenen, Fragebereiche und wichtige Begrifflichkeiten in ihrem allgemeinen Zusammenhang dar (Kap. 6).
- Analysen zu den drei untersuchten Tätigkeitsbereichen (Kap. 7) und eine breite Überblicksdarstellung der dabei insgesamt erfassten Befunde zu den Forschungsfragen (Kap. 8) bilden einen ersten Hauptteil der Darstellung von Ergebnissen.
- Eine Präsentation von aus dem Material gewonnen typischen Formen des Umgangs mit Zeit- und Leistungsdruck bildet einen zweiten Hauptteil der Ergebnisdarstellung (Kap. 9).
- Beides wird anschließend noch einmal in Form eines pointierten Fazits zusammengefasst vorgestellt und dabei ansatzweise diskutiert (Kap. 10)
- Den Abschluss bilden Hinweise auf mögliche Gestaltungsoptionen mit Blick auf einen möglichen professionellen Umgang mit Zeit- und Leistungsdruck für Beschäftigte wie auch für Betriebe (Kap. 11).

2 Forschungsüberblick

Die Anforderung an die Beschäftigten, in einem möglichst kurzen Zeitraum ein Höchstmaß an Leistung zu erbringen, ist kein Phänomen der modernen Arbeitswelt, sondern lässt sich spätestens mit dem Beginn der Industrialisierung für weite Teile der Erwerbsbevölkerung konstatieren. Mit dem Voranschreiten des Industrialisierungsprozesses kam insbesondere der Zeit und dem Kampf um die Herrschaft über die Zeit eine besondere Bedeutung zu (Thompson 1973). Um die Arbeitskraft der Arbeiter effektiv zu nutzen, d.h. ein Höchstmaß an Leistung zu erbringen, wurde bereits zu Beginn des 20. Jahrhunderts im Zuge des „scientific management" bzw. „Taylorismus" die Arbeitsorganisation im Hinblick auf Produktivitätskriterien ausgerichtet (Braverman 1985). Ein wesentliches Element ist hierbei die Bezahlung der Arbeitskräfte nach der Anzahl der von ihnen produzierten Einheiten. Dieses Stücklohnprinzip des Taylorismus wurde durch Henry Ford mit der Einführung des Fließbandsystems weiter entwickelt. Diese als „Fordismus" bezeichnete Produktionsweise war prägend für die Arbeit im 20. Jahrhundert. Der Zeit- und Leistungsdruck in der industriellen Produktion ist hierbei, nicht zuletzt aufgrund des Stücklohnprinzips stark maschinengebunden, d.h., der Zeit- und Leistungsdruck entsteht hierbei in erster Linie als Resultat der vorgegebenen Taktung der Maschine bzw. durch deren Leistungsfähigkeit, an die sich die Arbeitskräfte anpassen müssen. Die Belastungen, die sich daraus ergeben, sind primär physischer Natur.

Mit dem Prozess der sog. Tertiarisierung von Arbeit und Beschäftigung (vgl. Jacobsen 2010) und dem Übergang zu einer posttayloristischen/postfordistischen Regulierung von Arbeit ändert sich sowohl die Art der Arbeit als auch der Arbeitsorganisation, was wiederum eine Veränderung der Belastungsfaktoren bewirkt.[3] Insbesondere aufgrund der Unbestimmtheit moderner Wissens- und speziell Dienstleistungsarbeit zeigen sich neue und komplexere Belastungsfaktoren, die sich stärker auf die psychische Verfassung auswirken.

---

3 Im Folgenden wird der Begriff der Belastung im arbeitssoziologischen Sinn verwendet. Damit bezeichnet werden „Arbeitsanforderungen und -bedingungen, durch die die Arbeitenden beeinträchtigt werden." (Böhle 2010: 451). Allgemein wird dabei zwischen physischen und psychischen Belastungen unterschieden, d.h. Arbeitsanforderungen und -bedingungen darauf hin unterschieden, inwiefern sie sich „auf unterschiedliche menschliche Eigenschaften und Fähigkeiten auswirken" (Böhle 2010: 452), wobei dies allgemein auf die „physische Verfassung (körperliche Konstitution und Gesundheit)" als auch auf die „psychische Verfassung, Kenntnisse und Fähigkeiten" bezogen werden kann (vgl. Böhle 2010: 452, mehr dazu in Kap. 3).

Die vielfach ermittelten aber epidemiologisch schwer einzuschätzenden und daher kontrovers diskutierten Hinweise auf einen möglichen allgemeinen Anstieg psychischer Belastungen in der Gesellschaft können als Indiz dieser Entwicklung angesehen werden (vgl. etwa BPtK 2010, 2012, 2013 & 2015; Schmiede 2011, Weiß 2013).[4]

Spezifische Belastungskonstellationen

In der Forschung lassen sich vor dem Hintergrund des Strukturwandels der Arbeit zentrale Belastungsfaktoren identifizieren. Dabei ist eine stetige Zunahme der Leistungsverdichtung eine der stärksten Faktoren (BAuA 2013, Ulich 2008, s.a. Belschak et al. 2004). Auch der Einfluss speziell von Zeitanforderungen (siehe allgemein Immerfall 2013), bspw. im Hinblick über das Ableisten von Überstunden (Virtanen et al. 2012) oder zum Umgang mit Zeit im Sinne eines „Zeitmanagements" (bspw. Dethloff/Heitkamp 2005) ist hierbei zentral.

Zudem wird eine systematische Überforderung der Beschäftigten als Konsequenz zunehmender ambivalenter Freiheitsgrade moderner Formen der Arbeitsorganisation konstatiert (Boes et al. 2010, ähnlich auch Boxall/Macky 2014, Rau et al. 2010, Rau/Henkel 2013). Im Zuge einer zunehmenden Individualisierung in den Betrieben (Dunkel et al. 2010) geht eine Erosion der betrieblichen Sozialordnung einher (Kotthoff/Reindl 1990, Kotthoff/Wagner 2008), der sich vor allem im Verlust von Anerkennung und Wertschätzung äußert (Siebecke et al. 2010). Hinzu kommt ein System permanenter Bewährung, das sich durch einen anhaltenden Personalabbau und zunehmender Reorganisationsprozesse in den Unternehmen ergibt und Widersprüche und Unsicherheiten bezüglich Arbeitsabläufen, Aufgaben, Zuständigkeiten, Leistungsanforderungen und Ressourcenausstattung auslöst (vgl. Weiß 2011, Dunkel et al. 2010, Siebecke et al. 2010, Becke et al. 2010, Boes/Bultemeier 2008). Zur Gesamteinschätzung der Belastungen bzw. des Belastungsempfindens der Beschäftigten in Deutschland zeigt eine Studie der Techniker Krankenkasse, dass das Stressempfinden parallel zum Arbeitspensum seit 2010 sukzessive gestiegen ist (TK 2010, 2013).

---

4 Zeitgleich erlebte die schon länger bei Sozialberufen bekannte Problematik (und der wissenschaftlich gesehen nicht unproblematische Begriff) „Burnout" eine erstaunliche neue Konjunktur – als inzwischen in die Internationale Klassifikation der Erkrankungen der WHO zwar nicht als explizite Diagnose aber doch als Symptomfeld mit Krankheitswert aufgenommene Syndromatik, wie vor allem auch als Gegenstand von populären und mehr oder weniger seriösen Sachbüchern und Ratgebern aller Art (vgl. etwa Burisch 2006); siehe dazu aus soziologischer Sicht Voß/Weiß 2013 sowie ingesamt den Band von Neckel/Wagner 2013.

Forschungsüberblick

Diese angedeuteten Folgen der neuen Belastungskonstellationen im Zuge neuer Steuerungs- und Organisationsformen sind anschlussfähig an die Ergebnisse des Projektes DIWA-IT: 53 Prozent der Befragten sprachen von einer Verschlechterung ihrer Arbeitssituation (vgl. Boes et al. 2010: 24). Damit verbunden sind zum einen ein deutlicher Vertrauensverlust gegenüber der Unternehmensführung und dem Management und zum anderen die Gefährdung des Sinns in der Arbeit, verursacht durch den Widerspruch ihrer Vorstellungen von nachhaltiger Arbeit und Qualität auf der einen Seite und geforderter Geschwindigkeit sowie Zeit- und Leistungsdruck auf der anderen Seite. Zudem werden häufige Reorganisationen und die damit einhergehenden veränderten Prozesse und neuen Aufgaben von den Beschäftigten als unnötig und zugleich belastend wahrgenommen. Neben einer Verunsicherung und dem Verlust der Zukunftsgewissheit kommt es in der Folge nach Boes et al. zur „sozialen Entwurzelung" (Boes et al. 2010: 25). Ein Ungleichgewicht zwischen Arbeit und Leben befördert das Auftreten psychischer Belastungen zusätzlich und wird zunehmend unter dem Schlagwort „Work-Life-Balance" zu einem viel beachteten Thema. Nicht zuletzt gefährden lange Arbeitszeiten, permanente Verfügbarkeitserwartungen und Personalabbau die Vereinbarkeit von Arbeit und Privatleben der Mitarbeiter. Laut Kratzer et al. wird der Zusammenhang zwischen betrieblicher Leistungspolitik und Problemen in der Privatsphäre der Beschäftigten selten thematisiert. Vor dem Hintergrund des steigenden Leistungsdrucks bei gleichzeitig knappen Personalressourcen wird die Work-Life-Balance der Mitarbeiter jedoch zunehmend zu einem Problem, und zwar vor allem auf zwei Ebenen: einerseits ein Problem für die Beschäftigten selbst und andererseits ein Problem für die Unternehmen, da z.B. klassische Instrumente der Leistungsdruckbegrenzung, wie Arbeitszeitpolitik, ins Leere laufen (vgl. Kratzer et al. 2011, allgemein dazu auch Jürgens 2006, Heiden/Jürgens 2013). Als Folge zeichnet sich ein zunehmender Verlust der Identifikation der Mitarbeiter mit dem Unternehmen in Verbindung mit einer eher resignativen Haltung zur Arbeit und dem Arbeitsgegenstand gegenüber ab (Haubl/Voß 2011).

Besonders betroffene Beschäftigtengruppen

Von der Zunahme psychischer Belastungen sind laut den bisherigen Forschungsbefunden zunehmend alle Segmente der Erwerbsbevölkerung betroffen. Insbesondere wird jedoch bei qualifizierten Angestellten und Führungskräften in Dienstleistungsbranchen bzw. in Dienstleistungsfunktionen der Industrie eine besondere Betroffenheit hinsichtlich der beschriebenen Entwicklung konstatiert (vgl. Landesinstitut für Gesundheit und Arbeit 2009, Bundespsychotherapeutenkammer [BPtK] 2010, Boes et al. 2010, Siebecke et al. 2010). Die Untersuchung von Boes et al. (2010) deutet darauf hin, dass zwei Beschäftigtengruppen in besonderer Weise gesundheitlich gefährdet sind. Zum einen handelt es sich um Mitarbeiter mit hohem Engagement, die sich durch ein starkes Verantwortungsgefühl und einen hohen Anspruch an die Qualität ihrer Arbeit auszeichnen (siehe auch TK 2013). Allerdings gehen die eigenen Ansprüche der engagierten, verantwortungsbewussten, leistungsorientierten Mitarbeiter mit einem erhöhten gesundheitlichen Risiko einher. Siebecke et al. (2010) kommen hier zu einem ähnlichen Ergebnis. Bei der zweiten Gefährdungsgruppe handelt es sich um untere und mittlere Führungskräfte, die sich zunehmend in der Rolle bloßer „Exekutoren" (Boes et al. 2010: 26) der vom Management vorgegebenen Ziele wahrnehmen und Einfluss- und Gestaltungsspielräume verlieren. Die Führungskräfte befinden sich damit in einer Zwickmühle, denn sie sind einerseits „Betroffene", da sie selbst hohem Zeit- und Leistungsdruck ausgesetzt sind. Gleichzeitig sind sie jedoch auch als Mitgestalter der Arbeitsbedingungen „Treiber" (Weiß 2011: 5) dieser Entwicklung. Dass die Führungskräfte oftmals nicht den Veränderungen und der Komplexität ihrer Aufgaben gewachsen sind, offenbart eine Studie der Deutschen Gesellschaft für Supervision (DGSv). In der Konsequenz ziehen sich überforderte Führungskräfte zurück und bieten den Beschäftigten nicht ausreichend Halt und Orientierung (Haubl/Voß 2009, Voß 2010, Voß et al. 2013). Haubl und Voß (2009) sprechen hierbei von einem „Führungsvakuum".

Umgang mit psychischer Belastung

Die wichtige Rolle der Führungskräfte, aber auch der Personalabteilungen hinsichtlich des Umgangs mit psychischer Belastung hebt die Studie der Deutschen Gesellschaft für Personalführung (DGFP) aus dem Jahr 2011 hervor (ähnlich auch Schneglberger 2010, Rigotti et al. 2014, Wegge et al. 2014). Gleichzeitig zeigt sich hier jedoch ein erheblicher Weiterbildungsbedarf. Laut DGFP sind sowohl die Führungskräfte als auch die Mitarbeiter der Personalabteilung nicht ausreichend in der Lage, psychische Belastungsfolgen bei Beschäftigten zu erkennen bzw. angemessen darauf zu reagieren. Wie sich auch in den Ergebnissen der DGSv-Studie andeutet, tabuisieren die Führungskräfte laut DGFP das Problem, sodass auch eine gesundheitsförderliche Führungskultur ein wichtiger Faktor im Umgang mit psychischen Belastungen darstellt (vgl. auch Faller 2013).

Wie die DGFP-Studie zeigt, setzen viele der untersuchten Unternehmen bereits Maßnahmen zur Prävention bzw. zum Umgang mit psychischer Belastung ein, deren Erfolg positiv bewertet wird (vgl. DGFP 2011: 25). Angewendet werden Maßnahmen, wie z.B. betriebliche Gesundheitsförderung, betriebliches Eingliederungsmanagement, Mitarbeiterjahresgespräche sowie Arbeitsplatzanalysen und Gefährdungsbeurteilungen. Besonders positiv bewertet werden Teambuild-

Forschungsüberblick 21

ing-Maßnahmen, klare Arbeitsstrukturen und Rollen- und Aufgabenverteilungen sowie die Delegation an Experten (vgl. DGFP 2011: 17). Individuelle Belastungsanalysen werden von 92 Prozent der Befragten als beste Maßnahme bewertet – paradoxerweise kommen diese Analysen in nur 12 Prozent der Unternehmen zum Einsatz.

Im Unterschied zu den Ergebnissen der Expertenbefragung der DGFP zeigen die Befunde von Dunkel et al. ein weniger optimistisches Bild. Sie konstatieren vielmehr einen erheblichen Nachholbedarf hinsichtlich der Prävention psychischer Belastungen und mangelnde Unterstützungsleistungen bei der Bewältigung psychischer Belastungen (vgl. Dunkel et al. 2010). In Anbetracht dieser defizitären Situation fordern sie ein wirksames Gesundheitsmanagement, das dafür sorgt, „die Individualisierung der Beschäftigten zu überwinden, zugleich aber [berücksichtigt], dass Stressbewältigung ohne die aktive und selbst gesteuerte Leistung der Betroffenen nicht funktionieren kann" (Dunkel et al. 2010: 362). Weitere Studien kommen zu ähnlichen Ergebnissen und verdeutlichen, dass eine betriebliche Prävention hinsichtlich psychischer Belastungen kaum vorhanden ist und dass dies zum Großteil den Beschäftigten überlassen wird (vgl. Siebecke et al. 2010, Kreft et al. 2010, Vater/Niehaus 2013).

Wie die Beschäftigten Selbstprävention betreiben, ist bisher jedoch kaum systematisch erforscht, doch lassen sich einzelne Verhaltensweisen erkennen. So identifizieren Dunkel et al. individuelle Strategien, die von Relativierung und Verleugnung der Situation über Exit- und Veränderungsstrategien bis hin zu einer inneren Kündigung reichen (vgl. Dunkel et al. 2010). In der zweiten Welle der Studie der DGSv (Haubl et al. 2013) werden ähnliche Befunde zu einer zunehmend erforderlich werdenden „Selbstfürsorge" angesichts eines steigenden Zeit- und Leistungsdrucks deutlich: Neben Strategien des Anpassens, Ausgleichens und des Aussteigens wird auch über Praktiken des aktiven und passiven Widerstandes berichtet, die eng mit einem Versuch der Veränderung von Arbeitsbedingungen einhergehen (Haubl 2013, ähnlich auch Harding 2012, Flick 2011). Dabei zeigen vor allem jüngere Beschäftigte einen eher pragmatischen bzw. flexibleren Umgang mit betrieblichen Leistungskriterien (Handrich 2013, Voß/Handrich 2013). Kratzer et al. verweisen auf die zunehmende Bedeutung der „Work-Life-Balance" für alle Beschäftigten und konstatieren, dass diese durch flexible Arbeitszeitmodelle allein nicht aufrechterhalten werden kann und aktiver durch die Beschäftigten selbst organisatorisch hergestellt werden muss (Kratzer et al. 2011, vgl. auch Voß 1998).

Auf der Grundlage des bisherigen Forschungsstandes wird deutlich, dass der Umgang mit psychischen Belastungen auf zwei verschiedenen Ebenen angesiedelt ist, die zudem nicht zwingend miteinander in Verbindung stehen müssen: der betrieblichen und der individuellen Ebene. Diese Entkoppelung wird insbesondere auf der betrieblichen Ebene im Hinblick auf Präventionsleistungen deutlich. Betriebliche Arbeitsschutzprozesse (bspw. Gesundheits- und Eingliederungsmanagement) sind weiterhin stark auf den physischen Gesundheitsschutz ausgerichtet und scheinen an der individuellen Ebene vorbeizulaufen.

Zeit- und Leistungsdruck und Professionalität

Der anhaltende Wandel der Erwerbsstrukturen und der im Zuge der Globalisierung auf die Unternehmen einwirkende Restrukturierungsdruck erzeugt aufseiten der Mitarbeiter ebenso einen zusätzlichen Anstieg der an sie gestellten Anforderungen. Dies zeigt sich u.a. in einer Zunahme des Zeit- und Leistungsdrucks, der insbesondere durch interne Umstrukturierungen und Personalabbau sowie einem steigenden ökonomischen Druck (Kosten- und Ertragsdruck) hervorgerufen wird. Als Folge dessen, dass die Beschäftigten diese Situation individuell bewältigen müssen, deutet sich in wenigen Studien bereits an, dass daraus Auswirkungen auf die Professionalität bzw. Qualität der Arbeit entstehen, indem die Beschäftigten Qualität und fachliche Standards vernachlässigen, um dem Druck standhalten zu können:

Die Studie der DGFP identifiziert „Zeit- und Erfolgsdruck" als eine der hauptsächlichen Ursachen für psychische Belastungen bei Führungskräften wie auch Mitarbeitern. Als eine der wichtigsten Folgen dieser Belastungen, nennen die befragten Personalverantwortlichen eine starke Häufung von Fehlern im Arbeitsprozess und sehen dementsprechend eine Veränderung im Arbeitsverhalten und insbesondere der Arbeitsleistung als klare Anzeichen für psychische Belastungen des Mitarbeiters an.

Schmidt et al. (2010) kommen in einer Fallstudie eines Unternehmens, das zum Großteil wissensintensive Dienstleistungen anbietet, zu dem Ergebnis, dass förderliche Arbeitsbedingungen (angemessene Handlungsspielräume, erreichbare Zielvereinbarungen etc.) sowie gesundheitsförderliches Führungsverhalten einen positiven Einfluss auf die psychische Gesundheit der Mitarbeiter haben. Psychische Gesundheit und eine hohe Identifikation mit dem Unternehmen wirken sich wiederum positiv auf die subjektive Leistungsbereitschaft aus, sodass diese beiden Faktoren einen entscheidenden Einfluss auf die Qualität der Arbeit ausüben.

Ein eigenes Forschungsprojekt im Auftrag der DGSv kommt zu dem (Teil-)Ergebnis, dass aufgrund steigender Arbeitsverdichtung, Standardisierung, Geschwindigkeit, Unsicherheiten während des Arbeitsprozesses, kurzfristiger Zielerreichung sowie einem erhöhten „Zeit- und Kostendruck" professionelles Handeln und Professionalität in den Organisationen, sowohl im Profit- wie auch in Non-Profit-Bereich gefährdet zu sein scheint (Handrich 2011, 2013, Voß et al. 2013, ähnlich auch Spence/Carter 2014).

In den angeführten Studien lässt sich eine Wirkung zwar indirekt erkennen, dennoch ist der Zusammenhang zwischen Zeit- und Leistungsdruck, den Umgangsweisen der Beschäftigten damit und der Professionalität bzw. Qualität der Arbeit kaum erforscht und bedarf einer Konkretisierung.

Schlussfolgerung

Betrachtet man die bisherigen Forschungsbeiträge bezüglich des Auftretens psychischer Belastungen im Zusammenhang mit Zeit- und Leistungsdruck in Dienstleistungstätigkeiten zusammenfassend, werden einige Forschungslücken deutlich:

So lassen sich einzelne Faktoren erkennen, die direkt für die Entstehung von Zeit- und Leistungsdruck in Dienstleistungstätigkeiten verantwortlich sein können. Dennoch ist wenig klar, unter welchen Umständen und in welcher Weise in der konkreten Arbeitssituation diese Faktoren belastend auf die Beschäftigten einwirken. Es ist u.a. zu vermuten, dass betrieblich entstehender Zeit- und Leistungsdruck unter entgrenzten und subjektivierten Bedingungen zunehmend bei Betroffenen als Druck erscheint, den sie gegenüber sich selbst aufbauen („Selbstausbeutung"). Weiterhin lassen sich einzelne Umgangsweisen mit der Thematik auf betrieblicher Seite benennen, die aber letztendlich auf nicht näher spezifizierte individuelle Praktiken verweisen. Bezüglich dieser individuellen Umgangsweisen lassen sich allerdings keine systematischen Befunde finden, sodass auch in dieser Hinsicht eine Forschungslücke besteht. Und schließlich lässt sich ein indirekter Wirkungszusammenhang zwischen Zeit- und Leistungsdruck, individuellen Umgangsweisen der Beschäftigten damit und der Professionalität bzw. der Qualität der Arbeit zwar erkennen, der genaue Wirkzusammenhang ist jedoch noch weitgehend unklar und bedarf weiterer Forschungen.

3 Konzeptioneller Hintergrund

Die vorliegende Studie ist primär empirisch ausgerichtet und operiert mit qualitativen Methoden der empirischen Sozialforschung. Ziel ist es dabei insbesondere einen Beitrag für ein erweitertes theoretisches oder konzeptionell verallgemeinerndes Wissen über den untersuchten Gegenstand zu generieren. „Theorie" steht damit nicht – etwa als Prüfung theoretisch abgeleiteter „Hypothesen" – am Anfang der Arbeiten, sondern es geht darum Theorie (bzw. „Thesen") zu entwickeln, Thesen, die jedoch nicht rein theoretisch entwickelt, sondern empirisch gewonnen und begründet sind („Grounded Theory", Glaser 1967, Strauss/Corbin 1996).

Gleichwohl heißt dies nicht, dass qualitative Forschung quasi theorielos arbeitet oder ohne theoretische Vorannahmen operiert. Jede Forschung speist sich aus Traditionen und verwendet konzeptionelle Perspektiven, theoretische Konstrukte, Begriffe usw. Ziel ist gleichwohl nicht, diese einfach anzuwenden (oder zu „prüfen"), sondern weiterzuentwickeln, vielleicht sogar mehr oder weniger partiell zu verwerfen oder Neues zu generieren. Ganz in diesem Sinne versteht sich auch die Arbeitsweise der hier vorgestellten Forschung.

Ihr Hintergrund ist eine soziologische Forschungstradition, die sich „subjektorientierte Soziologie" nennt (vgl. u.a. Voß/Pongratz 1997). Anliegen dieser Soziologie ist es (verkürzt gesagt), in empirisch-theoretischen Forschungen aufzuzeigen, dass und wie Gesellschaft und ihre Strukturen zwar auf betroffene Menschen einwirken und sie nicht nur als abstrakte Gesellschaftsmitglieder, sondern sehr persönlich prägen, sie dabei aber nicht rein passiv oder marionettenhaft (zweifellos vorhandenen) sozialen Zwängen unterworfen sind. Die Mitglieder der Gesellschaft sind vielmehr aktive „Subjekte" und damit relativ (aber nicht vollständig) autonome Akteure, die sich aktiv mit den sie betreffenden Verhältnissen auseinandersetzen und auseinandersetzen müssen und dabei auf diese partiell rückwirken – und insoweit sind sie (philosophisch gesehen) „Subjekte". Eine Domäne ist dabei die Arbeitssoziologie, in der die spezifische Sicht auf die „Subjekte", hier also die arbeitenden Menschen, in ihrer Eingebundenheit in Arbeitsverhältnisse und mit ihren aktiven Versuchen, sich mit diesen zu arrangieren, zu einer Reihe von Forschungen und Konzepten geführt hat.

Für die Untersuchung zum Zeit- und Leistungsdruck, über die hier berichtet wird, spielt ein Doppel-Konzept eine zentrale Rolle: Die Annahme einer tief greifenden „Entgrenzung" und „Subjektivierung" von Arbeit. An mehreren Stellen wurden vor dem Hintergrund dieser Konzepte Forschungen durchgeführt, in denen gezeigt wurde, dass und wie Arbeitende in neuer Weise Belastungen ausgesetzt sind, die sie erheblich in ihrer Subjektivität betreffen und die sie als Folge auch unter Einsatz ihrer gesamten Subjektivität versuchen müssen zu bewältigen, oder mit ihnen umzugehen. Genau diese Sicht auf den Wandel von Arbeit und die Rolle der Subjekte ist Grundlage und leitende Perspektive der Untersuchung, sodass sie hier in geraffter Form vorgestellt werden soll.

3.1 Entgrenzung und Subjektivierung von Arbeit

Mit „Entgrenzung von Arbeit" wird eine Fülle von Veränderungen in der gesellschaftlichen und insbesondere der betrieblichen Organisation von Arbeit seit den 1980er Jahren angesprochen (vgl. u.a. Gottschall/Voß 2005, Jurczyk et al. 2009, Kratzer 2003, Minssen 2000, Voß 1998). Die Flexibilisierung von Arbeitszeiten oder die Deregulierung der Beschäftigungsformen und ihrer Sicherung sind wichtige Beispiele. Hier geraten bisher als relativ stabil und verbindlich angesehene Strukturen der Organisation von Arbeit und Beschäftigung auf allen Ebenen (betroffene Berufstätige, Qualifikation und Beruf, Arbeitsplatz und Tätigkeit, Organisation, Arbeitsmarkt, soziale Sicherung) in Bewegung.

Unter „Struktur" ist dabei soziologisch zu verstehen, dass funktional ausdifferenzierte gesellschaftliche Bereiche bisher in vielen Sektoren starke Abgrenzungen aufwiesen, d.h. getrennt und in ihren sozialen Funktionalleistungen unterschieden wurden. Die mit der Industrialisierung entstandene strukturelle Trennung von „Arbeit" und „Leben" ist dafür ein wichtiges Beispiel. Durch die Entgrenzung von Strukturen entsteht einerseits die Möglichkeit zu einer größeren und vor allen Dingen flexibleren Handlungsvielfalt aber auch erhöhten Chancen zur Gestaltung der Aktivitäten. Andererseits kommt es durch die Ausdünnung oder den Wegfall von bisher handlungsleitenden Strukturen auch zum zunehmenden Zwang für die betroffenen Individuen, ihr eigenes Handeln aktiv selbst festzulegen.

Nicht erst im Zusammenhang mit dem Entgrenzungsdiskurs entsteht das Stichwort der „Subjektivierung von Arbeit" (vgl. u.a. Lohr/Nickel 2005, Moldaschl/Voß 2003, Voß/Weiß 2005). Es können vier Phasen der Diskussion des Themas identifiziert werden (Kleemann et al. 2003):

In den 1980er bis 1990er Jahren finden sich hauptsächlich zwei Verwendungsweisen des Stichwortes Subjektivierung: (a) Zum einen wird gezeigt, dass insbesondere bei hoch entwickelten technischen Tätigkeiten durch Automatisierung die Subjektivität der Arbeitenden keineswegs obsolet wird. Vielmehr werden Eingriffe der beteiligten „Subjekte" umso notwendiger, je stärker technische Anlagen eine Eigendynamik aufweisen („kompensatorische" Subjektivität). (b) In der Folge der Wertewandeldiskussion wird zum anderen darauf verwiesen, dass insbesondere jüngere Arbeitskräfte zunehmend die Möglichkeit ein-

Konzeptioneller Hintergrund

klagen, in ihre Arbeitstätigkeit individuelle Zielsetzungen einzubringen („normative" Subjektivierung). Zwei neue Varianten eines Subjektivierungsdiskurses entstehen ab Ende der 1990er Jahre: (c) Infolge der sich zunehmend zeigenden Entgrenzung von Arbeit wird deutlich, dass sich Arbeitende immer stärker als gesamte Person mit all ihren Kompetenzen und Erfahrungen in die Arbeit einbringen müssen. „Subjektivität" ist dadurch immer weniger ein „Störfaktor", sondern funktionales Erfordernis zur Bewältigung entgrenzter Arbeitsverhältnisse („aktive" Subjektivierung). (d) Ein weiteres Thema entsteht dadurch, dass von verschiedenster Seite allgemein gesellschaftlich die Forderung formuliert wird, dass Arbeitspersonen verstärkt Verantwortung für sich selbst und ihre Arbeit übernehmen müssten („ideologische" Subjektivierung).

Zwischen diesen vier Formen einer Subjektivierung von Arbeit und ihrer Thematisierung besteht ein enger Zusammenhang; die „aktive" Subjektivierung hat jedoch eine zentrale Bedeutung. Das Stichwort „Subjektivierung" verweist dabei auf zwei Ebenen einer verstärkten Nutzung von „Subjektivität": Zunächst geht es darum, dass Arbeitende ihre gesamten subjektiven Potenziale mehr als bisher anwenden müssen. Darüber hinaus meint Subjektivierung von Arbeit aber auch, dass verstärkt die Fähigkeit zur „Subjektivität" – also die Fähigkeit, „Subjekt seiner Selbst" zu sein – in Arbeitsprozessen (etwa als Kompetenz zur Selbstorganisation) gefordert ist. Beides zusammen gesehen, kann in der These zugespitzt werden, dass sich ein wesentlich umfassenderer Zugriff auf die Person der Arbeitenden vollzieht, mit dem sich eine neue Grundform von Arbeitskraft herausbildet („Arbeitskraftunternehmer", vgl. u.a. Voß/Pongratz 1998).

Zum genaueren Verständnis der Entgrenzung und der daraus folgenden Subjektivierung von Arbeit ist es hilfreich, sich zu verdeutlichen, dass der Prozess höchst vielgestaltig ist. In allen Dimensionen der Strukturierung von Arbeit (vgl. Voß 1998) findet eine Subjektivierung von Arbeit in dem Sinne statt, dass Betroffene sich und ihre Tätigkeit aktiv hinsichtlich einer großen Zahl von Dimensionen selbst organisieren müssen: zeitlich, räumlich, sachlich, technisch, sozial, sinnhaft, emotional und körperlich. Die Entgrenzung und Subjektivierung von Arbeit wird häufig an der Dimension Zeit und dabei meist am Verhältnis von Beruf und Privatleben festgemacht, es geht jedoch um wesentlich mehr.

3.2 Betriebliche Ziele der Entgrenzung und Subjektivierung von Arbeit

Prozesse der Entgrenzung und Subjektivierung von Arbeit sind Ausdruck eines Strategiewandels von Betrieben. Die entscheidende Funktion einer verstärkten Subjektivierung von Arbeit besteht darin, über eine Entgrenzung von Strukturen die zentrale Ressource „Subjektivität" in neuer Qualität und Intensität einer betrieblichen Vernutzung und Verwertung zuzuführen. Obwohl es auch Beschäftigtengruppen gibt, die als Gewinner dieser Veränderung gesehen werden können, ist davon auszugehen, dass Betriebe in der Regel beabsichtigen, durch die verstärkte Nutzung der Subjektivität der Arbeit betriebliche Probleme (z.B. das Erfordernis der Flexibilität angesichts steigender Marktanforderungen) besser als bisher zu bewältigen und nicht primär das Ziel verfolgen, wie es gelegentlich heißt, den Betroffenen erweiterte Entfaltungschancen zu bieten.

Mit einem anderen theoretischen Blick kann dies auch so beschrieben werden, dass eine Subjektivierung von Arbeit die Funktion erfüllt, das Spektrum der organisatorischen Mechanismen zur Steuerung von Arbeit sowie der Nutzung und Verwertung von Arbeitskraft zu erweitern (vgl. Huchler et al. 2012): Hierarchie ist der traditionelle Mechanismus der Betriebs- und Arbeitsorganisation. Dabei tritt die direkte Steuerung von Arbeitskräften durch Macht bzw. Herrschaft an die Stelle des nach klassisch ökonomischer Lehre eigentlich optimalen Mechanismus des auf freier Konkurrenz und Preiswettbewerb beruhenden Marktes. Zunehmend gewinnt jedoch der Mechanismus des Marktes bzw. marktähnliche Mechanismen (z.B. Zielvereinbarungen, Benchmarking, Projektorganisation usw.) auch für die innerbetriebliche Organisation von Arbeit an Bedeutung („Internalisierung des Marktes", Moldaschl 2000). Hinzu kommt, dass in Betrieben wesentlich mehr als bisher zwei weitere Mechanismen eingesetzt werden: Zum einen wird versucht, verstärkt (wieder) einen basalen sozialen Mechanismus zu nutzen, der in der Diskussion zu sozialen Mechanismen als Solidarität oder Gemeinschaftlichkeit bezeichnet wird. Das bedeutet konkret, dass Betriebe Arbeitskräfte verstärkt so organisieren, dass sie eine intensivierte soziale Selbstorganisation und eine selbstgesteuerte direkte Kooperation entwickeln müssen; typisch bei Gruppen- und Teamarbeit sowie Projektorganisation. Zum anderen wird stärker als bisher versucht, die Fähigkeit von einzelnen Personen zur individuellen Selbstorganisation für Zwecke betrieblicher Steuerung zu nutzen. Subjektivität wird damit zu einer Ressource, mit der die Steuerungsoptionen von Betrieben um eine bislang dort wenig beachtete Gestaltungsmöglichkeit erweitert werden.

Die Entwicklung kann bedeuten, dass der traditionelle hierarische Steuerungsmechanismus durch die drei nun verstärkt eingesetzten nicht-hierarchischen Steuerungsoptionen ergänzt, überlagert oder sogar unterlaufen wird. Dies bedeutet jedoch keineswegs, dass Hierarchie und damit betriebliche Herrschaft obsolet wird. Was vielmehr geschieht, ist zwar eine Verringerung direkter betrieblicher Steuerung durch den Einsatz der Mechanismen Markt, Solidarität und eben auch Subjektivität, die jedoch letztlich genauso herrschaftlichen Zwecken dienen sollen. Es geht also nicht um einen Abbau, sondern um eine Erweiterung der betrieblichen Steuerungsmöglichkeiten von Arbeit und Arbeitskraft durch neue „indirektere" Formen (vgl. Glißmann 2001, Peters/Sauer 2005).

Konzeptioneller Hintergrund 29

3.3 Dienstleistungsarbeit

Wie schon ausgeführt, wendet sich die Untersuchung den mit den Begriffen Entgrenzung und Subjektivierung perspektivisch ins Auge gefassten Veränderungen der Arbeitswelt nicht in aller Breite zu. Vielmehr werden der Wandel von Arbeit und dessen möglichen Folgen für die Entstehung von „Zeit- und Leistungsdruck" am Beispiel qualifizierter Dienstleistungsarbeit untersucht. Daher soll hier mit einigen Bemerkungen auch auf dieses Feld und dazu verwendete Begrifflichkeiten eingegangen werden.

Die Bezeichnung der heutigen Gesellschaft als „Dienstleistungsgesellschaft" (Häußermann/Siebel 1995) bezieht sich auf einen Prozess, dessen Ursprung in der Mitte des letzten Jahrhunderts zu finden ist. Etwa seit den 1950er Jahren vollzieht sich eine Verschiebung des Arbeitskräftebedarfs vom sekundären zum tertiären Sektor, d.h. der Bedarf an Arbeitskräften und somit die Beschäftigtenzahlen im Dienstleistungssektor steigen ab diesem Zeitpunkt kontinuierlich an. Als Folge dieser Entwicklung ergibt sich mittlerweile das Bild, dass der tertiäre Sektor mehr Arbeitnehmer aufweist, als der primäre und sekundäre Sektor zusammengenommen. Wird als Ausgangspunkt der Betrachtung zudem nicht die sektorale Zugehörigkeit der Unternehmen, sondern die Tätigkeit der Beschäftigten zugrunde gelegt (was bspw. produktionsnahe Dienstleistungen im sekundären Sektor umfasst), zeigt sich, dass etwa 75 Prozent aller Arbeitnehmer in Deutschland Dienstleistungen produzieren und das Beschäftigungspotenzial dennoch weiter steigen wird (vgl. Jacobsen 2010).

Die Zunahme der Dienstleistungstätigkeiten steht auch mit dem Wandel des sekundären Sektors in Zusammenhang, denn die gewerbliche Produktion ist ebenso einer Tertiarisierung unterzogen. Grund ist, dass wissensintensive Tätigkeiten auch in der Industrie mittlerweile eine enorme Bedeutung besitzen. Die zunehmend komplexeren Produktionsschritte wären ohne die große Anzahl an industriellen Dienstleistungsarbeiten nicht aufrechtzuerhalten. Die Komplexität der Produktion ist dabei zugleich Ausdruck einer sich zunehmend ausdifferenzierenden Gesellschaft insgesamt, die die Bedeutung von Dienstleistungen enorm erhöht, da diese immer stärker für die „Gewährleistung" der Funktionsbedingungen der Gesellschaft bedeutsam sind (Berger/Offe 1980). Entsprechend variantenreich zeigen sich die Dienstleistungstätigkeiten, die sich durch eine starke Vielfalt und Spezifik auszeichnen. Dienstleistungen lassen sich bspw. nach der Art (stofflich vs. nicht-stofflich) oder dem Empfänger (personenorientiert vs. nicht-personenorientiert) der produzierten Dienstleistung unterscheiden, sodass sich allgemeingültige Merkmale von Dienstleistungen nur schwer bestimmen lassen und insbesondere Dienstleistungsarbeit und deren Qualität stark von den konkreten Arbeitsbedingungen und dem jeweiligen Dienstleistungsbereich abhängig sind. In letzter Zeit hat sich vor diesem Hintergrund eine sozialwissenschaftliche Dienstleistungsforschung entwickelt, die sich vor allem dem für personenbezogene Dienstleistungen typischem Merkmal der „Interaktion" zuwendet (vgl. Dunkel/Voß 2004, Dunkel/Weihrich 2010, 2012). Zentrales Thema ist dabei die in vielen Dienstleistungsarbeiten erforderlichen Wechselbeziehungen von Dienstleistungsbeschäftigten und ihren „Kunden", an der letztere als aktiv leistende, ja sogar als „arbeitende" Akteure beteiligt sind (vgl. Voß/Rieder 2006, Voß 2012b), woraus für die Dienstleistungsbeschäftigten besondere Anforderungen entstehen.

3.4 Zeit- und Leistungsdruck

Wie ausgeführt, liegen Hinweise dafür vor, dass es Zusammenhänge zwischen dem aktuellen Wandel von Arbeit (wie er mit der hier vorgestellten Perspektive als „Entgrenzung" und „Subjektivierung" von Arbeit beschrieben und bestimmt wurde) und einer möglichen Zunahme und/oder Veränderung von psychischen und sozialen Problematiken bei wichtigen Gruppen der arbeitenden Bevölkerung geben könnte. Dazu hat sich inzwischen eine breite wissenschaftliche und öffentliche Diskussion mit kontroversen Positionen entwickelt. Der hier fokussierte Gegenstand „Zeit- und Leistungsdruck" ist auch vor diesem Kontext zu sehen. Zugleich ist der Gegenstand in die breite Forschung verschiedenster Disziplinen zu problematischen Auswirkungen von Arbeitsbedingungen auf Beschäftigte (und den Möglichkeiten, diese zu begrenzen) einzuordnen, an der sich auch die Arbeitssoziologie intensiv beteiligt hat (vgl. Böhle 2010). Das Thema „Zeit- und Leistungsdruck" ist dort mehreren, nicht immer einheitlich verstandenen Begriffen wie etwa „Anforderung", „Belastung", „Beanspruchung", „Stress" u.a.m. zuzuordnen. Eine systematische Auseinandersetzung mit solchen Kategorien kann hier nicht geleistet werden. Gleichwohl ist erforderlich den Gegenstand einzugrenzen und den Ausdruck „Zeit- und Leistungsdruck" des Auftrags ansatzweise schon hier begrifflich zu klären – vertiefende Klärungen ergeben sich dann aus den empirischen Befunden (siehe ausführlich Kap. 7–10). Dies kann auf zwei Ebenen erfolgen:

Arbeitsbezogener „Druck"

Für eine Klärung der in der Arbeitsforschung bisher wenig systematisch (wenn überhaupt) verwendeten allgemeinen Bezeichnung „Druck" wird in einem ersten Schritt an der für die Arbeitssoziologie in diesem Zusammenhang zentralen Kategorie der „Belastung" angesetzt: Diese werden als „Arbeitsanforderungen und -bedingungen" verstanden, „durch die die Arbeitenden beeinträchtigt werden" (ebd. 451). Gegenstand sind damit zwar auch „objektive" Bedingungen von Arbeit, aber mit dem Blick darauf, inwieweit arbeitende „Subjekte" dadurch eine Einschränkung erfahren.[5] Mit der im Projekt angelegten Forschungsperspektive und den verwendeten Untersuchungsverfahren ist dies zu nuancieren: Erfasst wird ein so verstandener „Druck" im Sinne von beeinträchtigenden „Belastungen" allein darüber, ob und wie diese von Arbeitenden erfahren werden und was sie, methodisch gesehen, dazu im Forschungsprozess berichten.

„Druck" ist damit das, was Arbeitende in Bezug auf ihre Tätigkeit an und für sich arbeitspraktisch als Beeinträchtigung „erleben". Der Ausdruck „erleben" verweist dabei darauf, dass es nicht allein um die kognitive „Wahrnehmung" oder um ein reflexiv kontrolliertes „Verständnis" geht, sondern auch um ein diffuses und oft emotional geprägtes ‚Empfinden' von „Druck".

Trotz dieses ‚subjektiven' Verständnisses erscheinen in den Forschungen immer wieder auch vielfältige Entstehungsbedingungen von Druck im Sinne von „Anforderungen" an Arbeitende, wenn auch fast immer nur indirekt über die Berichte der Betroffenen. Dies umfasst ein großes Spektrum von (in der Belastungsforschung bekannten) Faktoren auf vielen Ebenen, bei denen übersituative betriebliche Momente eine zentrale Rolle spielen – der „Ort", an dem Anforderungen mit dem subjektbezogenen Blick des Projektes als „Druck" wirksam werden, ist jedoch die Tätigkeit und die diese ausübende Person, sodass dies für sie nahezu untrennbar verbunden erscheint. „Druck" ist für Personen (und dann für die Untersuchung) das, was auf sie in ihrer Tätigkeit als Anforderung einwirkt (woher auch immer dies kommt) und was sie für sich als Beeinträchtigung ihrer selbst und ihrer Arbeit erleben.

Dem wird in einem zweiten Schritt eine Differenzierung angeschlossen: Nicht zuletzt begriffsanalytische Bemühungen des Projekts (vgl. Voß 2015) legen nahe, davon auszugehen, dass Arbeit unter betrieblichen Bedingungen immer mit Anforderungen verbunden ist, also nicht schlicht bemühungslos abläuft. Wie sich dann empirisch gezeigt hat, ist für das „Erleben" von Druck in diesem Sinne (und seine Folgen) nicht nur wichtig, wie ausgeprägt Anforderungen sind, sondern auch und oft sogar vorrangig, wie Personen damit „umgehen" (mehr dazu bei den Ergebnissen). Beides entscheidet darüber, ob der erlebte Druck als zwar möglicherweise beeinträchtigend, aber noch bewältig- und damit subjektiv als hinnehmbar erscheint oder nicht. Kann ein Druck mit geeigneten personalen Umgangsweisen in seiner subjektiven Wirkung begrenzt werden, wird er nur wenig (oder auch gar nicht) als eine tiefergehende „Restriktion" (Böhle 2010: 451) erlebt. Gelingt dies jedoch nicht, kann aus einem (wie es hier genannt werden soll) „einfachen" belastenden Druck eine ‚Überlastung' entste-

---

5 Laut Böhle (2010: 451) werden damit die forschungspraktischen Probleme der arbeitswissenschaftlichen Unterscheidung von objektiven „Belastungen" und subjektiven „Beanspruchungen" vermieden.

hen, mit der Folge von „Risiken" oder sogar ernsthaften „Gefährdungen" (ebd.) für die Person.

Legt man eine historische Perspektive an, lässt sich dies so rahmen, dass unter Bedingungen einer fordistischen Regulierung von Arbeit, die Vorstellung einer als „normal" und damit individuell wie gesellschaftlich „akzeptabel" bewerteten, begrenzten Qualität von arbeitsbezogenem Druck entstand, die nun aufbricht. Mit dem Übergang zu der geschilderten post-fordistisch „entgrenzten" Ära, entsteht nun möglicherweise zunehmend auch eine „entgrenzte" Qualität von Druck in vielen Bereichen der Arbeitswelt (man könnte auch von „Druck im engeren Sinne" sprechen), die neuartige Beeinträchtigungen und damit potenziell neuartige Gefährdungen für Arbeitende, ihre Arbeit und nicht zuletzt für die Arbeitsleistungen (und ihre Qualität) mit sich bringen kann.

„Zeit- und Leistungsdruck"

Fragt man vor diesem Hintergrund nach dem spezifischen Verständnis von „Zeit- und Leistung" in Bezug auf das Thema „Druck" in der Arbeit kann eine Unterscheidung von „Arbeits-" und „Leistungsdruck" hilfreich sein (vgl. Voß 2015). Arbeitsdruck ist danach eine erlebte Beeinträchtigung der Person als Folge von Prozess- und Ergebnisanforderungen der ausgeübten Arbeitstätigkeit und ihrer organisatorisch-betrieblichen Rahmung. Leistungsdruck ist ein Arbeitsdruck, der durch zeitliche Anforderungen (Geschwindigkeit, Beschleunigung, Terminierung) in verschärfter Form von der Person erlebt wird. Dessen Basis liegt meist nicht in der Sachaufgabe (was aber vorkommen kann, wenn eine Aufgabe als solche, zeitkritisches Handeln erfordert), sondern in den Anforderungen an eine kosten- und ergebniseffiziente Ausführung der Arbeit im Betrieb. Jede moderne Arbeit unterliegt in diesem Sinne einem Arbeits- und dann vor allem aber auch einem Leistungs- oder Zeitdruck. Aber nicht jede Arbeit führt zu einem Arbeits- und Leistungsdruck, der als „entgrenzter" Druck mit einem Gefährdungsrisiko einhergeht. Auch wenn hier also teilweise spezifische inhaltliche Akzentuierungen hinter den Begriffsverwendungen stehen, wird im Weiteren allgemein die Formulierung „Zeit- und Leistungsdruck" des Forschungsauftrags übernommen. Dabei wird zum einen meist pauschal von „Druck" (gelegentlich näherungsweise synonym auch von „Belastung") gesprochen und dies zum Teil mit Spezifizierungen unterschiedlicher Erscheinungen oder „Formen" des Drucks verbunden. Zum anderen werden „zeitliche" Moment eines Drucks „leistungsbezogenen" Aspekten (im Sinne von Arbeitsergebnis, Qualität usw.) gegenübergestellt.

4 Untersuchungsmethodik

Angesichts des eingeschränkten Forschungsstandes zum Problemfeld Zeit- und Leistungsdruck wurde für die Untersuchung ein explorativ-fallorientiertes, auf eine begrenzte Zahl exemplarischer Untersuchungsfälle gerichtetes Forschungsdesign gewählt, mit einer Kombination verschiedener in mehreren Phasen eingesetzter Methoden der qualitativen Sozialforschung. Da mit der gewählten subjektorientierten Forschungsperspektive Beschäftigte mit typischen qualifizierten Dienstleistungstätigkeiten und vor diesem Hintergrund Konstellationen von Bedingungen, Erscheinungen und Folgen (einschließlich subjektiver Umgangsweisen) von Zeit- und Leistungsdruck im Mittelpunkt der Untersuchung stehen sollten, war es zunächst notwendig, anhand definierter Kriterien näher zu erschließen, worauf bei der Analyse von exemplarischen Tätigkeiten geachtet werden soll, um eine gezielte Auswahl vornehmen zu können.

Der Forschungsstand zeigt, dass Zeit- und Leistungsdruck je nach ausgeübter Dienstleistungstätigkeit unterschiedlich ausgeprägt ist, sodass differenzierte Auswirkungen zu vermuten sind. Folgende Dimensionen wurden vor diesem Hintergrund für die Auswahl von Dienstleistungsunternehmen und dort dann für die Auswahl von exemplarischen Tätigkeitsfällen mit entsprechenden zu befragenden Personen leitend:

- Zeitlich geht es v.a. um den terminlichen Rahmen der Dienstleistung, d.h. wann bzw. zu welchem Zeitpunkt oder innerhalb welcher Zeiträume eine Arbeitsleistung zu erbringen ist und wie Beschäftigte damit umgehen (vgl. bspw. Hahn 1992a/b, Grzech-Šukalo/Hänecke 2011).
- Leistungsbezogen interessiert die spezifische Form sowie die Art und Weise der Steuerung und Messung oder der Bewertung und Wertschätzung der jeweiligen Arbeitsleistung mit den entsprechenden Umgangsweisen der Betroffenen (vgl. hierzu u.a. Kratzer/Nies 2009, Boes et al. 2010, Alsdorf/ Fuchs 2011, DGFP 2011).
- Interaktionsbezogen ist Thema mit wem (als Nutzer der Dienstleitung) und in welcher Weise interagiert werden muss, um die jeweilige Leistung erbringen zu können, welcher Druck daraus resultiert und wie die Betroffenen dies für sich bewältigen (vgl. bspw. Rieder 1999, Dunkel/Rieder 2003, Dunkel/Weihrich 2010, 2012, Siebecke et al. 2010, Nerdinger 2012, Birken et al. 2012, Böhle et al. 2015).
- In der Professionalitäts- und Qualitätsdimension geht es um den aus der fachlichen Seite der Tätigkeit entstehenden Druck, insbesondere darum, wie

Leistung der Sache nach gesteuert bzw. bewertet wird, welche Folgen für Qualität und Professionalität entstehen und welche Reaktionsweisen Betroffene bezüglich ihres Professionalitätsverständnisses entwickeln (vgl. u.a. Koch 2009, Haubl/Voß 2011, Handrich 2011).

Die subjektorientierte Forschungsperspektive erforderte zugleich eine Untersuchung von Fällen unter möglichst gleichen Randbedingungen. Dies konnte nur gewährleistet werden, wenn die zu untersuchenden Mitarbeiter und deren Tätigkeitsfelder in einer kleineren Anzahl von dann näher untersuchten branchentypischen Betrieben und darin in systematisch gewählten Bereichen verortet wurden, da bei Tätigkeiten in einem Unternehmen im Wesentlichen ähnliche strukturelle Voraussetzungen zu erwarten sind. Hinzu kam, dass versucht werden sollte, bei den ins Auge gefassten qualifizierten Dienstleistungstätigkeiten neben eher operativ eingesetzten qualifizierten Mitarbeitern vor allem auch auf die Situation von Beschäftigten mit mehr oder weniger weitreichenden Führungsfunktionen zu achten.

Um in Bezug darauf eine möglichst kontrastierende Analyse zu gewährleisten, wurden folgende Tätigkeitsfelder anvisiert:

– Patientenbezogene akademisch-professionelle ärztliche Tätigkeiten mit zum Teil Leitungsfunktionen im Gesundheitssektor;
– Qualifizierte technische Fachtätigkeiten mit partiellen Führungsfunktionen sowie darauf bezogene explizite Führungstätigkeiten in einem gewerblichen Dienstleistungsbereich;
– Aus- und Weiterbildungstätigkeiten sowie darauf bezogene Führungstätigkeiten in der Bildungsbranche;

Im Hinblick auf die vier genannten Dimensionen unterscheiden sich derartige Tätigkeitsfelder wie folgt bzw. leiten die folgenden Annahmen die Auswahl der Tätigkeitsfelder:

– Zeitlich unterschiedliche Arbeitsanhäufungen und Terminierungen: Mitarbeiter mit Führungsfunktion in einem gewerblich-praktischen Bereich sind mit situativ unterschiedlichen zeitlichen Arbeits- und Leistungsanforderungen bei im Wesentlichen aber gleichbleibenden praktischen Anforderungen konfrontiert. Mitarbeiter im Bildungsbereich dagegen sind mit Anforderungen konfrontiert, die sie für einen längeren Zeitraum bei immer wiederkehrenden Zyklen erbringen müssen. Zudem sind Tätigkeiten der Mitarbeiterqualifizierung oft stark von konjunkturellen und saisonalen Schwankungen abhängig, sodass Arbeitsanhäufung und Länge von Arbeitstagen erheblich variieren können. Ärztliches Handeln ist demgegenüber durch kontinuierliches kurzzyklisches Hochleistungshandeln unter ständigem Aufrechterhalten eines professionellen Anspruches im Kontakt mit Patienten

gekennzeichnet, die dauerhaft im Schichtbetrieb geleistet werden muss. Der ärztliche Arbeitsalltag ist durch einen großen Anteil an Routinearbeit, darunter zunehmend Verwaltungsaufgaben, gekennzeichnet, der aber jederzeit durch Notfälle und Ausnahmesituationen unterbrochen werden kann.
- Verschiedenartige Leistungskriterien und Leistungsbewertungen: Die Anforderung an die Leistung von Mitarbeitern der Bildungsbranche wird über externe und interne Evaluationsverfahren gemessen. Auch die Leistung von Ärzten wird neben den Behandlungserfolgen anhand ihrer Profitabilität bestimmt, was hauptsächlich mit der Anzahl der behandelten Patienten in Verbindung steht. Die Leistung der Führungskräfte im gewerblich-praktischen Bereich hingegen wird an der Funktionalität und Profitabilität anhand definierter Kennzahlen, bspw. Umsatzzahlen, der ihnen unterstehenden Abteilung gemessen.
- Unterschiedliche Anteile und Formen von Interaktionsarbeit mit unterschiedlichen Dienstleistungsnutzern: Auch bezüglich des Anteils und der Form der für Dienstleistungsfunktionen häufig charakteristischen Interaktionsarbeit unterscheiden sich die Tätigkeitsfelder erheblich. Lehrkräfte der Bildungsbranche interagieren zu einem Großteil mit eher größeren und in gröberen Zeitschritten wechselnden Teilnehmergruppen über einen längeren Zeitraum hinweg, während Ärzte insbesondere mit einzelnen Patienten in sehr kurzer Abfolge in einer Interaktionsbeziehung stehen. Im Kontrast dazu weisen operative Führungskräfte im gewerblichen Bereich einen eher geringen Anteil an Interaktionsbeziehungen auf (v.a. auf unterstellte Personen und innerbetriebliche Kooperanden bezogen) und kommunizieren nur teilweise über Unternehmensgrenzen hinweg.
- Divergierende Arten des professionellen Handelns und der Qualitätsanforderungen: Bezüglich des professionellen Verständnisses und der fachlichen Anforderungen der ausgeübten Tätigkeit stehen die Ärzte prototypisch für eine Profession mit eher naturwissenschaftlicher Orientierung und starken berufsethischen bzw. -ständischen Prinzipien. Lehrkräfte im Bereich der (Weiter-)Qualifizierung von Mitarbeitern in nicht-öffentlichen Bildungseinrichtungen sind zumeist nicht mit der Semiprofession des Schullehrers vergleichbar, sondern setzen sich zu einem großen Teil aus Quer- und Seiteneinsteigern unterschiedlicher Fachrichtungen und Berufserfahrungen zusammen, sodass in diesem Bereich nicht von einer homogenen Berufsgruppe mit relativ einheitlichen professionellen Prinzipien ausgegangen werden kann, wohl aber von einem akademischen Bildungshintergrund. Führungskräfte im gewerblichen Dienstleistungsbereich haben meist eine primär gewerblich-berufspraktische Ausbildung aber immer häufiger auch ein (Fachhochschul-)Studium absolviert und üben eine Tätigkeit aus, die eine intensive Anwendung praktischen Organisationswissens erfordert.

Trotz dieser Qualifikation stehen auch sie (aber in anderer Form als die anderen Gruppen) stellvertretend für eine wachsende Anzahl von Mitarbeitern, die als Wissensarbeiter bezeichnet werden.

4.1 Sampling (Fallauswahl)

Im Zuge eines längeren Such- und Akquisitionsprozesses konnten drei fachlich wie organisatorisch kontrastierende Dienstleistungsunternehmen als Kooperationspartner gewonnen werden (vgl. Kap. 5). In intensiver Zusammenarbeit mit betrieblichen Kontaktpersonen, die den gesamten Prozess mit organisatorischer Unterstützung begleiteten (als „gate keeper", „Multiplikatoren" usw.), wurden dann jeweils spezifische Funktionsbereiche in den drei Unternehmen als für die Forschungen geeignet festgelegt, sodass sich folgende Tätigkeitsfelder von qualifizierten Dienstleistungsbeschäftigten als konkrete empirische Untersuchungsbereiche des Projektes ergaben:

- Assistenzärzte und Ärzte mit Leitungsaufgaben in zwei medizinischen Teilbereichen eines regionalen Schwerpunktkrankenhauses (hier genannt: Kreiskrankenhaus S-Stadt gGmbH [KKH]).
- Technische Fachkräfte mit Leitungsaufgaben und mittlere bis gehobene Führungskräfte eines gewerblichen Betriebs in einem Teilunternehmen eines großen Transport- und Logistikkonzerns (hier genannt: Technik- und Infrastruktur-Dienstleistungen GmbH [TID]),
- Lehrkräfte und Pädagogen mit Führungsfunktion zweier Filialen eines überregional aufgestellten privatwirtschaftlichen Bildungsanbieters (hier genannt: Personal-Ausbildungs-Gesellschaft GmbH [PAG]).

In mehrstufigen den gesamten bis zum Abschluss des Forschungsprozesses begleitenden Kontakten mit den Unternehmen und den ausgewählten Bereichen konnten in einem iterativen Prozess folgende Kategorien von Beschäftigten gefunden werden, von denen sich für die eingesetzten Untersuchungsmethoden schließlich 50 Personen als Probanden zur Verfügung stellten:

- Allgemeine betriebliche Experten für Einstiegsrecherchen und kontinuierliche Hintergrundinformationen zu den drei Unternehmen und ihren Bereichen
- Vertreter der zu untersuchenden Tätigkeitsbereiche (Fach- und Führungskräfte des Mobilitätsunternehmens, Lehr- und Führungskräfte des Bildungsanbieters, Assistenz-, Fach- und leitende Ärzte des Krankenhauses).

Die Auswahl der teilnehmenden Probanden erfolgte in einem mehrstufigen Abstimmungsprozess zwischen den Entscheidungsträgern des jeweiligen Unternehmens (Management und Interessenvertretung) und dem Forschungsteam. Dabei wurden seitens des Forschungsteams handhabbare Kriterien für die Probandenauswahl vorgegeben, die auch spezifische Wünsche der Unternehmen berücksichtigten und anschließend von Unternehmensseite Vorschläge nach vorheriger Absprache mit den jeweiligen Unternehmensbereichen und den avisierten Probanden unterbreitet.

Diese Gesamtstruktur des Untersuchungssamples muss jedoch methodisch danach differenziert werden, was jeweils der empirische „Fall" ist und welche Bedeutung verschiedenen Fall-Ebenen zukommt: Zum einen werden Unternehmen (bzw. darin zum Teil Teilbetriebe) erfasst, sodass man in gewisser Weise von drei „Unternehmens-Fällen" als Basis der Untersuchung sprechen könnte. Auf der anderen Seite stehen konkrete Probanden, also diejenigen Personen, die mit den zentralen Methoden forschungspraktisch erfasst wurden („Personen-Fälle" bzw. methodisch gesehen „Erhebungs-Fälle"). Eine von beiden zu unterscheidende dritte Form von „Fall" ist die Untersuchungsebene, die vor allem im Fokus des Projektes steht: Betriebliche Tätigkeitsbereiche, die von bestimmten Kategorien von qualifizierten Dienstleistungsbeschäftigten ausgeübt werden („Tätigkeits-Fälle"). Wenn das Projekt mit den verschiedenen eingesetzten Methoden „fallorientiert" arbeitet, bedeutet dies also nicht (oder nur bedingt), dass, wie oft in der Arbeitssoziologie, Unternehmens- oder Betriebsfälle beforscht werden und trotz der subjektorientierten Ausrichtung hier auch nicht (oder nur bedingt) die Untersuchung von Personenfällen. Zentraler Gegenstand bzw. die primär fokussierte Untersuchungsebene sind die genannten Tätigkeiten. Gleichwohl waren die durchaus aufwendig erfassten Informationen zu den Unternehmen unverzichtbar für die Forschungen, genauso, wie es entscheidend und letztlich methodisch auch unvermeidbar war, konkrete Beschäftigte und ihre jeweiligen Tätigkeiten mit differenzierter Methodik zu betrachten und ihre Situation zu verstehen.

4.2 Erhebungsmethoden, erhobenes Material und Erhebungsphasen

Zur Erfassung und analytischen Rekonstruktion der exemplarisch zu untersuchenden Tätigkeitsfelder und der dort zu findenden Konstellationen von Zeit- und Leistungsdruck (Bedingungen, Formen, Folgen, Umgangsweisen) in konkreten Arbeitskontexten wurde, wie eben erläutert, ein explorativ-fallstudienartiges auf Tätigkeits-Fälle konzentriertes, aber die Unternehmens- und Personenebene einbeziehendes Vorgehen gewählt (Pongratz/Trinczek 2010, sa. Thomas 2011, Hamel et al. 1993, Yin 2013).

Dies bedingte Erhebungsmethoden, die es zulassen, mit einem „offenen" und sich im Forschungsprozess schrittweise entwickelnden Vorgehen neue Einsichten zu gewinnen und ungeklärte Phänomene aufzudecken. Dazu wurden als zentrale Methodik

- ethnografisch orientierte teilnehmende Beobachtungen mit begleitenden Befragungen zu jeweils einem ganzen Arbeitstag (vgl. Hoffmann/Weihrich 2011) bei einer kleineren Zahl von Beschäftigten durchgeführt und diese mit
- leitfadengesteuerten themenzentrierten Intensivinterviews (Witzel 2000) von durchschnittlich 90 Minuten Dauer (Audioaufzeichnung, Protokollnotizen) bei den begleiteten sowie bei weiteren ausgewählten Vertretern der spezifischen Tätigkeitsbereiche kombiniert.

Dies wurde ergänzt um

- ausführliche Expertengespräche (vgl. Bogner et al. 2005, Gläser/Laudel 2010, Meuser 1991) mit den erfassten betrieblichen Führungs- und Funktionskräften,
- Standortbegehungen und Teilnahme an betrieblichen Leitungs- und Interessenvertretungssitzungen mit Vorstellung und Diskussion des Projekts (z.T. mehrfach) sowie
- Dokumentenanalysen öffentlich zugänglicher sowie interner Materialien zu den Unternehmen.

Alle Expertengespräche, Interviews und die Begleitungen wurden gezielt von einschlägig forschungserfahrenen Personen als Teamprozesse durchgeführt, audiotechnisch und mit umfangreichen Protokollnotizen zum Erhebungsablauf aufgezeichnet sowie direkt nach den Erhebungen noch vor Ort durch erste intensive Analysediskussionen vertieft, deren Ergebnisse ebenfalls festgehalten wurden.

Die eingesetzten Erhebungsmethoden wurden in jedem Unternehmen in mehreren aufeinander aufbauenden Phasen eingesetzt, in denen die Erhebungen mit Auswertungsschritten iterativ verkoppelt wurden. Auf diese Weise konnten sich ergebende Erkenntnisse in den weiteren Erhebungsverlauf und dazu in die Gestaltung und dann Weiterentwicklung der jeweiligen Erhebungsinstrumente („Leitfäden") eingehen:

- Kern einer ersten Erhebungsphase waren die Experteninterviews (N = 11), die vor Ort in den beteiligten Unternehmen durchgeführt wurden. Diese dienten dazu, einen Überblick über die Organisationsstrukturen der Unternehmen sowie zu den gegebenen Arbeitsbedingungen und -anforderungen zu erhalten und bereits mögliche Faktoren, die die Entstehung von Zeit- und Leistungsdruck begünstigen könnten, zu identifizieren. Befragt wurden zum einen Vertreter des höheren Managements (insbesondere der Geschäftsfüh-

Untersuchungsmethodik 39

rung und des Personalbereichs) und Mitglieder der betrieblichen Interessenvertretung der Beschäftigten, um Einblicke hinsichtlich der folgenden Themen zu gewinnen: Unternehmens- und Personalentwicklung, wirtschaftliche Situation des Unternehmens, Relevanz bzw. Existenz von Gesundheitspräventionsmaßnahmen, Betriebsklima und Unternehmenskultur. Zusätzlich wurden öffentlich zugängliche und interne Dokumente der Unternehmen erhoben (Geschäftsberichte, Materialien zur Unternehmensstruktur, Internetauftritte, Organisationsdaten aller Art, z.T. Ergebnisse von Mitarbeiterbefragungen usw.). Ziel war dabei, ergänzende Informationen zu den Erkenntnissen aus den Expertengesprächen zu gewinnen. Diese Daten dienten als Hintergrundinformation für die nachfolgenden Erhebungsphasen. In allen Unternehmen gingen den Expertengesprächen ausführliche vorbereitende Gespräche bei teilweise mehrfachen Besuchen (oft mit Standortbegehungen) mit leitenden Unternehmensvertretern (regelmäßig in Verbindung mit einer ausführlichen Vorstellung des Projekts vor Leitungs- und Interessenvertretungsgremien, teilweise mehrfach) zur Sicherung des Zuganges, zur Vorbereitung der Erhebungen und zur Erlangung weiterer Informationen voraus. Gerade auch diese eher informellen (aber für die Kontakte und den Forschungsverlauf sehr bedeutsamen) Gespräche erwiesen sich als informativ und waren gewinnbringende Ergänzungen der Expertengespräche und Dokumentenanalysen.

- In einer zweiten Erhebungsphase wurden die ethnografischen Felderhebungen in Form der teilnehmenden Beobachtungen mit begleitenden Befragungen durchgeführt, deren Dokumentation mithilfe strukturierter Beobachtungsprotokolle und Audioaufzeichnungen erfolgte (N = 12). Die Auswahl der Personen und die Konstruktion der Leitfragen erfolgten unter Rückgriff auf die Erkenntnisse der ersten Phase. Dieses Vorgehen machte auf sehr intensive Weise den Arbeitsalltag und die dabei auftretenden Abläufe, Anforderungen, Belastungen und Umgangsweisen der Mitarbeiter für die Forscher in ihrer Komplexität unmittelbar erfahr- und erfassbar. Im Gegensatz zu einer gesonderten Befragung ermöglicht diese Methode eine unmittelbare und unverzerrte Abbildung des tatsächlichen Verhaltens der Probanden im Arbeitsalltag und die Reaktion auf eintretende Situationen, die mit Zeit- und Leistungsdruck einhergehen.
- Auf Basis der gewonnenen Daten wurden in einer dritten Phase mit den zuvor begleiteten sowie weiteren Probanden leitfadengestützte themenzentrierte Intensivinterviews durchgeführt (N = 28). Dabei wurden die erlangten Erkenntnisse aus der Beobachtung gemeinsam mit den Probanden reflektiert und vertieft, um so detailliertere Erkenntnisse erhalten zu können und die vierte Phase vorzubereiten. Ziel war hier, die subjektiven Erfahrun-

gen und Beschreibungen der Probanden mit den objektiven Daten, die in den Beobachtungen gewonnen wurden, in Beziehung zu setzen.
– Eine vierte Phase umfasste nach einem gewissen zeitlichen Abstand und nach ersten systematischen Auswertungen der bis dahin erhobenen Daten weitere leitfadengestützte Interviews (N = 11) in Form einer Kombination aus Betroffenen- und Expertengespräch. Die Auswahl der Befragten sowie die Leitfadenkonstruktion dafür erfolgten auch hier vor dem Hintergrund der Erfahrungen aus den vorangegangenen Erhebungsphasen. Ein spezifisches Ziel war, bereits gewonnene Erkenntnisse durch Einschätzungen der Experten zu vertiefen und damit auf eine breitere empirische Basis zu stellen. Ausgewählt wurden Beschäftigte mit einem breiteren organisatorischen Überblick und spezifischen Kenntnissen zum Projektthema (z.B. aus der Personalverwaltung). Die Gespräche erfolgten u.a. auf Basis durch die Forschergruppe zur Verfügung gestellter kurzer empirischer Zwischenberichte.

Tab. 1: Übersicht Erhebungsphasen

Unternehmen	TID	PAG	KKH	Gesamt
Erhebungs-phase 1	4 Experten-interviews	4 Experten-interviews	3 Experten-interviews	11 Experten-interviews
Erhebungs-phase 2	4 Begleitungen	4 Begleitungen	4 Begleitungen	12 Begleitungen
Erhebungs-phase 3	4+5 Interviews	4+6 Interviews	4+5 Interviews	28 Interviews
Erhebungs-phase 4	3 Interviews	5 Interviews	3 Interviews	11 Interviews
Gesamt	20 Erhebungen	23 Erhebungen	19 Erhebungen	62 Erhebungen

Die für alle Methoden eingesetzten Erhebungsinstrumente hatten den Charakter von themenzentrierten „Leitfäden". Diese wurden situativ offen eingesetzt, sodass sich ihre Anwendung flexibel dem Erhebungsverlauf anpassen konnte und sollte. Die Instrumente waren auch inhaltlich „offen", da zwar der Themenkern immer gleich blieb, mit jedem Untersuchungsschritt aufgrund der gemachten Erfahrungen Modifikationen zugelassen wurden. Zudem wurden die Instrumente für jede Erhebungsphase spezifisch vor dem Hintergrund der vorherigen Erfahrungen entwickelt.

Untersuchungsmethodik 41

Diese gezielte Kombination von Methoden unterschiedlicher Ausrichtung, die in mehreren aufeinander aufbauenden Phasen durchgeführt wurden und umfangreiche Materialien aus insgesamt 62 Erhebungen bei 50 Probanden ergaben, hatte den Vorteil, vor dem Hintergrund des vorliegenden Wissens über die Unternehmen schrittweise vertiefend, tätigkeits- und personennah den Arbeitsalltag von Beschäftigen und darin dann die Betroffenheit von Zeit- und Leistungsdruck rekonstruieren und dann analysieren zu können. Insbesondere die ganztätigen Begleitungen erwiesen sich in der Verbindung mit den zusätzlich durchgeführten Intensivinterviews als überaus substanziell und dann während der abschließenden Gesamtauswertungen als bedeutsam für die Erarbeitung eines differenzierten Verständnisses der Tätigkeitsbereiche und daraus abzuleitender Gesamterkenntnisse, das durch reine Befragungen so nicht hätte gewonnen werden können.

4.3 Praktischer Untersuchungsverlauf

Der praktische Untersuchungsverlauf in den Jahren 2012 bis 2014 vollzog sich einerseits problemloser als zuerst (auch angesichts des für Betriebe möglicherweise nicht unheiklen Themas Zeit- und Leistungsdruck) erwartet. Andererseits erwiesen sich die Kontakte zu den Unternehmen und die Durchführung der Erhebungen als erheblich aufwendiger als geplant:

Der Zugang zu den drei Unternehmen entstand in zwei Fällen durch bestehende Kontakte zu leitenden Mitarbeitern (unter anderen vor dem Hintergrund ehemaliger Tätigkeiten im Unternehmen). Schon bei den ersten Kontakten zeigte sich ein großes Interesse der Unternehmen, an der Untersuchung mitzuwirken, weil (was mehr oder weniger explizit deutlich wurde) Fragen sich verändernder und steigender Belastungen ein drängendes Thema waren – u.a. durch dahingehend besorgniserregende Ergebnisse von Mitarbeiterbefragungen.

Die konkrete Sicherung des Zuganges und die Organisation des Forschungsablaufes erwiesen sich dann aber als zum Teil nicht unkompliziert. Meist waren Abstimmungen mit mehreren leitenden Mitarbeitern und/oder Gremien erforderlich, die zwar immer positiv verliefen aber häufige Reisen an zum Teil weit entfernte Orte und häufige Telefonkontakte erforderten.

Die ausgewählten Probanden erwiesen sich als sehr bereit, persönlich Auskunft zu geben, sich den zeitintensiven Interviews zu stellen und sogar bis ins Detail bei den Begleitungen sich ‚über die Schulter' schauen zu lassen (einschließlich unmittelbarer Beteiligungen des Teams bei aufwendigen Operationen im Krankenhaus). Auch bei der konkreten Durchführung der Prozesse in den Betrieben erwiesen sich die Begleitungen und das Arbeiten in aufeinander aufbauenden Phasen als besonders hilfreich:

Dadurch entstand zum einen regelmäßig ein Vertrauensverhältnis, das alle weiteren Kontakte mit den Betreffenden, ihrem Umfeld und den Organisationen insgesamt sehr erleichterte. Zum anderen konnte bei jedem weiteren Untersuchungsschritt mit einem vertieften Verständnis für das Feld aufgetreten werden. Die dann durchgeführten teils schriftlichen, teils zusätzlich direkt am Ort vor Gremien vorgestellten Zwischenberichte hatten eine ähnliche Wirkung und gaben nicht zuletzt auch dem Forschungsteam die wichtige Rückmeldung auf dem „richtigen Weg" zu sein – sie erforderten aber einen hohen Aufwand.

4.4 Auswertung

Auf der Grundlage des Designs wurden verschiedene, an die dargestellten Erhebungsmethoden angepasste qualitative Auswertungsmethoden in aufeinander aufbauenden Schritten angewandt. Ziel war dabei, vom unmittelbaren Datenmaterial über eher erhebungsfallnahe interpretatorische Schritte zu materialübergreifenden allgemeineren typisierenden Aussagen zu kommen.

4.4.1 Datenerfassung und Aufbereitung

Die Experteninterviews wurden digital als Audiofiles erfasst, verschriftlicht und als Textfile gespeichert. Die begleitenden Beobachtungen wurden von den zwei Interviewern des Teams jeweils getrennt in strukturierten Protokollbögen handschriftlich parallel zum Ablauf des Arbeitstages dokumentiert, danach in einem gemeinsamen diskursiven Prozess abgeglichen und integriert sowie datentechnisch verschriftlicht, und schließlich ebenfalls als redigierter Textfile gespeichert. Die themenzentrierten Intensivinterviews wurden digital aufgezeichnet, nach einheitlichen Transkriptionsregeln (vgl. Kleemann et al. 2009) verschriftlicht, anschließend gegenüber der Audioaufzeichnung geprüft und redigiert. Alle Textdokumente wurden mit MAXQDA erfasst und kategorial organisiert („codiert"). Diese umfangreichen Dokumente bildeten zusammen mit den Protokollen zu den Felderfahrungen die Grundlage aller weiteren Auswertungsschritte.

4.4.2 Materialnahe formale Auswertungsschritte

Die Auswertung der Experteninterviews erfolgte sequenziell-thematisch, d.h. es wurden Sequenzen zu größeren Themenfeldern zusammengefasst und inhaltsanalytisch ausgewertet um relevante Experteninformationen stärker fokussieren und extrahieren zu können. Die Analyse erfolgte dabei stark einzelfallbasiert (hier: auf Einzelinterviewebene) und nur begrenzt fallkontrastierend, da durch das Expertenwissen überblicksartig Informationen über das jeweilige Unternehmen ermittelt werden sollten. Die gewonnenen Erkenntnisse wurden thematisch für jedes Unternehmen gebündelt und für die weiteren interpretatorischen Auswertungen sowie insbesondere auch für die Erstellung der Unternehmensprofile verwendet.

Die erste Auswertung der Beobachtungen (Phase zwei) erfolgte mittels MAXQDA, wodurch die Protokollinhalte weiter vereinheitlicht und kategorisiert wurden, um relevante Informationen für die anschließenden Interviews der Erhebungsphase drei zu identifizieren. Die Auswertung erfolgte auch hier zunächst auf den einzelnen Erhebungsfall bezogen und darüber dann tätigkeits- bzw. unternehmensspezifisch.

Die erste Auswertung der Intensivinterviews (Phasen drei und vier) erfolgte ebenfalls mittels der Datenanalysesoftware, mit der das Material in Sequenzen zerlegt und anschließend nach einerseits thematisch abgeleiteten Begriffen, andererseits nach aus den Materialien gewonnenen Kategorien vororganisiert wurde. Den Kategorien wurden anschließend schrittweise systematisierende und abstrahierende Codes zugewiesen, aus denen dann ein geschlossenes mehrstufiges Codesystem gebildet wurde. Auf Basis der Vercodung wurde es dann möglich die Interviews zunächst tätigkeits- bzw. unternehmensspezifisch auf der Grundlage einheitlicher Kategorien und Codierungen kontrastiv-interpretativ auszuwerten.

Die vom Projekt genutzte Methode der unmittelbaren Datenanalysemethode basiert auf einer modifizierten Anwendung der meist als „Theoretisches Codieren" bezeichneten Auswertungsstrategie der aus der US-amerikanischen Sozialforschung stammenden Grounded Theory (Strauss 1991, Strauss/Corbin 1996, Strübing 2004, Glaser/Strauss 2005, siehe auch Flick 2007). Das Codieren wird dabei als zentraler Prozess der unmittelbaren Datenanalyse (aber noch nicht der Interpretation) verstanden und dient dazu, das Material sukzessive vom Einzelfall weg, hin zu abstrakten und verallgemeinerten Beziehungen zwischen Kategorien und Merkmalen zu analysieren. Inhalt des Codierens ist somit der ständige Vergleich zwischen Phänomenen, Begriffen, Fällen usw.

Dieses komplexe Verfahren konnte und sollte jedoch nicht vollständig auf die hier erhobenen Daten angewendet werden, da es eine prinzipiell vollständige Offenheit bei der Datenanalyse voraussetzt. Durch den im Auftrag vorgegebenen engen Bezug auf Zeit- und Leistungsdruck (mit vordefinierten Teilfragen) waren zentrale Grundkategorien der Auswertung bereits vorab festgelegt, sodass die Methode den Bedingungen entsprechend angepasst bzw. mit weiteren Methoden bzw. Prinzipien kombiniert wurde (bspw. mit Anleihen aus den Prinzipien der Dokumentarischen Methode zur Erfassung des immanenten Sinngehaltes von Texten (Bohnsack 2001, allgemein auch Kleemann et al. 2009). Zentral blieb aber der Einsatz der Codierarten („offenes" und „axiales" Codieren) als Instrumente der Datenanalyse, die die Forschungsperson zielgerichtet einsetzen und miteinander kombinieren kann. Diese Methode ist zwar im ersten Schritt einzelfallbezogen angelegt (bezogen auf den Interview- bzw. Begleitungsfall), dient dann aber dazu fallübergreifend (hier: auf den Tätigkeitsfall bezogen) auszuwerten und verbindet, wie häufig in der qualitativen Sozialforschung, induktive und deduktive Elemente (vgl. Flick 2007: z.B. 394).

4.4.3 Materialübergreifende interpretatorische Auswertung

Formal gesehen aufbauend auf die materialnahen Auswertungen, praktisch aber in ständiger iterativer Vermittlung mit den primären Materialien (Interviewtranskripte, Begleitungsprotokolle, Unternehmensdokumente) und den materialnahen Auswertungen, erfolgten tiefergehende Auswertungen. Diese lösten sich vom engeren Material und strebten materialübergreifende Befunde und damit stärker verallgemeinernde Ergebnisse bzw. abstraktere Erkenntnisse an. Dazu sei noch einmal daran erinnert, dass auf verschiedenen Ebenen von „Fall" operiert wurde (Unternehmensfall, Tätigkeitsfall, Personenfall/Erhebungsfall), zentral aber der „Tätigkeits-Fall" war.

Die Erarbeitung von übergreifenden Befunden und allgemeineren Erkenntnissen erfolgte auf dem Wege einer empirisch basierten („grounded") interpretierenden Deutung des Materials. Dabei wurden gedankliche Verdichtungen charakteristischer Merkmale zuerst der einzelnen personenbezogenen Erhebungsfälle (und ansatzweise sogar der Unternehmensfälle) und dann darauf aufbauend über einen Vergleich von Materialien typische Merkmale der drei fokussierten Tätigkeitsfälle (Tätigkeit von technischen Führungskräften, Lehrkräften, Ärzten und des darin auftretenden Zeit- und Leistungsdrucks) erarbeitet. Ziele der Interpretationen waren sich nach und nach vom Material lösende allgemeinere theoretische Aussagen, die jedoch auf Basis systematischer Auswertungen und verdichtender Deutung des exemplarischen Materials erfolgten und damit eine Kombination aus schrittweiser Verdichtungen induktiv gewonnener Befunde und damit vermittelter abduktiver[6] (partiell auch theoriegeleitet deduktiver) deutender Schlüsse darstellten. Ein solches Vorgehen erfolgt notwendig in einem den gesamten Forschungsverlauf begleitenden Prozess einer kontinuierlichen Vermittlung von Erhebung und materialnaher Auswertung, interpretierenden Abwägungen und gedanklich abstrahierenden Verdichtungen sowie nicht zuletzt den verschiedenen Stufen der erneut mit interpretativen Verdichtungen einhergehenden Verschriftlichung (nicht zuletzt der Abfassung dieses Berichts). Nicht nur die Erhebungen, sondern auch alle in dieser Weise auswertenden Arbeitsschritte wurden gezielt zur Sicherung der interpretativen Validität als koopera-

---

6 Mit „abduktiv" wird in der qualitativen Sozialforschung eine dritte Schlußform neben „induktiven" und „deduktiven" bezeichnet (vgl. Reichertz 2011).

tive und diskursive Teamprozesse durchgeführt. Das Projekt hat dazu ein mehrschrittiges Vorgehen gewählt:

4.4.3.1 Kategorisierende Interpretationen

Unternehmensprofile: Eine erste Stufe der Verallgemeinerung bestand darin, dass auf Basis des Materials die Kooperationsbetriebe ausführlich beschrieben und auch interpretierend analysiert wurden. Ziel dieses ansatzweise als Betriebsfallanalyse zu verstehenden Schritts war es, damit einen substanziellen Informationshintergrund zum Verständnis und dann zur Interpretation des Materials zu erhalten.

Analyserahmen: Ein zweiter im Ansatz so anfangs nicht geplanter, sich dann aber schon früh als hilfreich und notwendig erweisender Schritt war die Erarbeitung eines empirisch basierten allgemeinen Analyserahmens, mit dem die verschiedenen Forschungsebenen und ihre Zusammenhänge explizit gemacht und analytisch präzisiert werden konnten und in einem ersten Zugriff zentrale Begriffe gesetzt wurden. Dieser Rahmen begleitete dann durchgehend die weiteren Auswertungen als unverzichtbare Orientierungshilfe – und der hier auch dem Leser als Orientierung dienen soll.

Deskriptive Systematisierung der Detailbefunde: Ein sehr aufwendiger, sich aber gleichfalls als unverzichtbar erweisender nächster Schritt war die Erstellung einer systematisierend beschreibenden Übersicht mit dazu einzuführenden Kategorien zu den im Material zu findenden und damit empirisch erfassten Entstehungsbedingungen, Formen und Folgen von Zeit- und Leistungsdruck sowie zu den Umgangsweisen von Betroffenen. Dies erwies sich einerseits als hilfreich, um einen Überblick über die große Zahl von empirischen Detailbefunden zu erhalten. Andererseits wurde dies notwendig, um die schon früh erkannte Einsicht zu verdeutlichen, dass der mit dem Auftrag vorgegebene Blick auf das gesamte Geschehen von Zeit- und Leistungsdruck im Material eine höchste komplexe Befundlage enthüllte. Kurz: einfache Aussagen erwiesen sich als sehr schwierig, allein schon wenn es darum geht zu zeigen, was Zeit- und Leistungsdruck empirisch eigentlich genau ist. Diese Einsicht sollte und musste für die weiteren und dann stärker verdichtenden (und notwendig vereinfachenden) Auswertungen festgehalten werden.

4.4.3.2 Typisierende Interpretationen

Kern der Erarbeitung von Befunden bzw. verallgemeinernden Erkenntnissen war, wie angedeutet, eine schrittweise vertiefende Interpretation des Materials.

Tätigkeitsanalyse und Vergleich: Zentral waren dabei Analysen der drei erfassten Tätigkeitsbereiche, mit dem Ziel materialübergreifend, d.h. sich von den einzelnen Personen-Fällen lösend charakteristische Merkmale der „Tätigkeits-Fälle" zu erarbeiten. Spätestens hier wurde aus einer reinen induktiven Verdichtung nach und nach eine typisierend interpretierende konstruktive Verdichtung.

Dies begann gleichwohl erst einmal mit einer gleichfalls als ‚typisierend' zu sehenden Analyse der einzelnen Erhebungs-Fälle mit einer interpretativen Suche nach dem Typischen im Einzelfall – wobei ausgewählte besonders substanzielle Fälle („Kernfälle" vgl. Przyborski/Wohlrab-Sahr 2014) sehr intensiv diskursiv im Sinne einer hermeneutischen Fallanalyse interpretiert wurden, um ein vertieftes Verständnis der allgemeineren Substanz des Materials zu erhalten. Ziel war jedoch die Ausarbeitung einzelfallübergreifender Beschreibungen typischer Merkmale der Tätigkeiten und insbesondere darin zu findender typischer Konstellationen von Zeit- und Leistungsdruck für jeden der drei Tätigkeitsbereiche. Dem schloss sich ansatzweise ein Vergleich der Tätigkeitsfälle an, mit dem Ziel darüber schon zu weitreichenden Verallgemeinerungen zur Projektfragestellung zu kommen.

Typologie von Umgangsweisen mit Zeit- und Leistungsdruck: Eine abschließende Interpretations- und Verallgemeinerungsstufe war mit einem Wechsel der Perspektive verbunden: eine die Betriebs-, Tätigkeit- und Personenebene und den Blick auf die Vielgestaltigkeit des Materials endgültig verlassende typisierende ‚Suche' nach insgesamt identifizierbaren allgemeinen Formen des „Umgangs" mit Zeit- und Leistungsdruck. Diese als wichtige Teilfragestellung des Projektes ausgewiesene Thematik nahm nun zwar im engeren Sinne das „Subjekt" (also die Beschäftigten) in den Fokus – aber nicht die konkreten empirisch erfassten Personen (die „Personen-Fälle"), sondern auch hier mit dem Ziel typische subjektbezogene Konstellationen in jeder Hinsicht fall-übergreifend zu ermitteln.

4.5 Qualitätssicherung und Form der Ergebnispräsentation

Die in diesem Bericht dargelegten Befunde gelten im engeren Sinne nur für die erfassten Tätigkeiten in den Kooperationsunternehmen zum Zeitpunkt der Erhebungen. Ausführungen zu Häufigkeiten und Veränderungen sind daher nur eingeschränkt valide und weitergehende Schlüsse sind unter diesem Vorbehalt zu betrachten. Insbesondere Aussagen zu Veränderungen beruhen auf retrospektiven Angaben der Probanden und nicht auf erhobenen Längsschnittdaten.

Untersuchungsmethodik 47

Im Vorstehenden wurde bewusst sehr ausführlich geschildert, wie das Projekt methodisch gearbeitet hat, auch um zu erläutern, wie eine Sicherung der Forschungsqualität angelegt wurde. Dazu noch einmal gesondert folgende Ausführungen zu „Kontrollmechanismen" während des Forschungsprozesses:

Qualitätssicherung: Die Qualitätssicherung erfolgte im Rahmen des Projektes sowohl in der Phase der Felderschließung, Fallauswahl und Datengenerierung wie auch im gesamten Verlauf der direkten Datenauswertung und interpretativ abstraktifizierenden Ergebniserarbeitung, einschließlich der Verschriftlichung bzw. Präsentation.

Bei der Datengenerierung kamen folgende Strategien zum Einsatz:

- Systematische intersubjektive Kontrolle während der Datenerhebung durch Untersucher-Triangulation (Denzin 2009), d.h. alle Interviews und wissenschaftlichen Beobachtungen bzw. Begleitungen werden von mindestens zwei Forschern durchgeführt.
- Breit angelegte Daten-Triangulation durch Nutzung verschiedener in den Untersuchungsphasen eingesetzter Erhebungsmethoden auf Basis sich iterativ im Zuge fortschreitender Auswertungen entwickelnder Instrumente und damit mehrerer sich optimierender Datenquellen (Unternehmensdokumente, Interview- und Begleitungsdaten, Feldprotokolle, usw.).

Durch den Einsatz verschiedener Erhebungsmethoden und damit unterschiedlich generierter Daten (Datentriangulation) bei einer gleichzeitigen Untersuchertriangulation durch den Einsatz mehrerer Interviewer/Beobachter/Forscher für denselben Forschungsgegenstand soll das Risiko einer einseitig subjektiv konstruierten Realität durch die Probanden oder einer Verzerrung durch Interview- oder Beobachtungsfehler minimiert werden.

Zur Qualitätssicherung im gesamten Auswertungs- und Ergebnisproduktionsprozess fanden die folgenden Strategien Anwendung:

- Datendokumentation nach vorgegebenen Kriterien sowie Ausarbeitung und Anwendung eines einheitlichen mehrstufigen Codesystems zur Sicherung der inhaltlichen Ausrichtung der Auswertung an den Forschungsfragen und Schwerpunktsetzungen.
- Zunehmende Qualifizierung und Verdichtung der Auswertungen begleitend zum gesamten Forschungsprozess und damit schrittweise tiefergehende Interpretation und typisierende Abstraktifizierung der Erkenntnisse.
- Kommunikative Validierung aller Auswertungs- und Interpretationsschritte sowie der Ergebnisaufbereitung bzw. Präsentation. Zentral waren dabei regelmäßige, aufwendige interne forschungsprozessbegleitende Auswertungssitzungen des Forschungsteams. Hinzu kamen mehrfache methodisch

orientierte Auswertungs- und Ergebnispräsentationsworkshops sowie mehrfache Vorstellungen des Vorgehens und von Zwischenergebnissen in Sitzungen des Forschungsbeirates. Außerdem erfolgte eine externe diskursive Validierung von Vorgehen und Forschungsergebnissen im Rahmen mehrfacher Zwischenpräsentationen sowie im Rahmen der Interviews der vierten Erhebungsphase.
– Eine hohe Detaillierung, Systematisierung und Transparenz in der Darstellung der empirischen Arbeits- und Auswertungsschritte über den gesamten Forschungsverlauf sowie der Präsentation der interpretatorischen Zwischen- und Endergebnisse.

Präsentationsform: Im Sinne der angestrebten Detaillierung, Systematisierung und Transparenz zum empirischen interpretierenden Vorgehen wurde (wie in der einschlägigen Forschung meist üblich) bewusst eine sehr ausführliche Form der Darstellung gewählt. Diese umfasst im Detail zum einen die oben vorgestellte Beschreibung und Begründung aller empirischen Arbeitselemente und Arbeitsschritte und zum anderen die im folgenden Kapitel darauf aufbauend ebenfalls schrittweise umfangreiche Darstellung der Projektergebnisse.

Bei der Präsentation der Projektergebnisse wird eine Darstellungsform gewählt, die an mehreren Stellen exemplarische Elemente direkt aus dem Primärmaterial (i.d.R. Wortzitate) verwendet – zum Teil auch ausführlich. Diese verstehen sich als exemplarische Verdeutlichungen des Gemeinten, mit dem Ziel einer Plausibilisierung der interpretierenden Aussagen. In den Darstellungen wird so weit wie möglich versucht, sowohl die Unternehmen und deren Teilbereiche wie insbesondere auch die erfassten Beschäftigten zu anonymisieren bzw. durch veränderte Merkmale maximal zu verschleiern (z.B. durch veränderte Namen, Funktionen, Details von Aussagen usw.). Aus diesen Gründen wird auch durchgehend eine männliche Form für die Kennzeichnung von Personen gewählt, die als neutrale Bezeichnung verstanden werden soll. Teilweise wurden zudem Aussagen gekürzt und/oder geringfügig redaktionell bearbeitet (z.B. Grammatik, Dialekt usw.), um die Verständlichkeit zu erhöhen, ohne den Sinn zu verändern.

Die anschließende Darstellung der Projektergebnisse folgt im Wesentlichen der vorgestellten schrittweisen Ablauflogik der Auswertungen und Ergebniserarbeitung.

5 Unternehmensprofile der erfassten Dienstleistungsorganisationen

Die Untersuchung wurde in drei exemplarisch ausgewählten Unternehmen aus kontrastierenden Dienstleistungsbranchen durchgeführt: ein regionales Krankenhaus, ein privatwirtschaftlicher Aus- und Weiterbildungsanbieter, ein Teilunternehmen eines Logistikdienstleisters. Im Folgenden werden die drei Unternehmen entlang ausgewählter Aspekte beschrieben. Basis der Darstellungen sind allgemein zugängliche Informationen (z.B. aus der Selbstdarstellung der Unternehmen im Internet oder Presseberichte), dem Projekt zur Verfügung gestellte offizielle betriebliche Informationen (bspw. Geschäftsberichte), teilweise auch interne Materialien (bspw. Beschäftigtenbefragungen) sowie die Eindrücke aus den Beobachtungen in den Betrieben sowie die Experten- und Beschäftigteninterviews. Die Unternehmen werden in anonymisierter Form vorgestellt: Eigennamen sind verändert; viele weitere Informationen sind eher allgemein gehalten oder verändert.

5.1 Kreiskrankenhaus S-Stadt gGmbH

Das Kreiskrankenhaus S-Stadt (im Folgenden: KKH) ist eine gemeinnützige GmbH in kommunaler Trägerschaft.

Unternehmensentwicklung

Mit Beginn der 1990er Jahre haben sich die ökonomischen Rahmenbedingungen für die deutschen Krankenhäuser und somit für die stationäre Versorgung fundamental geändert (vgl. u.a. Koch-Falkenberg/Weiß 2012, Koch 2009). Vor allem ein wachsender ökonomischer und politischer Druck wurde zu einem ständigen Begleiter der Mitarbeiter auf allen Hierarchieebenen. Insbesondere im Zuge der Veränderungen der Krankenhausfinanzierung durch die Abkehr vom „Selbstkostendeckungsprinzip", die mit der Einführung des DRG-Systems („Diagnosis Related Groups") ihren vorläufigen Endpunkt gefunden hat, ergab sich auch für das KKH die Notwendigkeit verschiedenster Anpassungen an diese neue Situation. So wurden die klassischen Servicebereiche etwa für Reinigung, Küche oder Transportdienst in eine Krankenhausgesellschaft S-Stadt mbH (KKS) ausgelagert. Auch die 2007 erfolgte Gründung eines Medizinischen Versorgungszentrums mit drei Fachrichtungen und die Auslagerung der Radiologie mit ambulanter Struktur zur stationären Nutzung ist die konsequente Umsetzung der neuen Strategie der DRG-Richtlinien. Die Anwendung des DRG-Systems erschwert zum einen die Planung für das Haus insgesamt. Zum anderen führt die ökonomische Logik des DRG-Systems zu veränderten Arbeitsstrukturen des Chefarztes und zu Konflikten mit ihm unterstellten Ärzten hinsichtlich medizinischer Notwendigkeiten. Hier ist besonders die Verkürzung der Behandlungszeit des Patienten zu nennen. Das Credo: „Kein Tag ohne Prozedur am Patienten" fordert von den Mitarbeitern zeit-ökonomisch effiziente Arbeit. Wobei der Patient korrekt gemäß den medizinischen Standards zu behandeln ist und dies gegenüber dem Medizinischen Dienst und der Krankenversicherung nachgewiesen werden muss. Daraus ergibt sich ein verstärkter Dokumentationsaufwand, Mehrarbeit und Abstimmungsbedarf bei Ärzten und Pflegepersonal.

Mit den DRGs hat sich ein neues Abhängigkeitsverhältnis der Verwaltung von der Zuarbeit des medizinischen Personals etabliert. Um eine Abrechnung erstellen zu können, benötigt die Verwaltung Informationen über die vercodeten Prozeduren durch das medizinische Personal, die nach dem Leistungserbringerprinzip die Dokumentationspflicht zu Diagnose und Behandlung haben. Dabei muss begründet werden, dass die Behandlung zweifelsfrei notwendig war. Die hierbei angewandten parallelen Logiken, also auf der einen Seite die medizinische Sicht und auf der anderen Seite die Abrechnungssicht erschweren die Arbeit beider Parteien. Auch die parallel existierenden papierenen Patientenakten und die elektronischen Akten im Krankenhausinformationssystem (KIS) sind Ausdruck dieser Arbeitsweise. Alle Schritte werden in beiden Systemen erfasst. Die Arbeit erfordert ein tiefes Verständnis der Wechselwirkung bzw. der theoretischen Funktionsweise der beiden Systeme seitens der Beschäftigten und bedarf darüber hinaus eines beständigen Informationsflusses zwischen beiden Systemen. Mit den gesammelten Informationen werden die Abläufe und Behandlungsverläufe an die DRG-Vorgaben angepasst, dass somit zu einem lernenden System reift. Der Fachkräftemangel ist ebenfalls ein großes Thema für das KKH. Erlaubte die Bewerberüberzahl früher noch eine Auswahl durch das jeweilige Krankenhaus, wählen sich heute die Ärzte und Pflegekräfte die Institution aus. Somit können die Bewerber entsprechende Forderungen an das Haus stellen und somit tendenziell sehr früh viele Kompetenzen erhalten. Diese Zugeständnisse schränken daher die bestehenden Machtbefugnisse des Chefarztes ein.

Leistungs-, Organisations- und Beschäftigungsstruktur

Das KKH ist ein kommunales Krankenhaus mit 250 Betten und einem Jahresumsatz von ca. 30 Mio. Euro (2014), das zusammen mit anderen Häusern der Region organisiert ist und die stationäre Gesundheitsversorgung und gesundheitliche Nothilfe sowie in Teilen die ambulante Versorgung in der Region sichert. Diese Aufgabe, Größenordnung und Struktur prägt die Organisation und die Situation der Beschäftigten nachhaltig. Im Tagesgeschäft ist die Holding nahezu bedeutungslos – ganz im Gegensatz zu den Vorgaben des Landeskrankenhausplans, der das Angebot an Fachrichtungen regelt.

Die Entwicklung der Fachrichtungen unterliegt dann wieder alleinig der Entscheidung der Geschäftsführung des KKH, die keine reine Profitorientierung anstrebt. Eine Mischfinanzierung ermöglicht den Betrieb eines kleinen, frisch sanierten Krankenhauses mit sehr moderner Atmosphäre. Dies wird von den Angestellten und Patienten als besonders positiv erlebt und stellt den größten Pullfaktor für die hier Arbeitenden dar, die das Krankenhaus als Haus mit familiärem und persönlichem Charakter erleben. Die stationären Leistungen werden von den Krankenkassen getragen, die ambulanten von der Kassenärztlichen Vereinigung und die bauliche sowie die gerätetechnische Ausstattung sind über Pauschalbeträge des Bundeslandes finanziert.

Intern gliedert sich das Haus in das eigentliche Krankenhaus mit einer Regelversorgung auf Basis von 250 Betten in die Kliniken für Innere Medizin, Chirurgie und Gynäkologie/Geburtshilfe sowie Hals-Nasen-Ohren-Heilkunde. Organisatorisch ist das Haus wie fast alle Krankenhäuser in drei Arbeitsbereiche (ärztlicher Dienst, pflegerischer Dienst und Verwaltung) aufgeteilt, die zugleich die organisatorischen Säulen darstellen und der Entscheidungsgewalt der kaufmännischen und ärztlichen Geschäftsführung unterliegen.

Personelle Basis des KKH sind fast 400 Mitarbeiter, darunter ca. 60 Ärzte und ca. 250 Pflege- und therapeutische Fachkräfte. Die Qualifikationsanforderungen an alle Personalgruppen entsprechen den gängigen Standards. So gilt im Pflegebereich ein Realschulabschluss als Einstiegsqualifikation für die jährlich zehn bis zwölf Auszubildenden als ausreichend. Ergänzend kommt es im Zuge der Einführung der DRG-Fallpauschalen zu einer Ausbildung eines abgestuften Leistungsbildes der Pflegekräfte, die in Fachpflege und Servicepflege unterteilt werden kann. Zudem könnte es für das KKH in Zukunft schwieriger werden eigenausgebildetes Pflegepersonal am Standort zu halten. Auch hier droht die bereits aus dem Ärztefach bekannte Abwanderung in attraktivere Krankenhäuser und/oder Regionen.

Unter dem Dach des KKH befinden sich, neben den Kernaufgaben der Grundversorgung im Krankenhaus, zwei Dienstleistungstöchter, darunter ein Medizinisches Versorgungszentrum (MVZ), welches vorwiegend ambulante und stationäre Dienste anbietet und die Radiologie beherbergt. Das MVZ ist als eigene GmbH eingetragen und beschäftigt seine Ärzte im Angestelltenverhältnis. Die Ausgliederungen sind Ausdruck der Ausrichtung der Patientenversorgung an ökonomischen Kriterien und beruhen auf gesellschafts-, haushalts- und steuerrechtlichen Überlegungen. Im Zuge der ökonomischen Rationalisierung hat sich die Sicht auf den Patienten ebenfalls gewandelt. Er wird nun nicht mehr als Hilfesuchender wahrgenommen, sondern als „Kunde" verstanden.

Wirtschaftliche Lage

Mit den Gesundheitsreformen haben sich die Beziehungsmuster zwischen Krankenkasse, Patient, Arzt und Pflegepersonal deutlich verändert. Im Zuge der Ökonomisierung orientiert sich die Krankenhausverwaltung zunächst an den Vorgaben und Strukturen der Krankenkassen als den tatsächlichen Geldgeber für die Behandlung. Gefolgt von den niedergelassenen Ärzten, welche die Patienten in das Krankenhaus einweisen und so für die Lenkung der Patientenströme eine Schlüsselrolle besitzen (sog. Einweiser). Erst an dritter Stelle wird tatsächlich der Patient als „Kunde" wahrgenommen, der sich mit den Rahmenbedingungen aus den zwei vorgeschalteten Kundenbeziehungen arrangieren muss. Diese sind an der Umsetzung betriebswirtschaftlicher Konzepte mit dem Ziel der Effizienzsteigerung durch die Nutzung von Synergieeffekten orientiert. Dazu stehen zwei Regelmechanismen zur Verfügung: das Patientenaufkommen und das Leistungsangebot. Beides soll im KKH im Zuge der Einführung des Case Managements und der Ausgliederung des MVZ verstärkt auf die ambulante Behandlung mit kurzen Liegezeiten, bei gleichzeitig erhöhtem Patientendurchlauf ausgerichtet werden. Diese Entwicklung ergibt sich aus den Lerneffekten des Systems, die sich an den jährlichen Neukalkulationen für medizinische Leistungen orientieren. Die Mitarbeiter des KKH nutzen auftretende Uneindeutigkeiten der DRG-Gruppierungen durch Redefinition des Behandlungsablaufs strategisch aus, um trotz restriktiver finanzieller Vorgaben eine Arbeits- und Versorgungsgrundlage zu behalten. Dennoch reichen die Pauschalbeträge nicht aus, um den Investitionsbedarf zu decken. Somit werden verstärkt Kredite aufgenommen, die über höhere Abschreibungen erwirtschaftet werden müssen. Prinzipiell steht die Grundversorgung als kommunales Haus im Vordergrund, wobei sich die Krankenhausleitung zusätzlich auf den kapazitätsorientierten Ausbau des Leistungsspektrums in der Kardiologie und der Chirurgie fokussiert. Diese Entwicklung zeigt sich auch in der Pflege, die von einer Bereichspflege zu einer Fachpflege umstrukturiert wird.

Die seit dem Jahr 2003 manifeste prekäre finanzielle Lage, machte eine Anpassung des Lohngefüges in einem Nottarifvertrag nötig. Der neue Haustarifvertrag, 20 Prozent unterhalb des Flächentarifs, bietet den Mitarbeitern im Vergleich mit direkten Mitbewerbern eine unattraktivere Gehaltsstruktur, sichert aber das ökonomische Überleben des Hauses. Gerade das KKH spürt den Konkurrenzdruck aus benachbarten attraktiveren Standorten und den rein privatwirtschaftlichen Klinikketten Rhön, Sana und Helios stärker als die Schwesterhäuser der Krankenhaus-Gesundheitsholding. Eine weitere Entwicklung beeinflusst die

Konkurrenzfähigkeit: das Praxissterben. Dies verursacht eine erhöhte Nachfrage an ambulanten Leistungen für die das KKH bautechnisch und auch organisatorisch nicht ausgelegt ist.

Arbeitsbedingungen und Steuerung der Arbeit

Die geringe Größe des KKH bietet den Beschäftigten die Möglichkeit, sich schnell in die bestehenden Teams einzufinden. Dadurch wird der Umgang miteinander als kollegial, persönlich und familiär eingeschätzt. Das stärkt die Verbundenheit der Mitarbeiter untereinander. Diesen positiven Effekten steht das ‚Silo-Denken' der Bereiche untereinander gegenüber. Der wünschenswerte Zusammenhalt über die Bereiche hinweg entsteht nur zögerlich, da sich die Mitarbeiter in den einzelnen Bereichen bereits sehr gut organisiert haben. So obliegen dem Pflegepersonal neben der eigenen Schichtplanung die selbstständige Organisation der Untersuchungstermine und die Patientenvorbereitung. Entsprechende Reibungen entstehen zumeist durch fehlende soziale Kompetenz der Führungskräfte oder bei der Einarbeitung neuer Kollegen. Da die Aufgabenverteilung berufsgruppenübergreifend aufgebaut ist, wirkt sich das bereichsspezifische Denken eher hinderlich aus, wenn es z.B. um die fachübergreifende Arbeit im OP geht. Hier müssen der ärztliche Dienst, der Pflegedienst und Funktionsbereiche/Diagnostik reibungslos zusammenarbeiten. Die Aufgabenverteilung zwischen Arzt und Pflege wird hauptsächlich bei der Visite festgelegt. Wobei der Chefarzt die Aufgabe hat das Systemverständnis zu implementieren sowie die Dokumentationen zu kontrollieren.

Der Arbeitsablauf in einem Krankenhaus stellt sich in doppelter Hinsicht als komplex dar. Hier treffen die Anforderungen der Medizin als Beruf und die Anforderungen des DRG-Systems, also die ökonomische Bewertung der Arbeitsschritte, aufeinander. Das DRG-System stellt die zentrale Ressource für effizientere Abläufe und Restriktion für die Handelnden dar. Dabei kommt es zu einer Entkoppelung der zeitlichen und räumlichen Dimension der Arbeit und der reale Tätigkeitsverlauf wird durch einen nachgelagerten abstrakten Nachvollzug desselben determiniert. Die Verwaltung tritt hier als Vermittler zwischen den beiden Sphären auf. Die dabei nötigen Anpassungen der etablierten Abläufe an die neuen (Arbeits-) Zeitstrukturen orientieren sich an den Anforderungen der Patientendurchlauf und -liegezeiten sowie den Dokumentationsaufgaben im Rahmen der Diagnose- und Prozedurverschlüsselung. Der Arbeitsablauf wird also durch DRG-Codes abstrahiert und gebündelt. Aus den vergebenen Codes lässt sich zumeist nicht eineindeutig eine DRG ableiten, sodass die Fachleute in der Verwaltung die Codierung gegebenenfalls nachbearbeiten. Erst wenn das Controlling den Fall abgibt, gilt dieser als für das Krankenhaus abgeschlossen und wird zur Prüfung an die Krankenkasse weitergeleitet. Hier kann es durch

Nachfragen zu einem verzögerten Fallabschluss kommen und die Patientenakten müssen erneut durch die Ärzteschaft, das Pflegepersonal und die Verwaltung bearbeitet werden. Grundsätzlich ermöglicht die Einhaltung der fachlichen Standards der medizinischen Profession, vertreten durch die jeweiligen Fachgesellschaften, einen soliden Schutz im Falle einer Auseinandersetzung mit dem Patienten bzw. den Krankenkassen. Auch die Kompetenzerweiterung des Pflegepersonals zur Übernahme arztspezifischer Aufgaben durch Zertifikate oder die Genehmigung des Arztes entlasten die behandelnden Personen. Dennoch entstehen durch die Rückläufe (nicht nur kurzfristige) erlösseitige Verluste, da das Krankenhaus so keine Mittel generieren kann um nötige Kapazitäten zu schaffen und eine belastungsarme Arbeitssituation zu gewährleisten. Daraus entstehen eine schleichende Arbeitsverdichtung und eine generelle Verschlechterung der Arbeitsbedingungen (nicht nur) für Ärzte, da nach einer Anpassung womöglich mehr Arbeit durch weniger Personal bewältigt werden muss.

Aus der fächerübergreifenden Arbeitsweise ergibt sich eine doppelte Führungsstruktur. Einerseits sind die Pflegekräfte disziplinarisch der Pflegedienstleitung und andererseits fachlich der ärztlichen Leitung unterstellt. Dabei wird eine starke und starre Hierarchie gelebt. Diese orientiert sich am ärztlichen Selbstverständnis des „Heilers", das in öffentlicher Trägerschaft einfacher durchzusetzen ist. Auch wenn die ärztliche Führung die ökonomischen Belange nicht ignorieren kann und die Mitarbeiter auf eine systemkonforme Arbeitsweise eingeschworen werden, ist der Führungsstil dieser noch nicht angemessen und wird als verkrustet wahrgenommen. Die Wahrnehmungsunterschiede sind indes beiderseitig. So werden die „neuen und jüngeren Ärzte" durch die vorgesetzten Ärzte als besonders führungsbedürftig beschrieben.

Prinzipiell arbeiten die Beschäftigten im Arzt- und Pflegebereich im durchlaufenden Drei-Schicht-System (auch an Wochenenden und Feiertagen). Nur in einigen wenigen Ausnahmefällen dürfen die Beschäftigten ein Ein- bzw. Zwei-Schichtmodell in Anspruch nehmen. Die Schichten/Dienste sind nicht frei wählbar, werden allerdings innerhalb der Stationen flexibel gehandhabt. Vor allem in Hinblick auf die sich im Rahmen der Anforderungen ändernden Arbeitszeitordnung erscheint diese Organisationsform sinnvoll. Für die ärztliche Belegschaft gilt ein Arbeitszeitarrangement, welches Tagesdienste (bis 15:30 Uhr) mit anschließender Bereitschaft beinhaltet. Für die Verwaltungsangestellten gilt ein Gleitzeitmodell mit Kernzeit (9–15 Uhr) und Rahmenzeit (7–19 Uhr). Daraus ergeben sich zwangsweise einige Konflikte zwischen den Beschäftigten der verschiedenen Arbeitsbereiche. Aktuell erfolgt die Entwicklung und Erprobung neuer Arbeitszeitmodelle für das medizinische Personal insbesondere im Hinblick auf Überstunden/Mehrstunden. Allerdings wird bspw. die Umstellung auf 7,5-Stunden-Dienste kritisch aufgenommen und eher als Arbeitsverdichtung wahrgenommen. Da eine Flexibilisierung allein durch die Arbeitszeitbestimmungen nur unzureichend erreicht wird, wurde im Rahmen von Umbaumaßnahmen und mit der Zusammenlegung der Infrastruktur mehrerer Gebäude eine Verbesserung der Arbeitsabläufe geschaffen. Dazu zählen eine Verkürzung der Wege, die Optimierung der Infrastruktur und eine bessere Orientierung für die Beschäftigten. Ergänzend werden die Beschäftigten durch, auch im Vergleich zu anderen Krankenhäusern der Region, gute technische Standards und die geplante Vernetzung der medizinischen Geräte mit dem Krankenhausinformationssystem in ihrer Arbeit unterstützt.

Unternehmenskultur

Im KKH herrschen zwei organisationsinterne Kommunikationsstrukturen vor. Die erste bezieht sich auf die Kommunikation von Belastungen und erfolgt entlang der hierarchischen Ordnung von unten nach oben z.b. über den Betriebsrat oder die Pflegedienstleitung. Besonders betont werden muss in diesem Zusammenhang das gute und einvernehmliche Verhältnis des Betriebsrates zur Geschäftsführung. Ebenfalls hierarchiekonform, aber von oben nach unten, verläuft die Informationskaskade zur Weitergabe des Systemverständnisses durch fachliche Diskussion und Einbindung in die ärztlichen Aufgaben. Im ersten Fall handelt es sich um einen individuell angeregten Prozess und beinhaltet den Wunsch informiert bzw. aktiv zu sein. Für den zweiten Fall gilt eher das Gegenteil. Die Mitarbeiter werden über die organisationsinternen Sozialisationsmechanismen an die als angemessen betrachteten Handlungsweisen in die Arbeit einbezogen. Dennoch lassen sich hier Unterschiede in der Umsetzung der Einbindungspraktiken mittels Führungswissen erkennen. Die Bruchlinie stellt in diesem Fall das Alter der Ärzte dar. Junge Ärzte tendieren dazu, gezielt Management- und Führungswissen zu erwerben und anzuwenden. Diese strategische Vorbereitung auf eine spätere Führungsposition unterscheidet sie im Denken und Handeln deutlich von den älteren Ärzten, die sich weniger flexibel bei den Themen Zusammenarbeit und Weiterentwicklung in der Organisation zeigen. Besonders wenn es um Themen der Enthierarchisierung und Kooperation geht. Ein Grund dafür könnten die veränderten Karriereziele und die Lebensplanung der jüngeren Kollegen sein, die den sich andeutenden Generationenkonflikt als Verkrustung der Strukturen und einen Ansehensverlust des Arztberufes wahrnehmen.

Dennoch scheinen die Beschäftigten (so legen die Expertengespräche und Arbeitskräfteinterviews nahe) aller Bereiche mit ihrem Arbeitsplatz und den herrschenden Bedingungen eher zufrieden zu sein. Neben der familiären Atmosphäre und der Beachtung von subjektiven Qualitätsstandards (bspw. keine „blutige" Entlassung) tragen Lohnerhöhungen zu einem Gefühl der Würdigung für die geleistete Arbeit bei. Auch die Unterstützungsangebote durch das Unternehmen beispielsweise durch Führungskräfteseminare, die Teilnahme an betriebswirtschaftlichen Zusatzqualifikationen, der Austausch mit Wirtschaftsunternehmen oder die fachliche Schulung auch im DRG- System unterstreichen den kollegialen Umgang innerhalb der Organisation. Ergänzend bietet das KKH ein betriebliches Gesundheitsmanagementprojekt an. Es handelt sich hierbei zum einen um Gesundheitspräventionsmaßnahmen durch regelmäßige gesundheitsorientierte Kurse und eine regelmäßige Durchführung von Mitarbeiter-Befragungen. Die genannten Maßnahmen werden durch weitere unternehmenskulturelle Maßnahmen, wie zum Beispiel Weihnachtsfeiern, Sportveranstaltungen, Wandertage ergänzt.

5.2 Technik- und Infrastruktur-Dienstleistungen GmbH

Die Technik- und Infrastruktur-Dienstleistungen GmbH (Name verändert; im Folgenden: TID) ist ein Tochterunternehmen der durch eine lange Tradition als Logistik- und Mobilitätsanbieter geprägten systematisch überregional (mit vielen Angeboten europaweit und sogar global) aufgestellten Transport- und Logistik AG (Name verändert; im Folgenden: TL). Das Aufgabengebiet der TID umfasst technische Dienstleistungen (z.B. Reinigung und Wartung von Transportsystemen und Anlagentechnik) und Infrastrukturdienstleistung (z.B. Anlagen- und Gebäudemanagement), vorwiegend für den TL-Konzern, aber zunehmend auch für externe Kundengruppen.

Unternehmensentwicklung

TID wurde Anfang der 2000er Jahre gegründet; die Anfänge des Unternehmens reichen jedoch weiter zurück und in der heutigen Form stellt die TID das Ergebnis mehrerer Restrukturierungswellen im Gesamtkonzern dar. So wurden bereits in den 1990er Jahren interne technische und infrastrukturbezogene Dienstleistungen der TL durch die Gründung einer externen Gesellschaft ausgegliedert, an der der Konzern nur noch Anteile hielt. Im selben Jahr wurde zudem eine „Anlagentechnik GmbH" (Name geändert) gegründet. Zusammen bildeten diese relativ eigenständig agierenden Unternehmen die Grundlage, auf der die TID heute basiert. Im Zuge einer Rückbesinnung auf Vorteile einer integrierten Konzernstruktur wurden die zuvor abgespaltenen Gesellschaften später von der TL-AG wieder zurückgekauft. Deutlich sind zugleich auch bei der TID (wie im gesamten Konzern) strukturelle wie unternehmenskulturelle Nachwirkungen in Folge eines Zusammenschlusses mit einem großen, in Osteuropa tätigen Unternehmen spürbar. Mitte der 2000er wurden die getrennten Technik-, Dienstleistungs- und Reinigungsunternehmen zur Technik- und Infrastruktur-

Dienstleistungen GmbH zusammengeführt. Zum Zeitpunkt der Gründung bestand die TID aus sechs eigenständigen Regionalgesellschaften. Anfang der 2010er kam es zur Verschmelzung in der jetzigen GmbH-Struktur.

Bei der TID handelt es sich heute um eine wirtschaftlich eigenverantwortlich operierende Gesellschaft, deren Kerngeschäft nach wie vor aus technischen Anlagen- und Objektdienstleistungen besteht. Dabei sieht sich das Unternehmen jedoch damit konfrontiert, zwei sehr unterschiedlichen und teilweise sogar konträren Logiken gerecht zu werden. Auf der einen Seite ist sie als interner Dienstleister auf den TL-Konzern als ihren Hauptkunden ausgerichtet und orientiert sich dabei an konzerninternen Vorgaben. Andererseits wird sie gedrängt eigene wirtschaftliche Strategien zu entwickeln und versucht dazu, im Rahmen des konzerninternen Kontrahierungsgebotes, externe Kunden zu akquirieren, was aber bisher nur ein begrenztes Volumen annimmt und annehmen darf.

Leistungs-, Organisations- und Beschäftigungsstruktur

Die TID ist eine Tochter der TL-AG mit den Schwerpunkten technische und anlagenbezogene Dienstleistungen. Das Angebot erstreckt sich im Einzelnen über ein breites Tätigkeitsfeld, das von der Reinigung, Wartung und Bereitstellung von komplexen technischen Systemen und Anlagen, bis hin zum Management und der Instandhaltung von großen Gebäuden und ganzer Industrieanlagen reicht. Um diese Leistungspalette vollständig abdecken zu können, gliedert sich das Leistungsspektrum in unterschiedliche Systemdienstleistungen, mit den Schwerpunkten „Anlagen" und „Logistik" (geändert). Das Aufgabenspektrum in beiden Feldern ist sehr komplex. Beim Anlagen-Management werden vor allem zwei operative Aufgabenbereiche übernommen: technisches Management (Wartungs- und Instandhaltungsdienstleistungen an Bürogebäuden/Wohnanlagen/Einkaufszentren/Verkehrsgebäuden und deren technische Anlagen u.a.m.) und infrastrukturelles Anlagen-Management (Reinigungen im Gebäude- und Infrastrukturbereich, Hausmeisterleistungen, Haustechnik, Konferenzbetreuungen, Pflege von Grünflächen sowie Liegenschaftsverwaltung u.a.m.). In der Sparte „Logistik" liegt der Schwerpunkt auf Transport- und Logistikdienstleistungen (Reinigung und Wartung von Transportmitteln, Verkehrs- und Logistikmanagementunterstützung, Transportanlagenmanagement u.a.m.).

Die TID ist innerhalb des TL-Konzerns, neben weiteren Geschäftsfeldern, als formal eigenständiges Wirtschaftsunternehmen im Konzernbereich „Dienstleistungen" verortet und damit Teil einer übergreifenden Holding. Die TID ist dazu in Regionalbereiche aufgeteilt.

Die TID beschäftigt insgesamt über 10.000 Mitarbeiter (Stand 2013). Mit ca. 2000 Beschäftigten ist der Regionalbereich, in dem die Untersuchungen durchgeführt wurden, der mitarbeiterstärkste Bereich. Aufgrund von Beschäftigten aus über 80 Nationen ist die TID in dieser Hinsicht ein international überaus breit aufgestelltes Unternehmen.

Mit einem durchschnittlichen Anteil von 70 Prozent stellen gleichwohl Arbeitskräfte mit deutscher Nationalität die größte Gruppe dar. Die Belegschaft ist vor allem im Süden und Westen sehr international geprägt, mit einem Schwerpunkt bei türkischstämmigen Beschäftigten (z.T. über 50 Prozent). Das Qualifikationsspektrum der Mitarbeiter erstreckt sich fachlich wie in Bezug auf das Ausbildungsniveau und den betrieblichen Status über einen sehr großen Bereich und reicht vom ungelernten Arbeiter bis zum hochrangigen Manager.

Insgesamt gibt es in der TID eine hohe Zahl betrieblicher Führungskräfte im engeren Sinne, worunter u.a. auf oberster Ebene sogenannte „Geschäftsbereichsleiter" (geändert; vorwiegend administrativ auf der obersten Managementebene des Unternehmens tätig), im mittleren Führungsbereich „Abteilungsleiter" (geändert; verantwortlich für regionalbezogene Dienstleistung auf spezifischen Angebotsfeldern) und im unteren Führungsbereich „Standortleiter" (geändert; zuständig für einzelne Bauwerke oder Anlagen) gehören:

„Standortleiter" sind untere operative Führungskräfte, die über verschiedene Fachkompetenzen verfügen, neben bauwerks- oder anlagenbezogenen Fähigkeiten auch basale kaufmännische Fachkenntnisse. Sie haben meist eine fachbezogene Meister- oder Technikerausbildung und sind meist aus dem operativen Bereich aufgestiegen.

„Abteilungsleiter" führen ihren Servicebereich als eine Art Profitcenter, auf Grundlage unternehmensintern vereinbarter Ziele, mit besonderen Blick auf Kosteneffizienz. Außerdem stellen sie bestehende Aufträge von Kunden sicher und versuchen für ihren Bereich Neukunden zu akquirieren. Abteilungsleiter werden inzwischen überwiegend von außen rekrutiert, es besteht jedoch nach wie vor auch die Möglichkeit eines internen Aufstiegs, was jedoch meist an einer geringen Potenzialdeckungsquote scheitert. In erster Linie rekrutieren sie sich aus Hochschulabsolventen mit einer Vertiefung im Wirtschaftsingenieurwesen oder betriebswirtschaftlichen Bereichen. Eine langjährige, fachbezogene, praktische Tätigkeit ist jedoch zugleich Voraussetzung. Ein Schwerpunkt ihrer Funktion liegt auf sozialen Kompetenzen, um sich auf die individuellen Ansprüche der unterschiedlichen Mitarbeiter einzustellen.

„Geschäftsbereichsleiter" gehören zum gehobenen Management und tragen für einen der zentralen Geschäftsbereiche der TID insgesamt (oder einer regionalen Einheit der TID) die fachliche und schließlich die ökonomische Gesamtverantwortung. Ihre Funktion erfordert, dass sie sich auf darüber hinaus dem Konzern gegenüber verantwortlich fühlen. „Geschäftsbereichsleiter" haben so gut wie immer eine betriebswirtschaftliche Ausbildung oder sind Ingenieure mit wirtschaftlichen Zusatzkompetenzen. Sie werden inzwischen fast ausschließlich von außen rekrutiert; es finden sich nur noch einzelne (ältere) Personen, die aus unteren Bereichen in ihre jetzige Funktion aufsteigen konnten. Werden die Mitarbeiter geschlechtsspezifisch betrachtet, dann fällt in den zwei beschriebenen Funktionsfeldern wie auch im gesamten Führungsbereich der TID die relativ niedrige Zahl weiblicher Mitarbeiter auf. Nur etwa 13 Prozent der Führungskräfte sind weiblich, wobei die regionalen Ausprägungen sehr unterschiedlich sind.

Die Beschäftigungsstruktur ist auch unterhalb der Führungsebene, gemessen an den Qualifikationsanforderungen, spartenspezifisch recht unterschiedlich.

Im Bereich „Anlagen" arbeiten in erster Linie Facharbeiter mit technischen Qualifikationen und einem Schwerpunkt auf deutschen Beschäftigten. Die Belegschaft im Bereich „Logistik" ist sehr international und der Anteil von Beschäftigten mit einer spezifischen Berufsausbildung relativ gering. Neben einer hohen Anzahl an Vollzeitbeschäftigten (was branchenspezifisch eine Ausnahme ist), finden sich viele Langzeitmitarbeiter und ein hoher Anteil von älteren Beschäftigten. Neben diesem Kern an festangestellten Mitarbeitern werden vor allem im Bereich der direkten praktischen Objektdienstleistungen jedoch zunehmend befristet Beschäftigte, Aushilfskräfte und Mitarbeiter von Subunternehmen bzw. Personaldienstleistern eingesetzt, um Arbeitsspitzen zu bewältigen und Ausfälle durch Krankheit oder Urlaub zu kompensieren.

Wirtschaftliche Lage

Im Hinblick auf die Struktur der Kunden ist die Technik- und Infrastruktur-Dienstleistungen GmbH, unabhängig von ihrer strukturellen Eigenständigkeit, nach wie vor dominant auf den Mutterkonzern fokussiert. So versteht sich die TID primär als interner Dienstleister, der Unterstützungsprozesse für die Hauptkunden im TL-Konzern erbringt. Obwohl in jeder der Sparten auch Dienstleistungen für konzernexterne Kunden erbracht werden, liegt der interne Umsatzanteil durchgehend bei 90 Prozent. Da durch ein sogenanntes „Kontrahierungsgebot" höchstens 20 Prozent des Umsatzes extern generiert werden darf, liegt die TID damit weit jenseits der Schwelle, die erreicht werden darf. Aus Sicht der TID ist jedoch genau genommen nicht der Konzern selbst der Kunde, sondern jeweils spezifische Tochterunternehmen innerhalb der Holding. Folge ist, dass es für das technische Personal vor Ort oftmals schwer nachzuvollziehen ist, für welchen formalen Auftraggeber es gerade arbeitet.

Mit 4,1 Mio. Arbeitnehmern und einem Marktvolumen von 57,6 Mrd. Euro (2012) ist die Facility-Management- und Wartungs- bzw. Reinigungs-Branche ein stetig steigender Wettbewerbsmarkt und stellt damit auch die TID vor neue Aufgaben. Das Unternehmen TID erzielte im Jahr 2012 einen Umsatz von ca. 800 Mio. Euro und konnte damit eine Umsatzsteigerung von 3,1 Prozent gegenüber dem Vorjahr erzielen. Die TID steht damit deutschlandweit auf Platz 3 der Branche. Parallel zur Umsatzsteigerung sieht sich die TID, wie auch andere Unternehmen der Branche, einem größer werdenden Druck ausgesetzt. Dieser Wettbewerb wird maßgeblich über den Preis ausgetragen, wobei eine hohe Flexibilität beim Produktangebot sowie eine schlanke Organisationsstruktur und die Senkung von Kosten aller Art eine wichtige Rolle spielen.

Ein branchenspezifischer Vergleich der TID mit ähnlichen Unternehmen, ist aufgrund des unterschiedlichen Leistungsportfolios, der unterschiedlichen Mitarbeiterzahlen und Niederlassungen sowie der bereits angedeuteten besonderen Beschäftigungsverhältnisse bei der TID (viele Festangestellte und Langzeitbeschäftigte) nur begrenzt möglich. Das Unternehmen konkurriert nicht nur konzernextern, sondern auch innerhalb der TL mit den anderen Marktteilnehmern, auch wenn die TID auf dem internen Markt durch das Kontrahierungsgebot noch weitgehend geschützt ist. Die Wirkungen des Kontrahierungsgebots sind jedoch durchaus ambivalent. So muss die Markttauglichkeit der angebotenen Dienstleistungen regelmäßig unter Beweis gestellt werden, was über die demonstrative Anwerbung von externen Aufträgen geschieht. Das Auftragsvolumen der externen Aufträge ist dabei an Konzernvorgaben gekoppelt, mit denen geprüft wird, inwiefern die Dienstleistungen der TID auch marktkonform sind und ob die Aufträge unternehmensintern vergeben oder öffentlich ausgeschrieben werden sollten (Öffnungsklausel).

Mit einem externen Marktanteil von 18 Prozent bildet die TID einen festen Bestandteil in der einschlägigen Branche, was durchaus zu positiver Resonanz im Unternehmen führt. Mit Blick auf den Umsatz sind (bedingt durch das Kontrahierungsgebot) dem Unternehmen jedoch Grenzen gesetzt. Zugleich wirken sich die vergleichsweise guten Arbeitsbedingungen mit branchenunüblichen Zuzahlungen und ein traditionell starker Betriebsrat nachteilig auf den Wettbewerb aus. Während sich die Befragten in den Expertengesprächen eher zurückhaltend positiv oder neutral zur wirtschaftlichen Lage äußerten, wurde in den Interviews mit den Beschäftigten, mehr oder weniger explizit, nicht selten ein eher ambivalentes (und zum Teil sogar deutlich negatives und sogar mit dem Begriff „Krise" operierendes) Bild sichtbar.

Arbeitsbedingungen und Steuerung von Arbeit

Sowohl die Arbeitsbedingungen als auch die Steuerung von Arbeit unterscheiden sich bei der Technik- und Infrastruktur-Dienstleistungen GmbH stark nach den jeweiligen Aufgabenzuschnitten. Beispielhaft sollen hier im Vorgriff auf die unten ausführlicher präsentierten Befunde wichtige allgemeine Rahmenbedingungen der Arbeit bei den in der hier präsentierten Untersuchung vor allem beachteten Führungskräften sowie (im Kontrast dazu) bei den „Anlagen- und Objektbetreuern" (geändert) näher betrachtet werden. Anlagen und Objektbetreuer sind innerhalb der TID Beschäftige, die unmittelbar im praktisch-operativen Alltagsgeschäft mit den Endkunden des Konzerns in Kontakt stehen und daher eine besondere Bedeutung für das Unternehmen haben. Oftmals agieren sie unter besonderen (und nicht selten besonders belastenden) Arbeitsbedingungen und sind stark von äußeren und von ihnen nicht beeinflussbaren Faktoren abhängig (Witterung usw.). Der Arbeitsumfang ist im Verhältnis zur dafür gewährten Zeit bei den im durchlaufenden Schichtdienst durchgeführten Wartungs- und Reinigungsmaßnahmen der oft sehr komplexen Anlagen/Objekte sehr hoch. Die TID ist zudem in hohem Maße von Pünktlichkeit und Schnelligkeit der Leistungen abhängig: die Wartung darf die Nutzung der Anlagen/Objekte nicht behindern, und dieser Druck wird direkt an die Beschäftigten weitergegeben. Die Wartungs- und Reinigungsarbeit wird von Beschäftigten zudem als körperlich sehr anstrengend beschrieben. Zusätzlich sehen sich die Objektbetreuer einer steigenden Zahl an „Kunden" und deren jeweils sehr spezifischen Anforderungen ausgesetzt. Hohe Ansprüche an die Wartungs- und Reinigungsarbeiten sehen die Mitarbeiter zwar als gerechtfertigt an, jedoch wird das Verhältnis zwischen erwarteter Leistung und verfügbaren (v.a. zeitlichen) Ressourcen kritisiert und als unangemessen eingestuft. Nicht der Arbeitsaufwand, sondern formale Qualitätsstandards und damit bestimmte (zum Teil rigide gehandhabte) Kennzahlen sind der Maßstab, woran die Objektbetreuer gemessen und dann bewertet werden. Häufige Vergleiche mit Bedingungen bei anderen Unternehmen durch die Unternehmensleitungen werden von den Objektbetreuern oft als Druckmittel empfunden und haben einen erheblichen Einfluss auf ihre alltägliche Arbeit.

Auch bei den Führungskräften sind eine deutliche Verdichtung des Arbeitsvolumens und erheblich steigende Erwartungen an ihre Leistung in Verbindung mit nahezu kontinuierlichen Reorganisationen aller Art erkennbar. Sie stehen grundsätzlich vor drei Aufgaben, die für alle den Rahmen für ihre Arbeit bilden: Erstens müssen sie ihren jeweiligen Servicebereich wirtschaftlich führen, d.h. die mit der Unternehmensleitung vereinbarten Ziele und Kennzahlen liefern. Diese werden, wie bereits mehrfach angedeutet, zu Wettbewerbsbedingungen generiert. Zweitens sind die Führungskräfte mithilfe von Bewertungsstrategien dazu angehalten Kunden zufriedenzustellen, Neukunden zu akquirieren und dabei auf die Einhaltung der festgelegten Qualitätsstandards zu achten. Drittens übernehmen sie umfangreiche personalbezogene Managementaufgaben und müssen (neben der Personalplanung und täglichen Einsatzorganisation) dabei ihre Mitarbeiter führen, motivieren und vor allem auch auf deren individuelle Bedürfnisse achten. Dabei muss der Wettbewerbsdruck unmittelbar an die Mitarbeiter weitergegeben werden, sodass diese Umsatz generieren und Qualität sichern. Führungsstrategisch wird innerhalb des Konzerns ein transaktionaler Umgang mit Beschäftigten angestrebt, der sich nicht primär über eine Orientierung an engen Vorschriften vollzieht, sondern verstärkt sinnstiftend sein soll, Mitarbeiter einbindet, ihnen einen größeren Autonomiebereich zugesteht und darüber hinaus für die Tätigkeit motiviert. Wie dies Führungskräfte umsetzen, wird weitgehend ihnen überlassen, wobei ein hohes Maß an individuell gestalteter sozialer Kompetenz vorausgesetzt wird. Oft stellen sich die Anforderungen als widersprüchliche Logiken dar, was, wie die Berichte zeigen, nicht selten zu wachsendem Zeit- und Leistungsdruck führt, mit denen die Betreffenden unterschiedlich umgehen. Wochen mit bis zu sechs Arbeitstagen sind jedoch keineswegs selten und tägliche Arbeitszeitüberschreitungen häufig.

Die TID führt seit Mitte der 2000er Jahre viele funktions- und bereichsübergreifende Großprojekte durch, häufig mehrere gleichzeitig. Fast alle Führungskräfte sind neben ihrer anspruchsvollen Linienaufgabe regelmäßig und zunehmend in solche Großprojekte eingebunden, was eine erhebliche Zusatzbelastung hinsichtlich der zur Verfügung stehenden Zeit und des Arbeitsaufwands bedeutet und häufig beklagt wird. Zugleich versuchen Führungskräfte jedoch ihr eigenes Potenzial gegenüber der Konzernleitung in Form der Übernahme zusätzlicher Aufgaben in derartigen Projekten unter Beweis zu stellen und ihre eigene Position zu legitimieren.

Die beschriebene Verdichtung von Arbeit und der dadurch entstehende Zeitdruck haben, wie berichtet wird, erhebliche Auswirkungen auf das Verhältnis zwischen Mitarbeitern und Führungskräften. So wird etwa der innerbetriebliche Kommunikationsprozess von Mitarbeitern wie Führungskräften nicht selten deutlich kritisiert („Informationsverschlankung"). Mitarbeiter (wie dann aber auch Führungskräfte gegenüber der jeweiligen Leitung) wünschen sich mehr Kommunikation und Information (etwa über Änderungen der Arbeitsaufgaben und -bedingungen) und einen respektvolleren wechselseitigen Umgang. Oftmals gelingt es den Führungskräften aber aufgrund von Zeitmangel offensichtlich nicht, ihren Mitarbeitern frühzeitig und vollständig Auskunft zu erteilen, was das Betriebsklima belastet.

Infolge eines steigenden Krankenstandes, der mit Besorgnis betrieblich zur Kenntnis genommen wird – gekoppelt mit dem Anstieg des Durchschnittsalters der Mitarbeiter –, geraten gerade Führungskräfte, wie berichtet wird, zum Teil arbeitsorganisatorisch und nicht selten auch gesundheitlich an ihre Grenzen. Deshalb betreibt die TID mit gesteigerter Aufmerksamkeit eine strategische Ausrichtung der Gesundheitsförderung, die die Basis für eine langfristige Sicherung des Personalbestandes bilden soll.

Unternehmensprofile 63

Unternehmenskultur

Nimmt man die langfristige Entwicklung der TL-AG und ihrer Dienstleistungssparte in den Blick und fragt danach, welche Spuren spezielle Restrukturierungswellen bei den Mitarbeitern der TID im Hinblick auf deren Selbstverständnis und Selbstwahrnehmung hinterlassen haben, zeigt sich ein ambivalentes Ergebnis. Die Bildung der TID wird von den Mitarbeitern und Führungskräften unisono als großer Einschnitt mit widersprüchlichen Folgen gewertet. Die Reintegration der zuvor ausgegliederten Teilgesellschaft in den Konzern ist gerade für die Mitarbeiter, die neu eingestellt wurden, ein gefühlter hoher Statusgewinn. Aus ihrer Perspektive wurde mit der Gründung der TID (wieder) näher an den Kern des Großkonzerns gerückt. Trotzdem existieren innerhalb des Konzerns nach wie vor erhebliche Statusunterschiede zwischen den Konzerntöchtern und ihren Teilbereichen. Dies hat den ambivalenten Effekt, dass sich Mitarbeiter aus den technischen Bereichen der TID erheblich „unter Wert verkauft" sehen und eine atmosphärische Geringschätzung ihres Unternehmens im Gesamtgefüge des Konzerns erleben.

Auch eine neuerliche Restrukturierungswelle vor ein paar Jahren, in der die Regionalgesellschaften der TID unter einem Dach vereinigt wurden, wird von den Mitarbeitern teilweise kritisch eingestuft. Insbesondere bei den Führungskräften werden Unsicherheiten dahingehend geäußert, inwieweit durch weitere anstehende Restrukturierungen ihre eigene berufliche Position gefährdet sein könnte. Verstärkt werden solche Befürchtungen dadurch, dass die Reorganisation als generelle Einschränkung des Entscheidungsspielraums der Führungskräfte und damit als Statusverlust gewertet wird.

5.3 Personal-Ausbildungs-Gesellschaft GmbH

Die Personal-Ausbildungs-Gesellschaft (im Folgenden: PAG) ist eine überregional aufgestellte privatwirtschaftliche Bildungsunternehmung, mit Schwerpunkt im Bereich Berufsbildung, Berufsförderung und berufliche Fort- und Weiterbildung.

Unternehmensentwicklung

Die PAG wurde als GmbH Anfang der 2000er Jahre gegründet. Der Grundstein wurde jedoch schon weitaus eher gelegt, sodass sich heute auf eine ca. 60 Jahre andauernde Unternehmensgeschichte zurückblicken lässt. Von Anfang an ist die PAG durch eine Strategie sozial engagierter Aus- und Weiterbildung geprägt, wodurch sich ein spezielles unternehmerisches Profil ergibt. So existierte ein Vorläuferunternehmen als Teil einer großen deutschen Sozialorganisation.

Die PAG arbeitet unter dem Dach einer Holding in Form einer Stiftung, welche als hundertprozentige Gesellschafterin der PAG fungiert. Parallel zur PAG existierten im Rahmen einer Gruppe zwei Schwesterunternehmen der PAG, die sich auf spezifische Personaldienstleistungen konzentriert haben. Inzwischen wurde das größere Schwesterunternehmen jedoch von einem anderen Unternehmen übernommen. Unter dem Dach der Holding operiert neben der PAG und ihrem kleineren Schwesterunternehmen eine große Zahl weiterer Bildungsanbieter und Personaldienstleister unterschiedlicher Größe und Ausrichtung, mit denen die PAG teilweise eng kooperiert.

Leistungs-, Organisations- und Beschäftigtenstruktur

In ihrem Bildungs- und Weiterbildungsportfolio bietet die PAG bundesweit Bildungslehrgänge und -seminare an, mit Schwerpunkt in den Berufsfeldern Wirtschaft und Verwaltung. Zu den Kunden gehören sich in diesen Feldern verortende Arbeitnehmer, Arbeitssuchende sowie Unternehmen sowie Behörden oder auch einschlägige Ministerien. Um den Anforderungen des aktuellen Arbeits- und Bildungsmarktes gerecht zu werden, erweiterte die PAG vor einigen Jahren ihre Produktpalette um Qualifizierungsmaßnahmen für benachteiligte Jugendliche. Dafür wurden spezielle Personaldienstleistungen im erwähnten Schwesterunternehmen aufgebaut, um flächendeckende Bildungsangebote für Umschulungen in einer großen Zahl anerkannter Ausbildungsberufe und Weiterbildungen für Beschäftigte in den Sozial- und Gesundheitsberufen anzubieten. Gegenwärtig bietet die PAG vor allem Weiterbildungsdienstleistungen in drei Bereichen an: Trainingsmaßnahmen für Jugendliche, Bildungs- und Vermittlungsmaßnahmen für Arbeitnehmer bzw. Arbeitssuchende sowie Bildungsförderung.

Die PAG ist stark durch eine dezentrale Organisationsstruktur geprägt, die sich drei Ebenen zuordnen lässt: Auf oberster Ebene agiert die PAG mit ihrer Geschäftsführung und zentralen Dienstleistungen und koordiniert überregionale geschäftliche Aktivitäten. Darunter existieren überregional fast 20 relativ autonome Zweigstellen, die jedoch in verschiedenen Geschäftsbereichen eng miteinander kooperieren. Den Zweigstellen sind jeweils etwa zehn Zweigniederlassungen auf Kommunalebene unterstellt, in denen die Seminare und Kurse stattfinden. In den letzten Jahren entstand jedoch aufgrund veränderter Marktbedingungen eine Tendenz zur Re-Zentralisierung; dabei wurden teilweise Zweigstellenleitungen zusammengefasst.

Die zentrale Geschäftsführung übernimmt am Stammsitz allgemeine Managementaufgaben für das Gesamtunternehmen (Rechnungswesen, Buchhaltung, technische und juristische Dienstleistungen, überregionales Marketing, Produktentwicklung usw.) und koordiniert die Dienstleistungen für die Zweigstellen.

Dies wird von Gremien begleitet: Datenschutz, Gesamtbetriebsrat, Qualitätsmanagement. Als finanzielle Basis für die zentralen Aufgaben wird bei den Zweigstellen eine Umlage erhoben.

Die PAG beschäftigt derzeit fast 2500 Mitarbeiter (2013), zwar überwiegend in Festanstellung aber doch mit einer Befristungsquote von ca. 38 Prozent, davon 60 Prozent Vollzeit- und 40 Prozent Teilzeitangestellte. Der Personalumfang zeigte in der Vergangenheit teilweise hohe Schwankungen, deren Effekte bis heute nachwirken. In den letzten Jahren hat sich die Lage stabilisiert, sodass ein leichter Zuwachs der Mitarbeiterzahl zu erkennen ist. Bemerkenswert ist eine relativ hohe Fluktuationsquote (ca. 30 Prozent), was die verbleibenden Mitarbeiter oftmals vor hohe Flexibilitäts- und Mobilitätsanforderungen stellt. Neben den Festangestellten sind ca. 3000 Honorarkräfte mit meist geringeren Verdienstmöglichkeiten beschäftigt, die oftmals nicht leicht betrieblich zu integrieren sind und eine geringe Unternehmensbindung zeigen.

Mit einem recht hohen Altersdurchschnitt erfährt die PAG sehr direkt die personalpolitischen Auswirkungen des demografischen Wandels. So sind etwa von 22 Zweigstellenleitern über die Hälfte älter als 55 Jahre. Ursache dafür sind traditionell sehr lange Aufstiegswege zum Zweigstellenleiter, die zudem aufwendige Weiterbildungen voraussetzten, die oft nur zentral eingesetzte Mitarbeiter nutzen konnten und Beschäftigte der Zweigstellen faktisch oft ausschloss. Die Bearbeitung des Problems ist inzwischen eine strategische Aufgabe der zentralen Personalverwaltung. Überhaupt wird aufwendig in die Mitarbeiterfortbildung und Führungskräfteentwicklung investiert.

Bei der Betrachtung der Personalstruktur der Zweigstellen fällt eine große Breite der Funktionen und Qualifikationen der Führungskräfte auf. Dies reicht von einem Chefkoordinator für Jugendmaßnahmen, über einen Qualitäts-Beauftragten bis hin zu einem Weiterbildungs-Beauftragten. Aber auch in den kommunalen Zweigniederlassungen nehmen Mitarbeiter, die sonst als Dozenten, bestimmte Weiterbildungsmaßnahmen betreuen und aus sehr unterschiedlichen Berufen stammen (Biologen, Naturwissenschaftler, Psychologen, Sozialpädagogen u.a.m.), verschiedenste Führungstätigkeiten war. In der Vergangenheit führte das (z.B. altersbedingte) Ausscheiden von Zweigstellenleitern nicht selten dazu, dass Zweigstellen geschlossen und mit anderen zusammengelegt wurden, was naturgemäß zu nicht unerheblichen Reorganisationen vor Ort führte – mit entsprechend veränderten Anforderungen und nicht selten verstärkten Belastungen (z.B. bezüglich Mobilität) für die Mitarbeiter.

Wirtschaftliche Lage

Die PAG verzeichnete 2012 einen Umsatz von fast 200 Mio. Euro, der zu 50 Prozent im Feld Weiterbildungen und zu 30 Prozent im Bereich öffentlich geförderter Jugendmaßnahmen entstand. Die übrigen 20 Prozent wurden über Aufträge von Privatkunden oder Aktivierungshilfen (wie Bewerbungstrainings) erzielt. In Verbindung mit sonstigen Erträgen wurde ein Gesamterlös von über 190 Mio. Euro erzielt.

Im längeren zeitlichen Verlauf gesehen wird ersichtlich, dass die Gesellschaft von zahlreichen konjunkturellen Schwankungen betroffen war, die tief greifende Spuren hinterlassen haben. Zu den Ursachen und betriebsstrukturellen Auswirkungen können hier nur einige Andeutungen gemacht werden:

Ein wichtiger Grund für solche Schwankungen ist etwa die starke Abhängigkeit von öffentlichen Aufträgen, die oft sehr aufwendige und administrativ stark regulierte Antragstellungen und Prozessdurchführungen erfordern und zudem oft erheblichen und wenig berechenbaren politischen (genauer haushaltspolitischen) Konjunkturen auf Bundes-, Länder- und/oder kommunaler Ebene unterliegen. Die administrativen Verfahren und die Abhängigkeit von politischen Einflüssen prägt (und belastet) die strategische Ausrichtung wie vor allem auch das Tagesgeschäft der PAG auf allen Ebenen, bis hinunter in die einzelne Bildungsmaßnahme vor Ort.

So gab es etwa Anfang der 2000er unerwartet erhebliche Einbrüche im Förderungsvolumen. Innerhalb weniger Wochen wurde das Fördervolumen um 30 Prozent reduziert, was einen Umsatzrückgang von 220 Mio. auf 130 Mio. Euro und eine Personalreduzierung von 3500 auf 1000 Festangestellte zur Folge hatte. Zusätzlich wurden im Zuge von Arbeitsmarktreformen tief greifende Veränderungen in der Ausschreibepraxis für Maßnahmen vorgenommen, bei der der Preis zunehmend zum fast einzigen Erfolgskriterium wurde. Ähnliches ergab sich Anfang der 2010er: Die Mittel für die Förderung der beruflichen Weiterbildung (FbW) im Rechtskreis SGB III wurden um ca. 20 Prozent, im Rechtskreis SGB II um ca. 10 Prozent gekürzt. In der Folge waren durchschnittlich nur noch 17 Prozent weniger Teilnehmer in FbW-Maßnahmen zu verzeichnen. Dass der Umsatzrückgang nicht noch stärker ausfiel, ergab sich durch vielfältige Substitutionsanstrengungen (Einwerbung von ESF-/EU-Projekten, Gründung bzw. Übernahme staatlich anerkannter Schulen usw.) und massiver Rationalisierungen bzw. Produkt- und Verfahrensinnovationen.

Arbeitsbedingungen und Steuerung von Arbeit

Sowohl die Arbeitsbedingungen als auch die Steuerung von Arbeit unterscheiden sich bei der PAG stark je nach dem spezifischen Aufgabenzuschnitt einzelner Bereiche. Im Folgenden werden beispielhaft die Arbeitsbedingungen im Jugendbereich und in den Führungsbereichen der Zweigstellen hervorgehoben, in denen die Untersuchungen stattfanden.

Bei den Mitarbeitern im Jugendbereich handelt es sich vorwiegend um Dozenten in Festanstellung, die pädagogische Kenntnisse (z.B. Lehramtsstudium, pädagogische Zusatzausbildung) vorweisen können. Das Untersuchungsmaterial zeigt, dass sich die Beschäftigten generell stark mit ihrer Lehrtätigkeit identifizieren und ihre Arbeit in hohem Maße als sinnstiftend empfinden. Dies wird insbesondere durch den Umstand gefördert, dass die pädagogischen Tätigkeiten über die jeweiligen Jugendmaßnahmen hinaus bis ins private Umfeld der Teilnehmer eingesetzt werden (müssen). Notwendig wird dies, da die Teilnehmer einerseits schlechte Zugangsvoraussetzungen für eine Tätigkeit am Arbeitsmarkt (z.B. fehlende Schulabschlüsse) vorweisen. Andererseits bringen die Teilnehmer häufig massive individuelle Problemlagen mit (Drogenkonsum, Psychosen) und/oder stammen aus einem schwierigen familiären Kontext. Hierbei soll die pädagogische Arbeit der Dozenten unterstützend wirken und ein erfolgreicher Abschluss der Maßnahme eine Integration in den Arbeitsmarkt ermöglichen.

Die pädagogische Arbeit wird ergänzt durch eine aufwendige Dokumentation des Bildungsprozesses und die Erstellung von Einzelprofilen der Teilnehmer für den Auftraggeber. Die Mitarbeiter werden durch IT-basierte Hilfsprozesse, unterstützt, mit der z.B. die Planung und Verwaltung von Lehrgängen erfasst sowie die statistische Auswertung der Lehrgangsdaten vorgenommen wird. Die Dokumentationstätigkeiten werden von den Mitarbeitern jedoch häufig als wenig sinnvoll und als Belastung wahrgenommen, da sie die pädagogische Arbeit überlagern und teilweise außerhalb der normalen Arbeitszeit zu verrichten sind. Neben den Dokumentationsunterlagen gelten Eingliederungs-/Vermittlungsquoten und Befragungen der Teilnehmer als wichtiges Qualitätskriterium für eine Weiterführung der Maßnahme, welche durch regionale Prüfgruppen der Auftraggeber kontrolliert werden.

Um Synergieeffekte zwischen den Zweigstellen zu erzielen, die überregionale pädagogischen Zusammenarbeit sowie die Qualität von Maßnahmen zu fördern, sicherlich auch um Probleme zu bearbeiten, wurden in den vergangenen Jahren von der PAG lokale Servicenetzwerke mit regelmäßigen Treffen von Projektgruppen installiert. Gleichwohl berichten (wie eine intern stark beachtete Mitarbeiterbefragung zeigt) bundesweit vor allem die Mitarbeiter im Jugendbereich von einer Zunahme psychosozialer Belastungen. Grund dafür scheinen vor allem die hohen pädagogischen Anforderungen im Umgang mit schwierigen Jugendlichen, eine zunehmende Arbeitsverdichtung und ein Anstieg der Kundenanforderung zu sein. Der daraus u.a. resultierende Zeitdruck wird als maßgeblicher Belastungsschwerpunkt von den Beschäftigten benannt.

Werden speziell die Arbeitsbedingungen von Leitungskräften betrachtet, ergibt sich ein ähnlich ambivalentes Bild. Zunächst ist die Arbeit in der Zweigstelle von einer relativ autonomen Arbeitsweise geprägt, d.h. spezialisiert auf die jeweilige Region und unabhängig von anderen Zweigstellen. Diese Form der dezentralen Organisation ist notwendig, da sich die Bedürfnisse und Kosten der Regionen unterscheiden und sich die PAG flexibel an den jeweiligen Standort anpassen muss. Die eigenständige Verantwortung für das Führen und Organisieren der Zweigstellen liegt in der Regel beim Zweigstellenleiter vor Ort, was von der zentralen Geschäftsführung explizit gefördert wird. Deutlich wird dies bspw. an einer weitgehend selbstständigen Akquisition und Planung von Maßnahmen: So werden keinerlei Preisvorgaben gemacht, was die Zweigstellenleiter befähigt eigene Entscheidungen hinsichtlich des Kostenrahmens zu treffen sowie das dafür notwendige Personal zu rekrutieren. Diese dezentrale Organisation wird auch auf die kommunalen Zweigniederlassungen übertragen, deren Leiter einen ähnlich großen Handlungsspielraum hinsichtlich personeller und wirtschaftlicher Entscheidungen besitzen.

Unterhalb der Ebene der Zweigstellen ist eine ähnlich dezentrale und autonomieorientierte Arbeitsorganisation zu erkennen, bei der die jeweiligen Teams ihre Arbeit selbstständig aufteilen und Zielvereinbarungen direkt vor Ort verhandelt werden – was die Mitarbeiter (so die Mitarbeiterbefragung) überwiegend positiv bewerten. Darüber hinaus erhalten die Mitarbeiter Freistellungskontingente, um neue Konzepte zu erstellen, für die sie dann die jeweilige koordinierende Funktion übernehmen. Mitarbeiter die zusätzliche Verantwortung in diesem Sinne übernehmen, genießen hohe Anerkennung bei ihren Kollegen. Der Umstand, dass gleichwohl kaum Einflussmöglichkeiten auf die vorhandene Arbeitsmenge bestehen, wird vielfach als belastend erlebt. Des Weiteren werden durch die freie Arbeitsteilung resultierende unklare Führungs- und Zuständigkeitsstrukturen kritisiert und ein großer Handlungsbedarf artikuliert.

Werden alle Beschäftigungsgruppen zusammen betrachtet, ergeben sich (z.B. in der Mitarbeiterbefragung) weitere Gemeinsamkeiten in der Wahrnehmung der Arbeitsbedingungen. Allen voran steht eine von vielen (84 Prozent) als nicht angemessen bewertetes Einkommensniveau, teilweise auch das Fehlen von gewünschten Sozialleistungen (z.B. eine betriebliche Altersversorgung). Häufig geäußert wird eine Angst hinsichtlich einer ungewissen beruflichen Zukunft und konkret vor dem Verlust des Arbeitsplatzes. Als Ursachen wird oft die Befristung von Arbeitsverträgen angegeben, die sich meist an der Dauer der Maßnahmen orientieren. Vielfach wird beklagt, dass trotz hohen Engagements Arbeitsverhältnisse wegen fehlender Anschlussmaßnahmen beendet werden. Dieser Umstand gekoppelt mit der hohen Fluktuationsquote verursacht offensichtlich Stressbelastungen und wirkt sich negativ auf die Selbstsicherheit der Beschäftigten aus. Darüber hinaus, so die Mitarbeiter, geht durch die hohe Fluktuation, unternehmensspezifisches Wissen verloren, was zu Qualitätseinbußen in den Maßnahmen und Mehrbelastungen der verbleibenden Mitarbeiter führt. Das Unternehmen hat schrittweise auf vonseiten der Belegschaft geforderte Verbesserungsmöglichkeiten reagiert, z.B. mit der Entwicklung des genannten Führungskräfte-Entwicklungsprogrammes oder Versuchen transparentere Zweigstellenstrukturen zu schaffen und eine Vernetzung von Führungskräften zu fördern.

Unternehmenskultur

Nimmt man die langfristige Entwicklung der PAG und ihre Beschäftigungsgruppen in den Blick und fragt danach, welche Spuren insbesondere die unternehmensinternen Veränderungen, vor allem in Folge der o.g. Krise, bei den Mitarbeitern im Hinblick auf deren Selbstverständnis und Selbstwahrnehmung hinterlassen haben, ergibt sich ein ambivalentes Ergebnis.

Aus den Untersuchungsmaterialien wird ersichtlich, das sich alle Beschäftigungsgruppen nach wie vor in hohem Maße mit ihrer Arbeit identifizieren, diese als sinnstiftend empfinden und ebenso die Hilfe und Unterstützung ihrer Kollegen/innen schätzen. Die Beschäftigten haben jedoch in der Regel nicht den Eindruck, dass durch die vorhandene Betriebskultur an ihrem Standort Kollegialität gefördert wird (so auch die Mitarbeiterbefragung). Auch die nicht immer optimale Funktionsfähigkeit und Transparenz von Führungs-, Informations- und Arbeitsteilungsstrukturen von Standorten scheint aus Sicht der Beschäftigten mitunter die Kollegialität zu behindern. Hinzu kommt, dass sich durch die spezielle Anpassung an die jeweiligen Regionen anscheinend intransparente, lokale Seilschaften („Fürsten") gebildet haben, die durch ihre Arbeitsweise die Vernetzung zwischen den Zweigstellen behindern, wobei Synergiepotenzial verloren geht. Und schließlich gibt es offensichtlich zwischen einzelnen Gruppen von Mitarbeitern deutliche Unterschiede, die sich in unterschiedlichen Arbeits- und Leistungseinstellungen niederschlagen und mitunter in Konkurrenzverhältnisse münden. So wurden nach der Krise vermehrt Honorarkräfte eingestellt, welche aufgrund geringerer Verdienstmöglichkeiten gezwungen sind, ein wesentlich umfangreicheres und zeitintensiveres Arbeitspensum zu erledigen, als andere Gruppen von Mitarbeitern. Faktisch müssen diese Beschäftigten einen Arbeitsaufwand betreiben, der dem eines vollbeschäftigten Arbeitnehmers gleicht – dies aber bei hoch prekärer Beschäftigung und wesentlich schlechterer Vergütung. Dieser Umstand setzt jedoch wiederum Festangestellte und insbesondere unbefristet Beschäftigte in ihrer Arbeitsweise unter Druck und erzeugt Ängste und fördert Rivalitäten. Insgesamt bestehen gerade bei den Honorarkräften erhebliche Unklarheiten über ihren betrieblichen Status obwohl sie in hohem Maße den konkreten Arbeitsaufwand bei Maßnahmen tragen. So werden etwa bei unternehmensinternen Weiterbildungsmaßnahmen keine sozialversicherungsrechtlichen Absicherungen geboten (bspw. fehlende Entschädigung für Gehaltsausfälle). Zudem bestehen erhebliche Unklarheiten darüber, welche Befähigung Honorarkräfte eigentlich für ihre Aufgaben mitbringen müssen.

Nicht zuletzt verfügen diese Mitarbeiter durch ihren Status als externe Mitarbeiter genau genommen nicht über Weisungsbefugnisse gegenüber anderen Beschäftigten, nehmen aber nicht selten Führungsaufgaben wahr. Aktuell wird zwischen dem Gesamtbetriebsrat und der Geschäftsführung verhandelt, um solche Unklarheiten zu beseitigen.

6 Zeit- und Leistungsdruck – Ein empirisch basierter Analyserahmen zu Zusammenhängen und Begriffen

Im Folgenden wird das untersuchte Phänomen des Zeit- und Leistungsdrucks analytisch gefasst. Hierzu wurden auf Basis der Auswertungen der vorliegenden empirischen Materialien allgemeine Erkenntnisse zu Projektfragestellungen in einen Analyserahmen integriert. Darin werden Entstehungsbedingungen, Erscheinungsformen von Zeit- und Leistungsdruck sowie in Verbindung mit personalen Umgangsweisen Konsequenzen für Arbeitende auf den drei für das Projekt wichtigen Untersuchungs- Ebenen („Subjekt", „Tätigkeit", „Tätigkeitskontext") in Verbindung gesetzt und dazu verwendete zentrale Begrifflichkeiten benannt.

Der Analyserahmen folgt einer kausalen Logik, beginnend mit Entstehungsbedingungen und Erscheinungsformen von Zeit- und Leistungsdruck und endend mit Umgangsweisen und Konsequenzen. Er ist jedoch nicht als erklärendes Kausalmodell zu verstehen – Absicht ist vielmehr eine überblickhafte Orientierung zu den Ebenen und Fragebereichen sowie den erkannten generellen Zusammenhängen zu geben, in denen sich das Projekt bei der Erhebung und Auswertung des empirischen Materials bewegt hat. Der Analyserahmen versteht sich auch nicht als Formalisierung ex ante festgelegter Themen – er ist vielmehr Ausdruck der in der Empirie allgemein bestätigten Befunde dazu, wo die für die formulierten Forschungsfragen entscheidenden Aspekte analytisch zu verorten sind, wo wichtige Zusammenhänge vermutet werden und welche Begrifflichkeiten sich dafür als sinnvoll erwiesen haben.

So ist etwa die hervorgehobene Bedeutung „intervenierender" Größen vor allem auf Ebene des Subjekts für die Entstehung von Umgangsweisen (und daraus wieder entstehender Konsequenzen ‚zweiter Art') erst im Laufe der Untersuchung deutlich geworden. Ähnlich ist das hier angelegte Verständnis von Druck (vgl. Kap. 3, s.a. Kap. 10) und die spezifische Unterscheidung von Erscheinungsformen von Zeit- und Leistungsdruck und ihre Benennung (mit der Betonung auch des Bereichs der individuellen und familialen „Reproduktion") Ausdruck schon früh entstandener empirischer Erkenntnisse. Und nicht zuletzt wurde erst im Verlauf deutlich, wie wichtig die Unterscheidung von Forschungs-Ebenen, nämlich des „Subjekts", der „Tätigkeit" und schließlich der „Kontext(e)" ist, und dies durchgehend durch alle Fragebereiche.

Gemäß der subjektorientierten Forschungs- und Auswertungslogik des Projektes, stehen auch bei der Darstellung dieses Rahmens das arbeitende Subjekt und seine Tätigkeit im Betrieb im Fokus. Dies gilt insbesondere im Hinblick auf Erscheinungsformen, Konsequenzen und Umgangsweisen, da diese in besonderer Weise auf dem „Erleben" sowie den personalen Ressourcen beruhen.

Nachfolgend werden die in der Abbildung dargestellten Zusammenhänge kurz erläutert:

Abb. 1: Zeit- und Leistungsdruck (ZuL): Mögliche Zusammenhänge und Begriffe zu Entstehung, Formen, Folgen, Umgangsweisen

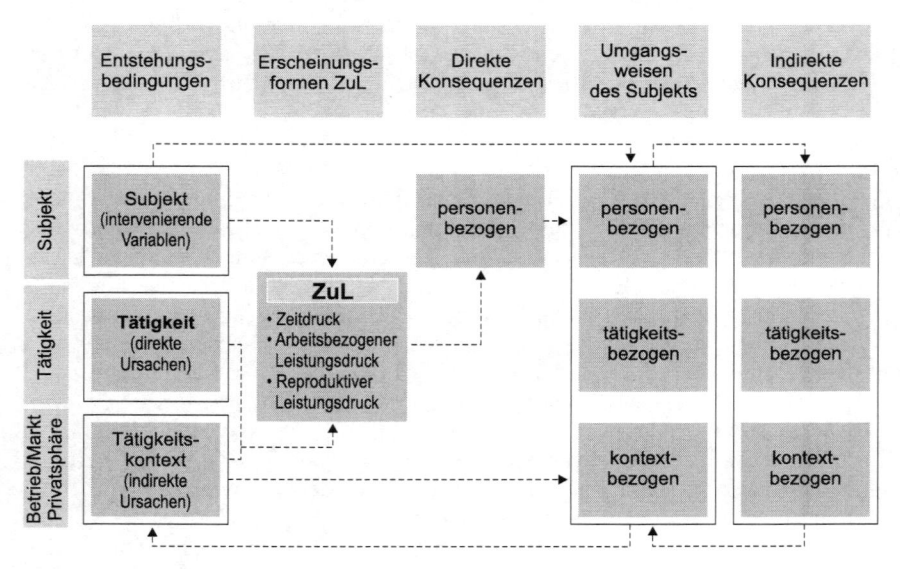

Eigene Darstellung

Untersuchungsebenen

Die Ebene des „Subjekts" beinhaltet Wahrnehmungen, Empfindungen, Deutungen („Erleben") und Handlungsweisen des Subjekts sowie (soweit für das Projekt erkennbar) ihnen zur Verfügung stehende individuelle Ressourcen, die sich auf die Person selbst beziehen, bspw. auf ihr psychisches und physisches Erleben als Ursache wie auch als Ebene der personalen Auswirkungen von Zeit- und Leistungsdruck und des Umgangs damit.

Ein empirisch basierter Analyserahmen

Auf der Ebene der „Tätigkeit" finden sich hingegen Wahrnehmungen, Empfindungen, Deutungen und Handlungsweisen, die sich auf die unmittelbar konkrete Aktivität des Subjekts in den für sie relevanten Bereichen des jeweiligen Betriebs beziehen. Hierzu zählen bspw. konkrete Arbeitsbedingungen am Arbeitsplatz und die Art und Weise der Tätigkeitsdurchführung als Erscheinungsebene für Zeit- und Leistungsdruck.

Eine weitere Ebene bezieht sich auf das Umfeld des arbeitenden Subjekts und seiner direkten Tätigkeit („Kontext"). Dies meint einerseits die jeweiligen tätigkeitsübergreifenden betrieblichen Verhältnisse sowie andererseits das private Umfeld. Beides bildet das in Bezug auf das Subjekt und seine unmittelbare betriebliche Tätigkeit (die hier primär im Fokus stehen) relevante Ensemble objektiver Rahmenbedingungen für das Auftreten von Zeit- und Leistungsdruck.

Entstehungsbedingungen von Zeit- und Leistungsdruck

Wird nach den Entstehungsbedingungen von Zeit- und Leistungsdruck gefragt, so sind diese zunächst auf drei verschiedenen, in ihrer Wirkung kontrastierenden Ebenen zu verorten:

Zum einen finden sich Bedingungen aus Bereichen, die hier als „Kontext" in Bezug auf die im Zentrum stehende Tätigkeit im Betrieb verstanden werden. Dies ist einmal das gesamte Feld von in der Arbeitsforschung regelmäßig thematisierten betrieblichen Rahmenbedingungen, die auf die jeweilige Arbeitssituation und damit auf die Tätigkeit einwirken sowie darüber vermittelt schließlich das Subjekt betreffen (daher hier als „indirekt" bezeichnet). Zum anderen zeigen sich aber auch Ursachen für Zeit- und Leistungsdruck die auf den großen Bereich des persönlichen Umfeldes verweisen. In der Arbeitsforschung lange Zeit eher wenig beachtet, wird dies in letzter Zeit zunehmend als wichtig erkannt – und auch hier zeigen sich indirekte Faktoren für Zeit- und Leistungsdruck und dessen Wirkung. Gemeint sind damit höchst vielfältige Bedingungen, die nicht nur die familiale Situation oder die Care-Verpflichtungen betreffen, sondern letztlich Aspekte im Rahmen der alltäglichen Lebensführung, etwa der Freundschafts- und Verwandtenbeziehungen oder generell Freizeit- und Erholungsaktivitäten.

Diesen Kontext-Bedingungen stehen zum anderen unmittelbar an die Person gebundene oder aus ihr individuell hervorgehende Faktoren für die Entstehung von Zeit- und Leistungsdruck gegenüber. Diese werden hier so verstanden, dass sie nicht direkt oder indirekt Zeit- und Leistungsdruck auslösen, aber eine oft wichtige „intervenierende" Wirkung auf das Erleben und damit die subjektive Wirkung des Drucks haben. Dies kann objektiv vorhandenen Druck verstärken oder im positiven Fall auch verringern bzw. den Umgang erleichtern.

Die indirekt wirkenden Kontextbedingungen sowie die intervenierenden personalen Aspekte haben, so soll der Analyserahmen zeigen, Auswirkungen auf die konkrete Arbeitssituation und die darin verrichtete Tätigkeit des Subjekts. In dieser finden sich Bedingungskonstellationen, die in der auf Analytik des Projektes als direkt wirkende Ursachen für das Auftreten von Formen des Drucks verstanden werden. Gemeint sind vielfältige und weithin auch von der Arbeitspsychologie detailliert untersuchte konkrete psycho-physische und/oder technisch-organisatorische Arbeitsbedingungen sowie unmittelbar in der Tätigkeit wirkende soziale Faktoren, von den Vorgesetztenbeziehungen bis zum Verhältnis zu Kollegen und Kunden und Kooperationspartnern. Damit ist mit dem Analyserahmen markiert, dass dies der „Ort" ist, an dem Zeit- und Leistungsdruck unmittelbar auftritt – auch wenn vielfältige indirekte oder intervenierende Momente darauf Einfluss haben.

Erscheinungsformen von Zeit- und Leistungsdruck

In diesem Themenfeld geht es vor allem darum, Erscheinungsweisen des Drucks deskriptiv zu erfassen und verschiedene Formen zu bestimmen, das heißt, eine Art differenzielle Systematik zu entwickeln, die das Gesamtbild strukturiert. Wie schon angedeutet, ist eine wichtige Annahme dazu, dass der „Ort" an dem Druck (d.h. hier dessen „Erleben") erscheint, die Tätigkeit, oder der Arbeits-Platz bzw. (soziologisch formuliert) die Arbeits-Situation ist – und zunächst nicht das betroffene Subjekt, bei dem sich der Druck letztlich niederschlägt.

Der Analyserahmen zeigt in einer ersten Systematisierung, dass die Untersuchung drei Grundformen des Zeit- und Leistungsdrucks erkennt:

Zum einen Druck, der sich in verschiedensten Aspekten der unmittelbar verrichteten Arbeitstätigkeit äußert („*arbeitsbezogener Leistungsdruck*") und sich auf den Arbeitsprozess und/oder das Arbeitsergebnis bezieht.

Davon zu unterscheiden ist ein Druck, der sich speziell und zusätzlich in der Dimension Zeit äußert und faktisch den arbeitsbezogenen Leistungsdruck verschärft („Zeitdruck").

Zu diesen beiden Formen des Drucks in der Arbeit kommt eine weitere hinzu, die erst auf den zweiten Blick und im Projekt aufgrund empirischer Erfahrungen als eine direkt mit der Arbeit in Verbindung zu bringende Form des Drucks verstehbar wird. Gemeint sind Anforderungen aus der Privatsphäre, die aus Erfordernissen der Wiederherstellung oder Sicherung des Arbeitsvermögens der Personen und als Voraussetzung dazu auch des sozialen Umfeldes der Person entstehen („*reproduktiver Leistungsdruck*"). Es geht dabei also um „private" Anforderungen, die aber direkt in der Arbeitstätigkeit wirksam werden.

Direkte Konsequenzen von Zeit- und Leistungsdruck

Die Formen bzw. Konstellationen von Druck in der Arbeit können – so soll der Analyserahmen aufzeigen – auf der Ebene des Subjekts Konsequenzen erzeugen, die subjektiv als mehr oder weniger ausgeprägte Befindensbeeinträchtigung wirken. Dies kann sich, wie in vielen Forschungen gezeigt, vielfältig äußern, in Form von physischen (etwa Müdigkeit und Schlafstörungen, Kraftverlust und Konzentrationsmängel oder auch sonstigen somatischen Störungen aller Art) oder psychischen (etwa emotionale Unruhe, Demotivation, Unsicherheit, Ängste, depressive Verstimmungen u.v.a.m.) Beeinträchtigungen.

Wie die Subjekte auf den Druck und die damit verbundenen direkten Konsequenzen reagieren, d.h. ob sie überhaupt aktiv werden, und wenn ja, in welcher Weise sie damit versuchen umgehen, ist von verschiedenen Ressourcen (oder auch Restriktionen) abhängig, die dem Subjekt zur Verfügung stehen (intervenierende Faktoren).

Umgangsweisen mit Zeit- und Leistungsdruck

In den Untersuchungen zeigte sich deutlich, dass arbeitsbezogener Druck im hier angelegten Verständnis nicht angemessen erfasst werden kann, wenn nicht gesehen wird, dass und wie Personen darauf, als Folge direkter Konsequenzen des Zeit- und Leistungsdrucks, mithilfe von „Umgangsweisen" praktisch reagieren – denn erst dies entscheidet darüber, wie sich der Druck auf die Person und dann auf ihre Arbeit praktisch auswirkt.

Analytisch kann danach unterschieden werden, ob sich Umgangsweisen eher auf die Person selbst beziehen, die unmittelbare Arbeitstätigkeit betreffen oder den „Kontext", also den Betrieb und/oder die Privatsphäre fokussieren. Letzteres könnte überraschen, aber die Untersuchung zeigt, dass es nicht selten Versuche der Subjekte sind, im persönlichen sozialen Umfeld Bedingungen zu schaffen, die einen bewältigenden Umgang mit arbeitsbezogenem Druck ermöglichen sollen.

Indirekte Konsequenzen von Zeit- und Leistungsdruck

Eine wichtige Erkenntnis aus der Untersuchung ist die Feststellung, dass von Konsequenzen des Zeit- und Leistungsdrucks erst dann zu sprechen ist, wenn die Umgangsweisen des Subjekts und deren Wirkung mit einbezogen werden. Diese Konsequenzen, sozusagen in letzter Hinsicht, sollen hier als „indirekte Konsequenzen" des Zeit- und Leistungsdrucks bezeichnet werden, da sie nicht unmittelbar als Folge des erlebten Drucks auftreten, sondern „vermittelt" über die jeweiligen Konstellationen der Umgangsweisen des Subjekts in Erscheinung treten und so gesehen auch die erfassten Entstehungsbedingungen erst beeinflusst durch die Umgangsweisen ihre Wirkung entfalten. Diese letztendlichen Folgen von Zeit- und Leistungsdruck können wiederum auf den drei für die Untersuchung zentralen Untersuchungsebenen verortet werden. So ergeben sich Konsequenzen für das Subjekt selbst, seine Tätigkeit und unmittelbare Arbeitssituation ebenso wie für seinen Tätigkeitskontext als betriebliches und privates Umfeld.

7 Tätigkeitsanalysen

Im Folgenden sollen vertiefend spezifische Konstellationen von Erscheinungsformen und diese möglicherweise hervorrufende Entstehungsbedingungen in den untersuchten Tätigkeitsfeldern genauer betrachtet werden: die Tätigkeit der
- Assistenzärzte sowie der Ärzte mit leitenden Funktionen im Krankenhaus,
- Fachkräfte mit Leitungsfunktion und mittlere bis gehobene Führungskräfte des Technik- und Infrastruktur-Dienstleistungsunternehmens,
- Operativen Lehrkräfte sowie Pädagogen mit Führungsaufgaben in der Ausbildungsgesellschaft.

Ziel dieser Auswertungsstufe ist nicht, die ganze Breite oder Vielfalt der beobachteten Erscheinungen von Zeit- und Leistungsdruck (etwa bei den verschiedenen befragten/beobachteten Personen) abzubilden – dies wäre nicht möglich und kann mit den angelegten Methoden auch nicht sinnvoll angestrebt werden. Ziel ist vielmehr, einen Schritt in Richtung empirisch begründeter allgemeiner Aussagen oder auch Thesen zu vollziehen.

Daher wird hier auch nicht von konkreten Personen gesprochen werden (auch wenn es Zitate aus Interviews gibt) und auch nicht von der jeweiligen Abteilung in einer konkreten Organisation die Rede sein (obwohl die beispielhaft erwähnten fallnahen Aussagen darauf verweisen). Sondern es wird allgemein vom jeweiligen Tätigkeitsfeld gesprochen. Besonderheiten des jeweiligen konkreten Bereichs werden dabei keineswegs ausgeblendet, ihre Funktion ist aber der einer fallnahen Konkretion und der exemplarischen Veranschaulichung (aber nicht der eines „Beleges").

Mit Rückblick auf das Analysemodell (vgl. Kap. 6) gesehen, steht damit hier die Ebene der „Tätigkeit" im Mittelpunkt, auch wenn alle anderen Momente und Ebenen je nach Bedarf angesprochen werden. Festzuhalten ist dazu als Erstes die hohe Komplexität der Erscheinungsformen und möglicherweise dahinter stehender Entstehungsbedingungen von Zeit- und Leistungsdruck. Als Dimensionen für deren Systematisierung haben sich in den Auswertungen zwei als zentral ergeben, die zugleich der angelegten Grundbegrifflichkeit entsprechen und hier angelegt werden: „Zeit" und „Leistung". Diese stellen sich im Einzelnen dar: als „Zeitdruck", in verschiedenen Formen sowie als „Leistungsdruck", der sich vor allem „arbeitsbezogen" (bezogen auf Prozess- und Ergebnisanforderungen), aber auch „arbeitskraftbezogen" (als reproduktiver Leistungsdruck) äußern kann.

Dementsprechend werden in den nachstehenden Analysen der untersuchten Tätigkeiten folgende Fragen bearbeitet:

- Welche charakteristischen Formen eines zeitlichen Drucks zeigen sich in der Tätigkeit? Sind typische Ursachenkonstellationen und Folgen erkennbar?
- Finden sich für die Tätigkeit typische Formen eines arbeitsprozessbezogenen Aufwandes, der sich als Leistungsdruck bewerten lässt? Zeigen sich auf das Arbeitsergebnis (v.a. in Bezug auf seine Qualität) bezogene charakteristische Formen von Leistungsdruck und lassen sich auch dafür typische Entstehungsbedingungen benennen, vielleicht auch charakteristische Folgen?
- Lässt das Material mit der Tätigkeit verbundene charakteristische Formen belastender Leistungsanforderungen (mit möglichen Ursachen und Folgen) erkennen, die der Reproduktionssphäre zuzuordnen sind?

Im Folgenden werden jeweils zuerst die Tätigkeiten beschrieben (1), anschließend ein typischer Arbeitsablauf mit ausgewählten Beispielen von Einzeltätigkeiten dargestellt (2) und danach die dort typischen Formen von Zeit- und Leistungsdruck anhand der dargestellten Dimensionen betrachtet (3).

7.1 Die Tätigkeit von Ärzten im Krankenhaus

7.1.1 Generelle Funktionen und konkrete Aufgaben

Das empirisch erfasste medizinische Personal in den untersuchten Bereichen des mit dem Projekt kooperierenden Kreiskrankenhauses S-Stadt gGmbH (KKH) umfasst verschiedene ärztliche Funktionen bzw. Positionen. Im Sample vertreten sind Assistenzärzte, Fachärzte und Oberärzte bzw. leitende Oberärzte der Kliniken für Chirurgie und Innere Medizin. Die konkreten Tätigkeiten von Krankenhausärzten lassen sich generell und so auch hier grob in drei Aufgabenbereiche unterteilen:

Zentral für jeden Arzt, gleich welcher Funktion, ist zunächst einmal die eigene Station und die damit verbundene jeweilige fachliche „Stationsarbeit". Stationsarbeit wird von allen betrachteten ärztlichen Funktionsträgern geleistet. Unter Stationsarbeit werden dabei alle möglichen Tätigkeiten zusammengefasst, die im Zusammenhang mit der eigenen Station stehen und primär auch dort verrichtet werden. Darunter fallen bspw. Patientenaufnahmen, Patientenentlassungen, Visiten, Aufklärungsgespräche, Angehörigengespräche, „normale ärztliche Tätigkeiten", wie Flexülen/Transfusionen legen oder Blut abnehmen, Untersuchungen, Befunde auswerten, Therapieprogramme ausarbeiten und anordnen

Tätigkeitsanalysen 79

sowie administrative Tätigkeiten („Papierkrieg"), wie das Diktieren von Arztbriefen oder das Ausfüllen von Aufklärungsbögen. Neben der Stationsarbeit gibt es funktionsspezifische Tätigkeiten („Funktionsarbeit"), die außerhalb der Station stattfinden und die konkrete Behandlung der Patienten der eigenen Station (oder als Service für andere Stationen oder Kliniken) in speziell dafür ausgestatteten Räumlichkeiten („Funktionsbereiche") außerhalb der Station umfassen. In der Chirurgie sind dies primär die OP-Säle und die darin stattfindenden Operationen, während es sich bei der Inneren Medizin um die sog. funktionsdiagnostischen Bereiche handelt in denen verschiedene Untersuchungen und Eingriffe vorgenommen werden, wie bspw. Ultraschalluntersuchungen oder Endoskopien.

Ein dritter Aufgabenbereich lässt sich mit Kommunikations- bzw. Informationsarbeit umschreiben und umfasst regelmäßige, mehrmals täglich stattfindende Besprechungen auf Klinikebene, in denen sich die Ärzte ihre Patienten und deren Therapieprogramme gegenseitig vorstellen und deren weitere Behandlung besprochen wird. Auch diese Treffen finden in speziell dafür ausgestatteten Räumen statt (bspw. um Röntgenbilder präsentieren zu können). Quer dazu finden sogenannte Dienste statt. Unter „Diensten" werden dabei die Vor-Ort-Bereitschafts- bzw. Vordergrunddienste verstanden, die im Anschluss an den „normalen" Arbeitstag stattfinden und meist zusätzlich noch Zuständigkeiten bzw. Aufgaben in der Notfallambulanz umfassen.

Alle drei Aufgabenbereiche werden von allen betrachteten Funktionsträgern geleistet. Die Unterschiede zwischen den Positionen bestehen primär in der Zusammensetzung der Aufgabenbereiche, der Reichweite der Zuständigkeit, dem Umfang zusätzlicher Aufgaben und der Art der Bereitschaftsdienste:

Assistenzärzte befinden sich üblicherweise in der Ausbildung zum Facharzt und leisten primär Stationsarbeit sowie zu einem geringeren Anteil im Rahmen der Facharztausbildung auch Funktionsarbeit und führen dabei meist Anordnungen der Oberärzte durch. Die Zuständigkeit erstreckt sich dabei meist auf einen bestimmten Teil einer Station bspw. auf die Hälfte oder ein Viertel der Station bzw. auf eine bestimmte Anzahl von Patienten. Darüber hinaus leisten sie ausschließlich Vordergrunddienste ab, je nach Klinik und Personalbesetzung zwischen vier bis acht Mal im Monat.

Fachärzte sind ausgebildete Ärzte in einem spezifischen medizinischen Teilgebiet und üblicherweise für eine ganze Station zuständig; sie werden auch als Stationsärzte bezeichnet, haben allerdings keine leitende Funktion. Sie leisten im Vergleich mit den Assistenzärzten in geringerem Umfang Stationsarbeit und widmen sich stärker der Behandlung und Untersuchung der Patienten im Rahmen der Funktionsarbeit. Zusätzlich fungieren sie als Ausbilder und Ansprechpartner für die Assistenzärzte. Zudem übernehmen sie meist die Aufklärungsgespräche im Rahmen der Operations- bzw. Behandlungsvorbereitungen. In Absprache mit dem Oberarzt können sie auch Entscheidungen für die Station als Ganzes treffen. Auch Fachärzte leisten überwiegend Vordergrunddienste, allerdings in geringerem Umfang als Assistenzärzte.

Den Oberärzten obliegt die Leitung und Verantwortung einer ganzen Station. Der Oberarzt ist demnach für die Organisation einer gesamten Station verantwortlich und entscheidet letztlich über Therapie- und Behandlungsmaßnahmen für die Patienten der Station, die Einteilung der Ärzte und ist für deren fachliche Aufsicht verantwortlich. Die Oberärzte leisten in weit größerem Umfang als die Assistenz- und Stationsärzte Funktionsarbeit und beschränken sich im Hinblick auf die Stationsarbeit meist auf die Überwachung der ihnen nachgeordneten Ärzte (bspw. im Rahmen von Oberarztvisiten) oder stehen für deren Nach- oder Rückfragen zur Verfügung und sind in stärkerem Umfang für administrative Aufgaben der Stationsarbeit zuständig (bspw. Kontrolle und Korrektur der Arztbriefe, Beantwortung von Kassenanfragen etc.). Zudem übernehmen sie öfter auch Gutachtertätigkeiten für Berufsgenossenschaften und Versicherungen, indem sie in deren Auftrag Patienten untersuchen und anschließend ein Gutachten über deren Gesundheitszustand abgeben. Oberärzte leisten meist Hintergrunddienste ab, d.h. sie sind nicht vor Ort, sondern bleiben in Rufbereitschaft, wenn sie zum Dienst eingeteilt sind.

Leitende Oberärzte haben zusätzlich noch die Funktion des ständigen Stellvertreters des Klinik-Chefarztes inne und nehmen in dessen Vertretung eine große Zahl verschiedener Aufgaben wahr, die die Klinik als Ganzes betreffen und fungieren zudem als Vorgesetzter für alle nachgeordneten Ärzte. Aufgaben eines leitenden Oberarztes sind dabei meist stärker administrativer und organisatorischer Natur als bei den Oberärzten (bspw. Dienstplanungen, OP-Planungen, Besprechungsleitung, Sprechstunden etc.).

7.1.2 Tätigkeitsablauf

Der Arbeitsablauf der Ärzte im untersuchten Krankenhaus ist sehr stark vorstrukturiert und orientiert sich an den über den Tag verteilten fixen Besprechungsterminen der Ärzte. Die reguläre Arbeitszeit erstreckt sich dabei von 7:00 Uhr bis 15:30 Uhr. Zu Beginn des Arbeitstages steht prinzipiell die Morgenvisite, wobei der Beginn der Visite variieren kann. Bei einem Dienstbeginn von 7:00 Uhr beginnt die Visite in manchen Bereichen 6:45 Uhr in anderen erst 7:30 Uhr und orientiert sich meist am Beginn der darauf folgenden Frühbesprechung der Klinikärzte. Während der Visite erfolgt eine medizinische Begutachtung der Patienten auf der Station und es werden weitere Behandlungsschritte besprochen und abgestimmt. Je nach Art der Visite (Chefarzt-, Oberarzt- oder Stationsarztvisite) sind unterschiedlich viele Personen beteiligt. Während bei einer Chefarztvisite durchaus der gesamte Ärztestab anwesend sein kann, besteht eine Sta-

Tätigkeitsanalysen 81

tionsarztvisite meist nur aus einem Assistenz- oder Facharzt und einer Pflegekraft. Die leitenden Oberärzte sind zudem meist deutlich vor Dienstbeginn und vor der Visite anwesend um Informationen einzuholen und bspw. organisatorische Änderungen oder Regelungen des Tagesablaufs vorzunehmen, wenn in der Nacht durch Notfälle oder Ähnliches der Tagesablauf oder die Arztzuteilungen geändert werden müssen. Die Länge der Visite schwankt je nach Klinik zwischen 45 und 60 Minuten.

Direkt im Anschluss an die Visiten der Stationen findet täglich zur gleichen Uhrzeit eine Frühbesprechung bzw. die Dienstübergabe statt. Dabei treffen sich alle Ärzte der jeweiligen Klinik und besprechen die am Vortag behandelten und/oder in der Nacht neu aufgenommen Patienten und deren Behandlungsverlauf, die Tagesplanungen und generelle Probleme bei den Behandlungen. Diese Besprechung dauert je nach Klinik zwischen 30 und 60 Minuten. Direkt im Anschluss gehen die Ärzte je nach Einteilung entweder der Stationstätigkeit oder den fachspezifischen Funktionsarbeiten nach, d.h. in der Klinik für Chirurgie beginnt ein eng getaktetes OP-Programm und in der Klinik für Innere Medizin die große Zahl funktionsdiagnostischer Untersuchungen. Die meist sehr knappen Zeiträume zwischen den Untersuchungen und Behandlungen nutzen die Ärzte in der Regel zur Durchführung zahlreicher administrativer Tätigkeiten, wie das Diktieren von Arztbriefen oder das Ausfüllen von Dokumentationen (OP-Berichte, Untersuchungsberichte etc.) und Patientenaufklärungsbögen – meist in großer Eile und ausgeprägten Paralleltätigkeiten. Ärzte mit Leitungsfunktionen lesen und zeichnen zudem die Arztbriefe gegen, bearbeiten Kassenanfragen und führen die Planung und Organisation für den nächsten Tag durch. Anschließend finden am Nachmittag weitere Besprechungen statt, vor allem die täglich durchgeführten Nachbesprechungen der am Vormittag durchgeführten Operationen und Untersuchungen sowie regelmäßige klinikübergreifende Sonderbesprechungen, in denen Behandlungen von Patienten besprochen werden, an denen mehrere Kliniken beteiligt sind (Bsp. die stets „überfüllte" „Tumorrunde" der Kliniken für Innere Medizin und Chirurgie), die meist einmal wöchentlich stattfinden. Anschließend bleibt meist nur noch wenig Zeit (15–30 Minuten) für die restliche Stationsarbeit, bevor gegen 15:30 Uhr der formelle Dienstschluss eintritt und die diensthabenden Ärzte in die Bereitschaft im Vorder- sowie Hintergrund übergehen. Fixe Pausenzeiten sind während des Arbeitstages in der Regel nicht vorgesehen, zudem kann dieser regulär-typische Tagesablauf jederzeit durch Notfälle verändert werden, was häufig geschieht. Fast alle der untersuchten Ärzte sahen sich nicht in der Lage, tatsächlich um 15:30 Uhr ihren Dienst zu beenden, wobei Ärzte ohne Leitungsfunktion meist eine Spanne bis zu 60 Minuten Mehrarbeit über der eigentlichen Dienstzeit dennoch als „pünktlichen" Dienstschluss definieren, während Ärzte mit Leitungsfunktion üblicherweise meistens sogar zwei und nicht selten auch drei und mehr Stunden Mehrarbeit am Tag leisten und dies als „normal" ansehen.

Insgesamt gesehen ist der Arbeitstag der Ärzte sehr stark vorstrukturiert und einer äußerst engen zeitlichen Taktung unterworfen, der durch die von den Ärzten als notwendig erachteten mehrmaligen täglichen Besprechungen markiert wird. Die Zeiten zwischen diesen Tagesfixpunkten werden meist komplett durch die Stations- und Funktionsarbeit aufgebraucht, wobei die wenigen Zeitfenster für nicht direkt patientenbezogene administrative Tätigkeiten genutzt werden. Durch auftretende Notfälle oder Komplikationen bei Operationen kann sich diese Taktung allerdings jederzeit verdichten und komplette Tagesabläufe verändern. Erhebliche und regelmäßige Mehrarbeit ist üblich und mehr als einige Minuten dauernde und ernsthaft als „erholsam" zu bezeichnende Pausen finden sich so gut wie nicht.

7.1.3 Arbeitsbezogene Konstellationen von Zeit- und Leistungsdruck

7.1.3.1 Zeitdruck

Schon aus den Tätigkeitsbeschreibungen hinsichtlich Funktionen und Ablauf sollte deutlich geworden sein, dass die ärztliche Tätigkeit in einem Krankenhaus einem hohen und permanenten Zeitdruck unterliegt sowie ständigen zeitlichen Unregelmäßigkeiten und häufigen Störungen der Abläufe unterworfen ist. Eine der wenigen halbwegs stabilen Bezugsgrößen stellen dabei die vielen fixen Termine im Tagesablauf da, um die herum alle anderen Tätigkeiten nach situativ wechselnden Anforderungen aufgebaut und strukturiert werden. Die Arztbesprechungen und planmäßigen Behandlungs- und Untersuchungstermine dienen als absolute Fixpunkte im Arbeitsalltag und deren zeitliche Taktung bestimmt im Wesentlichen die zeitlichen Vorgaben und Restriktionen für alle sonstigen weiteren Tätigkeiten, wie bspw. die komplette Stationsarbeit. So könnte die ärztliche Tätigkeit auf den ersten Blick als sehr stark vorstrukturiert und weitestgehend planbar erscheinen, da zu bestimmten Zeitpunkten die Funktionsarbeit und Kommunikations- und Informationsarbeit durchgeführt wird und in den Zwischenzeiten frei die Stationsarbeit verteilt werden kann. Doch meist ist das einzig Planbare im Klinikalltag der Zeitpunkt der fixen Termine selbst. Denn der scheinbar klaren zeitlichen Struktur stehen im Wesentlichen zwei Umstände entgegen: In einem Krankenhaus der Grundversorgung mit Notaufnahme und Notfallambulanz, in dem die Untersuchung durchgeführt wurde, ist erstens jederzeit mit Notfällen zu rechnen und zudem ist aufgrund der mit der Krankenhausfinanzierung verbundenen Ambulantisierung der Patientenbehandlung generell ein deutlich gestiegener Anteil von unangekündigt auftretenden Akut-Patienten zu verzeichnen, sodass diese bereits einen Großteil der Patientenstruktur

Tätigkeitsanalysen

ausmachen. Doch ein hoher Anteil an (insbesondere neu aufgenommenen) Akut- und Notfallpatienten zieht nahezu zwangsläufig einen hohen zeitlichen Aufwand nach sich, der die bestehende zeitliche Struktur verändert und mit einer Vergrößerung der ohnehin großen Zeitknappheit für die Erledigung der Stationsarbeit einhergeht.

Ein ärztlicher Mitarbeiter der Klinik für Innere Medizin beschreibt dies folgendermaßen:

„Und man kann auch den normalen Tagesablauf nicht planen. (...) Wir haben ja auch viele Akutpatienten, gerade in der Kardiologie. Dann ist es natürlich auch immer davon abhängig, wie die Patientensituation ist. Wie viel Akute reinkommen oder ob zufällig mal eine halbe Stunde Zeit ist, sich mal um irgendwas zu kümmern." (i8)

Das Zitat zeigt auch die generelle Zeitknappheit der ärztlichen Tätigkeit, denn hier wird deutlich, dass selbst ohne Akutpatienten meist nur wenige zeitliche Ressourcen zur Verfügung stehen würden, um sich um „irgendwas" anderes zu kümmern, womit hier die allgemeine Stationsarbeit gemeint ist, und nicht etwa Pausen.

Den Zeitaufwand für die Behandlung von Notfallpatienten und die damit verbundenen Probleme beschreibt ein weiterer Arzt der Inneren Medizin folgendermaßen:

„Für einen Notfall-Patienten, den man ordentlich behandeln will, braucht man schon eine dreiviertel Stunde bis zur ersten Verdachts- und Arbeitsdiagnose und bis er stabil ist. So ist ungefähr das Zeitmaß. Und dann weiß man ja schon, wenn man drei, vier Patienten hat, wo man ist, wenn man gerade runter kommt, dann sind vier Stunden weg. (...) Und die Patienten der Notfallambulanz sehen ja auch nicht was mit dem Rettungswagen reinkommt und das da hinten gerade alles zu läuft, das sehen die ja nicht. Die denken ja da passiert einfach nichts und ich muss hier stundenlang warten. Ja und das ist halt ein Problem, dass wir hier haben." (i7)

An diesem Zitat wird zudem deutlich, dass der zeitliche Druck in der Notaufnahme auch dadurch verstärkt wird, dass es zwei Arten von Notfallpatienten gibt: diejenigen, die mit dem Krankenwagen eingeliefert werden, und diejenigen die es aus eigener Kraft in die Notaufnahme schaffen und allein schon durch ihre Anwesenheit und in diesem Fall auch Ungehaltenheit ob ihrer langen Wartezeit, den Zeitdruck weiter massiv befördern.

Im Zusammenhang mit einem erhöhten Aufkommen von Notfall- und Akutpatienten geht auch die Notwendigkeit ständiger Erreichbarkeit, d.h. einer kontinuierlichen verzögerungsfreien zeitlichen Verfügbarkeit der Ärzte im Ablauf der Arbeitstage einher, die sich vor allem in Form des ständig benutzten mobilen Telefons manifestiert. Ein inzwischen unverzichtbares Hilfsmittel, das von den Ärzten als Fluch und Segen gleichermaßen bezeichnet wird, da es einerseits schnelle Rückfragen und Abklärungen mit den Kollegen ermöglicht, da jeder Arzt dies stets mit sich führt. Andererseits bewirkt es auch eine ständige Erreichbarkeits- und Verfügbarkeitserwartung durch die Kollegen, ständige Unterbrechungen und einen Druck zum Multi-Tasking sowie zur drastischen Zeitverdichtung bzw. Beschleunigung aller Aktivitäten.

Die folgenden Aussagen von Ärzten der Inneren Medizin und Chirurgie verdeutlichen die Problematik:

> „Und dann bist du auch noch der einzige Facharzt im Haus und da ruft dann jeder an, der was von dir möchte. Schwestern, andere Ärzte und dann musst du auch von draußen Gespräche annehmen. Kollegen wollen da was von dir, der Notdienst oder so. (…) Und das ist dann wirklich schwierig, ja, wenn du da einen Patienten hast, musst dich da auf den konzentrieren und manchmal klingelt das dann wirklich im Minutentakt. Und das ist dann wirklich manchmal so eine Sache, die ist grenzwertig." (i7)

> „Ich hab hier so ein Telefon immer dabei. Das klingelt dann halt ständig, das hat auch wiederum Vor- und Nachteile. Es gibt Häuser, wo man auch so ein Teil nicht immer zur Hand hat. Das hat auch Vorteile, da kann man einen Gedanken mal zu Ende denken. Hier klingelt es halt ständig, aber dafür ist halt auch schnell was regelbar." (i4)

An diesen Zitaten zeigt sich nicht zuletzt deutlich die extreme Ambivalenz ständiger Erreichbarkeit. Einerseits erzeugt dies einen erhöhten Zeitdruck und fast durchgehende Unterbrechungen, denn durch das ständige Klingeln und das immer wieder neue Eindenken in Prozesse entsteht ein fachlich potenziell höchst problematischer Zeit- und Konzentrationsverlust, da kein Gedanke zu Ende gedacht werden kann und somit der durch das Telefonat unterbrochene Arbeitsprozess verlängert und gestört wird. Andererseits kann schnelle und kontinuierliche Verfügbarkeit auch zu einer Verringerung des Zeitdrucks beitragen, indem Kollegen jederzeit erreichbar sind und somit auftretende Probleme schnell besprochen und geklärt werden können.

Mit der Unplanbarkeit der Zwischenzeiten und der ständigen Verfügbarkeitserwartung ist ein steigender und zum Teil drastischer interner Mobilitätsaufwand verbunden, der für die Ärzte einen unübersehbaren zeitlichen Druck bedeutet. Denn mit dem ständigen Wechsel zwischen Stations- und Funktionsarbeit, ist auch ein ständiger Wechsel der Arbeitsbereiche verbunden, was sich darin äußert, dass die Ärzte während ihrer ganzen Dienstzeit immer wieder in großer Eile zwischen den Stationen und den Behandlungs- und Besprechungsräumen wechseln, was auf den Arbeitstag bezogen einen nicht zu unterschätzenden Zeitaufwand bedeutet, die verfügbare Zeit weiter reduziert bzw. verdichtet

Tätigkeitsanalysen 85

und zu einer großen Hektik aller Einzelabläufe und einer Gehetztheit der Tage insgesamt führt. Insgesamt gesehen müssen die quantitativen (zur Verfügung stehende Dauer von Tätigkeiten, Menge der Termine) wie auch die qualitativen (Lage der Termine, Ablauflogik des Tages, Unterbrechungen, Terminkonflikte usw.) zeitlichen Formen von Druck bei den erfassten ärztlichen Tätigkeiten im Krankenhaus als hoch eingeschätzt werden. Durch vielfältige fixe Termine, einer hohen und nahezu unkalkulierbaren Anzahl variabler Termine in Form von Not- und Akutfallpatienten, dringender Kassenanfragen, zusätzlicher Besprechungen, einer permanenten zeitlichen Verfügbar- und Erreichbarkeit für akute fachliche Zusatzaufgaben und einem damit verbundenen hohem internen zeitlichen Mobilitätsaufwand ist es für die Ärzte nahezu unmöglich über ihre Arbeitszeit frei zu verfügen, Tages- und Arbeitsablaufpläne klar zu strukturieren und Aufgaben in der fachlich eigentlich erforderlichen Dauer zu bearbeiten oder sich in Pausen (die mehr als ein paar situativ eingeschobenen Minuten umfassen) zu erholen. Vielmehr sprechen die Ärzte von „Zufall", wenn sie Arbeitsprozesse auch so umsetzen und in verantwortlicher Ruhe erledigen können, wie sie von ihnen vorgesehen waren oder wie sie es der Sache nach für notwendig halten. Nicht selten wird explizit betont (und fast durchgehend wird es in Aussagen indirekt deutlich), dass all dies in den letzten Jahren massiv zugenommen habe und mit zum Teil erheblicher Besorgnis die Befürchtung ausgedrückt, dass dies weiter zunehmen könnte.

7.1.3.2 Arbeitsbezogener Leistungsdruck

Arbeitsprozessbezogener Leistungsdruck

Das geschilderte nahezu ‚zufällige' Zustandekommen von verantwortlich abschließbaren Arbeitsprozessen ist im Zusammenhang mit typischerweise nicht nur quantitativ sehr hohen Anforderungen, sondern auch mit einem qualitativ (d.h. in der Vielfalt der Anforderungen) sehr ausgeprägten Aufwand an verschiedenartigen Aufgaben zu sehen. Die Arbeitsprozesse in einem Krankenhaus sind, trotz starker Strukturierung und enorm stabiler hierarchischer Strukturen, hoch komplex, was sich am deutlichsten in einem ausgeprägten Kooperations- wie Koordinationsaufwand abbildet. Wichtigster Grund dafür ist, dass die Behandlung eines Patienten im Krankenhaus ein kompliziertes Ineinandergreifen und Zusammenarbeiten verschiedener Prozesse und Berufsgruppen erfordert, das hier im Detail nicht aufgezeigt werden kann, aber das erkennbar zwar „dazu gehört", aber für alle Beteiligten eine nicht geringe Grundbelastung darstellt.

Gerade das Zusammenspiel zwischen der geschilderten zeitlich hoch restriktiven und engen Taktung mit ständigen Unterbrechungen und den komplexen Prozessabläufen an denen mehrere Funktionsgruppen beteiligt sind sowie der zusätzlichen anforderungsreichen Koordination und Kooperation innerhalb der eigenen Funktionsgruppe ergibt einen immensen Prozessaufwand, der kontinuierlich betrieben werden muss, um einen störungsfreien Ablauf zu gewährleisten und vorgegebene fachliche Standards einzuhalten bzw. Fehler in den Abläufen zu vermeiden. Mit der zudem ständig zunehmenden Aufgabenfülle, bei gleichzeitig kontinuierlich verringerter Personalausstattung gerade auch bei den Ärzten, erhöht sich dieser Aufwand seit einiger Zeit sukzessive. Dies nimmt zum Teil anscheinend Ausmaße an, dass daraus (so wird der Eindruck erweckt) erhebliche Belastungsfolgen für die Arbeitenden entstehen, die sie nicht selten an die Grenzen der Bewältigung führt.

Dass dabei schon kleinere Verzögerungen oder Verwerfungen in den Abläufen eine schlagartige und dann höchst folgenreiche (vor allem potenziell fachlich äußerst problematische) Verschärfung des Zeit- und Leistungsdrucks bewirken, soll im Folgenden an einem konkreten Praxisbeispiel (hier aus der Klinik für Chirurgie) ausführlicher verdeutlicht werden – um damit das komplexe Zusammenwirken verschiedener Faktoren und deren Folgen in einer typischen Konstellation von Entstehungsbedingungen und Erscheinungen von Zeit- und Leistungsdruck auch am exemplarischen Detail zu veranschaulichen:

Es geht um eine von einem Chirurgen plastisch geschilderte, häufig auftretende Problematik bei der Organisation von Operationen, die als Konsequenz aus engen zeitlichen Restriktionen und fachlich bedingtem hohem Prozessaufwand entsteht. Die dabei deutlich werdenden Schwierigkeiten bei der planmäßigen Durchführung von Operationen stehen hierbei beispielhaft für eine Konstellation von Zeit- und Leistungsdruck, die aus Sicht der Betroffenen schnell ein organisatorisch wie vor allem auch persönlich bewältigungsfähiges und verantwortbares Maß übersteigen kann, so oder so ähnlich an mehreren Stellen und seit einiger Zeit verstärkt auftritt und sich langfristig als höchst problematisch erweisen könnte.

Einer solchen erschwerten Durchführbarkeit geplanter Operationen liegt eine charakteristische Konstellation von Zeit- und Leistungsdruckformen und dahinter stehender komplexer struktureller Ursachen zugrunde. Zentral sind jedoch zwei, in ähnlicher Form auch generell auftretende, Probleme der Tätigkeit von Krankenhausärzten, die durch eine kontinuierliche Verdichtung und Vervielfältigung der Arbeitsaufgaben bei gleichzeitiger Verringerung der Personalausstattung (und manchmal auch anderer Ressourcen) entstehen.

Ersteres bezieht sich in diesem Beispiel auf eine ständig steigende Anzahl einzuplanender Operationen, da das Krankenhaus den Durchlauf an Patienten erhöhen und die Liegezeiten verkürzen muss. Das führt vermehrt dazu, dass Operationen in die Tagesplanung aufgenommen werden, die teilweise selbst bei optimalen Bedingungen und großem Bemühen um möglichst „zügiges" Operieren laut Aussage der befragten Chirurgen nur mit größter Anstrengung aller

Tätigkeitsanalysen 87

Beteiligten und oft dann eben auch gar nicht mehr durchführbar sind, sodass es zum Ausfall geplanter (möglicherweise sogar dringender) Operationen kommt. Hinzu kommt als zweites Moment eine Veränderung der Personalstruktur und vor allem eine damit verbundene Verringerung des Personalumfangs, sowohl bei den ärztlichen wie insbesondere auch bei den erforderlichen einschlägig qualifizierten pflegerischen Mitarbeitern. Die befragten Ärzte berichten mit großem Nachdruck, dass gerade die personellen Engpässe aufseiten des Pflegepersonals stetig zunehmen und inzwischen ein nicht mehr verantwortliches Ausmaß annehmen. Dies führt im Zusammenspiel mit einer immer engeren Taktung geplanter Operationen zu dem erhöhten Risiko des Ausfalls geplanter Operationen, mit der Folge, dass im Extremfall aufgrund personeller Unterbesetzung teilweise sogar ganze OP-Säle geschlossen werden müssen und damit die OP-Kapazität auf einen Schlag drastisch sinkt - wodurch die Probleme potenziert werden. Aber selbst wenn genug Personal vorhanden ist, um alle OP-Säle offen zu halten, kann (so wird berichtet) bereits der Ausfall einer einzigen OP-Pflegekraft den gesamten Ablauf drastisch verzögern, oder gar die gesamte OP-Planung möglicherweise gleich für mehrere Tage durcheinander bringen.

Ein Chirurg beschreibt die Situation des hohen Arbeitspensums bei steigenden Personalmangel folgendermaßen:

> „Also es gibt immer mal Engpässe, sowohl im ärztlichen als auch im pflegerischen Bereich. Aber die Engpässe im ärztlichen Bereich führen meist nicht dazu, dass OP-Säle geschlossen werden müssen. Aber die Schwestern arbeiten im Schichtsystem und sind auch an die Säle gebunden. Und dann braucht man für vier OP-Säle mindestens acht Schwestern mit zwei Springerschwestern. Und jetzt haben wir halt nur fünf. (…) Aber es reicht ja auch schon, wenn es zeitlich sehr knapp ist, dass die Patienten nicht rechtzeitig eingeschleust werden können. Also man schleust, wenn der Personalbesatz gut ist, Patienten ein, während die eine OP noch läuft und ein anderes Team bereitet die Patienten im Sterilraum draußen vor und dann wird nur gewechselt. Und wenn gerade so Personal für alle Säle da ist, dann muss erst der eine Patient vollständig fertig versorgt werden und dann kann erst der nächste eingeschleust werden, weil der nicht unbeaufsichtigt rumliegen darf. (…) Dann schafft man am Tag, obwohl alle Säle offen sind, weniger. (…) Und das kommt zunehmend häufiger vor. (…) Und dann gibt es natürlich auch schlechte Planungen (…) Unrealistische Programme, die von vornherein nicht machbar sind. Dann gibt es einen Stau bis auf den nächsten Tag." (i4)

In dieser Konstellation kommen demnach drei verschiedene Faktoren zusammen, die in ihrer Kombination einen charakteristischen Zeit- und Leistungsdruck erzeugen: eine erhöhte Arbeitsverdichtung mit dem Zwang zur Tätigkeitsbeschleunigung (insbes. OP-peripherer Tätigkeiten) durch einen zu eng getakteten Operationsplan verbunden mit einem zu hohem Pensum an geplanten Operationen; ein Personalmangel vor allem in der Pflege und (wie allgemein bekannt ist) zunehmend auch in der Ärzteschaft, der mindestens zu einer zeitlichen Verzögerung führt; die starke und durch den Wandel der Medizin und Medizintechnik zunehmende wechselseitige Angewiesenheit aller Beteiligten, vor allem auch der beiden beteiligten sehr unterschiedlichen Statusgruppen, die hohe Anforderungen an die Kooperation und Koordination stellen.

Jederzeit mögliche neue Notfälle oder nicht zu vermeidende Komplikationen während der geplanten Operationen verschärfen zusätzlich den Druck und führen vor dem Hintergrund der äußerst engen OP-Taktung zu einem als fachlich problematisch und persönlich belastend erlebten Arbeitsstil, der immer häufiger zu finden ist. Als eine weitere problematische Konsequenz daraus entsteht zunehmend die Notwendigkeit, geplante aber nicht durchgeführte Operationen außerhalb der regulären Arbeitszeiten vom schichtarbeitenden Bereitschaftsdienst durchzuführen zu lassen, um das hohe OP-Pensum abzuarbeiten. Dies ist wiederum mit dem Auftreten einer bestimmten Konstellation von Formen des Zeit- und Leistungsdrucks verbunden, die sich in einem nochmals erhöhten Kooperations- und Koordinationsaufwand niederschlägt und aus Sicht der Ärzte äußerst kritische Folgen hat.

Ein Chirurg beschreibt einen solchen durch das Verschieben einer OP in die Bereitschaft sich verschärfenden Druck:

> „Wenn Nachmittags noch drei oder vier geplante Operationen anstehen, da müssen sich die Kollegen der verschiedenen Kliniken einig werden, was ist wichtiger, kann man das machen, kann man das nicht machen? Dann sagt man, okay wir machen das noch und wir machen eben noch mal bis abends um acht, dann kommt um sechs ein Notfall, dann ist der Plan wieder Makulatur. (...) Dann kommt es auch auf das Team an, machen die alle mit? Manche sagen: ‚Eine Operation abends um acht, das mache ich nicht mit, das ist eine gefährliche Zeit.' (...) Dann argumentieren sie natürlich auch mit Recht: ‚Wir operieren einen Leistenbruch und dann kommen die Gynäkologen mit einem Kaiserschnitt, was machen sie denn dann? Dann gibt es keinen freien OP-Tisch.' Naja, da kann ich auch nichts dagegen sagen, dann ist es eben so. Wenn aber andere sagen, wir machen das mit, dann besteht auch die Möglichkeit, so was im (Bereitschafts-)Dienst parallel zu machen. Mit viel Einsatz und viel Kompromissbereitschaft geht das schon, aber man bewegt sich immer in einer Grauzone. Wenn man rechtlich alles einwandfrei machen will, dann schafft man das allerdings nie." (i4)

In diesem Zitat wird eine hochwirksame komplexe Konstellation verschiedener Formen des Drucks beschrieben, die durch eine Verzögerung des Arbeitsprozesses auftreten kann, hinter der wiederum komplexe Ursachenketten stehen. Der Druck besteht einerseits darin, die nicht durchgeführten Operationen nachzuholen, was für die beteiligten Ärzte entweder eine unkalkulierbare Verlängerung der Arbeitszeit und ein Arbeiten mit möglicherweise eingeschränkter Aufmerksamkeit und Leistungsfähigkeit bedeutet oder eine höhere Belastung in den

Bereitschaftsdiensten, die eigentlich ganz andere Aufgaben haben (die Betreuung von Akut- und Notfällen am Abend, in der Nacht und am Wochenende). Weiterhin zeigt sich auch hier der deutlich erhöhte Kooperations- und Koordinationsaufwand zwischen den und innerhalb der Berufsgruppen und daraus entstehende zusätzliche Formen des Drucks für alle Beteiligten: Die Ärzte müssen sich untereinander über die noch durchzuführenden Operationen und deren Verantwortbarkeit verständigen und gleichzeitig muss auch das Pflegepersonal von der Notwendigkeit der zusätzlichen Operationen außerhalb der regulären Dienstzeiten überzeugt werden, da ohne sie diese nicht durchführbar sind. Zudem birgt eine Verschiebung der Operationen gerade auch aufgrund des geringeren Personalbestandes nach regulärem Dienstende das Risiko, dass neben potenziellen Problemen für die jeweiligen Operationen auch eine Gefährdung der Notfallversorgung eintreten und somit die Situation zusätzlich verschärft werden kann.

Der bei diesem Beispiel deutlich erkennbare (aber in vielen weiteren Bereichen in ähnlicher Weise zu findende) Umstand, dass von den Beteiligten zwischen ökonomischen, medizinischen, organisatorischen und schließlich sogar juristischen Auswirkungen ihres Handelns abgewogen werden muss, entfaltet hier eine besondere Wirkungsweise, da das Arbeiten in einer „Grauzone" als höchst belastend erlebt wird.

Ähnliche Beispiele finden sich an mehreren Stellen der Tätigkeiten in der Chirurgie und lassen sich auch in der Klinik für Innere Medizin mehrfach finden, bspw. durch aufwendig durchgeführte Doppeluntersuchungen aufgrund fehlender Koordination zwischen Notaufnahme und Kliniken, Funktionsbereichen und vieles andere mehr.

Insgesamt gesehen zeigen diese (und etliche andere im Material zu findende) Beispiele deutlich, wie bereits kleinere Verwerfungen im eng getakteten Prozessablauf des Krankenhauses in Folge etwa der zunehmenden Einsparungen von Personal und anderen Ressourcen, des strukturell bedingtem Fachkräftemangels, der gezielten organisatorischen Prozess- und Arbeitsverdichtungen mit einer Erhöhung von Fallzahlen (und Reduzierung der Liegezeiten), systematischen Aufgabenerweiterungen bei den verschiedenen Funktionsgruppen u.a.m. einen bereits ohnehin aufgrund der komplexen fachlichen Bedingungen der Einzeltätigkeiten und organisatorischen Anforderungen eines Krankenhauses sozusagen „normal" vorhandenen hohen Zeit- und Leistungsdruck massiv verstärken können. Dies hat vielfältige Folgen, allem voran, dass sich die Beteiligten permanent in für sie kaum mehr fachlich verantwortlichen (und persönlich sehr belastenden) Grauzonen bewegen müssen, um ihre Tätigkeiten durchführen zu können. Abstrakter betrachtet, handelt es sich um eine für die ärztliche Tätigkeit im Krankenhaus typische (und systematisch steigende) Verdichtung einer ohnehin hochkomplexen fachlich anspruchsvollen professionellen Arbeit in Verbindung mit einer sich verändernden, die Aufgaben komplizierenden Patientenstruktur, zunehmenden Ressourcenengpässen, bei gleichzeitig hohem Kooperationszwang der Beschäftigtengruppen.

Arbeitsergebnisbezogener Leistungsdruck

Das Agieren in Grauzonen steht wiederum mit den Anforderungen an das Arbeitsergebnis ärztlicher Tätigkeit in einem engen Zusammenhang. Traditionell sind die Anforderungen an das Ergebnis einer ärztlichen Tätigkeit sehr hoch, da dies einen weitreichenden Einfluss auf die körperliche Unversehrtheit bzw. das „Wohl" der Patienten besitzt. Dementsprechend steht für die erfassten Probanden ein optimales medizinisches Ergebnis permanent im Vordergrund ihres Handelns, d.h. das Patientenwohl in Form einer Gesundung oder mindestens einer deutlichen Verbesserung des Gesundheitszustandes vor dem Hintergrund aktuell gültiger medizinischer Standards ist der entscheidende (bekannterweise durch einen professionellen „Eid" versicherte) Zielpunkt des ärztlichen Handelns. Die adäquate Behandlung nach den gängigen medizinischen Standards bildet die Grundlage der Verantwortung, nach denen alle Ärzte ihr Handeln und ihr Behandlungsergebnis zu rechtfertigen haben – und dies nicht nur in medizinischer, sondern im Zweifelsfall auch in juristischer Hinsicht. Aufgrund dieser hohen Anforderungen an das Behandlungsergebnis und der damit einhergehenden großen Verantwortung des ärztlichen Personals, sind eine Sicherheits- und Qualitätsorientierung sowie ein damit einhergehender Absicherungsgedanke in der Medizin sehr stark ausgeprägt. Dies ist bei allen zu beobachtenden Tätigkeitsaspekten durchgehend zu spüren und wird oft betont.

Im Zuge der Umstrukturierungen im Gesundheitswesen und insbesondere der sich ändernden Krankenhausfinanzierung, kam es auch zu einer Umstrukturierung der Anforderungen an das Arbeitsergebnis und die Qualität der ärztlichen Tätigkeit – vor allem in der Hinsicht, dass verstärkt ökonomische und im Zuge dessen zunehmend auch explizit juristische Faktoren stärker berücksichtigt werden müssen.

Ein Oberarzt beschreibt die Problematik ausführlich:

> „Also wir sind schon angehalten alles in dem Sinne abzuchecken, schon wenn der Patient rein kommt, wie man die Behandlung so gestaltet, dass es dann auch abrechenbar ist. Also nicht nur der Gedanke, was hat der Patient? Wie behandele ich den Patienten optimal, um ihn gesund zu machen? Sondern krieg ich das dann auch bezahlt unterm Strich? Ein Gedanke, der früher nicht die Rolle gespielt hat. Also das war absolut unüblich. Und das ist natürlich auch eine Sache, die (...) abschreckend ist jetzt Medizin zu studieren. Also das ist ja nicht der Grund, warum man das gemacht hat, dann hier so halb BWLer zu sein und zu gucken, ob sich das noch rechnet in dem Moment. Also das hat schon zugenommen. (...)

Aber das ist eben nicht so einfach, denn es ist natürlich so, dass im medizinischen Bereich der Sicherheitsgedanke eine wesentliche Rolle spielt. Und gerade wenn man jetzt Patienten hat, die verschiedene Beschwerden haben und man jetzt verschiedene Untersuchungen macht, um gewisse Dinge abzuklären oder auszuschließen und es kommt dann eben nichts dabei raus, dann hat man danach ein Problem zu begründen, warum musste das sein und die Kassen machen es sich ja einfach und sind da knallhart und sagen ‚Hätte ambulant gemacht werden können. Bezahlen wir nicht!' (...) Aber wenn man den Verdacht hat, dass da eine gewisse Sache abgeklärt werden muss, dann müssen wir es eigentlich machen.
Aber das sind so die typischen Sachen. Das muss man halt heutzutage im Auge behalten, (...) gerade wenn das jüngere Patienten sind, dass man möglichst die wichtigen Sachen halt relativ schnell nachguckt und andere Sachen dann vielleicht ambulant machen lässt, weil sonst macht halt das Krankenhaus die Untersuchung und kriegt letzten Endes nichts dafür. Und das ist schon relativ heikel, denn auf der anderen Seite, wenn man was übersieht, und sagt, der kann nach Hause gehen, dann kann der Rechtsanwalt sagen: ‚Hier, Behandlungsfehler'. (...). Der finanzielle Druck wird (...) immer größer. Aber mittlerweile ist das so, dass wenn die Untersuchungen gelaufen sind, dann muss man klar sagen, die müssen nach Hause oder man hat wirklich irgendwas noch, was das begründet, dass die stationär sind und dann ist die Frage, wenn die das ablehnen, ob dann der Rechtsanwalt eingeschaltet wird über mich. (...) diese Geschichten haben schon unheimlich zugenommen, dass der Alltag mehr auf die Wirtschaftlichkeit ausgerichtet ist, weil sonst kein Krankenhaus mehr überleben kann. Das war also früher völlig anders." (i6)

In diesem Zitat wird der Wandel der Kriterien für die Bewertung des Arbeitsergebnisses deutlich benannt. Während demnach üblicherweise medizinische Anforderungen und strafrechtliche Aspekte in Bezug auf Behandlungsfehler die ausschlaggebenden Kriterien waren, muss das Ergebnis laut den Berichten der Probanden zusätzlich auch ökonomischen und erweiterten formal-juristischen Kriterien genügen. Diese Kombination bewirkt bei den Ärzten eine erhebliche Verunsicherung, da wirtschaftliche Rentabilität für sie kein originärer Bestandteil ihrer Tätigkeit ist, und sogar eine eher abschreckende Wirkung zu haben scheint. Da die finanzielle Verantwortung zusätzlich zur medizinischen Aufgabe aber dennoch ein sich massiv zeigender Bestandteil ihrer Arbeit ist, besteht ein wesentlicher Teil der Tätigkeit auch darin das Ergebnis möglichst revisionssicher und einspruchsfest (etwa gegenüber den Überprüfungen der Kostenträger) zu gestalten. Um dies zu erreichen kommt der immer aufwendigeren Tätigkeitsdokumentation eine hohe Bedeutung zu, die von den Ärzten als „ungesund" beschrieben wird, was zuerst als Metapher gemeint ist, aber sich nicht nur versteckt auch auf die eigene Gesundheit und sogar auf die Gesundheit der Patienten bezieht. Die folgende Auswahl von Zitaten von Probanden unterschiedlicher Hierarchieebenen und Klinikzugehörigkeiten soll dies verdeutlichen.

Ein Oberarzt der chirurgischen Klinik resümiert:

> „Um nicht angreifbar zu sein, schränkt man sich (...) auch in der Arbeitsfähigkeit ein. Es ist sehr viel Bürokratie auch im postoperativen Verlauf, Anmeldung von Reha und so weiter. Also Arbeit, Arbeitskraft und Zeit, die gebunden wird, die anderweitig gut einsetzbar wäre. Im OP, in der direkten Patientenversorgung und das spielt natürlich im Zusammenhang mit dieser ganzen personellen Situation auch eine Rolle, sodass wir oft das Empfinden haben, dass die Arbeit viel, viel mehr wird. (...) Im Haus muss alles extrem dokumentiert werden. Dokumentation ist wichtig, aber ich glaube die Dosis ist Gift. Also die Patienten werden überfrachtet mit Informationen, die sie gar nicht verarbeiten können. Natürlich muss man aufklären, das ist ganz klar aber dann gibt es ständig neue Anforderungen, bestes Beispiel, dass die Aufklärung der Operateur selbst machen muss. Bisher war das so, dass es ausreicht, dass einer vom Team aufklärt, der die Operation schon gemacht hat und ausreichend einschätzen kann, was da abläuft. Rein formell muss jetzt der Patient durch den Operateur aufgeklärt werden." (i4)

Ein Facharzt der Klinik für Chirurgie zeichnet die Entwicklung der letzten 30 Jahre kurz nach:

> „Ich habe mal eine wunderschöne Akte aus dem Jahr 1986 aus dem Archiv in die Hand gekriegt. Da war ein Stempel auf dem Blatt, auf der Patientenakte. Und da hat der Patient unterschrieben, dass er mit allen erforderlichen therapeutischen und diagnostischen Verfahren einverstanden ist. Und damit war alle Aufklärung praktisch erledigt. Und heute musst du nahezu für jeden Griff, den du am Patienten machst zwei oder drei Seiten Aufklärung ausfüllen und dokumentieren. Und die neueste Variante ist, dass der Patient das auch noch in Kopie bekommt, d.h., du stellst dich an den Kopierer und kopierst das noch. Und wenn du prästationär jemanden für eine Arthroskopie aufklärst, kannst du am Ende deiner ganzen Aufklärung 14 Seiten Kopien machen und dem Patienten aushändigen, wenn er das möchte." (i3)

Ein weiterer Facharzt erläutert den Zusammenhang zwischen Absicherung und Zeitaufwand:

> „Ich brauche doppelt so viel Zeit fürs Dokumentieren wie zum Behandeln. Also als Beispiel eine Schnittwunde im Finger (...). Mitunter gucke ich drauf, desinfiziere, (...) Pflasterstreifen drauf (...) dauert eine Minute. Und dann habe ich so einen Zettel auszufüllen, dauert fünf Minuten. (...) Und ich muss das möglichst so aufschreiben, dass wirklich, wenn der Patient später mit einer Entzündung kommt und sagt ‚Das hat mir ja keiner gesagt. Das konnte ich nicht wissen, dass ich immer unter das Pflaster gucken muss'. Da kann schon wieder ein Rechtsanwalt kommen und sagen ‚Das hättest du ihm aber sagen müssen'. Also muss ich das auch dokumentiert haben, dass ich es ihm gesagt habe. Also was wirklich stört und uns plagt (...) ist diese permanente Absicherung, das Absicherungs-

bedürfnis vor einem Rechtsstreit. Das ist ja das, was zu dieser vielen Dokumentation führt, dass wir uns eigentlich immer in alle Richtungen absichern müssen, dass (...) nicht geklagt werden und hier gekürzt werden kann (...). Diese Belastung wird ja immer mehr. Wir haben jetzt immer noch mehr Unterschriften, noch mehr Zettel. Und mit jeder Neuerung wird es eigentlich schwieriger. Beispielsweise müssen wir jetzt noch auf unseren Aufklärungsbögen einen Stempel haben, auf dem der Patient zusätzlich unterschreibt, ob er davon eine Kopie haben möchte oder nicht, neues Patientenrechtegesetz. Da kommt immer mal noch eine Unterschrift dazu. Aber das sind meistens drei Aufklärungsbögen oder vier. Da sind es schon vier Unterschriften. Und dann, wenn die Leute das kopiert haben wollen, hat jedes Blatt vielleicht vier Seiten. Das ist einzeln gesehen wenig Arbeit, aber in der Summe ein irrsinniger und für mich sinnloser Aufwand. Und das stört mich sehr, denn es wird immer mehr, was mit unserer Versorgungsqualität überhaupt nichts zu tun hat, was aber unsere Arbeit weitgehend unangenehmer macht." (i1)

Und ein Oberarzt resümiert:

„Wir kommen mit unseren Papieren und Leitlinien eine ganze Weile auch vollkommen ohne Patient hin und das ist eigentlich falsch, nicht wahr?" (i5)

In den Beispielen wird insgesamt gesehen deutlich, dass die starke und deutlich steigende Notwendigkeit eines (nicht-medizinischen) Absicherungsgedankens aus Sicht der Probanden zunehmend höchst problematische Auswirkungen zu haben scheint, die sich bis zu einer Verschlechterung der Versorgungsqualität erstrecken können, wie es in dem vorletzten Zitat angedeutet wird. Dabei steht der Behandlungserfolg ohne Zweifel weiterhin im Mittelpunkt des Arbeitsergebnisses, nur wird dieser nun vollkommen anders definiert. Die Behandlung ist demnach dann erfolgreich abgeschlossen, wenn sie ökonomisch sinnvoll, juristisch abgesichert und dann (nicht selten erst dann) auch noch medizinisch korrekt durchgeführt wurde. Diese Anforderungen an das Ergebnis werden von den Probanden aber als dermaßen widersprüchlich erlebt, dass sie sich kaum in der Lage sehen, dieses Dilemma aufzulösen und sie sich mit höchst belastenden, heiklen Gratwanderungen in Bezug auf Arbeitsqualität und Professionalität sowie einem sie zum Teil massiv beeinträchtigenden unsicheren Bewegen in Grauzonen aller Art behelfen müssen.

Einige der Interviews fügen dieser Konstellation einen weiteren Aspekt hinzu, der zumindest für Einzelne eine zusätzliche, belastende Anforderung bedeutet: Gemeint sind sich verändernde Ansprüche und Verhaltensweisen der „Kunden" im engeren Sinne, nämlich der Patienten. Dass dies ein Moment von Druck bedeuten kann, erscheint zuerst paradox, da das Wohl der Patienten ja, wie eben betont, im Kern das Anliegen der Ärzte ist. Anscheinend gibt es aber Veränderungen aufseiten der Patienten, die für Ärzte im Krankenhaus zum

Problem werden können. Genannt werden etwa unrealistische Erwartungen an den Umfang und die Qualität von Behandlungen und/oder an den begleitenden „Service" auf Station, verstärktes Auftreten von Patienten, die mit geringfügigen Problemen die Klinik aufsuchen und sofortige Behandlung erwarten oder Patienten (oft auch deren Angehörige), die mit begrenztem medizinischem Vorwissen Ärzte unter Druck setzen. Im Prinzip scheinen die Ärzte sehr bereit zu sein, auf zunehmend „emanzipierte" Patienten (und Angehörige) einzugehen – die sich ändernden und anscheinend gelegentlich demonstrativ fordernd vorgetragenen Erwartungen von Seiten der „End-Kunden" werden für sie aber dann zu Belastungen, wenn die Anliegen nicht mit der ärztlichen Expertise und den medizinischen Möglichkeiten im Haus in Übereinstimmung zu bringen sind, oder an die ökonomisch-organisatorischen, vielleicht sogar die juristischen Grenzen stoßen, wie sie oben geschildert wurden.

Insgesamt lässt sich an dieser Stelle festhalten: An das Arbeitsergebnis der ärztlichen Tätigkeit im fachlichen Sinne werden generell sehr hohe Anforderungen gestellt, die in gewisser Weise auch als Belastungen erlebt werden. Dies wird von allen Probanden mehr oder weniger deutlich so gesehen, aber als traditioneller Teil der professionellen Aufgabe akzeptiert. Diese Anforderungen werden vor dem Hintergrund der geschilderten Veränderungen im Krankenhaus aber inzwischen als dermaßen hoch und vor allem als widersprüchlich erlebt, dass sie teilweise als überfordernd, zumindest aber als potenziell „ungesund" beschrieben werden. Dabei geht es weniger um den Wandel der engeren medizinischen Anforderungen und um neue Erwartungen an das fachliche Ergebnis der ärztlichen Arbeit im Sinne einer adäquaten und erfolgreich verlaufenden Behandlung des Patienten nach neuesten Standards. Der zentrale, die Belastungen nicht nur quantitativ erhöhende, sondern vor allem in ihrer Qualität verschärfende Faktor sind jedoch die sukzessive hinzukommenden Verschiebungen und Neudefinitionen der Ergebniskriterien ärztlicher Tätigkeit durch externe (Kunden-)Gruppen und deren Erwartungen. Denn dies bedeutet für die Ärzte eine Verdrängung der originären medizinischen Anforderungen und Qualitätsansprüche, die bis zu einem faktischen Verlust der Deutungshoheit und der Verantwortung des behandelnden Arztes über den Behandlungsverlauf und dessen Ergebnis reichen kann.

7.1.3.3 Reproduktiver Leistungsdruck

Bei der Betrachtung des Reproduktionsaufwandes und daraus möglicherweise entstehender Belastungen von Krankenhausärzten muss vorab darauf hingewiesen werden, dass es sich hierbei um eine Gruppe handelt, die traditionell einen speziellen Bezug zu ihrer eigenen Arbeitskraft entwickelt hat. Diese ist sich, wie eben schon geschildert, dem Zeit- und Leistungsdruck am eigenen Arbeitsplatz, ja des Berufs überhaupt, meist sehr bewusst und ist in der Regel schon bei ihrer Berufswahl davon ausgegangen, dass die Tätigkeit mit einem hohen Stresslevel und weitreichenden Anforderungen aller Art verbunden ist. Dazu beispielhaft ein Oberarzt:

„Ich wusste auch worauf ich mich da einlasse und es ist ja auch so, dass Ärzte keine Fließbandarbeiter sind, dass Ärzte gut bezahlt sind und dass sie nach Hause gehen, wenn die Arbeit gemacht ist. Das klingt ein bisschen plakativ jetzt hier, aber so ist das." (i4)

Diese und nicht wenige ähnliche Äußerungen zeigen, dass Ärzte bereits über eine hohe Stressresistenz verfügen, zumindest dies von sich selbst behaupten und gelegentlich sogar einen gewissen professionellen Stolz damit verbinden. Konsequenz ist, dass sich der weithin erlebte Zeit- und Leistungsdruck und etwa daraus resultierende Müdigkeitsfolgen oder andere somatische Symptome (zumindest soweit dies als fachlich bedingt gewertet wird, s.o.), nicht in einer übermäßig hohen Anforderung zur Sicherung der Reproduktion widerspiegelt, sondern der Erholungsbedarf wird eher als moderat, aber auch als zwingend notwendig beschrieben. Das könnte erstaunen, wird doch zumindest indirekt nicht selten deutlich, dass eine nicht unerhebliche Belastung von der Tätigkeit ausgeht, etwa wenn betont wird, wie wichtig (aber auch schwierig) es ist, „gesund" zu leben, etwa die Sicherung einer medizinisch verantwortlichen Ernährung während des Dienstes. Wenn Formen individueller Reproduktion angesprochen werden, die über eine passive Rekreation zuhause hinausgehen, sind es oft eng instrumentell für die Gesundheitssicherung genutzt Betätigungen. So schildern etwa etliche der befragten Chirurgen von Kraft- und Ausdauersportarten, die sie bewusst betreiben, um den starken körperlichen Anstrengungen des Berufs begegnen zu können.

Auffällig ist allerdings, dass die Reproduktion der Arbeitskraft eher mit sozialen Momenten der Reproduktion als mit einer individuellen Reproduktion verbunden wird und dies dann als durchaus anforderungsreich erlebt wird. Gemeint ist damit vor allem, dass die eigenen Familienstrukturen (oder allgemeiner Partnerschaft) und deren Sicherung als überaus bedeutend angesehen werden, und die Notwendigkeit besteht, darin erheblich zu investieren. Dies bedeutet konkret, dass der individuelle Reproduktionsaufwand vermutlich zum Teil auch deshalb als eher moderat erlebt wird, weil er sich auf funktionierende familiale Strukturen stützt und stützen muss, die meist bereits im Vorfeld der Tätigkeitsaufnahme klar gesehen, penibel geplant und aufgebaut wurden. So leben die meisten der Probanden bspw. in der Nähe des Krankenhauses, was primär berufspraktische Gründe hat, da während des Hintergrunddienstes der Arbeitsplatz schnell erreichbar sein muss. Andererseits wurde auch die Arbeit in diesem Krankenhaus oft auch deswegen gewählt, weil bereits familiale Strukturen der eigenen Familie oder des Partners vor Ort oder in der Nähe existierten und darauf Rücksicht genommen wurde. Hinzu kommt, dass auch der ganz praktischen familialen Organisation und ihrer Sicherung eine hohe Bedeutung zugemessen wird, um die doch knapp bemessene Freizeit nicht nur individuell, sondern vor allem auch zur Sicherung der familialen Strukturen zu nutzen. Insbesondere bei häufigen Vordergrunddiensten sind der familiale Rückhalt und seine effiziente Organisation ein wichtiger Bestandteil gelungener Reproduktion.

Dazu erklären zwei Ärzte:

> „Zum Ausgleich hilft nur, dass ich mich zuhause wohl fühle. (...) Familie halt im Vordergrund. Sport manchmal, aber eher selten. Also meistens die Familie. Wenn ich zuhause bin, denke ich eigentlich nicht ans Krankenhaus. Will ich auch nicht, muss ich ganz ehrlich sagen. Ich fühle mich erholt. Ich muss mich auch erholen, dass ich den nächsten Tag wieder fit bin." (i5)

> „Sicher, einfach ist es nicht, abzuschalten. Man hat ja viel mit Medizinern zu tun. Und wenn wir uns auch mal treffen, dann gehts auch viel um die Medizin. Das ist schwierig. (...) Also ich habe eine wunderbare Familie und wenn ich mit meinem Kind zusammen bin, da kann ich abschalten. Ich habe auch Interessen und Hobbies, aber da bleibt natürlich ein bisschen weniger Zeit für übrig." (i7)

Diese und ähnliche Äußerungen finden sich bei fast jedem Probanden, d.h. die engere Familie ist bei der Reproduktion der Arbeitskraft die zentrale Instanz und muss daher „funktionieren", um eine schnelle und einfache individuelle Reproduktion zu gewährleisten. Auffällig ist im Gegenzug, dass eine soziale Reproduktion im Hinblick auf das weitere soziale Umfeld kaum eine Rolle zu spielen scheint, was die Vermutung zulässt, dass soziale Kontakte über das unmittelbare Fachkollegium und die Familie hinaus eher vernachlässigt werden – was wiederum direkt mit den Arbeitszeiten und den Arbeitsbelastungen in Zusammenhang stehen kann.

Das Material lässt sich dabei durchaus so deuten, dass die Ärzte angesichts der steigenden Belastungen in ihrer Arbeit möglicherweise zunehmend ein erweitertes Bewusstsein von der reproduktiven Notwendigkeit vor allem stabiler privater Sozialverhältnisse entwickeln – vermutlich insbesondere bei Vertretern jüngerer Kohorten. Kann sich ein Arzt mit traditioneller Orientierung möglicherweise darauf verlassen, dass „zuhause" alles in Ordnung ist (weil ein familienorientierter Partner bereitwillig den Rücken freihält), dürfte dies bei jüngeren Medizinern nicht mehr so selbstverständlich sein – oft deswegen, weil die Partner selbst anspruchsvolle Tätigkeiten (nicht selten anscheinend ebenfalls in der Medizin) nachgehen, was zum Teil aber auch entlastend wirkt, weil dann beide ein größeres Verständnis für berufsbedingte Belastungen haben. Der mögliche Kohortenunterschied ist vielleicht auch einer der Gründe, warum die Ärzte mit Leitungsfunktionen (die ja älteren Kohorten angehören), sich als weniger belastet darstellen oder Belastungen bereitwilliger hinzunehmen scheinen – explizite und belastende Anforderungen an die (soziale) „Work-Life-Balance" könnten bei ihnen eine geringere Rolle spielen.

7.1.4 Fazit – Typische Merkmale des Zeit- und Leistungsdrucks von Ärzten im Krankenhaus

Die ärztliche Tätigkeit in einem Krankenhaus der Grundversorgung zeichnet sich durch hohen Zeit- und Leistungsdruck aus. Dieser resultiert aus dem Zusammenwirken von

- erheblichen zeitlichen Restriktionen, die trotz relativ regelmäßiger Termine im Tagesablauf vor allem durch ständige ad hoc Zusatztermine (Besprechungen, Notfälle, Ambulanzaufgaben, Verwaltungsaufgaben usw.) entstehen und eine große Zeitknappheit mit dem Erfordernis ständiger Erreichbarkeit und weitgehend als normal empfundener Mehrarbeit (oft in Verbindung mit Schicht- und Bereitschaftsdienst) zur Folge haben;
- einem gleichzeitig erheblichen Arbeitsprozessaufwand in Folge vor allem einer großen Zahl und Vielfalt komplexer Aufgaben in Verbindung mit kompliziert zu arrangierenden arbeitsteiligen Kooperationen zwischen verschiedensten Funktionsgruppen, die durch eine Personalknappheit massiv verschärft werden;
- hohen und widersprüchlichen Anforderungen an das Arbeitsergebnis, die durch eine zunehmende Verantwortung nicht nur für medizinische Belange, sondern auch für ökonomische und sogar juristische Erfordernisse entstehen und zu einem Handeln in Grauzonen zwischen den Anforderungen und einer ausgeprägten Absicherungsorientierung zwingen;
- eher moderatem Reproduktionsaufwand, der sich stark auf die Familie konzentriert, dort allerdings stabile Gegebenheiten voraussetzt, die sichergestellt werden müssen.

Als Besonderheit des Bereichs kann darüber hinaus festgehalten werden: Grundsätzlich gehen die Probanden von vornherein davon aus, dass ihre Tätigkeit mit einem hohen Zeit- und Leistungsdruck sowie mit hohen körperlichen und psychischen Belastungen verbunden ist. Diese beziehen sich für sie allerdings auf die medizinischen Notwendigkeiten, die der Arztberuf traditionell mit sich bringt: so vor allem das Erfordernis eine hohe Verantwortung zu tragen (insbesondere als alleiniger Arzt im Vordergrunddienst), die große Tragweite von situativen fachlichen Einzelentscheidungen, die hohen körperlichen Belastungen während der Operationen, der Umgang mit Sterbefällen und menschlichem Leid (auch der Angehörigen) insbesondere nach einer nicht optimal verlaufenen Behandlung, das rigide Schichtsystem und häufige Mehrarbeit, die nach wie vor strenge hierarchische Ordnung bei gleichzeitig wachsender wechselseitiger Abhängigkeit der Gruppen und dergleichen mehr. Diese Aspekte wurden oben nur angedeutet, weil sie für die Ärzte einen inhärenten Teil ihrer Tätigkeit darstellen und sie stets betonen, dass sie dies zwar belastet, es aber nicht dazu führt, dass sie sich ernsthaft überlastet fühlen. Dies beruht auch zu großen Teilen auf einer hohen Identifikation mit der medizinischen Tätigkeit und den damit verbundenen Normen, Werten und ethischen Standards der medizinischen Profession. Gleichwohl kann diese Bereitschaft, einen erheblichen Zeit- und Leistungsdruck mit daraus entstehenden Belastungen nicht nur hinzunehmen, sondern teilweise sogar positiv zu akzeptieren als eine Form von „Selbstausbeutung" verstanden werden. Das gilt zumindest dann, wenn sich die Betreffenden auf den ersten Blick zwar selbstverantwortet bis an die Grenzen der Überlastung einem Druck aussetzen, damit aber faktisch nur auf strukturelle Notwendigkeiten reagieren. Dass sie sich überlasten, wird dabei nicht nur betrieblich hingenommen, sondern, so kann der Eindruck entstehen, nahezu als selbstverständlich vorausgesetzt, ja nahezu erwartet.

Die Entwicklung im Gesundheits- und Krankenhauswesen, wie sie eingangs geschildert wurde, bewirkt aber eine neuartige Belastungskonstellation, die von den Probanden fast durchgehend als nicht mehr akzeptabel angesehen wird. Folge ist, dass die oben genannten inhärenten und bisher als noch verkraftbar erlebten Tätigkeitsanforderungen nun als Teil einer sich aufschaukelnden komplexen Konstellation zunehmend überlastender Anforderungen wahrgenommen werden, was in einzelnen Fällen auch schon dazu führt, dass die ärztliche Tätigkeit im Krankenhaus als Ganzes fundamental infrage gestellt wird. Die Konstruktion dieser Konstellation besteht im Wesentlichen darin, dass der medizinische Anteil der Tätigkeit einerseits stetig verringert wird, was sich für die Ärzte am deutlichsten daran zeigt, wie viel Aufmerksamkeit sie dem eigentlichen für sie relevanten Problem, dem Patienten und seiner Krankheit, zuwenden können („wir kommen eine ganze Weile ohne Patient hin"). Andererseits wird ihnen zugleich zunehmend die Deutungshoheit über den medizinischen Behandlungsprozess und dessen Ergebnis entzogen, indem faktisch nicht mehr der behandelnde Arzt über den Erfolg und die Notwendigkeit einer Behandlung entscheidet, sondern externe Dritte, die im „schlimmsten" Fall nicht der Profession der Ärzte angehören und zudem primär nicht-medizinische Kriterien zugrunde legen, was dem Verständnis von medizinisch-ärztlicher Leistung massiv zuwider läuft.

Dies verschärft sich zudem durch Verzögerungen im gesamten Prozessablauf in Folge zum Teil drastischer organisatorischer Rationalisierungen, die sich vor allem in einem stark gestiegenen Anteil an Notfall- und Akutpatienten sowie einem schnelleren Patientendurchlauf niederschlagen und in Verbindung mit einem steigenden Personalmangel in Pflege und Ärzteschaft zur Konsequenz haben, dass die bereits knapp bemessene Zeit am Patienten weiter verringert wird. So entsteht insgesamt eine Konstellation von Zeit- und Leistungsdruck, die durch widersprüchliche Leistungsanforderungen, knappe zeitliche Ressourcen, Arbeitsverdichtung und zumindest subjektiv empfundenen erheblichen Qualitätsverlusten geprägt ist. Folge all dessen sind nicht geringe psycho-physische Belastungen, die aber nur zum Teil direkt geäußert werden.

Die Frage nach Unterschieden zwischen den genannten Positionsgruppen ist nicht einfach zu beantworten. Schon aufgrund der geringen Zahl der Personenfälle sind Aussagen nur mit begrenzter Gültigkeit möglich, bzw. müssen als Vermutungen gewertet werden, für die es gleich wohl plausible Hinweise im Material gibt. Festhalten lässt sich aber im Wesentlichen uneingeschränkt, dass alle Gruppen nicht unerheblich von den geschilderten Formen von Zeit- und Leistungsdruck betroffen sind – aber in, wie es scheint, unterschiedlichen Ausprägungen.

Die Assistenzärzte sind am deutlichsten von den beschriebenen konventionellen Belastungen durch die stark verdichteten Massenaufgaben mit Bereitschaftsdiensten und damit auch häufigen Tätigkeiten im Schichtdienst betroffen. Da sie jünger sind, haben sie möglicherweise allein schon gesundheitlich eine etwas erhöhte Resilienz gepaart mit meist einer tendenziell auch anderen privaten Situation (noch vor der Familienphase) und vielleicht der Hoffnung, dass man sich an manches gewöhnt – all dies könnte dazu führen, dass Belastungen besser bewältigt werden; dass diese Gruppe belastet ist, kann aber nicht bezweifelt werden. Hinzu kommen, so können manche Hinweise gedeutet werden, neuartige berufliche Orientierungen einer jüngeren Kohorte von Ärzten, mit denen die erweiterten Anforderungen an Ärzte möglicherweise bereitwilliger akzeptiert und damit vielleicht etwas weniger als belastend erlebt werden. Zu fragen ist jedoch, was geschieht, wenn diese Personen älter werden, d.h. Belastungen über längere Zeit kennenlernen, in die Familienphase kommen, eine weiter forcierende Rationalisierung in Krankenhäusern erleben usw.

Ärzte in höheren Positionsgruppen und vor allem Mediziner mit Leitungsfunktionen unterscheiden sich von den jüngeren Kollegen nicht unerheblich. Auch diese sind deutlich von den verschiedenen Momenten von Zeit- und Leistungsdruck belastet; eine besondere Bedeutung haben hier aber die geschilderten Widersprüche zwischen im engeren Sinne medizinischen Anforderungen und den erweiterten Notwendigkeiten an ihre Arbeit in der Folge ökonomisch-organisatorischen Drucks bzw. der Anforderungen der externen Kunden mit den daraus resultierenden juristischen Anforderungen bzw. des harten Absicherungs-Drucks. Spätestens die leitenden Oberärzte sind im engeren Sinne nicht nur Mediziner, sondern auch Führungskräfte. Hier finden sich kaum mehr Belastungen etwa durch Bereitschaftsdienste (obwohl angesichts der zunehmend dünnen Personaldecke zunehmend auch Oberärzte ihren „Hintergrunddienst" im Haus ausüben müssen, auch wenn sie eigentlich keine „Bereitschaft" haben), aber gleichwohl ist für sie ein extrem dichtes Geflecht von belastenden medizinischen Aufgaben mit regelmäßiger nicht unerheblicher Mehrarbeit typisch, dass hier zusätzlich mit vielfältigen administrativen oder organisatorischen und schließlich (personal-) führungsbezogenen Aufgaben verbunden ist. Dass diese Gruppe die erweiterten und widersprüchlichen Anforderungen an die Tätigkeit von Ärzten im Krankenhaus am deutlichsten zu akzeptieren scheint (diese zumindest nicht explizit als Belastungen thematisiert), fällt auf und wird nicht verwundern, da es zu ihrer Funktion gehört – Führungskräfte in den anderen Tätigkeiten, so wird sich unten zeigen, verhalten sich meistens so.

7.2 Die Tätigkeit von Fach- und Führungskräften in der Technik- und Infrastrukturdienstleistung

7.2.1 Generelle Funktionen und konkrete Aufgaben

Das Personal, dessen Tätigkeit im Folgenden beschrieben wird, umfasst operative Fachkräfte mit Leitungsaufgaben sowie die mittlere und gehobene Führungsebene aus unterschiedlichen Bereichen der Technik- und Infrastruktur-Dienstleistungen GmbH (TID): direkt operativ eingesetzte „Standortleiter" sowie „Abteilungsleiter" und „Geschäftsbereichsleiter" (Bezeichnungen geändert). Konkrete Aufgabengebiete der von ihnen betreuten Bereiche sind technische Dienstleistungen (z.B. Wartung von technischen Anlagen und Großgeräten) und Infrastrukturdienstleistung (z.B. Reinigung, Wartung, Management usw. von Gebäudekomplexen) – vorwiegend für das Mutterunternehmen, also für den Mobilitäts-Konzern Transport und Logistik AG aber zunehmend auch für externe Kundengruppen ohne Bezug zum Bereich Mobilitätsdienstleistungen. Ein die Tätigkeiten aller Befragten prägendes Moment ist eine oft weitreichende räumliche Ausdehnung der Funktionsbereiche, in Verbindung mit der Ausrichtung aller Bereiche des Unternehmens auf die sehr aufwendigen, stark technisch geprägten Transportdienstleistungen des Konzerns.

Die Aufgaben der erfassten Beschäftigten lassen sich, ähnlich den ärztlichen Funktionsträgern im Krankenhaus, grob in folgende größere Felder unterteilen.

Im Gegensatz zum Krankenhaus stehen hier ganz allgemein Kommunikationstätigkeiten aller Art quantitativ wie qualitativ deutlich im Vordergrund der Tätigkeiten (während die Ärzte neben den auch für sie wichtigen Kommunikationstätigkeiten dominant durch im engeren Sinne medizinische Aufgaben geprägt sind). Es geht dabei um die Informationsgewinnung und -weitergabe sowie eine darauf beruhende Entscheidungs- und Lösungsfindung für Problemstellungen des eigenen Bereichs. Dies umfasst einerseits nach „außen" über die Betriebsgrenzen hinaus gehende Kommunikationen, meist in Form von Meetings und Terminen mit Kunden oder auch Auftragnehmern, bei denen meist vertragliche Beziehungen unterschiedlicher Art besprochen und entschieden werden. Dazu gehören Vertragsverhandlungen über die konkrete Ausgestaltung und Umsetzung spezifischer Vertragsbestandteile genauso wie etwa Klärungen von Kundenbeschwerden. Andererseits handelt es sich um Kommunikationen nach „innen" in Form von Meetings, Terminen und Gesprächen mit den eigenen Mitarbeitern, Vorgesetzten und auch mit Kollegen auf gleicher Ebene aus anderen Bereichen. Neben schriftlicher Kommunikation ist nach wie vor die mündliche Kommunikation mit den eigenen Mitarbeitern, Vertretern anderer Unternehmensbereiche und externen Partnern von großer Bedeutung, was nahezu von jedem Probanden betont wird.

Ein zentraler Inhalt der Kommunikation ist klassische Führungsarbeit, also die Anleitung, Koordination und Überwachung von Mitarbeitern bzw. generell die administrative und organisatorische Verantwortung eines Teilbereichs, was oft mit „sich kümmern" umschrieben und meist mit dem Verweis auf die vertraglichen Vorgaben der Kunden umgesetzt wird.

Ein weiteres kommunikatives Tätigkeitsfeld mit großer Bedeutung für die Führungskräfte besteht aus einem umfangreichen Dokumentations- und Berichtswesen, d.h. der Erstellung etwa von oft umfangreichen punktuell oder kontinuierlich anfallenden Tätigkeits- und Leistungsübersichten, Datenauswertungen, Sachberichten jeglicher Art für verschiedene Funktionsträger auf letztlich allen Ebenen innerhalb wie außerhalb des Unternehmens.

Ein letzter wichtiger Bereich betrifft die aktive Beteiligung an (oft auch die Steuerung von) „Projekten" zu verschiedensten Problemstellungen, die meist zusätzlich oder neben den eigentlichen Linienaufgaben angesiedelt sind. Hierbei handelt es sich um kürzer oder länger laufende spezifische Aufgabenstellungen die oft bereichsund positionsübergreifend durchgeführt werden (z.B. die Implementation einer neuen Informationstechnologie oder die Erarbeitung von Unternehmenskulturleitlinien).

Alle vier Tätigkeitsaspekte finden sich bei jedem der betrachteten Probanden; ähnlich wie im Krankenhaus bestehen jedoch auch hier erhebliche Unterschiede zwischen den Positionen in der Zusammensetzung der konkreten Aufgaben, der Reichweite der Zuständigkeit und der fachlichen Spezifik der Tätigkeitsfelder.

Die unterste Führungskräfteebene bilden die direkt operativ eingesetzten Standortleiter (vergleichbar mit Teamleitern in anderen Bereichen). Diese leisten zu einem großen Teil auf die unmittelbare technische praktische Dienstleistung bezogene Kommunikations- bzw. Informationstätigkeiten sowie Funktionsarbeiten in der geschilderten Form und nur zu einem geringen Teil sachaufgabenübergreifende Tätigkeiten; sie sind aber durchaus nicht selten an solchen beteiligt. Die Aufgabe der Standortleiter besteht im Wesentlichen darin, die mit Kunden vertraglich vereinbarten konkreten Dienstleistungen in einem klar definierten räumlichen Bereich konkret zu organisieren und mit dem zur Verfügung stehenden Personal im Tagesgeschäft praktisch sicherzustellen. Dieser Bereich kann je nach Aufgabenfeld bzw. Unternehmensbereich ein einzelnes Objekt oder eine Anlage (etwa ein großes Bürogebäude, ein Betriebsgelände mit spezifischen technischen Aufgaben, ein komplexes technisches System) wie auch eine größere regionale Fläche (bspw. technische Dienstleistungen für die Transport- und Logistikinfrastruktur mehrerer Landkreise) umfassen. Die konkreten Tätigkeiten der Standortleiter beinhalten dann vor allem die Disposition der Arbeiten der meist räumlich verteilt tätigen unterstellten Mitarbeiter (Dienstpläne, Arbeitspläne, Aufgabenzuteilungen, Tätigkeitssicherheit, Versorgung, An- und Abfahrt etc.), die Kommunikation mit dem jeweiligen Kunden vor Ort bzw. konkret mit dessen Mitarbeitern und die Kommunikation mit beteiligten Unterauftragnehmern (bspw. Angebote einholen, Koordination der Auftragsabwicklung vor Ort, Leistungsprüfung usw.) – nicht selten müssen sie aber auch selber mit „Hand anlegen", um Aufgaben umzusetzen. Der Standortleiter fungiert dabei als direkter Vorgesetzter für die operativen Mitarbeiter (technisch-gewerbliche Fachkräfte/„Objektbetreuer", un- oder angelernte Mitarbeiter, Aushilfs- und Leiharbeitskräfte), die meist in einem Schichtsystem tätig sind; die Führungsspanne liegt dabei im hohen einstelligen bis zweistelligen Bereich.

Die mittlere Führungskräfteebene bilden Abteilungsleiter (vergleichbar mit Marktbereichsleitern oder strategischen Produktmanagern in anderen Unternehmen), deren Tätigkeit sich im Vergleich zu den Standortleitern durch einen höheren Anteil an Projektarbeit auszeichnet, wobei jedoch die Kommunikations- und führungsbezogene Funktionsarbeit weiterhin überwiegt und diese eine größere Reichweite und Vielfalt von konkreten Sachaufgaben umfasst. Die wesentliche Aufgabe der Abteilungsleiter besteht in der eigenständigen Leitung und Führung der betreuten Abteilung in relativ weitreichender wirtschaftlicher Verantwortung, d.h. nach einem Cost- und teilweise sogar nach einem Profitcenter-Prinzip. Dies beinhaltet damit nicht nur die kosteneffiziente Umsetzung der für die Abteilung vereinbarten Ziele und Aufgaben, sondern auch die Anwerbung von Neukunden und/oder von neuen Aufträgen bei bestehenden Kundenbeziehungen im abgedeckten Angebots- oder „Markt"-Bereich. Der Abteilungsleiter trägt somit Verantwortung für das sachliche wie vor allem das wirtschaftliche Ergebnis der Abteilung, die Betreuung der Kunden im Rahmen der vertraglichen Vorgaben, die fachliche wie disziplinarische Führung der unterstehenden Mitarbeiter, die konzeptuelle Weiterentwicklung der Abteilung sowie für die Abstimmung und Zusammenarbeit der Abteilung mit anderen Unternehmenseinheiten. Die Größe und räumliche Zuständigkeit der Abteilungen ist dabei meist

Tätigkeitsanalysen 103

flächenbezogen und variiert je nach Bereich erheblich; sie reicht von kleineren abgegrenzten Einheiten (bspw. mehrere Gebäude eines Straßenkomplexes bzw. eines spezifischen Kundenstandortes) bis hin zu großflächigen Ausdehnungen (bspw. über mehrere Bundesländer verteilte Objektbetreuungen oder Dienstleistungsangebote). Der Abteilungsleiter ist dabei der direkte Vorgesetzte einer kleinen Zahl eigener Mitarbeiter sowie der unterstellten Standortleiter und damit indirekt auch verantwortlich für alle diesen unterstellten weiteren Mitarbeiter. Die Zahl der in diesem Sinne betreuten Untergebenen reicht vom mittleren zweistelligen bis zum unteren dreistelligen Bereich.

Geschäftsbereichsleiter (auch „Bereichsleiter") besetzen eine herausgehobene Managementposition im erfassten Unternehmen bzw. eine mittlere Führungsebene in Bezug auf den Konzern. Sie leiten und organisieren eigenständig einen der Geschäftsbereiche der TID oder einen strategischen Unterbereich. Die Abteilungsleiter, Standortleiter und die diesen zugeordneten Mitarbeiter des jeweiligen Bereichs sowie direkte „eigene" Mitarbeiter sind ihnen unterstellt. Die Tätigkeit der Geschäftsbereichsleiter ist in hohem Maße durch unterschiedlichste Formen von Projektarbeit im Rahmen des jeweiligen weitreichenden Funktionsfeldes im Betrieb geprägt. Die Aufgaben sind dementsprechend vielfältig und von großer fachlicher und nicht zuletzt von weitreichender ökonomischer Verantwortung – dies geht von Vertragsverhandlungen mit Großkunden, über langfristige Personal- und Materialplanungen für das Geschäftsfeld und strategische Produktentwicklungen bis hin zur Umsetzung von strategischen Vorgaben der TID-Geschäftsleitung sowie der TL-Konzernführung im jeweiligen Bereich. Die Führungsspanne erstreckt sich je nach Geschäftsfeld von einer niedrigen bis zu einer hohen drei- und z.T. sogar vierstelligen Zahl unterstellter Mitarbeiter.

7.2.2 Tätigkeitsablauf

Im Gegensatz zum Arbeitsablauf eines Arztes im Krankenhaus ist der Tätigkeitsverlauf der Führungskräfte in der TID nicht nur sachlich höchst komplex, sondern insbesondere kaum vorstrukturiert – das gilt für alle Ebenen. Auf Fragen nach einem typischen Arbeitstag oder einem normalen Arbeitsablauf wurde entsprechend häufig amüsiert bis zynisch reagiert; Aussagen wie etwa „So etwas gibt es hier nicht!" fanden sich ausnahmslos bei jedem Probanden.

Dennoch existiert auch im Tätigkeitsablauf der erfassten Führungskräfte ein zentrales Element, das die Tätigkeiten des Tages markant strukturiert: Da es sich vornehmlich um Kommunikations- und Organisationsarbeiten handelt, stehen dementsprechend Organisations- und Kommunikationsmedien aller Art im Zentrum der Tätigkeit und prägen stark die tägliche Logik der Abläufe. Eine herausragende Bedeutung hat dabei der „persönliche" Mail-Account. Dieser wird nahezu permanent mithilfe mobiler Endgeräte (Smartphones, Blackberrys, Laptop, PC) konsultiert und dient als zentrale Kommunikations-, Informations- und Organisationsinstanz. Dieser Bezug auf das zentrale Kommunikationsmedium gibt dementsprechend am Beginn eines Arbeitstages dessen Struktur vor, d.h. jeder der untersuchten Probanden „checkt" zu Beginn des Arbeitstages die eingegangenen Mails nach (zusätzlichen) Aufgaben, Terminen u.ä. und strukturiert danach den Arbeitstag. Weitere ad hoc Termine werden im Tagesverlauf ebenfalls primär durch dieses Medium vermittelt und selbst nach „Dienstschluss" bleibt der Kontakt zum Mail-Account bestehen, allein schon um den nächsten Tag vorzubereiten. Das auch für die Krankenhausärzte so zentrale Telefon, spielt auch hier eine große Rolle, wird aber anders genutzt: Zwar hat das Telefon (mobil und Festnetz) ähnlich wie im Krankenhausbereich eine große Bedeutung für schnelle und kurze Sofortklärungen spezifischer Sachverhalte (etwa als Reaktion auf einzelne Mails am Morgen) – wichtiger ist es aber für oft sehr ausführliche Abstimmungsgespräche, die meist mehrfach am Tag geführt werden. Typisch sind zudem Telefon- sowie etwas seltener Videokonferenzen, die aufgrund der zum Teil weitreichenden räumlichen Verteilung der Bereiche häufig erforderlich sind. Für alle drei Nutzungsformen sind die Betreffenden prinzipiell durchgehend (auf alle Fälle während der Dienstzeit, oft auch darüber hinaus) erreichbar.

Aus der inhaltlichen Ausrichtung des Unternehmens mit seinem starken Bezug auf die vom Konzern angebotenen Mobilitäts- und Logistikdienstleistungen ergibt sich eine sehr starke Präsenz in der Fläche. Somit ist die räumliche Verteilung von Aufgaben und das Thema Mobilität (und die verwendeten vielfältigen Verkehrsmittel) ein zentraler Faktor der Tätigkeit, was wiederum bedeutet, dass auch an die Probanden hohe Mobilitätsanforderungen gestellt werden. Daraus resultieren in der Regel zwei unterschiedliche Tätigkeitsabläufe, die sich stark unterscheiden und bei allen erfassten Führungskräften zu finden sind, aber konkret verschiedenartig aussehen:

Den zeitlich deutlich höheren Anteil machen für die Probanden direkt mobilitätsbasierte Tätigkeitsabläufe aus, d.h. in der Regel „Dienstreisen" zu unterschiedlichen Standorten oder Einsatzregionen des Betriebes oder der verschiedenen Kunden. Dabei wird die Tätigkeit meist als im Tagesablauf stark unstrukturiert und von Adhoc-Terminen geprägt beschrieben, die zudem unterschiedlichste Aufgaben am jeweiligen Standort umfasst (etwa von Schulungen über Kundenkontakte und Objektbegehungen bis hin zu Mitarbeitergesprächen oder auch Meetings im Rahmen von Projekten aller Art). Eine feste Arbeitszeit oder Reisezeit ist dabei (einschließlich möglicher bzw. nichtmöglicher „Pausen") eher selten gegeben.

Demgegenüber steht ein standortbasierter Tätigkeitsablauf, der sich auf den eigentlichen Arbeitsort der Probanden bezieht. Hier stellt sich der Arbeitsablauf

Tätigkeitsanalysen 105

deutlich strukturierter dar. Die Arbeitszeit erstreckt sich dabei je nach Position, Bereich und Standort von 6:00–9:00 Uhr bis 15:30–19:00 Uhr. Die durchschnittliche tägliche Arbeitsdauer wird dabei von den Probanden bei allen Positionen mit etwa zehn Stunden täglich angegeben. Der Arbeitstag beginnt, wie beschrieben, generell mit dem Konsultieren des Mail-Accounts (oft als „Überblick verschaffen" bezeichnet). Anschließend werden bis ca. 16:00 Uhr unterschiedliche vorgeplante und häufig dazwischen geschobene ad hoc Termine wahrgenommen, wobei auch bei „Bürotagen" immer wieder Termine „außer Haus" stattfinden. Zum Großteil handelt es sich bei den „Terminen" um Besprechungen mit Vorgesetzten, Kollegen, Fachgruppen, Mitarbeitern, Interessenvertretungen, Ausschüssen, Kunden usw. Die knappen Zeiträume zwischen den Terminen nutzen die meisten Probanden für die anfallende Funktionsarbeit, womit meist die klassische Führungstätigkeit gemeint ist, also der Kontakt mit den untergebenen Mitarbeitern. Ab ca. 16:00 Uhr ist für die meisten Mitarbeiter offiziell Dienstschluss und die meisten Probanden nutzen die danach entstehende „freie" Zeit zum Abarbeiten von liegengebliebenen allgemeinen Arbeitsaufgaben, etwa die Erstellung von Unterlagen im Rahmen des Berichtswesens. Auch hier sind während des Tagesablaufs fixe Pausenzeiten meist nicht vorgesehen und werden oft auch nur genutzt, wenn es die Zeit erlaubt, was selten ist (gegessen wird beispielsweise meist „irgendwie zwischendurch").

Die unteren Führungskräfte haben meist einen eher bürozentrierten Arbeitstag, der aber dafür oft noch deutlich unstrukturierter ist, fast ausschließlich mit ad hoc Terminen besetzt ist und dann häufig doch nicht wirklich „im Büro", sondern an mehreren Orten eines Standortes stattfindet, d.h. „jeder Tag ist anders". Aber auch sie müssen häufig standortübergreifend unterwegs sein, da (je nach Bereich) ihre Teams durchaus an mehreren Einsatzorten tätig sind.

Insgesamt zeigt sich, dass der Arbeitstag der erfassten Führungskräfte nicht nur kaum durchstrukturiert, sondern so gut wie nie längerfristig planbar ist, aber dennoch aufgrund des hohen Anteils an Kommunikations- und Informationsarbeit der Tätigkeit einer ständig wechselnden zeitlich engen Taktung unterliegt. All dies betrifft (auf unterschiedliche Weise im Einzelnen) jeden der Probanden, unabhängig von der jeweiligen Position und äußert sich im Material markant darin, dass es durchgehend schwer fällt, die Tätigkeit und die Arbeitsabläufe zu beschreiben.

Auf die Bitte, einen normalen Arbeitstag und die damit verbundenen Tätigkeiten zu schildern, antwortet ein Standortleiter:

> „Ja was mache ich? Was ist das, was wir machen? (Anmerkung: Darauf folgt eine lange Aufzählung unterschiedlichster, zusammenhangsloser Tätigkeiten) (...) Man macht eben den ganzen Tag irgendwas aber ich kann Ihnen nicht genau sagen, was ich den ganzen Tag mache." (i13)

Auf die gleiche Frage antwortet ein Bereichsleiter nahezu gleichlautend:

„Ja wissen Sie. Ich gehe hier abends raus und teilweise weiß ich nicht was ich gemacht oder geschafft habe, obwohl ich was gemacht habe. Ja das ist irgendwie befremdlich." (i16)

Ähnlich ein Abteilungsleiter:

„Wenn Sie mich fragen: Was machen Sie den ganzen Tag? Das ist so eine Frage, wo ich sage: Nichts! Ja, eigentlich nichts. Eigentlich bin ich nur da. Ja und der Großteil besteht eben aus Reaktion." (i15)

Im Unterschied zur ärztlichen Tätigkeit im Krankenhaus fehlt es hier an festen Tagesfixpunkten, die der Orientierung im Ablauf dienen könnten. Die enge Taktung ergibt sich vielmehr aus einer Ansammlung relativ kurzfristiger Termine, die sich zudem oftmals ad hoc ergeben und somit zu einer Verdichtung des Arbeitstages beitragen.

7.2.3 Konstellationen von Zeit- und Leistungsdruck

7.2.3.1 Zeitdruck

Die typische Zweiteilung sowie die relative Unplanbarkeit der Tagesabläufe erzeugen bei den untersuchten Führungskräften zeitliche Restriktionen aus denen durchgehend ein deutlich wahrnehmbarer Zeitdruck resultiert. Dieser manifestiert sich insbesondere in Form der geschilderten hohen Anzahl eng getakteter Termine, die sich aus einer Mischung von geplanten und nahezu ständigen neu anfallenden ad hoc Terminen zusammensetzen. Diese sind zudem nicht gleichförmig und inhaltlich wie fachlich zusammenhängend, sondern beziehen sich auf unterschiedlichste Themen und Bezugsgruppen. Eine besondere Dynamik des Zeitdrucks entfaltet sich dadurch, dass auch die vermeintlich planbaren Termine im Tagesablauf überaus eng gestaffelt sind und hinzukommende ad hoc Termine nur mit großer Mühe integriert werden können, es von den Probanden aber dennoch in unterschiedlicher Art und Weise immer wieder gelingt und auch gelingen muss.

Folge ist auch hier, ähnlich den Ärzten im Krankenhaus, ein regelrechtes Hetzen von einem Termin zum nächsten und damit verbunden ein durchgehendes Gefühl zu knapper Zeit. Dieses Hetzen ist einerseits deutlich als körperliche Belastung zu erkennen, indem sich tatsächlich von Besprechungsraum zu Besprechungsraum bzw. Gebäude zu Gebäude, oder gar von Einsatzort zu Einsatzort bewegt werden muss. Diese Zeit-Not hat andererseits auch einen psychisch belastenden Aspekt indem bspw. auch bei Büroarbeitstagen viele unterschiedliche und immer wieder neue Themen, Aufträge und Arbeitsaufgaben

Tätigkeitsanalysen 107

aufkommen, die oft quasi nebeneinander bearbeitet werden müssen, sodass sich auch ein inneres Gehetzt-Sein ergibt, das oft eindringlich geschildert wird. Ein Bereichsleiter beschreibt dies so:

„Also wenn ich hier von um sieben bis um fünf da bin, dann arbeite ich ja ununterbrochen. Also ich bin dann auch ganz eng getaktet und muss auch dann ganz viel machen, wenn was ist. Ich habe da auch ganz viel wechselnde Themen und dann kommt noch dieses und jenes dazu. Also ich bin dann ständig in Bewegung und dann reicht es mir auch. Also das ist kein lockeres Paket." (i12)

In diesem Zitat werden kompakt gleich mehrere Faktoren des für die Führungskräfte typischen Zeitdrucks angesprochen: Relativ lange Arbeitszeiten (hier wird von zehn Stunden gesprochen, die normal seien), die zudem ohne nennenswerte Pausen absolviert werden („ununterbrochen"), einer engen Taktung unterliegen und von häufigen Unterbrechungen geprägt sind. Das damit erkennbare (schwer präzise zu bestimmende aber ohne Zweifel) hohe Volumen zeitlicher Mehrarbeit und die erhebliche zeitliche Verdichtung mit dem Zwang zu einem anforderungsreichem Zeitmanagement ist nirgends vonseiten des Betriebes förmlich vorgegeben, wird aber faktisch erwartet (zumindest nicht verhindert). Die unteren und teilweise auch die mittleren Führungskräfte unterliegen zwar, wenn sie tariflich gebunden sind, einer Arbeitszeitregelung, die aber, so kann man den Eindruck bekommen, in der Alltagspraxis nur begrenzt wirksam ist.

Ein Standortleiter äußert sich zu den zeitlichen Restriktionen und speziell zum Druck durch ständig neue Anforderungen:

„Ja also es gibt sicherlich auch Tage, wenn wenig direkter Kundenkontakt da ist, also dass Kunden irgendwelche Sachen haben wollen oder irgendwelche Absprachen zu treffen sind, dass man fast den ganzen Tag an seinem Arbeitsplatz sitzt und wirklich fast ausschließlich Dinge auch mal vorplanen kann oder sich mal Gedanken machen kann zu zukünftigen Abläufen. (...) Ja aber oft habe ich Tage wie heute, also ein Termin jagt den nächsten, dann kann ich nicht planen, weil ich selber Probleme habe. (...) Dann kann es auch schon mal sein, dass man an einer fünfzeiligen Antwortmail eine Stunde schreibt, weil man ständig unterbrochen wird. Ich mache zwei Sachen, eine dritte Sache kommt hinzu, dann geht man zurück, dann hat man wieder den Faden gefunden, dann kommt der nächste um die Ecke und man hat vielleicht drei Worte geschrieben. Manche Email wird da sehr langwierig." (i17)

Hier wird zum einen deutlich, dass die geschilderten Faktoren eines Zeitdrucks offensichtlich nicht nur gehobene Führungspositionen betreffen, sondern auch untere Führungskräfte damit konfrontiert werden. Zum zweiten wird hier an einem simplen Beispiel demonstriert, wie zeitliche Restriktionen aufgrund der Vielzahl unterschiedlicher Termine, dazu beitragen, dass die Zeitverknappung sehr hoch ist und etwa dazu führen kann, dass eigentlich schnell abschließbare

Arbeitsteilprozesse, wie das Schreiben einer kurzen Mail, sehr viel Zeit in Anspruch nehmen und damit massiven Zeitdruck erzeugen können. Die Aufgaben der Führungskräfte der TID sind fast immer mit Reisen zu verschiedenen Standorten oder der Bewegung zwischen räumlich verteilten Gebäuden an einem Standort des Unternehmens oder der Kunden verbunden, was für die Probanden nicht nur hohen Mobilitätsaufwand, sondern eben auch einen erheblichen Zeitverlust bedeutet, der zur Folge hat, dass sich Arbeitsprozesse verzögern und dadurch auf sehr belastende Weise die Arbeit aufstaut.

Ein Bereichsleiter berichtet dazu:

> „Es sind sehr viel Außer-Haus-Termine. Da mein ich gar nicht mal so sehr die Termine, wo ich weiter weg fahren muss, sondern Außer-Haus-Termine hier vor Ort. Wir haben hier eine relativ große Konzentration auch unserer Kunden. [...] Und ich hab daher auch keine wirkliche Zeitplanung, sondern es gibt oft Zeiten, da bin ich der Getriebene." (i11)

Ein Abteilungsleiter über den Zeitaufwand seiner Außer-Haus-Termine:

> „Naja in einer üblichen Woche, wenn man es im Schnitt nimmt, ja ist man so ein bis zwei Tage weg. Und da ist es ja nun so, dass das meistens auch nicht das nächste ist. Wenn du da jetzt einen Termin in der Zentrale hast, dann bist du zwei, drei Stunden dort und dann ist der Tag flöten und dann kommst du hier auch zu nichts mehr." (i15)

Ein Standortleiter:

> „Ich bin etwa zweimal im Monat länger außer Haus und eigentlich sollte es auch öfter sein aber es ist so: Das ist so ähnlich wie, wenn du krank bist oder in den Urlaub fährst. Bist du krank bleibt die Arbeit auch liegen. Fährst du in den Urlaub ist es ja auch so: Das Wichtigste wird gemacht und den Rest musst du dann wieder selber machen. Dann hat man wieder einen Haufen Arbeit. Das meine ich damit. Rausfahren ist schon nicht schlecht, man kommt mal hier wieder raus. Aber immer der Hintergedanke, es bleibt ja alles liegen." (i13)

Auch aufgrund der oft großflächigen Verteilung der Mitarbeiter sowie der Notwendigkeit zu schnellen Reaktionen bei Notfällen (die in manchen Bereichen fast zum Alltag gehören) ist eine durchgehende telefonische Verfügbarkeit eine von allen gesehene Notwendigkeit, auch wenn versucht wird, dies zu beschränken (was aber nur mühsam gelingt). Zwar ist die zeitliche telefonische Verfügbarkeitserwartung weniger stark ausgeprägt wie bei den Ärzten, die nahezu ununterbrochen telefonisch kontaktiert werden – eine kurzfristige Reaktion auf Anfragen wird aber weithin erwartet, auf alle Fälle mittels Email. Die Notwendigkeit zur Erreichbarkeit per Email bedeutet aber keineswegs eine Erleichterung, sondern nur, dass man auch dann kontaktiert wird, wenn man nicht telefonisch zu erreichen ist. Größere Bedeutung erlangt die telefonische Erreichbarkeit allerdings außerhalb der formellen Arbeitszeiten, insbesondere bei den mittleren und gehobenen Führungskräften, die ohne Zögern angerufen werden, wenn irgendwo „Hilfe" erforderlich ist. So argumentiert ein Bereichsleiter, warum es für ihn unabdingbar ist, ständig erreichbar zu sein und andere erreichen zu können:

> „Wir lassen unsere Handys an. Und haben die auch in der Regel auch in der Nähe. Ich könnte auch mein Handy ausschalten oder die anderen. Das geht aber eigentlich nicht, weil wir sind ein produzierender Betrieb. Und einfach ein Beispiel: Jemand hat einen Unfall in seinem Bereich. Kommt jemand, fällt vor ein Fahrzeug oder so etwas. Der braucht Hilfe. Der kann ja dann auch nicht alleine da so gelassen werden. Und allein schon, um da helfen zu können, um eine gegenseitige Erreichbarkeit zu haben, lassen wir die Handys an, um uns auch gegenseitig zu schützen. Also es ist tatsächlich so, egal wen ich haben will oder wer mich haben will, die rufen an. Und innerhalb von einer halben Stunde hat man den Kontakt. Aber prinzipiell gibt es keine Rufbereitschaft und auch keine Telefonverpflichtung." (i12)

Ein weiterer Bereichsleiter dazu:

> „Ja, ich hab das Handy mit in der Tasche, denn wir haben ja diese Meldekette. d.h., wenn irgendwo was passiert, zum Beispiel am Wochenende fliegt irgendjemandem eine Maschine (in die Anlage..) und die (...) Kunden haben dadurch eine Verspätung von zwei Stunden oder so, dann meldet der Mitarbeiter das an den Standortleiter, der an den Abteilungsleiter. Also denen geht es ja da nicht anders. Und der meldet es dann an mich und ich melde es dann wieder weiter an meinen Vorgesetzten. Einfach, dass alle gleich mit im Bild sind, weil wenn irgendwie dann doch daraus was entsteht, weil sich vielleicht doch die Medien einschalten. Da muss einfach gleich jeder informiert sein, was da eventuell kommen könnte. Das ist leider so. Ich sag immer persönliche Fußfessel, ne." (i18)

An diesen Zitaten wird deutlich, dass es auch hier im engeren Sinne zu Notfallsituationen kommen kann die, ähnlich dem Krankenhaus, eine schnelle Reaktion erfordern, die Tagesabläufe durcheinanderbringen und die ohnehin große Zeitknappheit vergrößern. Das Aufkommen solcher Notfälle ist im Vergleich mit der krankenhausärztlichen Versorgung zwar geringer ausgeprägt, aber häufiger, als man meinen könnte – und wenn sie eintreten, sind sie oft von erheblicher Komplexität (auch wenn es nicht immer um ‚Leben und Tod' geht, aber auch das kommt vor).

Neben der zeitlichen Wahrnehmung der unterschiedlichen Termine, sind diese zudem häufig mit terminierten Aufgaben verbunden, d.h. dass für die Termine Dinge vorbereitet und/oder anschließend vereinbarte Ergebnisse mit oft knappen Fristen ausoder abgearbeitet werden müssen, was unter Bedingungen

des geschilderten generellen Zeitmangels eine schlagartige Verschärfung des Zeitdrucks bewirken kann.
Ein Standortleiter beschreibt dies so:

> „Manchmal kommt nämlich alles zusammen und wenn du das nicht gemacht hast zum Termin und es noch nicht richtig fertig vorbereitet ist und dann musst du alles an einem Tag machen, na dann ist es ganz aus. Dann möchte man am liebsten alles zumachen. Dann fängt der Stress an. Das ist wie früher, wenn man die Hausaufgaben erst am letzten Tag macht, dann wird es stressig. So ist es heute auch und nicht anders. (...) Wenn zuviel kommt mit einem mal und gerade dann, wenn eventuell noch Gefahr im Verzug ist, zum Beispiel einen Sturm über Nacht, dann wird es schnell sehr stressig. Ja denn dann hast du noch deine Arbeit zu machen und dann kommt so etwas dazu." (i13)

Da bei einem Transportdienstleister generell der Faktor Zeit eine wichtige Rolle spielt, wird es insbesondere für jene Probanden oft sehr „zeitkritisch", die in Zusammenhang mit den eingesetzten Fahrzeugen Dienstleistungen und Aufgaben erbringen, wenn Fahrpläne aufgrund von Unfällen, Wettereinflüssen oder sonstigen Störungen im Verzug sind und die verlorene Zeit durch schnelles Um- und Reorganisieren wieder aufgeholt werden muss.
Ein Bereichsleiter erläutert dies für seinen Bereich:

> „Das Problem bei uns ist, dass es alles sehr zeitkritisch ist. Also die (Großgeräte) stehen zwei Stunden. Und innerhalb dieser zwei Stunden werden sie technisch instand gehalten. Und auch dann gereinigt und dann auch noch mit Wasser und ähnlichem versorgt. Und wichtig ist, dass die Technik in Ordnung ist. Jetzt kommen die (Geräte) hier an, da kann (ein zentrales Teil) kaputt sein und was weiß ich noch alles. Können Dinge sein, die das erfordern, dass das (Großgerät) in die Werkstatt rein kommt. Dann kommt das nicht zu den vorgesehenen Zeitpunkten zu den vorgesehenen (...) Inspektionsstellen, sondern es ist abweichend. Und dann verändert sich am Ende vielleicht auch noch die (Wartungszeit), weil aus den zwei Stunden Standzeit, anderthalb Stunde Reparaturzeit geworden ist und dann bleiben noch 15 Minuten um das alles durchzuführen. Und da müssen wir dann praktisch durch." (i12)

Insgesamt betrachtet können die zeitlichen Restriktionen der untersuchten Führungskräfte nicht nur im gehobenen Bereich, sondern auch der unteren und mittleren Ebene als generell sehr hoch eingeschätzt werden. Durch eine große Anzahl variabler planbarer aber ebenso häufiger Ad-hoc-Termine in enger zeitlicher Abfolge oft mit einer Koppelung an Fristen, einer zeitlichen Verfügbar- und Erreichbarkeit, die zudem mehrere Kommunikationsmedien umfasst und einem weitreichenden externen Mobilitätsaufwand, ist es für die hier betrachteten Führungskräfte kaum möglich, ihre Arbeitszeit frei zu strukturieren sowie Tages- und Arbeitsabläufe zu planen – einschließlich einer anscheinend nicht

Tätigkeitsanalysen 111

gering ausgeprägten zeitlichen Mehrarbeit bzw. einer Verfügbarkeit über die Dienstzeiten hinaus nicht nur im oberen Führungsbereich.

7.2.3.2 Arbeitsbezogener Leistungsdruck

Arbeitsprozessbezogener Leistungsdruck

Wie bereits durch die Schilderung der Arbeitsabläufe der erfassten Führungskräfte und der für sie entstehenden zeitlichen Restriktionen deutlich geworden sein sollte, zeichnen sich deren Tätigkeiten durch eine hohe Komplexität, Anzahl und Intensität aus. Die Aufgabenfülle ist auf allen Ebenen (bei manchen Unterschieden im Einzelnen) im Umfang hoch und vor allem der Sache nach sehr heterogen, d.h. sie umfasst verschiedenste Aufgaben, Zuständigkeiten und Anforderungen. Dies alles miteinander vereinbaren zu können, stellt für die Betroffenen eine enorme Herausforderung dar und bewirkt einen hohen Arbeitsprozessaufwand.

Beispielhaft kann dies eine Äußerung eines Standortleiters verdeutlichen:

„Die Belastung besteht eigentlich in erster Linie darin, dass das, was ad hoc kommt, im Team zu koordinieren. Also ununterbrochen zu bewerten. Das kann, hatte ich ja vorhin auch schon Beispiele in der Richtung genannt, das kann eben sein, man ist eigentlich gerade eben aufgestanden und möchte eine bestimmte planmäßige Sache tun. Man hat mit dem Kunden besprochen: ‚Ich komme jetzt mal hoch, wir gucken uns mal Ihr Thema an.' Und in dem Moment, wenn man aus dem Raum gehen möchte, steht bei uns jemand in der Tür, der etwas haben möchte. In dem Moment, in dem man das dann raus gibt, kommt ein zweiter dazu und sagt: ‚Ich hätte hier gern noch den Conciergedienst genutzt, ich möchte hier ein paar Dinge abgeben.' So und dann kann man dem schon mal sagen: ‚Kleinen Moment, ich gebe hier noch schnell was raus und dann bin ich bei Ihnen.' Und in dem Moment, wo man mit dem losgeht, kommt ein nächster um die Ecke und sagt: ‚Ich möchte jetzt hier meinen Raum aufgeschlossen haben.' Das wieder sofort zu koordinieren und eigentlich bin ich ganz woanders unterwegs, weil ich ja einen festen Termin vereinbart hatte, das ist eigentlich das, was hier an Stress entsteht, den ich so als persönlichen Hauptstressfaktor habe, sodass ich mir teilweise Rollschuhe wünsche, um das alles irgendwie unter einen Hut zu bringen". (i17)

So kommt (nicht unähnlich den Prozessen im Krankenhaus) vor allem den Kooperationsanforderungen eine große Bedeutung zu, da die Führungskräfte aufgrund der geschilderten Bedingungen auf die Zusammenarbeit mit den verschiedensten Funktions- und Interessensgruppen des Unternehmens angewiesen sind. Bei der TID fallen dabei besonders die großen Führungsspannen (selbst bei den unteren Führungskräften) in Verbindung mit einer häufig sehr großflächigen räumlichen Verteilung der Bereiche auf, aus denen ein hohes Maß an Abhängigkeit der Führungskräfte von ihren Mitarbeitern in der Fläche resultiert. Ein „Managen aus der Ferne" ist dadurch weit verbreitet und setzt einerseits hohes Vertrauen aufseiten der Führungskräfte voraus, erzeugt aber im Gegenzug auch ein hohes Maß an Angewiesenheit der Führungskräfte von ihren Mitarbeitern: So berichtet ein Abteilungsleiter, dessen Zuständigkeitsbereich sich über mehrere Bundesländer erstreckt, wie belastend diese Abhängigkeit sein kann:

> „Meine Arbeit hat ja immer was mit Reisen zu tun oder mit Dingen, die ich aus der Ferne managen muss, da ich ja viel durch die Gegend fahre. (…) Und da ist es wichtig, dass man unbedingt miteinander redet, aber man muss sich auch auf den anderen verlassen können. Das ist für mich ganz wichtig. Es ist, das werden Sie ja mitgekriegt haben, überall so viel und wenn ich dann eine Aufgabe raus schicke, das geht ja meistens über Mails. Dann muss ich mich auch darauf verlassen können, dass da Antwort zurück kommt und es erledigt wird. Dieses sogenannte, das ist ja auch so ein Lieblingswort jetzt, dieses Nachhalten ist so schwer. Das kostet eigentlich die meiste Kraft. Wenn du Mitarbeiter hast, die nicht mitziehen und die musst du eben immer wieder, auch so ein Ausdruck, abholen, dass du sagst ‚Also komm mein Freund, Du musst das auch noch machen und Du musst das noch tun.' Aber ich brauche das in einem Paket und wenn man da so ein schwarzes Schaf dabei hat, wo man immer wieder und immer wieder hinter her sein muss. Das ist so anstrengend." (i14)

Das Zitat verdeutlicht die hohe Abhängigkeit der Führungskräfte vom reibungslosen Funktionieren jedes einzelnen Mitarbeiters. Dass bereits das Fehlverhalten einer einzigen Person die Stabilität eines großflächigen Führungskonstruktes gefährden kann, wird von den Führungskräften, insbesondere der mittleren Ebenen, häufig angesprochen und verdeutlicht die Belastungen durch die aufwendigen Kooperationsanforderungen und durch die Notwendigkeit ein stabiles Führungsnetz zu sichern. Dabei zeigt sich ein tief greifendes Dilemma, in welchem sich insbesondere Führungskräfte der mittleren und höheren Ebene sehen und das sie offensichtlich belastet: Sie erleben eine derart hohe Fülle und Komplexität ihrer Aufgaben, dass sie sich kaum in der Lage sehen, ihre Mitarbeiter mit der erforderlichen Aufmerksamkeit zu führen.

Ein Abteilungsleiter beschreibt dies aus der Sicht eines Betroffenen und schildert die Wichtigkeit des persönlichen Kontaktes zu den höheren Führungskräften:

> „Es ist sehr schade, dass jetzt auch der Kontakt zur Geschäftsleitung fehlt. Ich hab jetzt nach einem Jahr das erste Mal von der Geschäftsleitung Besuch gehabt. Die wollen eigentlich ein Mal im Jahr kommen, den haben sie bis jetzt schon drei oder vier Mal verschoben. Gut, passiert mir auch, dass ich Termine verschieben muss, aber das fehlt schon. Selbst der Betriebsrat kommt selten. Der Bezugspunkt von oben zur Realität, sag ich jetzt mal, der fehlt denen ja vollkommen. Früher war das auf alle Fälle anders. Ich hatte früher einen Chef, der ist regelmäßig vor

Tätigkeitsanalysen 113

Ort gewesen und hat sich alles angeguckt. Mein Chef jetzt, der Bereichsleiter kommt auch hin und wieder mal her. Aber meistens kommen sie, wenn irgendwas schief gegangen ist. Ja das fehlt irgendwie ein bisschen, das wurde auch von den Mitarbeitern sehr kritisch kundgetan. Jetzt versuchen wir das einmal im Quartal wieder einzuführen, dass da jemand hier ist, aber die Mitarbeiter kommen nicht, wir sitzen meistens alleine." (i19)

An diesem Zitat zeigt sich nicht nur, wie wichtig ein funktionierender persönlicher Kontakt der Führungskräfte zu ihren Mitarbeitern im Tagesgeschäft ist. Es zeigt auch, dass diese auch mitbekommen, dass die Vorgesetzten nur selten vor Ort sind, um sich den allgemeinen Problemen der Mitarbeiter im Detail zu widmen, sondern oftmals nur dann auftauchen, wenn der Bereich in irgendeiner Weise akuter Aufmerksamkeit bedarf, weil etwa Umsätze rückläufig sind oder sich Kundenbeschwerden häufen. Das daraus ein erheblicher Druck für die Führungskräfte entsteht liegt nahe – nicht nur für die gehobenen Führungskräfte.

Wie schwierig es etwa für die mittleren Führungskräfte ist, sich ihrer eigentlichen Führungsaufgabe zu widmen, und welche Befürchtungen damit verbunden sind, zeigen die Aussagen eines Bereichsleiters:

„Also es ist so, jetzt kommen wir so ein bisschen in die Richtung, dass es manchmal ja über einem zusammen schlägt. Also jetzt an Themen, an Terminen, Arbeit und wo es mich innerlich ärgert, dass ich nicht mehr Zeit hab, vor Ort zu sein. Also ich wollte schon längst mal bei einer Nachtschicht vor Ort sein und mir das anschauen, wie da gearbeitet wird, ja um auch die Gespräche mit den Mitarbeitern zu finden und mal zu hören, wie die das erleben tagtäglich. Früher hab ich das öfter gemacht und hab auch ganz oft nachts meine Mitarbeitergespräche gemacht, weil eben da dann zehn Mann in der Schicht waren und da hat sich das gelohnt in Anführungsstrichen. Man hat wirklich mal so einen Pulk von Menschen zusammen gehabt. Wie gesagt jetzt hab ich so das Gefühl, dass es ganz schnell geht, dass man so wegrutscht oder dass es einem wegrutscht und ich trau mich auch kaum noch Versprechungen zu machen. Weil ich hatte mir vorgenommen immer mal einen Tag vor Ort zu sein, an den jeweiligen Standorten, und da treffe ich mich mit Abteilungsleitern und danach mit dem Betriebsrat, dem jeweiligen, um einfach mal in lockerer Runde Themen zu besprechen und nicht immer nur auf Betriebsratssitzungen oder Beratungen und so. Sodass ich dann natürlich auch gerne die Zeit nutze, einfach mal nur mit stinknormalen, liebevoll gemeint, Mitarbeitern zu sprechen. Das sind so Sachen, die fehlen mir so ein bisschen. Ja und eigentlich sind diese Termine geplant und ich habe mir gesagt, wir kriegen das regelmäßig hin. Die Zeit nehme ich mir. So und dann kommen diese ganzen Sachen wo es über einem hereinbricht und dann kommen Mails bei mir an: ‚Terminvorschlag plopp, Priorität 1, bitte ermöglichen Sie Ihre Teilnahme'. Super. Und ja, und diesen Tag mit den Mitarbeitern hab ich jetzt schon mittlerweile das dritte Mal verschoben und da hab ich natürlich die Sorge, dass man das Vertrauen und die Wertschätzung verliert. Also, dass die denken, ich wertschätze sie nicht mehr, weil ich alles andere in den Vordergrund stelle und sie vernachlässige. Und da bin ich so ein bisschen unzufrieden, dass mir das so wegrutscht und dass ich es halt nicht selber steuern kann. Ich kann es ja in dem Moment nur steuern, dass ich sage, tut mir leid, ich muss das leider noch mal verschieben." (i18)

Hier wird erkennbar, dass sich die Führungskräfte der Gefahr einer „Vernachlässigung" der Mitarbeiter mit der Folge von Vertrauensverlusten und Anerkennungsdefiziten sehr bewusst sind und welche Belastungen daraus für sie resultieren.

Das Zitat deutet aber auch an, dass sie diesem Umstand relativ hilflos gegenüberstehen, da sie in Folge der hohen Aufgabenfülle trotz ihres Status als Führungskraft eine erhebliche Fremdsteuerung im Arbeitsprozess erleben. Eine solche Heteronomie auch der Führungskräfte (denen ja formell eine eher hohe Autonomie zugerechnet wird) ergibt sich aus vielen Umständen, vor allem aber aus den komplexen Kooperationsverpflichtungen, denen sie unterliegen.

Im Gegensatz zum Krankenhaus, wo die Kooperation stark auf den relativ klaren und überschaubaren hierarchischen Zuständigkeiten der Krankenhausorganisation beruht, erfordert die wesentlich offenere und flexiblere Führungsstruktur in der TID eine kontinuierliche, d.h. immer wieder neue Ad-hoc-Koordination der Tätigkeiten aller Beteiligten. Konkret ist es vor allem das Zusammenwirken der hohen Heterogenität des Aufgabenzuschnitts der Führungskräfte mit der komplexen organisatorischen Verteilung und dann nicht selten auch der Überschneidung von Zuständigkeiten in Verbindung mit der großflächigen räumlichen Ausdehnung des Unternehmens, die dazu führt, dass die Befragten einen kontinuierlich hohen Aufwand zur Organisation ihrer Zusammenarbeit mit anderen betreiben müssen. Folge ist für die Führungskräfte ein ausgeprägtes Gefühl der Fremdsteuerung. Dieses ist paradoxerweise Ausdruck der für sie typischen Unbestimmtheiten ihrer Aufgaben und der nicht nur für sie, sondern generell für Führungskräfte charakteristischen (und erforderlichen) Freiheitsgrade in der Tätigkeit. Kurz: Es ist deutlich erkennbar, wie auf den ersten Blick positiv erscheinende Autonomien in der Tätigkeit in eine belastende Heteronomie umschlagen kann.

Der Grad der Fremdsteuerung und der daraus entstehende Druck wird von den Probanden ganz in diesem Sinne meist an der Anzahl und Vielfalt der Termine (und deren Überschneidungswahrscheinlichkeit) gemessen, die sie selbstständig vereinbaren können. Wird dies zugrunde gelegt, zeigt sich auf allen betrachteten Ebenen, dass die Selbststeuerung der Führungskräfte faktisch gering ist: Die Anzahl und Komplexität der Adhoc-Termine steigt stetig und deren Taktfolge verkürzt sich drastisch - dennoch müssen die Termine koordiniert, irgendwie wahrgenommen und in die zugleich wachsenden Linien- und Projektaufgaben integriert werden.

Tätigkeitsanalysen 115

Die Probanden geben den Grad dieser Fremdsteuerung teilweise mit bis zu „80 Prozent" an, wobei Führungskräfte in höheren Positionen dies expliziter äußern und deutlicher darüber klagen als Führungskräfte der mittleren oder unteren Ebene, die aber faktisch in durchaus ähnlicher Weise betroffen sind. Vermutlich leiden höhere Führungskräfte besonders unter dem Widerspruch von formeller Autonomie und faktischer Heteronomie, während der untere Führungsbereich dies möglicherweise eher als „normale" Absurdität verbucht und hinnimmt.

Ein Bereichsleiter schildert derartige Umstände:

„Was ich eher weniger beeinflussen kann, das sind die Termine, die mir von außen oktroyiert werden, ja, die muss ich dann natürlich in meinem Tageskalender, Wochenkalender oder Monatskalender dann auch planen. Aber das Regelgeschäft wird sehr oft torpediert durch Adhoc-Maßnahmen. Ja. Also es vergeht wirklich nicht ein Tag, wo es hier nicht wieder ein neues freudiges Erlebnis gibt in Anführungsstrichen, ja. Dazu gehören Auseinandersetzungen mit Kunden, positiver, wie auch negativer Art." (i11)

Ein weiterer Bereichsleiter berichtet:

„Ich habe auch Tage, wo ich dann fahren muss. Ich habe ja Außenstellen, die muss ich gelegentlich besuchen und da habe ich Betriebsratstermine und Kundentermine. Tja und wenn ich es ins Verhältnis setzen soll zwischen operativem Geschäft und planmäßigem, dann ist das so Hälfte, Hälfte. Wenn ich aber darüber nachdenke, inwieweit ich fremdgesteuert bin und eigengesteuert, dann würde ich schon so sagen, dass ich im Grunde genommen so 80 Prozent fremdgesteuert bin. Also meine eigene Autonomie ist da relativ gering." (i12)

In solchen Berichten zeigt sich zudem, dass die erlebte Fremdsteuerung nicht allein durch die Aufgaben- und Terminvielfalt entsteht, sondern auch Folge der Anforderungen sehr verschiedener Interessens- und Anspruchsgruppen ist (Kunden, externe Dienstleister, Mitarbeiter, Mitarbeitervertretung, Kollegen, Vorgesetzte, Behörden etc.), die sie als Führungskräfte berücksichtigen und vermitteln müssen.

Wie bereits angedeutet, kommt der eigentlichen Führungsarbeit im Sinne einer mitarbeiterbezogenen Vermittlung von Arbeitsaufgaben und dadurch der Umsetzung von Firmenstrategien in der Wahrnehmung der Probanden eine große Rolle innerhalb des Arbeitsprozesses zu. Dies sind Anforderungen, die die Führungskräfte klar als ihre Aufgabe akzeptieren, der sie (insbesondere in den mittleren und gehobenen Positionen) dann aber in ihrer Wahrnehmung befürchten faktisch kaum gerecht werden zu können, woraus eine spezifische Belastung entsteht. Hinzukommen Anzeichen dafür, dass manche Führungskräfte die Vorgaben, die sie umsetzen sollen, entweder in ihrer Tragweite nicht nachvollziehen können oder von deren Sinnhaftigkeit wenig überzeugt sind. Beides zusammen ist eine brisante Mischung, vor allem für die Motivation der Betreffenden. Ein Abteilungsleiter erläutert:

„Aber ich habe kein Verständnis dafür, wenn Arbeit über Jahre aufgebaut wird, dann einfach ignoriert und vernichtet wird. Und dann hast du die Motivation natürlich dann doppelt schwer, sowohl für mich und gerade auch für die Mitarbeiter. Dann ist das, was du bisher hattest alles weg. Du sollst weiter arbeiten und noch etwas Neues aufbauen. Und dann kannst du dir ja vorstellen, was dann da raus kommt. Und dann kämpfst du hier weiter. Und dann kämpfst du schon gegen alle möglichen Widrigkeiten und dann wird es immer schwerer. Und dann sollst du noch deine Mitarbeiter motivieren, wo meine eigene Motivation auch nicht besonders ist." (i14)

Zusammenfassend wird im Hinblick auf den Arbeitsprozessaufwand der Führungskräfte folgende Konstellation deutlich: Zentral ist eine im Umfang hohe, sachlich sehr komplexe und stark als fremdgesteuert erlebte Aufgabenfülle in Verbindung mit einem erheblichen Kooperations-, Koordinations- und Vermittlungsaufwand. Folge ist ein ausgeprägter arbeitsprozessbezogener Leistungsdruck. Der Leistungsdruck, der sich hier im Besonderen für die Führungskräfte zeigt, besteht darin, die verschiedenen Aufgaben, Anforderungen und Ansprüche miteinander zu vereinbaren, wobei aufgrund der stark ausgeprägten faktischen Fremdsteuerung und der Abhängigkeit der Führungskräfte von Dritten selbst kaum Akzente gesetzt oder Spielräume genutzt werden können. Dass dadurch die in hohem Maße akzeptierte mitarbeiterbezogene Führungstätigkeit im engeren Sinne anscheinend leidet, bedeutet eine nicht unerhebliche persönliche Belastung, vor allem dadurch, dass dies grundlegend das professionelle Selbstverständnis als „Führungskraft" infrage stellt.

Arbeitsergebnisbezogener Leistungsdruck

Aufgrund verschiedener Umstände, die zum Teil aus der Geschichte des Konzerns resultieren, wurde in den Interviews teilweise ein Bild gezeichnet, nach dem sich das Unternehmen in einer nicht unerheblichen wirtschaftlichen Krise („Schieflage") befindet. Folge ist, dass von der Geschäftsleitung massiv versucht wird, durch verschiedenste Umstrukturierungsmaßnahmen Einsparungen zu bewirken, um ein positives Betriebsergebnis zu erzielen. In einer derartigen Situation wird vermutlich generell sehr deutlich, was die letztlich entscheidenden Anforderungen an Führungskräfte sind, so auch hier. Eine klassische Aufgabe von Führungskräften in diesem Sinne ist die wirtschaftliche Verantwortlichkeit für ihren Bereich. Dies wird bei den erfassten Probanden durchgehend so gesehen, wobei mit steigender Position die Höhe dieser Verantwortung (und deren Wahrnehmung) zunimmt und die Bereichsleiter so etwas wie eine „Letzt-

Tätigkeitsanalysen 117

verantwortung" gegenüber der Geschäftsleitung besitzen. Alle Probanden sind sich jedoch bewusst, dass sie ganz persönlich für ihren Bereich „den Kopf nach außen hinhalten" müssen.

Im Vergleich zu den Krankenhausärzten, die ja ebenfalls deutlich zunehmend einen wirtschaftlichen Druck empfinden, sind ökonomische Anforderungen bei der TID jedoch nicht nur wesentlich ausgeprägter, sondern sie werden als zentraler Bestandteil der Tätigkeit akzeptiert und explizit thematisiert. Eine Anforderung, die vor allem in „schwierigen" Zeiten deutlich in den Vordergrund rückt und die Führungskräfte durchgehend unter Druck setzt – eben auch die unteren Führungskräfte:

Zwei Abteilungsleiter berichten über den wirtschaftlichen Zustand ihrer Bereiche und betonen den Druck, der für sie damit einhergeht:

> „Mein Ziel ist, dass ich Gewinne mach. Das wir den Kunden zufriedengestellt haben und das nach außen kein Ärger dringt. Das ist natürlich immer die wirtschaftliche Situation. Wenn sie den Laden wirtschaftlich im Griff haben, dann lässt man sie in Ruhe. Dann sind sie ein Guter. Momentan sieht es nicht so gut aus. Wir sind zwar noch ein Guter, aber nicht mehr ein ganz Guter." (i15)

> „Der Druck ist halt zu groß. Die ökonomischen Belastungen, die haben wir bisher immer auch geglättet bekommen. Aber uns sind sehr viele Aufträge weggebrochen. Wir haben ja etliches an Minus eingefahren. Jetzt sind wir zwar wieder etwas besser. Wir haben zwar unser Ziel, was vorgegeben ist, erreicht, aber wir haben kein Plus erwirtschaftet. Und das ist natürlich kritisch. Dann heißt es dann eben noch mehr sparen." (i19)

Demzufolge wird auf die Frage nach dem Ziel der eigenen Arbeit auch die ökonomische Stabilisierung des eigenen Bereichs fast immer in den Vordergrund gestellt, der in der Wahrnehmung der Probanden auch explizit als Beitrag zur wirtschaftlichen Sicherung des Unternehmens (und darüber des gesamten Konzerns) gesehen wird. Dabei ist weithin deutlich, dass es nicht nur um Kostensenkung geht, sondern auch um eine verstärkte marktorientierte Ausrichtung aller Bereiche.

Das aktuelle Ausbleiben eines positiven „Ergebnisses" und damit der Zwang, dem entgegen zu wirken, wird demnach weithin als zentrale Ursache des erlebten Drucks auf allen Ebenen und in allen Facetten angesehen, zumal das Fortbestehen des Unternehmens innerhalb des Konzerns an dessen Profitabilität gebunden ist. Und ein „positives Ergebnis" wird immer primär wirtschaftlich und dann erst fachlich gesehen – wobei diese Gewichtung mit höherer Position zunimmt.

Ein Bereichsleiter erläutert die Situation:

> „Und dann gibt es eben solche Sprüche, die in die Richtung gehen, wenn die Ergebnisse nicht stimmen, und ihr seid in eurer Dienstleistung so beliebig, dann

seid ihr auch austauschbar. Das ist zwar ein hässliches Wort, aber stimmt ja zum Teil. Wir haben kein wirkliches Alleinstellungsmerkmal, das gibt es alles am freien Markt auch. Und wir wollen ja auch aus dieser Beliebigkeit raus und Alleinstellungsmerkmale kreieren. Aber der Gesellschafter hat natürlich ganz konkrete Forderungen, die er stellt und der Gesellschafter sagt, wir haben einen Mittelfristplan und der ist in Schieflage geraten. Wir müssen also jetzt mit Ergebnissteuerungsmaßnahmen gegensteuern. Und da treten strategische Ansätze erst mal in den Hintergrund. Wir müssen die Firma sanieren und wir sind ja eingebunden in den großen Kontext des Konzerns." (i11)

Durch diese nicht nur fachliche, sondern zunehmend auch wirtschaftlich beurteilte Eingebundenheit in den Konzern werden von der TID-Geschäftsleitung unterschiedliche strategische Ziele und konkrete ökonomische Vorgaben definiert, die umgesetzt werden müssen. Im Wesentlichen geht es darum, dass durch mehrere Maßnahmen versucht wird, Kosteneinsparungen aller Art vorzunehmen. Dies schlägt dann direkt auf die Tätigkeit der Führungskräfte auf allen Ebenen durch.

Die betrifft auch eine schon länger forcierte Anforderung des Konzerns: eine Erhöhung der Transparenz der Arbeitsabläufe durch eine IT-gestützte Reorganisation. Dies ist durchgehend ein großes Thema, dass in vielfacher Hinsicht von den Führungskräften als belastend erlebt wird und eine höchst ambivalente Bewertung findet. Dabei geht es in der Wahrnehmung der Betroffenen nicht nur um die verschärfte Kontrolle ihrer Arbeit (und der ihrer Mitarbeiter), sondern auch darum, dass durch die Einführung des neuen IT-Systems Arbeitsabläufe zum Teil drastisch verändert werden und dadurch mit den bis dahin praktizierten Verfahren nicht mehr kompatibel sind, was operativ wie dann auch für die Führungskräfte erheblich zu den steigenden Belastungen im Arbeitsalltag beiträgt.

Als Folge der wirtschaftlichen Lage kommt es zudem systematisch zu verschärften wirtschaftlichkeitsorientierten Prüfungen und Bewertungen aller Bereiche, was mit erhöhten bürokratischem Aufwand in Form stärkerer Dokumentationsverpflichtungen einhergeht, die die Führungskräfte als zusätzliche Belastung erleben.

Eine weitere Maßnahme betrifft schließlich den Umfang sowie die praktische Intensität und dann die Qualität der jeweils angebotenen Dienstleistungen. Konkret geht es darum, durch Absenken der Dienstleistungsqualität Einsparungen vorzunehmen und gleichzeitig Preissteigerungen zu ermöglichen. Die Führungskräfte müssen dies dann bei „ihren" Kunden durchsetzen und nicht zuletzt ganz praktisch eine Verschlechterung der Leistungen verantworten, was für sie nicht nur eine weitere Erschwerung ihrer Arbeit mit erheblichem Druck bedeutet, sondern ihre Motivation tangiert.

Ein Bereichsleiter schildert dies so:

Tätigkeitsanalysen

> „Ja die Kunden und die Preisanpassung. Die Kunden müssen da jetzt mit Engelszungen dahin bewegt werden, dass sie jahrelang keine Preiserhöhung hatten, wir jetzt aber unter dem wirtschaftlichen Druck mittlerweile da angekommen sind, dass eben das Ergebnis leider nicht so gut ist und ja wir da eben extrem viel Zeit aufwenden." (i18)

Ein Abteilungsleiter verdeutlicht die praktischen Folgen für die operative Arbeit vor Ort:

> „Das endet dann zum Beispiel im punktuellen (Warten und Reinigen der Anlage). Nur da, wo (akut Verschmutzungen sind oder konkret was aufgefallen ist). Früher haben wir komplett (alles systematisch durchgesehen). Jetzt (machen wird es nur noch) punktuell. Da kann man wieder ein paar Zeitwerte einsparen und schon ist der Preis billiger. Da fasst man sich an den Kopf. Das sind so Sachen, die man eigentlich so im täglichen Leben hat. Ich sage mal, viel haben wollen, aber wenig zahlen." (i19)

Nicht zuletzt müssen schließlich zum Teil drastische Einschnitte beim Personalbestand konzipiert und umgesetzt werden. Das führt nicht nur bei den Beschäftigten, sondern auch bei den Führungskräften zu erheblichem Unmut. Mehr noch: Daraus entsteht ein sehr belastendes spezifisches Moment von „Leistungsdruck" bei den Führungskräften bis hinunter zu den Standortleitern, da sie kaum noch Abbaupotenzial erkennen, aber Personaleinsparungen vorweisen müssen und tagtäglich erleben, was es bedeutet, dies gegenüber ihren Mitarbeitern durchzusetzen.

Ein Bereichsleiter führt dahingehend aus:

> „Im Dienstleistungssektor ist es ja eine klare Sache, entweder ich kriege mehr Geld oder ich muss weniger Menschen einsetzen. Und ja das Mittel der Wahl ist ich setze ein paar Menschen weniger ein und habe die Kosten wieder im Griff. Aber wir sind mittlerweile an einem Punkt angekommen, wo das auch nicht mehr funktioniert. Wir haben das schon zu oft gemacht. Und die Menschen, die wir haben werden immer älter." (i12)

Ein Abteilungsleiter zeigt die Auswirkungen des Personalabbaus auf seinen Bereich auf:

> „Es werden weniger Mitarbeiter eingesetzt und Personal in der Verwaltung eingespart. Und wenn Sie so überlegen, mit so wenigen Leuten, so einen großen Bereich zu leiten, das ist schwierig. Das merken wir alle. Und früher hatten Sie ja auch einen richtigen Stellvertreter vor Ort, der sich um vieles gekümmert hat, der einem vieles abgenommen hat. Jetzt sitzt der ganz woanders und macht das zusätzlich. Sie haben Verantwortliche in einer Schicht gehabt, die gibt es auch nicht mehr. Die Schichtleiter, die wir mal hatten, die gibt es auch nicht mehr. Die arbeiten jetzt ganz normal mit. Die sind mit aktiv tätig, damit wir Geld sparen können. (…) Und eigentlich bräuchte ich gerne mal wenigstens einen Mitarbeiter

pro Schicht mehr. Damit man auch wirklich in Ruhe die Leistung erbringen kann, und nicht bloß durchflitzen muss. Ja, dass die Personalsituation mal vielleicht ein bisschen besser ist. Aber das sind ja auch wieder Kostenfragen." (i19)

Zusammenfassend lässt sich festhalten, dass hinsichtlich des Arbeitsergebnisses, die ökonomische Verantwortung bei den Führungskräften der TID im Vordergrund steht. Dies wird von den Probanden prinzipiell erst einmal auch nicht als grundsätzlich problematisch eingeschätzt (obwohl es sie deutlich unter Druck setzt), da sie dies als inhärenten Bestandteil ihrer Tätigkeit akzeptieren, einschließlich der unteren Führungskräfte. Wesentlich deutlicher allerdings als dies etwa im Krankenhaus erkennbar ist, gibt es hier aber einen problematischen Zusammenhang zwischen den ökonomischen Arbeitsergebniserwartungen und den oben beschriebenen anforderungsreichen Arbeitsprozessanforderungen. Denn aufgrund der hohen und teilweise undurchsichtigen Erfordernisse der Arbeitsprozesse, fällt es den untersuchten Führungskräften schwer, die eigentlich von ihnen akzeptierte verschärfte Ökonomisierung ihrer Bereiche auch umzusetzen. Hinzu kommt, dass es den wenigsten leicht fällt, zu akzeptieren und dann durchzusetzen, dass sie systematisch die fachliche Leistungsqualität in ihrem Bereich reduzieren sollen.

Als Folge zeichnet sich ein zunehmender Motivationsverlust bei den Probanden ab, der durch Kommunikationsdefizite über geplante Umstrukturierungsmaßnahmen und nur vage Informationen zur Lage des Unternehmens noch weiter verschärft wird. Eine erhebliche persönliche Verunsicherung, die sich anscheinend von den Führungskräften auf die Mitarbeiter überträgt und zu einer Verunsicherung des ganzen Unternehmens führen kann.

Ein Bereichsleiter antwortet beispielsweise auf die Frage nach seiner persönlichen Arbeitsmotivation:

„Ja das ist im Moment eine spannende Frage. Also ich mache den Job, so wie ich ihn mache sehr gerne. Wir haben im Moment komplizierte Situationen. Wir gehen davon aus, dass wir umstrukturiert werden. Meine Stelle ist in den Kästchen der neuen Struktur nicht mehr zu finden. Die ist weg. Und die Frage ist überhaupt wie funktioniert die neue Struktur. Da bin ich im Moment überhaupt noch nicht von überzeugt, dass das so greift. Und darüber hinaus haben wir noch die Situation, dass wir aufgrund unserer schlechten Ergebnislage an sich infrage gestellt werden. Im Moment stellt der Konzern uns ganz stark infrage. Die Frage, ob man unsere Leistung nicht preiswerter einkaufen kann, Marktvergleich, Marktspiegelung, das sind so Begriffe. Aber es gibt eine Reihe von Dingen, die man bei uns mit kauft, die gar nicht in Geld bewertet werden können. Und eigentlich nur die, die das Geschäft verstehen, wissen was sie mit uns kaufen. Ein reiner Ökonom, ich sage es jetzt mal vorsichtig, der guckt nicht tief genug, um das bewerten zu können. Es gab in der Vergangenheit schon immer mal wieder den Versuch so über Marktspiegelung andere Firmen zu erfesten. Es endete dann damit, dass sie in der Presse waren, weil da ausländische Arbeitskräfte schwarz hergeholt wurden und im Container geschlafen und gearbeitet haben. Und all solche wilden Dinger sind dann da passiert. Wir haben dann die Leistung in der Regel wiedergekriegt zum alten Preis. Aber im Moment läuft wieder diese Welle ganz stark und wenn das fällt, dann sind wir mit unserer Qualitätsführerschaft, aber auch mit unserer Kostenstruktur nicht so preiswert wie die Preisführer, ganz klar. Es gibt überall am Markt Preisführer. Und es gibt Qualitätsführer. Und wenn Sie jetzt Aldi mit Tengelmann oder irgendeinem vergleichen, das passt nicht zusammen. Und in diesem Vergleich hängen wir. Und da sie alle Ergebnisprobleme haben oder einige, redet man nicht so sehr von Qualität, sondern von Preis. Wir nehmen die billigen und dann stellt man uns natürlich infrage. Mich und alle meine Mitarbeiter. Das kann nicht gut wirken. Da kann man sich nicht wohl bei fühlen. Das muss ich mal so sagen." (i12)

Im Vergleich mit der ärztlichen Tätigkeit wird hier weniger die veränderte Definition der praktischen Ergebniskriterien als belastend wahrgenommen, als vielmehr die Verschärfung prinzipiell akzeptierter Leistungskriterien bei einer gleichzeitigen systematischen Verkomplizierung ihres Arbeitsprozesses, die den Führungskräften die Umsetzung einer verschärften Ökonomisierung erheblich erschwert.

7.2.3.3 Reproduktiver Leistungsdruck

Im Vergleich zu den ärztlichen Mitarbeitern im Krankenhaus wird der Reproduktionsaufwand von den untersuchten Führungskräften der TID deutlich expliziter angesprochen und nimmt einen höheren Stellenwert innerhalb ihrer Tätigkeit ein. Grund dafür ist einerseits, dass die hier erfassten Führungskräfte einen anderen Bezug zur eigenen Arbeitskraft haben.

Während die Ärzte von vornherein scheinbar eine höhere Stressresistenz an den Tag legen oder zumindest versuchen, aufrecht zu erhalten, sind sich die Führungskräfte der TID der Belastungen in ihrer Arbeit und der dadurch entstehenden Reproduktionserfordernisse sehr bewusst und artikulieren dies gelegentlich auch deutlich. So sagt eine Führungskraft vor dem Hintergrund eines vor einiger Zeit erlebten Positionswechsels mit Bezug auf das im neuen Bereich erlebte Stressniveau: „so (schlimm) hatte ich es mir nicht vorgestellt" (i16).

Hinzu kommt anscheinend auch eine erweiterte Vorstellung der als erforderlich gesehenen Reproduktion. Während sich diese bei den Ärzten primär auf eine persönliche Reproduktion innerhalb des engeren familialen Umfeldes (und dessen Sicherung) bezieht, ist dies bei den Führungskräften der TID weiter gefasst. Hier geht es nicht nur um eine Erholung im häuslichen Rückzugsraum, sondern wesentlich stärker auch um eine einerseits ganz individuelle und andererseits um eine erweiterte soziale Reproduktion. Die Erholung in der Familie steht aber auch hier klar im Vordergrund, was aber mehr oder weniger konsequent, durch ganz persönliche (Sport, Hobby) und auf das weitere soziale Umfeld bezogene Aktivitäten (Vereine, Freunde, Verwandte) ergänzt wird – zumindest wird es so angesprochen. So fallen etwa Äußerungen wie:

„Zu Hause müssen ja noch ein paar Baumaßnahmen erledigt werden" (i15), „Haus, Partner und Kind sind zu betreuen" (i14), „Wenn ich mal wieder meine privaten Kontakte pflegen könnte, wäre das schon schön" (i16).

Ein Umstand, der anscheinend den Reproduktionsaufwand der Führungskräfte der TID erhöht und damit insbesondere im Vergleich etwa mit den Krankenhausärzten expliziter zum Thema werden lässt, sind die hohen Mobilitätsanforderungen im Unternehmen. Dies zeigt sich zum Einen bei Probanden, die oft sehr weite Entfernungen zum Arbeitsplatz zurücklegen müssen und entweder täglich mehrere Stunden pendeln oder eine Zweitwohnung unterhalten, um nicht täglich derart weite Strecken zurücklegen zu müssen. In beiden Fällen geht viel Zeit für die familiale Reproduktion verloren, sodass für die vielfältigen nur zuhause möglichen Regenerationsaktivitäten oft nur wenig Zeit zur Verfügung bleibt und der Aufwand dies trotzdem zu ermöglichen relativ hoch wird, woraus möglicherweise die deutliche Betonung der Notwendigkeit zur Erholung entsteht.

Doch auch bei Probanden mit einer relativen Nähe des Wohnortes, erhöhen die durchgehend betrieblich erforderlichen Mobilitätsanforderungen den Reproduktionsaufwand zum Teil deutlich. Durch die vielen Dienstreisen und/oder aufgrund der, infolge der großen räumlichen Verteilung von Betriebsstandorten, häufigen Termine „außer Haus" geht nicht nur viel Zeit verloren (etwa wenn Dienstreisen um 4 Uhr früh beginnen und erst abends 22 Uhr zu Hause enden). Die vielen Reisen sind vielmehr als solche körperlich wie auch psychisch sehr anstrengend und bedingen einen deutlich erhöhten Reproduktionsaufwand, der auch klar gesehen wird. Deutlich sieht etwa ein Abteilungsleiter, wie anstrengend es ist, „wenn man immer nur aus dem Koffer lebt" (i14).

7.2.4 Fazit – Typische Merkmale des Zeit- und Leistungsdrucks von operativen Fachkräften mit Leitungsaufgaben und Führungskräften der Technik- und Infrastrukturdienstleistung

Die Tätigkeit der Mitarbeiter in dem hier untersuchten Feld von Dienstleistung zeichnet sich durch einen hohen Zeit- und Leistungsdruck aus. Dies betrifft alle betrieblichen Ebenen (untere, mittlere und gehobene Führungskräfte), unterscheidet sich aber im Detail.

Der Zeit- und Leistungsdruck der betrachteten Beschäftigten entsteht auf allen Ebenen als Folge des Zusammenwirkens von

Tätigkeitsanalysen 123

- hohen zeitlichen Restriktionen, die vor allem durch eine enge terminliche Taktfolge in Verbindung mit hohen Mobilitätserfordernissen entstehen und nicht selten mit zeitlicher Mehrarbeit einhergehen;
- einem erheblichen Arbeitsprozessaufwand, der auf einer hohen und sehr komplexen Aufgabenfülle sowie ausgeprägten Kooperationsanforderungen beruht, bei einer daraus entstehenden hohen Abhängigkeit von anderen Beteiligten, die die Führungskräfte auf allen Ebenen als massive Fremdsteuerung erleben;
- ausgeprägten Arbeitsergebnisanforderungen, die sich bis hinunter zur untersten Ebene vornehmlich auf ökonomische marktbezogene Kennwerte beziehen und in Krisenzeiten eine massive Verschärfung erfahren; sowie
- einem ausgeprägt notwendigen Reproduktionsaufwand, der sich neben einem klaren Familienbezug auch auf weitere Freizeitaktivitäten bezieht und vor allem Folge der hohen Mobilitätsanforderungen ist.

Als Besonderheit kann hier darüber hinaus festgehalten werden:

Im Gegensatz zu den Krankenhausärzten zeigt sich bei den Mitarbeitern der TID keine als übermäßig belastende erlebte Verschiebung der Ergebniskriterien hin zu nun erstmals (oder stärker) explizit formulierten ökonomischen Anforderungen. Die Führungs- und Leitungskräfte sehen es hier vielmehr als genuine Aufgabe an, ihren verantworteten Bereich auch ökonomisch und damit marktorientiert erfolgreich zu führen, auch wenn sie deutlich den daraus entstehenden Druck erleben. Der Bezug auf einen „Markt" ist hier aber nur begrenzt die Ausrichtung auf einen wirklich offenen Markt für TID-typische Dienstleistungen, sondern (noch) dominant geprägt durch eine marktähnliche Beziehung zu konzerninternen Nachfragern – dies könnte sich aber demnächst deutlich verändern.

Der Kern des erlebten Drucks und daraus resultierender Belastung liegt aber generell nicht primär in den Anforderungen an das Arbeitsergebnis. Primär belastend sind vielmehr die im Umfang hohen und der Sache nach sehr aufwendigen, komplex arbeitsteilig vermittelten (und aktiv kontinuierlich zu vermittelnden) Arbeitsprozesse, mit der paradoxen Folge, dass die formal hohe Autonomie der erfassten Beschäftigten in eine als ausgeprägt heteronom empfundene Abhängigkeit umschlägt.

Die typische Konstellation des hohen Zeit- und Leistungsdrucks der Führungs- und Leitungskräfte ist gleichwohl die Verknüpfung von belastenden Momenten des für sie typischen Arbeitsprozesses mit hohen Anforderungen an das Arbeitsergebnis. Ein auf das Arbeitsergebnis bezogener Druck entsteht vor allem daraus, dass die ökonomischen Anforderungen für die Führungskräfte zwei wichtige Momente gefährden: zum einen die genuine Führungsaufgabe in Form der Kommunikation mit den Mitarbeitern und das damit mögliche „Kümmern" um die Beschäftigen; zum anderen die sachlich-fachliche Qualität der

Dienstleistung, die angesichts des ökonomischen Drucks droht, nicht mehr im vollen Umfang aufrechterhalten werden zu können. Beides unterscheidet sich aber bei den verschiedenen Führungsebenen, denn je höher die Aufgabe angesiedelt ist, umso ausgeprägter ist eine Akzeptanz der rein ökonomischen Funktion. Die Strukturreformen zur Sicherung und Weiterentwicklung des Unternehmens, die größere Führungsspannen, große räumliche Verteilungen und Zuständigkeiten, steigende Aufgabenfülle und -dichte sowie die damit höhere (subjektiv wahrgenommene) Fremdsteuerung zur Folge haben, bewirken darüber hinaus die Gefahr eines „Wegrutschens" der für eine Führungskraft zentralen Funktion der Steuerung ihres Bereichs: personell, d.h. in Bezug auf Tätigkeit der Mitarbeiter, wie auch sachlich, also in Bezug auf die Umsetzung der fachlichen Aufgabe (oder das „Produkt") und, wie eben geschildert, deren Qualität. All dies tangiert nachhaltig die Motivation der Führungskräfte, da es die genuine Professionalität als Führungskraft gefährdet, was ein eigenes Moment von Belastung für sie bedeutet.

Dieses potenzielle „Wegrutschen" der Führungsfunktion impliziert nicht zuletzt ein Entfernen der Führungskräfte von ihren Mitarbeitern vor Ort (das in diesem Falle häufig auch räumlich und damit wörtlich zu verstehen ist), was diesen zunächst eventuell höhere Autonomiegrade einbringt. Dies läuft aber Gefahr, auch als Aufmerksamkeits- und Wertschätzungsdefizit wahrgenommen zu werden, was mit einem (zum Teil explizit als Gefahr formulierten) Vertrauensverlust einhergeht, dem die Führungskräfte kaum mehr entgegenwirken können. Insbesondere ältere, dem Unternehmen lange verbundene Mitarbeiter scheint dies deutlich zu belasten, da sie sich oftmals auf ein in der Vergangenheit stark gelebtes Zusammengehörigkeitsgefühl und eine hohe traditionelle gemeinsame fachliche Identität in Bezug auf die erbrachte Mobilitätsdienstleistung beziehen, die sich inzwischen beide sukzessive in der Auflösung befinden. Aber auch jüngere Führungs- und Leitungskräfte, denen diese traditionelle Kollektiverfahrung und -identität weitgehend fehlt, sehen die Gefahr des Kontrollverlustes, in den höheren Positionen meist noch deutlich stärker als in den unteren Positionen. Der erlebte Kontrollverlust bündelt sich bei allen Probanden in einem stetig stärker werdenden Gefühl des Getriebenseins von allen Seiten, fast schon einer Art Hilflosigkeit.

7.3 Tätigkeit von Lehr- und Führungskräften im Bildungsbereich

7.3.1 Generelle Funktionen und konkrete Aufgaben

Das Personal, über dessen Tätigkeit hier berichtet wird, betreut verschiedene Funktionen und Positionen innerhalb der Personal-Ausbildungs-Gesellschaft

Tätigkeitsanalysen 125

GmbH (PAG). Das Sample umfasst Lehrkräfte der PAG im Bereich der Aus- und Weiterbildung von Erwachsenen und Jugendlichen (u.a. Lehrer und Ausbilder für Fachthemen sowie sogenannte Bildungsbegleiter, die zielgruppenspezifische pädagogische „Leistungen" anbieten), pädagogische „Bereichsleiter" (Bezeichnung geändert) mit meist sozialpädagogischem Hintergrund im Bereich der Jugendbildung mit geringfügiger Personalverantwortung und partiellen Organisationsaufgaben sowie Führungskräfte auf einer mittleren betrieblichen Ebene der PAG in der Position regionaler „Abteilungsleiter" (Bezeichnung geändert). Die erfassten Beschäftigten sind zum Teil unbefristet angestellt, andere aber mit verschiedensten Laufzeiten nur befristet und mit Teilzeitregelungen beschäftigt (etwa für die Dauer einer „Maßnahme"). Auch beim fest angestellten Personal gibt es einen großen Teil, die in „Teilzeit" arbeiten, darunter auch Führungskräfte. Für die Einschätzung ihrer Tätigkeit ist zudem zu beachten, dass es an den Standorten eine nicht geringe und zunehmende Zahl von Honorarkräften (vor allem beim Lehrpersonal) gibt, mit denen die „Stammbeschäftigten" auf vielfältige Weise zusammenarbeiten, die in der Untersuchung aber nicht erfasst wurden.

Die Tätigkeiten der Mitarbeiter mit pädagogischen Aufgaben (Lehrkräfte, Bereichsleiter) lassen sich zwei größeren Aufgabenbereichen zuordnen: Ein Aufgabenbereich ist die unmittelbare personenbezogene pädagogische Funktionsarbeit und umfasst verschiedenste (sozial-) pädagogische Aufgaben und Tätigkeiten, die je nach Zuständigkeitsbereich und Zielgruppe variieren (bspw. klassischer Unterricht in einer Klasse, Bewerbungstrainings, Hilfestellungen zum Selbstlernen, allgemein sozialpädagogische Betreuung und Beratung). Ein zweiter Aufgabenbereich umfasst administrative und organisatorische Tätigkeiten, die sich insbesondere in Form umfangreicher Dokumentationspflichten äußern aber auch koordinierende, steuernde und planerische Elemente enthalten (bspw. Personalplanung, Unterrichtsplanung, Koordination und Absprachen mit Mitarbeitern von Auftraggebern etc.).

Hinzu kommen bei einzelnen Beschäftigten mehr oder weniger umfangreiche funktions- und bereichsübergreifende Projektarbeiten und Akquisetätigkeiten, die aber meist auf die Führungskräfte beschränkt bleiben. Kommunikations- und Informationsarbeit ist zwar auch hier ein zwingender Bestandteil der Tätigkeit aller Beschäftigten, kann hier aber (mit Ausnahme der Abteilungsleiter) nicht als eigenständiger Aufgabenbereich angesehen werden (wie etwa bei den Führungskräften der TID), da Kommunikationsanforderungen ein wesentlicher Bestandteil der pädagogischen Arbeit sind und an sich keine gesonderte Funktion darstellen.

Die Zusammensetzung der Aufgabereiche unterscheidet sich allerdings nach der jeweiligen Position:

Das pädagogische Personal leistet primär direkte pädagogische Funktionsarbeit, wobei sich dies jedoch je nach Funktion im Umfang (und natürlich in ihrer fachlichen Ausrichtung) stark unterscheidet. Während für Lehrer und Ausbilder der weitaus überwiegende Teil der Tätigkeit tatsächlich aus pädagogischen Tätigkeiten (meist in Form von Unterrichten) und nur zu einem relativ geringen Teil aus Administration besteht, ist der administrative Anteil bspw. für Bildungsbegleiter deutlich höher. Die fachlichen Aufgabenzuschnitte und institutionellen Zuständigkeiten sind dabei je nach Position und Standort sehr unterschiedlich. Viele der Lehrkräfte pendeln zwischen verschiedenen Standorten des Unternehmens und unterrichten und betreuen dort verschiedenste Teilnehmergruppen. Dabei schwankt die zu betreuende Teilnehmerzahl bzw. Schülerzahl je nach Standort und genauem Aufgabenzuschnitt zwischen einem höheren einstelligen und mittleren zweistelligen Bereich. Bei pädagogischen Bereichsleitern handelt es sich meist um Lehrkräfte mit geringer Personalverantwortung und zusätzlichen koordinierenden Aufgaben, die meist die Organisation und Koordination einer bestimmten Bildungsmaßnahme beinhalten. Dementsprechend ist bei diesen der Anteil der pädagogischen Funktionsarbeit geringer und der Anteil der administrativen Arbeit überwiegt.

Bei den Abteilungsleitern handelt es sich um außerhalb der PAG-Zentrale eingesetzte mittlere Führungskräfte des Unternehmens, die eine regionale Zweigniederlassung eigenständig leiten, die auch mehrere Standorte umfassen kann. Sie leisten in größerem Umfang administrative und organisatorische Arbeit, sind aber zugleich in den pädagogischen Betrieb eingebunden und übernehmen zum Teil auch unmittelbare Bildungs- und Lehraufgaben. Abteilungsleiter tragen neben der fachlichen Leitung vor allem die ökonomische Verantwortung ihrer als Profitcenter betriebenen Niederlassung und sind damit für Auftragsakquise und Kundenpflege, Produktentwicklung, Personalsteuerung und sonstige Geschäftsführungsaufgaben, die den Standort (oder die Standorte) als Ganzes betreffen zuständig. Zugleich unterstehen sie zwar nicht direkt der PAG-Zentrale, da ihre Niederlassung einem Regionalbereich zugeordnet ist, aber sie sind dennoch über vielfältige Mechanismen und Strukturen in die Gesamtleitung des Unternehmens eingebunden. Die Anzahl der ihnen unterstellten Mitarbeiter variiert je nach Größe des Standortes und kann eine untere dreistellige Beschäftigtenzahl umfassen.

7.3.2 Tätigkeitsablauf

Ähnlich den Ärzten im Krankenhaus und in deutlichem Kontrast zu den Beschäftigen der TID, existieren vielfältige Tagesfixpunkte, die den Arbeitstag und die Arbeitsabläufe eines Großteils der Beschäftigten an den Standorten der

Tätigkeitsanalysen 127

PAG strukturieren, die sich zumeist an den Unterrichts- und Anwesenheitszeiten der Teilnehmer orientieren und damit im Einzelnen stark variieren. Meist beginnt jedoch ein üblicher Arbeitstag für die Beschäftigten gegen 8 Uhr, wobei auch hier ein Großteil der Probanden deutlich eher am Arbeitsplatz anzutreffen ist, um vor der Unterrichtstätigkeit oder anliegenden anderen Terminen noch dringende Angelegenheiten, die sich über Nacht oder bereits am frühen Morgen ereignet haben, abzuklären und eventuell schon Lösungen zu finden (bspw. Krankmeldungen von Kollegen, Ausfall technischer Geräte, Anfragen von Kunden), um anschließend die Anwesenheit der Teilnehmer an Bildungsmaßnahmen zu prüfen und danach in den Unterrichtsbetrieb überzugehen. Je nach Zuständigkeit und Lehrverpflichtung finden (vor allem für die reinen Lehrkräfte) dann den gesamten Vormittag Unterrichtseinheiten statt, die durch kurze Pausen und eine längere Mittagspause unterbrochen werden und meist am Nachmittag bis ca. 16–17 Uhr fortgesetzt werden. In den Zwischenzeiten und auch nach Unterrichtsende bzw. nachdem die Teilnehmer die Einrichtungen verlassen haben, werden meist administrative Aufgaben und Tätigkeiten durchgeführt, primär Dokumentationen sowie Unterrichtsvor- und -nachbereitungen jeglicher Art, aber auch sonstige Beratungsgespräche mit den Teilnehmern außerhalb des Lehrbetriebs finden statt.

Pädagogische Bereichsleiter sind allerdings aufgrund ihres Aufgabenzuschnitts weniger in den Unterricht und damit weniger in den Stundenplan des Standorts eingebunden, sondern betreuen die Teilnehmer meist außerhalb des Unterrichts bspw. kümmern sich bei Fehlverhalten um einzelne Teilnehmer, regeln Praktikumsaufenthalte, Behördenkontakte u.Ä. Sie haben dementsprechend auch einen weniger strukturierten Tätigkeitsablauf und sind stärker mit ad hoc Anfragen und Terminen konfrontiert, die aber meist im direkten Zusammenhang mit den Teilnehmern stehen und dann doch an den Unterrichtsrhythmus angepasst sind.

Der Tätigkeitsablauf der Abteilungsleiter wiederum ähnelt dagegen dem der mittleren Führungskräfte des Technik- und Infrastrukturdienstleisters, d.h. ihr Tag ist deutlich unstrukturierter und selten klar vorgeplant, dafür aber mit vielen ad hoc Terminen angefüllt und steht nur indirekt im Zusammenhang mit der Anwesenheit der Bildungsteilnehmer. Auch fachlich steht die Tätigkeit nur gering in direkter Beziehung zu den einzelnen Teilnehmern und den sie betreffenden Maßnahmen, auch wenn Abteilungsleiter, etwa als Folge von Personalmangel, gelegentlich Unterrichtseinheiten übernehmen oder bei Krankheiten von Beschäftigten ad hoc „einspringen" müssen.

Sowohl bei den Abteilungsleitern wie auch bei den pädagogischen Bereichsleitern findet sich im Material als Umschreibung ihrer Tätigkeiten häufig die Formulierung „Reagieren statt Agieren" und ähnelt damit den Aussagen vieler Probanden des Technik- und Infrastrukturdienstleisters über ihre unstrukturierten Arbeitstage. Dagegen gleicht die zeitliche Logik der Arbeit der Lehrkräfte einem Arbeitstag im Krankenhaus. Auch die Schilderungen ähneln im Duktus der Art, wie Krankenhausärzte ihren Tag beschreiben: relativ klar strukturiert, eng getaktet, mit knappen Zeiträumen für immer wieder anfallende (zusätzliche) organisatorisch-administrative Aufgaben.

Zudem berichtet ein Großteil der Probanden auf allen drei Ebenen von nicht unerheblichen (und steigenden) betriebsbedingten Mobilitätsanforderungen, die sich (ähnlich den Probanden der TID) darin äußern, dass oft zwischen verschiedenen Standorten der Niederlassung, Standorten von Projekt- und Kooperationspartnern wie nicht zuletzt auch Praktikumsbetrieben, in denen Teilnehmer eingesetzt sind, gewechselt werden muss.

Kurze regelmäßige Pausenzeiten finden sich dagegen (völlig anders als bei den Ärzten und den Führungskräften der TID) als Folge des rhythmischen Unterrichtsbetriebes häufig und decken sich mit den Pausenzeiten der Teilnehmer. Doch meist werden diese dazu genutzt aufgelaufene Aufgaben abzuarbeiten oder sich den Anliegen von einzelnen Teilnehmern zu widmen, die primär auch in ihren Pausen an die Beschäftigten herantreten; oder die Pausen werden genutzt um zwischen Einsatzorten zu wechseln. Durchgehend wird zudem von regelmäßigen Überstunden berichtet.

Bei der Betrachtung des Tätigkeitsablaufes bei den Probanden des Bildungsanbieters im Vergleich mit den Probanden der anderen beiden untersuchten Tätigkeitsfelder, fällt zusammengefasst auf, dass sich hier verschiedene Merkmale der Abläufe aus den beiden anderen Unternehmen wiederfinden, aber anders gemischt sind. So ergeben sich einerseits aufgrund des Lehrbetriebs stark strukturierende Elemente, die Tagesfixpunkte vorgeben wie sie ähnlich auch im Krankenhaus zu finden sind; andererseits sind die Tagesabläufe zugleich stark von ad hoc Terminen in Verbindung mit hohen Mobilitätsanforderungen geprägt, wie sie auch für die Abläufe der Arbeit von Führungskräften des Technik- und Infrastrukturdienstleisters typisch sind. Beide Elemente finden sich allerdings im direkten Vergleich in einer jeweils abgeschwächten Form wieder – dennoch ergibt sich aus genau dieser Mischung eine für die Tätigkeiten der untersuchten Beschäftigten des Bildungsanbieters charakteristische Konstellation des Zeit- und Leistungsdrucks.

7.3.3 Konstellationen von Zeit- und Leistungsdruck

7.3.3.1 Zeitdruck

Bei der Betrachtung des Tätigkeitsablaufes der Beschäftigten der PAG zeigen sich mehrere Momente, die zur Entstehung eines zeitlichen Drucks beitragen, dessen Ausgestaltung jedoch zwischen den hier betrachteten Beschäftigtengruppen variiert. Ein zentraler zeitlicher Faktor ergibt sich für die Lehrkräfte aus der Teilnehmeranzahl bei Bildungsangeboten („Maßnahmen"), dem Betreuungsschlüssel (Teilnehmer pro Mitarbeiter) sowie den Anforderungen an das Lehrpersonal, die sich aus der Zusammensetzung der Teilnehmer ergeben. Durch die auf die Teilnehmer ausgerichtete Unterrichtsstruktur entstehen zum Einen planbare und fixe Termine in Folge der erforderlichen regelmäßigen Anwesenheitszeiten (Unterrichtszeiten, Sprechzeiten etc.), die von den Probanden strikt wahrgenommen werden müssen.

Für die Unterrichte erforderlich sind zum anderen Zeiten der Vor- und Nachbereitung, die von den Probanden, die im ständigen direkten Lehrbetrieb stehen als sehr zeitaufwendig beschrieben werden, und nicht selten in der Privatzeit liegen.

Ein dritter Faktor sind Vorgaben der jeweiligen Kostenträger (vor allem eines die PAG dominant prägenden, monopolartig agierenden öffentlichen Nachfragers), die für jeden Teilnehmer innerhalb festgesetzter Fristen verschiedenste Dokumentationen (Fortschrittsberichte, Beurteilungen, Tätigkeitsnachweise etc.) nach meist aufwendigen administrativen Verfahren einfordern. Dadurch steigt der Zeitdruck mit wachsender Teilnehmerzahl und sich komplementär verschlechterndem Betreuungsschlüssel kontinuierlich, was von den Probanden durchgehend als hoher zeitlicher Stressfaktor bezeichnet wird.

Hinzu kommen schließlich die Ansprüche der Teilnehmer an die Lehrkräfte bzw. auch die Ansprüche der Lehrkräfte selbst, gegenüber ihrer Klientel eine intensive, nachhaltige und möglichst auch individuelle Betreuung sicherzustellen. Auch dies führt bei hoher (und steigender) Teilnehmerzahl und schlechtem Betreuungsschlüssel durch den erforderlichen höheren Betreuungsaufwand schnell zu einer zum Teil drastischen Verschärfung des zeitlichen Drucks – vor allem wenn es sich bei den Teilnehmern (was nicht selten auftritt) um im Verhalten und/oder in der Lernbereitschaft problematische Personen handelt.

Eine Lehrkraft dazu:

„(Bei der Betreuung der Teilnehmer muss) alles immer zwischen Tür und Angel passieren (…) Wir sind immer Getriebene" (i21)

Die Führungskräfte (Bereichsleiter und vor allem regionale Abteilungsleiter) sehen sich zusätzlich noch mit einerseits planbaren, wie vor allem aber andererseits häufig hoch variablen (und nicht selten sehr kurzfristigen) Terminen aller Art (z.B. Ausschreibungs- bzw. Angebotsfristen) belastet, zudem noch häufig mit angekündigten wie nicht selten auch unangekündigten Vor-Ort-Kontrollen und aktenbasierten Prüfungen mit Terminwirkung (für die dann Vorlagen erstellt werden müssen) durch Auftraggeber konfrontiert, vor allem durch den dominierenden öffentlichen Kostenträger mit seinen besonders akribischen Verwaltungsverfahren. Beides verschärft für beide Gruppen die zeitlichen Restriktionen erheblich; nicht zuletzt, weil solche Termine zwar generell absehbar sind, aber dann doch oft unerwartet über die Betreffenden hereinbrechen und sie nicht selten massiv zeitlich unter Druck setzen. Zudem sind die Arbeitsabläufe der Führungskräfte durch eine wesentlich höhere Anzahl an weiteren ad hoc Terminen aller Art gekennzeichnet, die sich meist aus Anfragen von Teilnehmern, Eltern, Praktikumsbetrieben, Kostenträgern, Mitarbeitern, der Geschäftsleitung der PAG usw. zusammensetzen und oftmals mit einer kurzfristigen Reaktions- oder Lösungserwartung verbunden sind. Tritt dies in hoher Taktfolge auf, dann kann daraus schnell eine sich massiv aufschaukelnde verschärfte Zeitknappheit mit großer Stresswirkung entstehen, da all diese zusätzlichen Termine, ähnlich wie bei den Führungskräften der TID, in den bereits ohnehin zeitlich dichten Arbeitstag integriert werden müssen.

Aufgrund des hohen interaktiven Anteils der Lehrtätigkeit, besteht für alle, aber eben auch für die Probanden mit Führungsverantwortung, eine hohe zeitliche Verfügbarkeitserwartung (die bis weit in die Freizeit hineinreicht), die in direkten wie indirekten Zusammenhang mit den Teilnehmern und ihren Kursen steht. Diese bezieht sich zunächst natürlich auf die unausweichliche persönliche zeitliche Verfügbarkeitsnotwendigkeit im Rahmen der Unterrichtseinheiten. Dies betrifft aber auch eine hohe Erwartung an eine Vor-Ort-Verfügbarkeit jenseits der regulären Veranstaltungen und Sprechzeiten, etwa in den Pausenzeiten und teilweise auch außerhalb der Geschäftszeiten (bspw. bei Krankmeldungen, Problemen im persönlichen Umfeld usw.; „Wehwehchen"), wo insbesondere die telefonische Verfügbarkeit oder eine (aufgrund der wachsenden Ausstattung der Teilnehmer mit modernen Kommunikationsmedien deutlich zunehmende) Erwartung an eine fast ununterbrochene Erreichbarkeit und Reaktionsbereitschaft per email von immer größerer Bedeutung ist. Letzteres betrifft wiederum die Führungskräfte in verstärktem Maße. Für diese geht es dabei neben Teilnehmererwartungen insbesondere auch um die telefonische Erreichbarkeit für Anfragen von eigenen Mitarbeitern, von Mitarbeitern der Kostenträger und nicht zuletzt der PAG-„Zentrale".

Die Verfügbarkeitserwartung beschreibt ein Abteilungsleiter so:

> „Also immer diese große Verfügbarkeit. (…) Dass ich halt immer greifbar bin und die (Teilnehmer, Mitarbeiter, Geschäftsleitung) nicht irgendwie in einem ruhigen Raum zu mir kommen, (…) ich muss immer sofort, dieses ad hoc. Gib mir sofort (…) die richtige Antwort. Mach es mir recht, mach es mir zu meiner Zufriedenheit, sofort …" (i20)

Ein Zeitdruck aufgrund betriebsbedingter Mobilitätsanforderungen findet sich in der PAG deutlich, ist aber gegenüber dem Mobilitätsdruck in der TID noch moderat, auch wenn dies, so die Probanden, deutlich zunimmt. Durch die weitgehende wirtschaftliche Abhängigkeit von einem einzigen monopolartigen

Tätigkeitsanalysen 131

Kostenträger und einer damit verbundenen hohen Fluktuation von meist relativ kurzzyklisch eng terminierten Maßnahmen in Verbindung mit einer kontinuierlich unsicheren Auftragslage, sind die Mitarbeiter immer häufiger mehreren Projekten und Maßnahmen zugeteilt, die dann oftmals an verschiedenen Standorten stattfinden. Folge ist, dass die Probanden ständig zwischen den Standorten wechseln müssen und dabei an die jeweiligen dort geltenden unterschiedlichen Unterrichtszeiten gebunden sind, was sehr viel Zeit in Anspruch nimmt und oftmals durch den Wegfall von Pausenzeiten kompensiert werden muss. Hinzu kommt, dass zunehmend regelrechte Versetzungen von Mitarbeitern zu einem anderen Standort vorgenommen werden, was in der Regel mit längeren Anfahrtswegen einhergeht.

Auf die Frage, welche Entfernungen betriebsbedingt zurückgelegt werden müssen, antwortet ein pädagogischer Bereichsleiter eindringlich:

„Ja also (zum Ort A) werden es circa 20 km sein, vielleicht ein bisschen mehr. (Ort B) liegt von hier aus eine halbe Stunde entfernt, (...) 30 km ungefähr. (Ort C) sind 5 km. (...) Also ich fahr eine Stunde hier her (von zuhause). Also wenn ich jetzt an einem Tag in (Ort C) bin, dann bin ich da am Vormittag meistens, weil die Teilnehmer nur vormittags da sind. D.h., ich fahr dann vom Wohnort direkt dorthin. Bin dann den Vormittag über da und fahre dann weil es ja in der Nähe ist hier dann nach (Ort D). Wenn ein Einsatz in (Ort B) stattfindet, findet der entweder früh morgens statt oder nach hinten raus am Nachmittag und dann ist es so, dass man entweder direkt dahin fährt vom Wohnort, dann sind es so 60 km. Beziehungsweise wenn ich vormittags in (Ort C) bin, könnte ich auch dann am Nachmittag von hier aus nach (Ort B) fahren, aber ich fahre in der Regel einfach aufgrund der Fahrtstrecke dann direkt wieder nach Hause zurück. Also es ist oft wechselnd. Ja, wie die Erfordernisse der Stundenplanung eben aussehen." (i23)

Insgesamt betrachtet kann der zeitliche Druck für die Probanden in der PAG als durchaus hoch eingeschätzt werden. Die zu findenden zeitlichen Restriktionen zeichnen sich allerdings durch zumindest in Teilen noch relativ klare und damit halbwegs verlässliche Strukturen mit einem hohen Anteil an planbaren Fixterminen im Tagesverlauf aus und sind wesentlich an die Anwesenheitszeiten der Teilnehmer und strikte Terminfristen seitens des Auftraggebers gekoppelt, sodass Arbeitszeitplanungen eher möglich sind. Die Taktung der Termine ist jedoch meist sehr eng, sodass ein deutlicher aber für die Betroffenen noch bewältigbarer Zeitdruck entsteht. Dies trifft so vor allem für die direkten Lehrkräfte zu, für die auch typisch ist, dass sie ihre Unterrichte abends zuhause vor- und nachbereiten.

Für die Bereichsleiter und dann vor allem für die Abteilungsleiter (also für Beschäftigte mit Leitungsfunktionen) ist das Bild differenzierter und deutlich ungünstiger: Hier findet sich trotz der durch die Unterrichte gebildeten Grundstruktur auch hinsichtlich vieler ihrer Abläufe ein mehr oder minder ausgeprägtes „Hetzen" von Termin zu Termin und ein sich manchmal erheblich aufschaukelnder Fristendruck, durch die dann eine nicht unerhebliche Zeitnot mit entsprechendem Stress entsteht, wie sie auch in den anderen untersuchten Betrieben ausgeprägt zu finden ist.

Bei allen Probanden in der PAG zeigen sich Ansätze einer deutlichen Steigerung des Zeitdrucks durch die für viele Befragte wachsenden Mobilitätsanforderungen, ausgeprägte zunehmend zeitliche Verfügbarkeitserwartungen von allen Seiten und einem immer höheren Anteil an variablen ad hoc Terminen und kurzen Fristen.

7.3.3.2 Arbeitsbezogener Leistungsdruck

Arbeitsprozessbezogener Leistungsdruck

Bei den Schilderungen der Arbeitsabläufe wird deutlich, dass auch für die Beschäftigten der PAG ein sehr komplexer und hoher Arbeitsprozessaufwand typisch ist, der allein schon aus der Anzahl der zu betreuenden Teilnehmer und deren oft geringem Bildungsstand (bzw. der nicht selten deutlichen allgemeinen Sozialisationsdefizite) vor Beginn der durchgeführten Lehreinheiten und Maßnahmen resultiert. In der Folge ist auch der Kooperations- und Koordinationsaufwand und ein damit entstehender Druck für die Beschäftigten als hoch einzuschätzen.

Dabei zeigt sich, dass für die Tätigkeitsdurchführung auf der Ebene der reinen Lehrkräfte zunächst nur die interaktive pädagogische Arbeit mit den Teilnehmern im Vordergrund steht und somit hier die Kooperation mit den Teilnehmern und deren Organisation die zentrale Anforderungsgröße darstellt und die Kooperation mit weiteren Akteuren (Kollegen, Vorgesetzte, Vertreter der Auftraggeber) eher nachgeordnet ist. Dennoch ist die Tätigkeitsdurchführung auch der Lehrkräfte von der Kooperation und der Koordination von und mit unterschiedlichen Akteuren abhängig, auch wenn die Lehrkräfte zunächst einmal allein für „ihre" Teilnehmer verantwortlich sind. Aber auch die Organisation der teilnehmerbezogenen Tätigkeiten enthält, wie genaueres Hinsehen zeigt, ein nicht unerhebliches Belastungspotenzial, gerade auch, weil die Betreffenden dies zwar weitgehend selbst organisieren können, dies aber auch selbstorganisiert tun müssen und damit faktisch allein gelassen werden.

Eine Lehrkraft berichtet über die Anforderungen an die Organisation des eigenen Bereichs:

> „Es ist ja auch sonst (bei anderen Berufen) normal, dass sie vier Sachen gleichzeitig machen müssen, weil die Zeit drängt. Und das nehme ich natürlich hier (...) mit rein. Erstens was die Belastbarkeit angeht. Zweitens was die Selbstorganisation angeht, weil jeder hier von uns ist in der Notwendigkeit, seinen eigenen

Tätigkeitsanalysen 133

Arbeitsbereich für sich selber so anzulegen, dass man da irgendwie mit hinkommt (...). Andererseits wurde aber auch vorausgesetzt, dass jeder das für sich schafft irgendwie und ohne jetzt nachzufragen: '(...) Schaffst Du das alles?'. Also bepampert wird hier keiner." (i28)

Neben der Zahl ist vor allem die Struktur der Teilnehmer eine zentrale Einflussgröße für die Höhe des Arbeitsprozessaufwandes für die Lehrkräfte. Je höher deren Anzahl und je geringer deren Motivation und Vorbildung und je problematischer der Sozialisationshintergrund ist, desto aufwendiger ist es für reine Lehrkräfte (aber letztlich für alle Befragten) ihre Tätigkeit nicht nur praktisch durchzuführen, sondern auch sie zu organisieren und zu koordinieren, um sie überhaupt durchführen zu können. Die Probanden stellen in dieser Hinsicht fest, dass die Teilnehmer im Verhalten immer „schwieriger" werden und die qualifikatorischen Voraussetzungen deutlich abnehmen, mit der Folge, dass erstens die Organisation ihres unmittelbaren Arbeitsprozesses zunehmend mehr Zeit erfordert und in der Sache anstrengender wird; und dass es zweitens immer schwieriger wird, die mit dem Hauptauftraggeber „vereinbarten" (genauer: die von dort vorgegebenen) Ziele der übernommenen Maßnahmen (Erlangung eines Schulabschlusses, Ausbildungsreife, Vermittlung in den Ausbildungs- bzw. Arbeitsmarkt etc.) überhaupt zu erreichen.

Ein pädagogischer Bereichsleiter berichtet über die Veränderungen der Teilnehmer und dessen Auswirkungen:

„Die Arbeit an sich fällt und steigt mit dem Teilnehmer selber. Also vor zwei Jahren (...) wollten alle wirklich. Also da waren ganz wenige (...) wo man sich dann wirklich intensivst drum kümmern musste. Und man merkt (...), es wird immer schwieriger. Also die Maßnahme wird als Instrument jetzt oftmals benutzt für etwas, was es nicht mehr sein kann oder was es nicht sein darf, einfach nur um zu gucken (...) schafft es jemand (...) Und da kämpfen wir gerade (...) mit (dem Hauptauftraggeber), wo wir sagen, wir haben Teilnehmer, die gehören einfach nicht hier her, weil das können wir einfach nicht gewährleisten. (...) Aber das sind eben so Sachen, damit muss man sich sehr intensiv beschäftigen (...) welche Möglichkeiten haben wir? (...) Das ist einfach so. Und wenn man mal 30 Teilnehmer runter rechnet auf eine Woche, auf eine 40-Stunden-Woche, wie viel Zeit man dann für den Einzelnen überhaupt noch hat. Ist dann nicht so viel (...), einige laufen so glatt. (...) Nur mit anderen ist es wesentlich intensiver, mit denen sitzt man auch mal eine Stunde zusammen." (i26)

Hinzu kommt eine teilweise sehr stark schwankende (insgesamt aber zunehmende) Teilnehmerzahl, die durch eine schwer berechenbare Zuweisung von Teilnehmern zu den Maßnahmen vonseiten des dominierenden Auftraggebers einerseits und durch die notorisch zu knappe Personaldecke der PAG andererseits beeinflusst wird. Dies wiederum erfordert von den Probanden ausgeprägte Improvisationsfähigkeiten und schnelles Umdenken, Umplanen und Umorganisieren, das wiederum stark an eine intensive Abstimmung mit anderen Kollegen gekoppelt ist. Dass die Kooperation und die Koordination der Tätigkeiten nicht nur bei den direkt Lehrenden, sondern generell, also auch bei den Führungskräften der PAG eine höchst fordernde Aufgabe ist, zeigt sich etwa an dem Umstand, dass der Lehrbetrieb zu großen Teilen durch Honorarkräfte abgedeckt wird und nicht wenige der festangestellten Mitarbeiter in Teilzeit tätig sind, was zur Folge hat, dass so gut wie alle Mitarbeiter zu völlig unterschiedlichen Zeiten im Hause sind und die Anwesenheitszeiten bei denen sie für diverse Aufgaben zur Verfügung stehen können fast immer sehr eng bemessen sind. In Verbindung mit der ständig knappen Personalsituation und teilweise auch einem regelrechten Personalnotstand in bestimmten Bereichen, führt die begrenzte Verfügbarkeit und erst recht der Ausfall von Personal sehr schnell zu einer drastischen Verschärfung nicht nur der Koordinations- und Kooperationsanforderungen, sondern des Zeit- und Leistungsdrucks für alle Aspekte der Tätigkeit für die verbleibenden Mitarbeiter auf allen Ebenen.

Ein regionaler Abteilungsleiter beschreibt die Koordinationsprozesse:

„Wir sind hier natürlich nur ein ganz kleines Team. (...), der riesige Pool sind Honorardozenten, die natürlich mir eher vorgeben, wann sie arbeiten können. (...) Es ist halt schwierig mit dieser Konstellation, unheimlich viele Honorardozenten, die einfach nur punktuell kommen und einem festen Team, also wo dann auch immer ja Informationen untergehen. (...) Es ist natürlich schwierig, wenn jemand sagt, der arbeitet 30 Stunden irgendwo anders, hat noch eine andere Arbeitsstelle und sagt, ich kann nur Mittwoch nachmittags. Dann ist der natürlich abonniert auf diese Zeit (...) und die Festangestellten müssen das nehmen, was übrig bleibt. Da wird halt drumrum geplant. Das führt natürlich dann auch mal zu Unmut insgesamt, weil die dann so eine beliebte 7. oder 8. Stunde bekommen." (i20)

Die Bedeutung der Kommunikation im Arbeitsprozess erläutert ein pädagogischer Bereichsleiter:

„Es ist natürlich schon so, dass die Mitarbeiter (...) sich darauf verlassen, (...) dass die Planungsprozesse für sie transparent sind, dass kommuniziert wird und dass sie Unterstützungsmaßnahmen bekommen (...). Und das heißt, ich versuche und das ist ein sehr wichtiger Prozess, mir die Mitarbeiter von der Koordination und von der Kommunikation her eng in Veränderungen mit einzubeziehen. Wir haben regelmäßig eine Teambesprechung, wo dann quasi alle relevanten Themen oder organisatorische Dinge besprochen werden. Das Zweite ist, Informationen, die wichtig sind, erfolgen dann mit anderen Kommunikationsmitteln. Beispielsweise per Mail oder telefonisch oder persönlich dann direkt an die Mitarbeiter. Und das ist auch deswegen erforderlich, weil alle anderen Mitarbeiter, die hier tätig sind Teilzeit arbeiten und sich teilweise die Klinke der Tür in die Hand

Tätigkeitsanalysen 135

geben. Das heißt, die Kommunikation, dass die funktioniert, ist der Gradmesser meiner Führungsarbeit hier." (i23)

Die Koordination von Aufgaben ist nicht nur (aber ganz besonders) bei der Kompensation von Personallücken und Ausfällen primäre Aufgabe der Führungskräfte, die wiederum, ähnlich wie bei den Führungskräften der TID, dringend auf die schnelle und proaktive Kooperation der ihnen unterstellten Mitarbeiter angewiesen sind. Wird die Kooperation verweigert oder fehlen die im obigen Zitat angesprochenen Unterstützungsmaßnahmen, nimmt der Druck für sie sehr schnell drastisch zu.

Ein Abteilungsleiter beschreibt dies so:

„Also ich habe auch keine Stellvertretung. Also wenn ich eben eine Abwesenheitsnotiz schreibe in meinem Outlook oder so, dann kann ich nur sagen, ich bin nicht da. Ja also normalerweise schreibt man dann ja, wer wäre denn zuständig oder wen könnte man erreichen und das wäre ja auch das Richtige. Aber es gibt ja keinen, der dafür zuständig wäre. Und meine Kollegen sagen, naja das machen sie ja nicht, dafür sind sie nicht zuständig, so ungefähr." (i20)

Neben der Kooperation nach innen zu Teilnehmern, Mitarbeitern, Kollegen und zu den übergeordneten Funktionsträgern der PAG ist die Kooperation nach außen mit den jeweiligen Sachbearbeitern der Auftraggeber ein wichtiger Bestandteil des Arbeitsprozesses der Führungskräfte, obwohl davon letztlich alle Mitarbeiter berührt werden. Diese Aufgabe ist von einer nicht zu unterschätzenden Komplexität, da die Anforderungen, Vorgaben und Erwartungen des fast alles dominierenden Auftraggebers zwischen den Standorten (und sogar bei verschiedenen Teilnehmergruppen) erheblich variieren, sodass die Probanden sehr verschiedene Tätigkeiten durchführen oder Maßnahmen mit sehr unterschiedlichen sowie zudem häufig wechselnden Anforderungen betreuen (und manche an anderer Stelle übliche Tätigkeiten unterlassen) müssen, je nachdem von welchem Sachbearbeiter des Auftraggebers Teilnehmer zugewiesen werden. Eine funktionierende Kooperation mit den Sachbearbeitern ist jedoch zwingende Voraussetzung für die Durchführung aller Tätigkeiten, sodass hierin viel Zeit und Energie (und vor allem viel diplomatisches Geschick) nicht nur von den Führungskräften, sondern von allen Beschäftigten während ihres alltäglichen Arbeitsprozesses investiert werden muss – auch von den Lehrkräften, da regelmäßige Abstimmungen in Bezug auf Teilnehmergruppen und einzelne Teilnehmer vorgenommen werden müssen.

Die angespannte Personalsituation, die relativ breit gestreute qualitative wie quantitative Teilnehmerfluktuation sowie ein allgemein auf der Organisation lastender Kostendruck führt für alle Probanden, wie sie schildern, zu einer ständigen Erweiterung ihres Aufgabenspektrums, qualitativ wie quantitativ. Dies mündet darin, dass die Arbeit eben nicht nur „mehr", sondern zunehmend kleinteiliger, komplexer und in der Folge unübersichtlicher wird, und damit insgesamt einen deutlich höheren Aufwand erfordert. Dies wird zusätzlich stark durch die Teilnehmer beeinflusst, die, wie schon angedeutet, zunehmend sozialadministrativ schwierigere und „menschlich" gravierendere Anforderungen an die Mitarbeiter der PAG stellen. Dies sind wachsende teilnehmerbezogene Anforderungen, denen sich Lehr- wie Führungskräfte dann teilweise nicht mehr ausreichend gewachsen sehen, vor allem dann, wenn sich diese auch auf tiefgreifende private, bzw. komplexe sozialpädagogische, wenn nicht gar medizinisch-psychologische Probleme beziehen, deren Bearbeitung durch die Probanden nur schwer gewährleistet werden kann, zumal sie dies meist nicht mehr als ihre genuine Aufgabe ansehen.

Eine Lehrkraft berichtet dazu eindringlich:

„Also wir haben jetzt zunehmend Jugendliche, die psychische Probleme haben. (...) Sozialphobien oder mit Depressionen zu kämpfen haben. (...) Das war früher nicht so. Also das ist jetzt zunehmend schwieriger geworden (...) viele mit psychischen Problemen und früher waren das Jugendliche, die ein schlechtes Zeugnis gehabt haben und deswegen keine Lehrstelle bekommen haben. Und jetzt (...) Jugendliche (...) die wirklich die ganz ganz schlechten Zeugnisse haben und diverse andere Probleme. Familiäre Probleme, psychische Probleme. (...) Ich finde das zunehmend belastend, weil wir sind keine Psychologen (...) man braucht dann auch teilweise Hilfe von außen. Also Kontakt zur Tagesklinik oder so. (...) Und an den sozialen Gegebenheiten kann man natürlich auch nicht viel ändern. (...) Das geht halt nicht." (i24)

Neben der individuellen Vielfalt und psycho-sozialen Problematik der Teilnehmer führt auch die schon angedeutete verschiedenartige Zuständigkeit der Mitarbeiter für unterschiedliche Förderprojekte, Standorte, Bildungsmaßnahmen, Teilnehmergruppen u.Ä. zu einer Erhöhung von sie tendenziell überfordernden diffizilen Einzelanforderungen. Denn einerseits bedürfen die verschiedenen Aufgaben einer immer aufwendigeren Koordination innerhalb wie außerhalb des eigenen konkreten Tätigkeitsfeldes; und andererseits müssen mit großer Akribie komplizierter werdende administrative Sachvorgaben und verwaltungsrechtliche Regularien eingehalten und aufwendig bearbeitet werden.

Ein pädagogischer Bereichsleiter erläutert dies sehr anschaulich:

„Es sind alles so kleine Felder. (...)Das werden die Kollegen sicher auch bestätigen. Sie müssen sich auf jedes Themenfeld vorbereiten und Sie haben immer einen Nachbearbeitungsprozess und das ist mein Konflikt (...) mit mir selbst, der Qualitätsstandard, der sehr hoch ist, also an mich selbst. Also es so zu optimieren, die Arbeitsprozesse so zu gestalten, dass Sie mit diesen Sachen, die notwendig sind auch selber zurechtkommen. Und das ist, glaub ich, so die Zwickmühle, die ich eigentlich habe, dass ich mich so ein bisschen, wie würde ich das jetzt sagen, ein bisschen ausgebrannt in dem Sinne tatsächlich fühle (...) wenn ganz viel auf mich einströmt." (i23)

Insgesamt betrachtet muss auch bei der PAG der Arbeitsprozessaufwand und der daraus resultierende Druck als sehr hoch eingeschätzt werden und speist sich hier vor allem aus einer hohen teilnehmerbezogenen interaktiven Komponente der Tätigkeit. Hinzu kommt eine kontinuierliche nicht nur quantitative, sondern vor allem qualitative Erhöhung der Aufgabenfülle für den Einzelnen, die durch eine dünne Personaldecke, eine hohe Quote stark fluktuierender Teilzeit- und Honorarkräfte und eine allgemeine Ausweitung der Geschäftsfelder sowie vor allem durch eine auf den Hauptauftraggeber zurückgehende hoch kurzzyklische Varianz von zudem hochgradig verwaltungsförmig geprägten Maßnahmen bestimmt wird.

Auch hier zeigt sich damit eine zwar hohe, aber eine vergleichsweise etwas geringere fremdgesteuerte Aufgabenfülle für alle Beschäftigten, die sie trotz faktisch zum Teil nicht geringer Handlungsspielräume erleben. Diese entsteht aus einem hohen internen wie externen Koordinations- und Kooperationsaufwand, der in einem erheblichen Arbeitsprozessaufwand mündet und in der Wahrnehmung der Befragten mit einem nicht selten durchaus markanten Druck einherzugehen scheint.

Bei den Führungskräften zeigt sich ein ähnliches Bild wie bei den Führungskräften der TID. Ihre Arbeit (vor allem bei den Abteilungsleitern) prägt eine als hoch erlebte Fremdsteuerung durch eine große Anzahl und Vielfalt an Aufgaben und Terminen, die deutlich ausgeprägter ist, als bei ihren Untergebenen. Im Vergleich zu den Führungskräften der TID, sind die Führungskräfte der PAG zusätzlich in das alltäglich-operative Geschäft der psycho-sozial nicht gering belastenden Unterrichte aktiv eingebunden und noch deutlicher mit einem ihre Arbeit massiv erschwerenden Personalmangel konfrontiert.

Arbeitsergebnisbezogener Leistungsdruck

Die Anforderungen an das Arbeitsergebnis bei den Probanden der PAG stehen in einem besonderen Spannungsverhältnis zwischen den Anforderungen der Teilnehmer, der PAG als Unternehmen, dem Hauptgeldgeber und den je persönlichen Anforderungen an das Arbeitsergebnis bzw. an die eigene Professionalität. Dieses Spannungsverhältnis findet sich in ähnlicher Weise zwar auch im Krankenhaus und auch bei den Probanden der TID, zeigt sich hier aber aufgrund des bereits mehrfach erwähnten die Beschäftigten erheblich involvierenden interaktiven bzw. personenbezogenen Anteils der Arbeit in einer besonderen Ausprägung. Denn im Gegensatz zu den Krankenhausärzten, die auch interaktiv tätig sind, aber zu ihren Patienten, zu ihrem eigenen Bedauern, häufig nur einen sehr kurzen Kontakt haben und auch die interaktiven Anteile der Führungskräfte der TID eher kurzzyklisch ausgestaltet sind, sind die Teilnehmer in den Maßnahmen der PAG meist über einen längeren Zeitraum präsent, was die Priorisierung und Erfüllung der personenbezogenen Anforderungen an das Arbeitsergebnis deutlich erhöht. Der daraus entstehende Leistungsdruck darf nicht unterschätzt werden, vor allem, wenn dies mit ganz andersartigen formalen Anforderungen konfligiert.

Auf die Frage, durch wen das Arbeitsergebnis oder das Ziel der Arbeit definiert wird, antwortet eine Lehrkraft:

„Also mein Ziel (...) wird immer gemessen an der Vermittlungsquote, also insofern wenn da Folgelehrgänge zustande kommen, muss man auch diese Quote erreichen. Also daher kommt das Ziel. (...) Also das definiert sich, indirekt zumindest, über den Weg und das definiert sich aus dem, wie wir uns hier verstehen. Einfach als Dienstleister. Der erste Kunde ist zwar (der Hauptauftraggeber), klar, das ist der, der finanziert, aber der für uns vielleicht noch mehr im Mittelpunkt stehende ist der Kursteilnehmer. Der zahlt es auch nicht selber, aber um dessen Weiterkommen geht es ja. Aber ich kann nicht gegen (den Hauptauftraggeber) arbeiten, das ist klar. Das wäre natürlich absolut kontraproduktiv. Aber der Teilnehmer ist halt der Mensch, der vor einem sitzt, logischerweise. Der (Mitarbeiter des Hauptauftraggebers) sitzt nicht ständig vor mir." (i22)

An diesem Zitat wird das tief greifende Spannungs- und Konfliktfeld deutlich, in dem sich letztlich alle Probanden in Bezug auf den Inhalt ihrer Arbeit bewegen. Einerseits geht es darum, die geforderten Leistungsziele des zentralen Auftraggebers zu erfüllen, da nur dies zu Folgeaufträgen führt und dementsprechend wird dieser auch als „erster Kunde" bezeichnet. Dennoch zeigt sich, dass das eigentliche Ziel der fachlichen Tätigkeit der Teilnehmer ist, d.h. es geht im Alltagsgeschäft um die Probleme der Teilnehmer und deren „Weiterkommen", und dies wird den Probanden durch die ständige persönliche Präsenz der Teilnehmer auch permanent und menschlich sehr direkt vor Augen geführt. So ergibt sich folgende Situation, aus der ein fast alle Aspekte der Arbeit in der PAG prägender Druck entsteht:

Da die PAG ein marktorientiertes Unternehmen ist, das profitable Aufträge akquirieren muss, um eine Marktbeständigkeit zu erreichen, stehen auch hier Wirtschaftlichkeit und ökonomischer Erfolg unausweichlich immer im Vordergrund der Anforderungen an das Arbeitsergebnis. Dies wiederum bedeutet, dass Vorstellungen, Anforderungen und Wünsche der „Kunden erster Ordnung" im Mittelpunkt stehen, da nur deren Erfüllung zu einer Profitabilität des Unternehmens führen kann. Dementsprechend hat der Hauptkunde der PAG in diesem Sinne einen maßgeblichen Einfluss auf das Arbeitsergebnis, und zwar (trotz mancher Ähnlichkeiten) in einem deutlich höheren und unmittelbarerem Maße als dies bei den Kunden erster Ordnung in den anderen beiden Unternehmen zu beobachten ist, da dieser auf dem für die PAG bestimmenden Markt nahezu monopolartig auftritt und daher ein Großteil der Teilnehmer (der Kunden „dritter Ordnung", auf die sich die unmittelbare fachliche Leistung richtet) durch diesen der PAG zugewiesen wird. Demzufolge kann der zentrale Geldgeber Bedingungen für eine Auftragsvergabe quasi diktieren – und diese sind maßgeblich am Preis orientiert, werden aber oft weitreichenden zusätzlichen Bedingungen und Auflagen verbunden, auf die die PAG wenig Einfluss hat. Die notwendigen Nachweise über die Ergebniserbringung müssen von der PAG und damit auch von den Probanden in Form von Kennzahlen (bspw. Eingliederungsquoten, Abschlussquoten, Vermittlungsquoten etc.) mit hohem bürokratischen Aufwand nachgewiesen werden. Hierzu zählt insbesondere ein umfangreiches und penibles Dokumentationssystem, das meist an feste Fristen gekoppelt und im Jugendbereich besonders stark ausgeprägt ist. Zudem zählen Nachweise von gewissen Standards (Qualifikation der Lehrkräfte, Personalschlüssel etc.) zu den Bedingungen einer Auftragsvergabe. Die Einhaltung dieser Vorgaben wird zudem regelmäßig wie auch unregelmäßig durch Vor-Ort-Kontrollen des Auftraggebers geprüft, wobei dabei eben ausschließlich die gestellten formalen Kriterien überprüft werden.

Die pädagogische Arbeit, die für die Probanden im Mittelpunkt ihrer Tätigkeit und ihres professionellen Selbstverständnisses steht und die für sie auch zentral für die Erfordernisse der tagtäglich erlebten Teilnehmer ist, tritt dabei in den Hintergrund; ja sie läuft faktisch häufig sogar ins Leere. Folge ist, dass auch hier (ähnlich der Situation der Ärzte im Krankenhaus) eine faktische Umwertung der Anforderungen an das Arbeitsergebnis und die Arbeitsqualität zu beobachten ist, mit der die formale, an abstrakten Kenngrößen orientierte Dokumentation und administrative Absicherung der erbrachten „Leistung" zentraler Arbeitsergebnisbestandteil wird.

Ein pädagogischer Bereichsleiter beschreibt den Wandel seiner Funktion und Aufgaben:

„Meine Funktion hat sich (…) gewandelt in das Administrative hinein. (…) Vor einigen Jahren war eine Leistungsbeurteilung relativ einfach gestrickt. Und die ist heute (…) dreimal zeitaufwendiger (…). Also administrativ müssen wir ganz viel leisten. Auch im Hinblick darauf, dass (…) ein Prüfdienst ins Haus kommt (…der) den Ablauf eines Teilnehmers einfach durch geht und guckt, was habt ihr eigentlich mit dem gemacht (…), was habt ihr besprochen, was sind die Ziele? Und das ist für uns natürlich (ein) relativ (…) großer Aufwand administrativ. Und der pädagogische Anteil ist natürlich trotzdem hoch, weil wir ja jeden Tag eigentlich mit allen Teilnehmern reden. (…) Inzwischen ist es so (…) 60% administrativ und 40% pädagogische Arbeit und pädagogisch heißt für uns aber auch letztendlich Akquise für oder mit Teilnehmern und Gespräche mit sämtlichen Institutionen." (i26)

Welche Auswirkungen der hohe Anteil an Dokumentationen auf die Arbeit der Probanden hat, verdeutlicht eine Lehrkraft:

> „Es wird immer stringenter. (…) Früher hatte man alle Freiheiten, wirklich. Das war wirklich toll. (…) Wir haben wirklich ganz viel mit den Jugendlichen unternommen. Wir brauchten nichts zu dokumentieren, also das war einfach frei. Und diese ganzen Dokumentationen und Vorschriften, das wird eigentlich immer mehr (…) wirklich immer mehr. Sodass man oft das Gefühl hat, rede bloß nicht so viel mit den Jugendlichen, sonst musst du wieder so viel schreiben. (…) (Der Hauptauftraggeber) sagt praktisch, was nicht geschrieben ist, ist nicht gemacht. Also was (…) ich nicht dokumentiert hab, hab ich nicht gemacht. D.h., wenn jetzt ein Jugendlicher krank war, (…) und der kommt dann wieder und dann frag ich den: ‚Bist du jetzt wieder ganz gesund und ist alles wieder ok und so?' Dann muss ich das hinterher aufschreiben. Also es ist wirklich manchmal(…) lächerlich, (…) wirklich lächerlich" (i24)

An diesen Zitaten zeigt sich, dass die eigentliche pädagogische Arbeit sukzessive in den Hintergrund gerät und die Erfüllung administrativer Vorgaben zum Hauptziel der Tätigkeit wird. Dies scheint für nicht wenige Beschäftigte (auf allen Ebenen) zu einer starken, nicht zuletzt ihre Motivation massiv tangierenden Belastung zu werden, da sie einem für sie elementaren Bestandteil ihrer Tätigkeit nur noch unzureichend nachgehen können, wenn beim fachlichen „Qualitätsstandard" „Abstriche" gemacht werden müssen. Die „Prüfsicherheit" wird, ähnlich wie im Krankenhaus, zu einer zunehmend die „Qualität" der Arbeit dominierenden (und andere Qualitätsaspekte verdrängenden) Größe im Arbeitsalltag.

Dies erläutert ein Abteilungsleiter so:

> „Letztens hatten wir eine Qualitätsbesprechung und (…) ich weiß (danach), nicht, wie ich das umsetzen soll. Mir ist schon der Sinn dahinter klar, irgendwie. Aber ich will nicht hören, wir arbeiten zu pädagogisch. Wir müssen uns mehr auf das Gebilde konzentrieren, damit das passt. Wo ich einfach denke, unsere Teilnehmer, die müssen schon pädagogisch betreut werden und (…) die Qualität hängt doch davon ab, wie gut unser Unterricht hier ist. (…) Aber es geht immer wieder (nur) darum, (…) neue Leute zu bekommen für neue Maßnahmen. Also da geht es um viel Geld einfach. (…) Und dann heißt es, wir müssen da prüfsicher sein." (i20)

Ein Bereichsleiter zum gleichen Thema:

> „Beim Qualitätsstandard, da müssen (zunehmend) Abstriche gemacht werden. Weil sonst können Sie das nicht mehr machen in der Form. Auf Dauer" (i23)

Auch hier zeigt sich, dass für die Beschäftigten durch vom Auftraggeber (und damit vom „Markt") „fremdbestimmte" Strukturen und „tätigkeitsfremde" Vorgaben und Ansprüche die für sie eigentlich bedeutsame fachliche Tätigkeit im

Tätigkeitsanalysen 141

Ablauf und in der Ergebnisqualität untergraben wird – und es wird allgemein davon ausgegangen, dass darauf bezogene Entscheidungen des Auftraggebers weitreichende Konsequenzen für alle Ebenen haben und nicht zuletzt davon der eigene Arbeitsplatz abhängig ist.

Ein Abteilungsleiter erläutert den massiven Druck der daraus für alle Beschäftigten entsteht:

„Also der Druck entsteht dann, wenn Dinge ungeklärt sind oder wenn ich das Gefühl hab, ich kann die Vorgaben (...) nicht erfüllen. Dann entsteht ein Druck. (...) Oder auch in Zeiten, wenn es um Ausschreibungen geht, (...) alle drei Jahre spätestens (...) und dann in diesem Drei-Jahreszeitraum auch immer noch mal (...), weil (der Hauptauftraggeber) jährlich die Verträge verlängert, aber auch anpasst im Sinne von Reduzieren des Volumens. Und da entsteht dann schon ein Druck. (...) Und dann gibt es immer Termine (...), zu denen dann entschieden wird und vorher eben eine Unsicherheit da ist und Mitarbeiter, die dann natürlich auch in einer unsicheren Situation leben, weil sie nicht wissen, ob (...) überhaupt es eine (...) Weiterbeschäftigung gibt. Ja, da entsteht natürlich (...) Druck." (i25)

Die Auflösung dieser Widersprüche ist häufig nur durch Mehrarbeit und erhöhten Einsatz aller Mitarbeiter lösbar, indem etwa zusätzliche Zeit für die direkte pädagogische Arbeit und auch in persönliche Weiterbildung investiert wird. Dies verweist auf einen insgesamt, so die Befragten, für die Weiterbildungsbranche typischen problematischen Mechanismus, der für die Betreffenden einen mehrfach geäußerten „Konflikt" darstellt, der zu einer regelrechten Falle werden kann: Die Unternehmen rechnen systematisch mit der hohen Loyalität und einem ausgeprägten persönlichen Engagement der Mitarbeiter für ihre pädagogische Arbeit als eine betrieblich nutzbare Ressource, die dann bei Betroffenen jedoch zu einer erheblichen Selbstausbeutung und sogar Selbstüberforderung führen kann.

Eine Lehrkraft beschreibt dies so:

„Wir sind immer Getriebene. (...) Also es ist schon sehr stressig und das hat man leicht gesagt, ne, das Wort stressig, aber so Zeiten, wo man sagt, jetzt schau ich mir das mal an, die gibt es fast nicht. Es sei denn, man bleibt länger da. Und das wird hier auch sehr gerne angenommen. (...) das ist bei allen Bildungsträgern so, dieses Engagement, (...) damit wird gerechnet. (...) Wir haben ja den Beruf irgendwann gewählt (...), um da auch irgendwie einen Sinn dahinter zu sehen. Und das kann man auch nicht einfach ablegen. (...) und bei manchen geht es (dann) bis zur Selbstaufgabe." (i21)

Ein regionaler Abteilungsleiter beschreibt dies an seinem Beispiel:

„Also manchmal steht man auch alleine da. Da muss man sich (...) durchboxen und (es) gibt (...) immer wieder auch Tage, wo man kein Ende sieht (...) der Arbeitsumfang ist tatsächlich ein sehr sehr hoher. Also ich denke, ich hab auch früher schon relativ viel gearbeitet, hätte aber nicht gedacht, dass es üblich ist, dann an anderen Stellen noch mehr zu arbeiten. Also das zeichnet schon die Arbeit auch bei einem Bildungsträger aus, dass man bereit sein muss, auch viel zu stemmen." (i25)

Ein Bereichsleiter:

„Jetzt bin ich aber sehr loyal (…) Also versuche ich alles, um das irgendwie zu machen. Und ich stelle fest, dass das einfach eine Grenze erreicht hat, wo es einfach nicht mehr geht (…). Und da kommt dieses Gewissen: Möchte man das dann dem Arbeitgeber sagen oder nicht? (…) und das macht in gewisser Weise auch die Arbeitsbelastung aus" (i23)

Zusammenfassend zeigt sich, dass sich die Anforderungen an das Arbeitsergebnis in der PAG in einem spezifischen und zumindest latent sehr konfliktträchtigen Spannungsfeld zwischen Auftraggeber, Teilnehmern und den Mitarbeitern der PAG befinden, die gebündelt an den Arbeitsplätzen aller Beteiligten aufeinander treffen und einen nicht geringen Druck bedeuten. Während Widersprüche dieser Art im KKH und bei der TID eher vermittelt auftreten, zeigt sich dies bei der PAG aufgrund der Dauerpräsenz der zudem zunehmend problematischen Teilnehmer vor Ort tagtäglich sehr viel direkter. Der auch hier zu beobachtende Wandel der Ergebniskriterien mit einer abnehmenden Relevanz der direkten fachlichen Qualität der Arbeit entfaltet dadurch eine besondere Wirkung und scheint die für die PAG typischen, pädagogisch hoch intrinsisch motivierten Mitarbeiter besonders unter Druck zu setzen.

7.3.3.2 Reproduktiver Leistungsdruck

Die Probanden sind sich angesichts der Belastungen ihrer Arbeit der Notwendigkeit einer ausreichenden Reproduktion sehr bewusst, berichten aber immer wieder davon, dass dies oft zu kurz kommt. Die genau deswegen dann sehr bewusst angestrebte Reproduktion stützt sich stark auf die Familie, wird aber vielfach durch weitere individuelle und soziale Reproduktionselemente erweitert, obwohl dies oft eher ein Wunsch als Realität ist.

Der Anteil täglicher Berufspendler und die Anzahl dienstlicher Fahrten sind, wie gezeigt, bei der PAG keineswegs gering und tendenziell eher zunehmend. Aussagen zu einer als dringend notwendig erlebten Erholung finden sich nicht zuletzt aufgrund dieser Mobilitätsanforderungen immer wieder.

Eine Lehrkraft beschreibt dies beispielsweise so:

„Ich spiele (…) in einer Band. (…), da komme ich aber nicht mehr dazu. Wann soll ich das machen? Wenn ich (…) um sieben nach Hause komme, muss ich erst mal meine Post durchsehen, dann muss ich irgendwann mal einkaufen, dann will ich auch gelegentlich was essen und bis ich aus der Dusche raus komme, ist es zehn Uhr. Dann ist der Tag (...) gelaufen. Und deswegen hat sich das jetzt (...) aufs Wochenende verlagert. Aber das ist ein ganz wichtiger Faktor für mich. Klar. (...) hilft einem (...) so ein Gleichgewicht wieder herzustellen" (i28)

Auffällig ist, dass gerade bei den Führungskräften der PAG ein hoher Reproduktionsbedarf thematisiert wird, der aus einer hohen Notwendigkeit und dann akzeptierten Bereitschaft zur zeitlichen und räumlichen Entgrenzung der Tätigkeit zu resultieren scheint. Die Betreffenden nutzen die Privatsphäre häufig nicht nur zur Erholung, sondern auch dazu, berufsbedingte Aufgaben, die Ruhe und Konzentration erfordern, zusätzlich von zu Hause aus abzuarbeiten und generell nach Dienstschluss Aufgaben mit nach Hause zu nehmen und am Abend zu bearbeiten. Zudem werden an die Führungskräfte noch einmal erweiterte Mobilitätsanforderungen gestellt, da von ihnen erwartet wird, dass sie an allen ihren Standorten und bei den Kunden regelmäßig präsent sind. In vielen Fällen zieht die für die PAG nicht untypische Teilzeitbeschäftigung auch bei den anderen Beschäftigten ein ähnliches Verhalten nach sich, indem Arbeitsvorbereitungen, Informationsbeschaffung durch Telefonate oder Mail-Konsultationen und nicht zuletzt die Unterrichtsvor- und -nachbereitung der Lehrkräfte meist vom Wohnort aus und in der Freizeit erledigt werden.

Die generell hohe Bereitschaft zur Mehrarbeit bei fast allen Probanden der PAG, die sich dann oft deutlich auch in die Privatsphäre erstreckt, erzeugt Überschneidungen und Kollisionen mit privaten Terminen und außerbetrieblichen sozialen Erwartungen, durch die der Reproduktionsdruck steigt.

Dazu ein Abteilungsleiter:

„(Freizeitaktivitäten) krieg ich parallel nicht hin. (...) Also ich hab schon mal einen Abend in der Woche, wo ich nichts vorbereite, weil dann am nächsten Tag keine Unterrichtsverpflichtung ist, aber das ist einfach so unstet irgendwie. (...) Also bei uns ist um 7 abends das Abendbrot und dann muss mein Kind schon wieder ins Bett, weil wir am nächsten Tag wieder früh los müssen. Also mein Partner und ich, wir schenken uns da nicht so viel irgendwie. Also wir haben nicht so viel freie Zeit. Aber es gibt immer den Wunsch oder auch das Leben davor. (...aber) das ist auch schon wenig genug, (...) Ich bin (...) lose in einem Verein (...), aber (da ist es oft so) dass ich dann so kaputt bin, dass ich dann nicht mehr gehen kann." (i20)

Ein Bereichsleiter schildert eindringlich seine Probleme:

„Ich hab ja zu Hause auch noch (...) diese berühmte „Work-Life-Balance". Ja, zu gucken, dass die funktioniert und weiß aber manchmal, dass ich irgendwie auch gedanklich (...), wo ich zu Hause wäre, auch für die Arbeit irgendwie unterwegs bin. Und das mit der Familie in Einklang zu bringen, das ist etwas (...) das (mir) vermehrt einfach zu schaffen macht. (...) (Es gibt zunehmend) Phasen (...), in denen ich es jetzt nicht mehr für mich hinkriege und (...) mich dann überlastet fühle. Das hab ich auch (im Betrieb) angesprochen und das wird auch so gesehen; ich erfahre da auch die Unterstützung. Aber letztendlich wird es (...) ja nicht weniger. Also müssen Sie für sich selber gucken das zu machen, was wichtig ist und (...) da gehört auch eine Einstellungsänderung dazu, zu sagen, der Qualitätsstandard, da müssen Abstriche gemacht werden. Weil sonst können Sie das nicht mehr machen in der Form, auf Dauer. (...) Aber es darf auch nichts nach links und rechts passieren, was nicht passt. Sobald Sie eine Krankheit haben vom Kind oder aber Termine haben, die (die familiale Aufgabenteilung) unterwandern ist es schwierig. Jetzt kommt mein Konflikt. Jetzt bin ich ein sehr linientreuer, loyaler Mitarbeiter und das macht in gewisser Weise auch die Arbeitsbelastung aus (...) Und da bin ich an diesem berühmten Punkt, auch mal sagen zu müssen, es geht nicht. Ich kann das nicht machen." (i23)

7.3.4 Fazit – Typische Merkmale des Zeit- und Leistungsdrucks von Lehr- und Führungskräften im Bildungsbereich

Auch die Tätigkeit der untersuchten Lehr- und Führungskräfte im Feld der Bildungsdienstleistungen sind von einem hohen Zeit- und Leistungsdruck betroffen.

Der Zeit- und Leistungsdruck entsteht als Folge des Zusammenwirkens von

- deutlichen aber im Vergleich begrenzten zeitlichen Restriktionen. Für Lehrkräfte stellen relativ regelmäßige Termine ein teilweise entlastendes Zeitgerüst dar. Daneben können nicht wenige kaum planbare Adhoc-Termine sowie zum Teil häufige Wechsel zwischen Standorten einen deutlichen Zeitdruck bedeuten. Besonders ausgeprägt ist dies bei den Führungskräften, die zudem stark durch einen erheblichen Termindruck in Folge starker administrativer Anforderungen durch den Hauptauftraggeber belastet sind;
- einem gegenüber dem eher begrenzten Zeitdruck wesentlich erheblicheren Arbeitsprozessaufwand, der für alle Beteiligten vor allem aus hohen Kooperationsanforderungen zur Koordination der sehr unterschiedlichen Beschäftigtengruppen in Verbindung mit einer großen Maßnahmenvielfalt resultiert. Verstärkt wird dies durch hohe Anforderungen einer komplizierten Klientel. Hinzu kommen deutliche Belastungen für alle Beteiligten, vor allem aber für Beschäftigte mit Führungsfunktionen, durch komplexe, oft wenig berechenbare bürokratische Durchführungs- und Nachweisanforderungen des dominierenden Auftraggebers, die als massive Fremdsteuerung erlebt wird;
- ausgeprägten Arbeitsergebnisanforderungen, die sich vornehmlich aus einer konfliktreichen Spannung zwischen den, zum Teil als sachwidrig empfundenen, bürokratischen Anforderungen sowie des KostenDrucks des Hauptauftraggebers und den Erfordernissen der Bildungsarbeit mit einem zuneh-

mend schwierigen Kundenkreis zusammensetzen; alle Beteiligten erleben eine in Bezug auf ihre professionelle Orientierung massive Beeinträchtigung ihrer Möglichkeiten qualitätsvoll zu arbeiten.
- einem ausgeprägt notwendigen Reproduktionsaufwand, vor allem als Folge der Mobilitätsanforderungen.

Als Besonderheiten können darüber hinaus festgehalten werden:
Auch bei der PAG findet sich ein Wandel hin zu einer verstärkten und hier im Vergleich mit den anderen Unternehmen am deutlichsten ausgeprägten zunehmenden Öffnung zu einem Markt. Aber auch hier ist dies kein freier Markt, der zudem eine noch einmal ganz besondere Qualität aufweist. Die untersuchten Bereiche der PAG stehen (regional zudem unterschiedlich) unter dem ständigen und zunehmenden Druck der Akquirierung von Aufträgen bei einem monopolartigen öffentlichen Nachfrager, der nicht nur Auftragsbedingungen fast ungebrochen diktieren kann, sondern die Durchführung der Aufträge in hohem Maße mit administrativen Zusatzanforderungen befrachtet. Daraus entsteht eine eigentümliche Konstellation von deutlichem Zeit- und Leistungsdruck, der sich in vielfacher Weise in der Arbeit aller Beschäftigten, vor allem aber der Personen mit Führungsfunktionen niederschlägt – allem voran ein massiver Dokumentations- und Kontrolldruck.

Dieses Feld von Anforderungen konfligiert in der Wahrnehmung aller mit den Anforderungen der stark sozial-pädagogischen geprägten fachlichen Tätigkeit, die sich zudem verstärkt einem sozial, motivational und in der Leistungsfähigkeit immer schwieriger werdenden Teilnehmerkreis gegenüber sieht, für die aber immer weniger Zeit zur Verfügung steht (auch dies eine Folge der Politik des Hauptnachfragers). Für die Beschäftigten resultiert daraus ein Konflikt mit den hohen berufsethischen Standards und einer anscheinend berufstypischen betriebsbezogenen Loyalität. Die in Folge dessen bei der PAG besonders deutlich durchgehend wahrgenommene Verschlechterung der Möglichkeiten, qualitätsvoll zu arbeiten, wird nicht nur als nicht unerhebliche persönliche Beeinträchtigung erlebt. Dies führt vielmehr gerade auch hier dazu, dass die eingeengten beruflichen Bedingungen von den in der Bildungsbranche besonders durch soziale Ansprüche geprägten hoch intrinsisch motivierten Beschäftigten durch vermehrten persönlichen Einsatz (Mehrarbeit, Arbeitsverdichtung, Erreichbarkeit usw.) kompensiert wird, der nicht Wenige an Grenzen der Belastbarkeit zu bringen scheint – was von ihnen zudem deutlich reflektiert und durchaus schon als Selbstgefährdung durch Selbstausbeutung thematisiert wird.

Die verschiedenen Beschäftigtengruppen sind durchgehend von diesen Momenten geprägt und mehr oder weniger weitgehend auch belastet. Die nicht selten eher prekär beschäftigten reinen Lehrkräfte haben dabei noch begrenzt die Möglichkeit, sich auf ihre reine Unterrichtstätigkeit zurückzuziehen, auch wenn ihnen dies nur teilweise wirklich gelingt. Den Führungskräften (die teilweise ebenfalls im Lehrbetrieb aktiv sein müssen) ist dies nicht mehr möglich, auch weil sie wesentlich direkter den Anforderungen der Geschäftsleitung, wie dann vor allem der Auftraggeber (und vor allem des Hauptnachfragers), ausgesetzt sind und dies in weitreichender individueller Bereichsverantwortung institutionell wie individuell bewältigen müssen.

7.4 Zeit- und Leistungsdruck bei qualifizierten Dienstleistungstätigkeiten – Ein vergleichendes Fazit der Tätigkeitsanalysen

Die oben vorgestellten Analysen zum Zeit- und Leistungsdruck in drei Dienstleistungsunternehmen fokussieren drei kontrastierend ausgewählte Tätigkeitsfelder qualifizierter Beschäftigter mit oder ohne bzw. eher begrenzten Führungsfunktionen. Ziel war die interpretierende Herausarbeitung charakteristischer Erscheinungen und (soweit erkennbar) Ursachen von Zeit- und Leistungsdruck in diesen Feldern. Auch wenn das Material personenbezogen erhoben wurde, richtet sich der Fokus auf typische Aspekte des Drucks in der Tätigkeit und erst einmal nicht (oder nur indirekt) auf die Betroffenheiten und/oder Umgangsweisen der Beschäftigten selbst, obwohl dies natürlich durchgehend aufscheint und aufscheinen soll.

Zusammenfassend wird als erstes ein knapper Vergleich der Analyseergebnisse entlang der angelegten Analysedimensionen vorgenommen. Dem folgt ein Versuch, den typischen Zeit- und Leistungsdruck in den drei Feldern pointiert zu charakterisieren, um dann in einem weiteren Schritt tätigkeitsübergreifend einige auffällige Besonderheiten hervorzuheben.

7.4.1 Dimensionaler Vergleich

7.4.1.1 Zeitdruck

Der Zeitdruck der Ärzte im Krankenhaus ist durchgehend hoch. Zwar geben fixe Termine im Tagesablauf eine gewisse zeitliche Stabilität, aber ständige Unterbrechungen und Zusatztermine erzeugen große Zeitknappheit und Hetze mit bestenfalls minimalen Pausen, einen Zwang zum Multitasking und zur drastischen Beschleunigung bzw. Verdichtung der Arbeit, was in Verbindung mit der Notwendigkeit ständiger innerbetrieblicher Erreichbarkeit (oft in Verbindung mit Schichtarbeit bzw. Bereitschaftszeiten und häufiger Mehrarbeit) einen hohen Druck und ein Gefühl erzeugt, faktisch keinerlei Verfügbarkeit über Zeit zu haben.

Tätigkeitsanalysen 147

Für die Beschäftigten der Technik- und Infrastrukturdienstleistung bis hinunter zu den Standortleitern sieht dies, trotz wichtiger Unterschiede im Einzelnen, ähnlich aus, allerdings ergänzt um eine weitgehend fehlende zeitliche Rahmung in Verbindung mit einer noch engeren Abfolge von wenig planbaren Terminen, bestenfalls punktuellen Unterbrechungen, regelmäßigen Überstunden und vor allem sehr zeitaufwendigen betrieblichen Mobilitätserfordernissen.

Für die Lehr- und Leitungskräfte im Bildungsbereich bedeuten relativ regelmäßige (aber oft ungünstig verteilte) Termine ein entlastendes Zeitgerüst, dem aber häufiger zeitlicher Mehraufwand für Vor- und Nachbereitungen und Individualbetreuungen von Teilnehmern gegenüber stehen. Vor allem für die Leitungskräfte kommen ständige zusätzliche Termine, ein erheblicher Termindruck in Folge starker administrativer Anforderungen des Hauptauftraggebers sowie zum Teil häufige Wechsel zwischen Standorten hinzu.

7.4.1.2 Arbeitsbezogener Leistungsdruck

Arbeitsprozessbezogener Leistungsdruck

Die Arbeit im Krankenhaus ist durch eine in Umfang und Vielfalt große Aufgabenfülle mit hohen fachlichen Anforderungen geprägt. Dies bedeutet für die Ärzte eine nicht geringe Belastung, die aber weithin als für ihre Funktion normal akzeptiert wird. Hinzu kommt ein den Druck deutlich erhöhender hoher Koordinations- und Kooperationsaufwand aufgrund der komplexen und eng getakteten Arbeitsteilung des Krankenhauses in Verbindung mit einem drastischen und zunehmenden Personalmangel. Verstärkt wird diese Konstellation durch aufwendige Dokumentations- und Absicherungsanforderungen, die vor allem Personen mit Leitungsfunktion nicht selten zu Aktivitäten in einer mehr oder weniger großen rechtlichen Grauzone zwingen und die markant als Belastung erlebt werden.

Die Tätigkeiten in der Technik- und Infrastrukturdienstleistung werden in ähnlicher Weise von erheblichen Arbeitsprozessanforderungen und dabei vor allem von hohem Kooperationsaufwand und einer großen wenig kalkulierbaren Aufgabenfülle geprägt, die zu einer drastischen Arbeitsverdichtung mit regelmäßiger Mehrarbeit zwingt. Die daraus resultierenden Belastungen werden durch die erheblichen Mobilitätserfordernisse noch verschärft, was aber insgesamt als gerade noch bewältigbar hingenommen wird. Die hohe wechselseitige Abhängigkeit in den überkomplexen und sich zudem häufig verändernden Strukturen wird von allen, insbesondere aber von den höheren Führungskräften als belastende, ihrem Berufsverständnis entgegenstehende Fremdsteuerung empfunden, vor allem dann, wenn das Gefühl besteht, die eigentliche Führungsaufgabe deswegen nicht mehr angemessen wahrnehmen zu können.

Im Bildungsbereich finden sich hohe Anforderungen an die Kooperation der unterschiedlichen Beschäftigtengruppen in Verbindung mit der komplexen Koordination einer großen Maßnahmenvielfalt und damit unterschiedlichster Teilnehmergruppen, die sich zudem in steigendem Maße als sozialpädagogisch schwer zu betreuen erweisen. Hinzu kommt für alle Beteiligten, vor allem aber für die Beschäftigten mit Führungsfunktionen, eine deutliche Belastung durch komplexe, oft wenig berechenbare bürokratische Durchführungs- und Nachweisanforderungen des dominierenden Auftraggebers, die hier der entscheidende Faktor dafür sind, dass die Arbeit massiv als fremdgesteuert erlebt wird.

Arbeitsergebnisbezogener Leistungsdruck

Hohe fachliche Anforderungen und eine komplexe, naturwissenschaftlich akzentuierte berufsethische Verantwortung gegenüber den Patienten prägen, was nicht anders zu erwarten ist, die Ergebnisorientierung der Ärzte im Krankenhaus. Der damit verbundene nicht unerhebliche Leistungsdruck wird gerade auch hier als zur Aufgabe dazu gehörig erlebt und weithin akzeptiert. Das für den Beruf zentrale Patientenwohl im medizinischen Sinne konkurriert aus Sicht der Ärzte jedoch zunehmend mit im weiteren Sinne ‚ökonomischen' und damit sachfremden Anforderungen, mit der Gefahr, dass die medizinische Leistungsqualität leidet. Dies belastet die Beschäftigten deutlich stärker als die Arbeitsanforderungen der medizinischen Funktionen und sie sind erkennbar weniger bereit, dies hinzunehmen. Im Zuge der Entwicklung sind nun faktisch die Kostenträger die letztlich entscheidenden „Kunden" und nicht mehr primär die Patienten, was mit dem Berufsethos kollidiert. Hinzu kommt ein steigender bürokratischer Dokumentationszwang, der zu einem Absicherungsdruck wird, der durch ein steigendes Risiko juristischer Interventionen vonseiten der Patienten und der Krankenkassen verschärft wird. Dieser Wandel der Kriterien für Arbeitsqualität erzeugt erweiterte Belastungen, welche die Arbeitsmotivation gefährden, was sich bei leitenden Ärzten besonders markant bemerkbar macht.

Auch die Tätigkeiten der Fach- und Führungskräfte in der technischen Dienstleistung sind von ausgeprägten Arbeitsergebnisanforderungen, die sich hier aber bis hinunter zur untersten direkt operativen Ebene vornehmlich auf die (inzwischen) weithin akzeptierte kennziffernvermittelte ökonomische bzw. marktbezogene Aspekte beziehen. Dies überlagert in der Sicht der Beschäftigten zunehmend die nach wie vor hohen fachlichen Ergebnisanforderungen und verdrängt tendenziell sogar sachbezogene Qualitätsanforderungen, was in Krisenzeiten zudem eine massive Verschärfung erfährt. Zumindest Letzteres ist für nicht wenige trotz der akzeptierten ökonomischen Verantwortung eine deutliche Belastung, was mit steigender Führungsverantwortung jedoch in den Hintergrund zu treten scheint.

Tätigkeitsanalysen 149

Gerade auch die Arbeit in der Bildungseinrichtung ist durch widersprüchliche Arbeitsergebnisanforderungen und einem daraus resultierenden konfliktreichen Leistungsdruck geprägt. Dies ergibt sich vornehmlich aus einer Spannung zwischen durchgehend als sachwidrig empfundenen bürokratischen Anforderungen und Kostenzwängen des Hauptauftraggebers und den pädagogischen Erfordernissen der Bildungsarbeit mit einem zunehmend schwieriger werdenden Klientel. Alle Beteiligten (besonders aber die Leitungskräfte) erleben das als eine, in Bezug auf ihre stark durch soziale Kriterien geprägte professionelle Orientierung, Beeinträchtigung ihrer Möglichkeiten, qualitätsvoll zu arbeiten.

7.4.1.3 Reproduktiver Leistungsdruck

Die Beschäftigten des Krankenhauses erleben nicht zuletzt aufgrund der langen bzw. durch die Schichtarbeit geprägten Arbeitszeiten hohe Anforderungen an eine individuelle familienbetonte Reproduktion im Sinne einer ausreichenden täglichen Erholung. Aufgrund des meist arbeitsplatznahen Lebensmittelpunktes kann dies aber meist problemlos gesichert werden, wobei die Assistenzärzte und Fachärzte auf Grund der Schichtarbeit besondere Anforderungen haben, denen die Erholungsbedürfnisse der leitenden Ärzte aufgrund ihrer langen Arbeitszeiten aber nur wenig nachstehen. Andere Aktivitäten sind jedoch deutlich nachgeordnet, auch weil dafür kaum Zeit bleibt. In der Technikdienstleistung zeigt sich dagegen ein anderes Bild. Die Reproduktionserfordernisse sind vor allem als Folge der hohen Mobilitätsanforderungen sehr hoch und auf alle Fälle hier als Reproduktions-Druck zu qualifizieren. Neben einem ebenfalls klaren Familienbezug wird aber trotz der langen Arbeitszeiten stark auf weitere Freizeitaktivitäten Wert gelegt, zumindest wird dies als Anspruch formuliert.

Auch bei der Bildungsarbeit ist einn ausgeprägt notwendiger Reproduktionsaufwand für alle Beschäftigten zu registrieren, vor allem wenn sie zwischen Standorten pendeln und/oder regelmäßig Mehrarbeit leisten.

7.4.2 Wichtige tätigkeitsübergreifende Befunde

Die ohnehin schon stark fokussierten Charakterisierungen der drei Tätigkeitsbereiche und des dort zu findenden Zeit- und Leistungsdrucks noch deutlicher zu typisieren, gerät schnell an Grenzen der noch verantwortbaren Pointierung und Abstraktion. Trotzdem soll abschließend gefragt werden, was an auffälligen Unterschieden und Gemeinsamkeiten festgehalten werden kann:

Typische Unterschiede

Die durchgehend mit einem hohen Zeit- und Leistungsdruck verbundene Tätigkeit der Ärzte im Krankenhaus ist zeitlich vor allem durch eine Kombination strikt getakteter und hoch verdichteter Standardaufgaben in Verbindung mit vielfältigen Zusatzterminen (oft im Notfallmodus) und nicht selten regelmäßiger Mehrarbeit sowie für große Gruppen durch Schicht- und Bereitschaftsdienst geprägt. Dies verbindet sich mit einem Wandel der Leistungsanforderungen, der durch zunehmend nicht medizinische Anforderungen gekennzeichnet ist. Im Zentrum stehen dabei hart kostenbezogene Anforderungen, die die auf Basis des ärztlichen Ethos bisher typische Akzeptanz des hohen fachlich bedingten Zeit- und Leistungsdrucks in der Krankenhausarbeit beginnt in Frage zu stellen.

Dem gegenüber charakterisiert sich die Tätigkeit und der dort zu findende hohe bis zum Teil sehr hohe Zeit- und Leistungsdruck der Fach- und Führungskräfte in der Technik- und Infrastrukturdienstleistung durch eine durchgehend unübersichtliche und nahezu chaotisch anmutende ununterbrochene Abfolge von engen Terminen höchst unterschiedlicher Art mit der Folge großer Zeitknappheit, ja gelegentlich regelrechter Hektik und häufiger Arbeitszeitüberschreitung, die zudem räumlich stark verteilt sind und damit hohe Mobilitätsanforderungen stellen. Auch hier, und fast noch mehr als im Krankenhaus, erscheint dies vor dem Hintergrund eines branchentypischen Leistungsethos nach wie vor als Normalität, auch wenn steigende ökonomische Leistungsanforderungen den Druck noch einmal deutlich verschärfen und die Betroffenen sichtlich belasten. Die hier völlig explizit und dezidiert durchgesetzte Kosten- und vor allem Marktorientierung (auch wenn sie sich noch vorwiegend auf einen konzerninternen „Markt" bezieht) wird in deutlichem Unterschied zum Krankenhaus trotz des damit verbundenen deutlichen ZusatzDrucks nicht nur hingenommen, sondern weithin nahezu stoisch als unvermeidlich akzeptiert – was bei den gehobenen Führungskräften besonders deutlich ausgeprägt ist.

In der Tätigkeit der Lehr- und Führungskräfte des Bildungsunternehmens finden sich ebenfalls ausgeprägte Formen von Zeit- und Leistungsdruck, die mit denen der anderen Bereiche vergleichbar, im Grad der Belastung zumindest auf den ersten Blick aber leicht geringer einzuschätzen sind. Auch hier sind eine enge Taktung von Terminen und eine hohe zeitliche Verdichtung der Arbeit typisch. Diese wird durch eine große Zahl nicht planbarer Zusatztermine und eine aufwändige Koordination verschiedenartig eingesetzter (und angestellter) Mitarbeitergruppen verschärft, was sich bei den Leitungskräften noch mit einem steigenden Akquisitions- bzw. Antragsdruck verbindet. Besonders hervorstehend ist ein Leistungsdruck, der durch eine schwierigere Klientel entsteht, die ein fast monopolistischer Auftraggeber der Einrichtung zunehmend aufzwingt. Hinzu kommen Auswirkungen einer ökonomisch, wie vor allem administrativ, hoch restriktiven Steuerung durch den Auftraggeber, die bis in Details der täglichen Arbeit bei allen Gruppen einen großen Druck erzeugt. Es ist dann vor allem auch hier ein berufsethisch basierter und im Vergleich (etwa mit den Ärzten) persönlich wesentlich tiefergehender spezifisch sozialer Qualitätsanspruch,

Tätigkeitsanalysen 151

aus dem erhebliche Spannungen zu den gerade für diese Gruppe als stark fachfremd erlebten externen Anforderungen entstehen, die zu nicht geringen Belastungen für die Beschäftigen führen.

Typische Gemeinsamkeiten

Alle drei Tätigkeitsbereiche sind berufliche Hochleistungsfelder, mit einem erheblichen Zeit- und Leistungsdruck, der sich, auch wenn die Formen variieren, im Ausmaß nur gering (aber erkennbar) unterscheidet.

Dieser findet sich einmal deutlich in der Dimension Zeit und dort als zeitlich enge Abfolge einer großen Zahl von Terminen und Zusatzterminen, einer deutlichen (und zunehmenden) zeitlichen Verdichtung bzw. Beschleunigung und dadurch Zeitknappheit der Tätigkeiten mit der Folge reduzierter, zumindest jedoch sehr unregelmäßiger Pausen und, je nach Gruppe, mehr oder weniger häufiger zeitlicher Mehrarbeit. Auch wenn der Zeitdruck nicht selten als Belastung erlebt wird, ist er doch fast durchgängig als für den jeweiligen Bereich ‚normal' akzeptiert, auch wenn die zu beobachtende deutliche Zunahme des Zeitdrucks mit Sorge registriert wird.

Fast noch deutlicher ist der Druck in der Leistungsdimension. Hier ist neben überall erheblichen Prozessanforderungen durch einen weithin als Fremdbestimmung empfundenen Druck zur Bewältigung hoch komplexer Kooperationsstrukturen ein steigender fachlicher, vor allem aber ein überall auftretender fachfremder, letztlich ökonomisch und/oder administrativ geprägter erweiterter ergebnisbezogener Leistungsdruck entscheidend, der fast durchgehend mit professionellen Standards bzw. Qualitätsorientierungen kollidiert. Allgemeiner Hintergrund dessen ist ein sich im Einzelnen unterschiedlich zeigender erheblich forcierter betriebs- und arbeitsorganisatorischer Rationalisierungsdruck der Unternehmen, der auf stark veränderte, nicht nur, aber prominent wirtschaftliche Umweltbedingungen zurückzuführen ist. Dies wird durchgehend so erkannt, aber weithin mehr oder weniger explizit und fast schon fatalistisch hingenommen, wobei Beschäftigte mit höheren Führungsfunktionen, dies verinnerlicht haben, nicht zuletzt, weil sie es sind, die diese operativ um- und durchsetzen müssen, auch wenn sie selber dadurch belastet sind.

Dieser zunehmende erweiterte Leistungsdruck drückt sich durchgehend in der Form aus, dass ein verstärkter Bezug zu einem „Markt" und darüber vermittelt auch mehr als bisher zu als „Kunden" wahrgenommenen Leistungsabnehmern bzw. Auftraggebern hergestellt wird. Zugleich sind „(End-)Kunden" dadurch aber nur noch stark vermittelt die eigentlichen Nutzer der konkreten Dienstleistungen (Gesundheitsversorgung, technische Dienstleistung, Bildung). Immer stärker treten demgegenüber institutionelle Auftraggeber oder abstrakte Kostenträger als die letztlich entscheidenden „Kunden" in den Vordergrund.

Aus dieser Konstellation entstehen für die Beschäftigten zunehmend widersprüchliche ergebnisbezogene Anforderungen, die bis in die Tätigkeiten als systematisch erweiterter und als neuartig erlebter Zeit- und Leistungsdruck durchschlagen. Gerade auch dies versuchen höhere Führungskräfte stärker als ihre Untergebenen zu akzeptieren, auch wenn sie zumindest indirekt damit Probleme haben, spätestens dann, wenn sie ihre eigentliche (personenbezogene) Führungsaufgabe davon berührt sehen.

Dieser „Markt" ist bei allen drei erfassten Unternehmen jedoch nur begrenzt bzw. nur in sehr spezifischer Form ein im engeren Sinne offener ökonomischer. Alle Unternehmen haben (auf sehr unterschiedliche Weise) eine lange Vorgeschichte als öffentliche „Versorger" (Gesundheit, Transport und Logistik, Bildung), was sich aber politisch induziert mehr oder weniger drastisch zunehmend verändert und eine Art „Marktöffnung" bedeutet – bei der aber öffentliche Strukturen und Prozesslogiken auf fast allen Ebenen nach wie vor eine durchschlagende Rolle spielen. Wie sich dies ausprägt, ist im Detail sehr unterschiedlich, die Wirkungen sind aber überall deutlich zu spüren und letztlich ähnlich.

Hinzu kommt, dass die erfassten Beschäftigten nicht nur um den historischen Hintergrund des jeweiligen Unternehmens und ihrer spezifischen Tätigkeitsfelder wissen, eine entsprechend noch zu spürende (aber zunehmend gebrochene) fachspezifische Unternehmenskultur täglich erleben und diese meist auch noch verinnerlicht haben. Sondern sie sind auch (und vor allem) auf je besondere Weise Vertreter spezifischer Berufskulturen, mit mehr oder weniger hoch entwickelten und sich verschiedenartig auswirkenden professionellen oder qualitätsbezogenen Standards, wenn nicht sogar mit tief verankerten Berufsethiken, die stark auf die Versorgung der End-Kunden mit konkreten Dienstleistungen gerichtet sind. Beides gerät im Zuge der Entwicklung zunehmend in Konflikt mit den marktvermittelten Anforderungen der institutionellen Kunden und den kostenreduzierenden Strategien der Unternehmen.

Nicht zuletzt ist durchgehend zu erkennen, dass die betroffenen Beschäftigten nicht nur genau um den Zeit- und Leistungsdruck und meist auch seiner potenziellen Folgen für sich und ihre Arbeit bzw. das Arbeitsergebnis (und darüber vermittelt für die Nutzer der Ergebnisse) wissen, ja sogar oft mehr oder weniger ausgeprägt mit Besorgnis eine Zunahme und inhaltliche Veränderung des Drucks und seiner Folgen registrieren.

Dabei haben die angesprochenen berufsethischen Orientierungen eine höchst ambivalente Rolle. Sie helfen einerseits dabei, sich problematischer Folgen für die Qualität der Arbeit bewusst zu werden und dem, wenn möglich, zumindest partiell persönlich entgegen zu wirken. Zum anderen sind sie aber auch Basis eines Mechanismus, der dazu führt, dass man in hohem Maße bereit ist, starken Druck als zum Beruf dazugehörig und damit als ‚normal' zu akzeptieren. Ja sogar tendenziell einen Druck am Rande der Überlastung hinzunehmen

Tätigkeitsanalysen 153

– aus Gewohnheit, beruflicher Loyalität (und kollegialer Solidarität) und/oder aus einer subjektiv tief verankerten Verantwortung gegenüber den konkreten End-Kunden ihrer Leistungen. Dies findet sich bei allen drei Gruppen, aber mit im Einzelnen aufschlussreichen sozusagen ‚mikroethischen' Unterschieden – bei Ärzten funktioniert der Mechanismus anders als bei Pädagogen, und dies unterschiedet sich von den Orientierungen der Transport- bzw. Logistikexperten, und Führungskräfte gehen noch mal anders mit ihrem Druck um als die eher operativen Beschäftigten. Die berufliche bzw. berufsethische Orientierung ist damit ein vermutlich entscheidendes Schlüsselmoment, durch das subjektive Arrangements selbst mit sehr hohem Zeit- und Leistungsdruck möglich sind. Zugleich ist dieser Stabilisierungsfaktor aber auch der Punkt, an dem derartige subjektive Konstellationen zur Bewältigung (oder auch nur zur Hinnahme) von Druck brüchig werden können. Führt ein qualitativer Wandel von Leistungsanforderungen dazu, dass systematisch und dauerhaft sachfremde oder professionell nicht mehr zu verantwortende Auswirkungen für die Arbeitsqualität entstehen oder eine bestimmte (meist jedoch eine eher ‚unbestimmte') Qualität in der je subjektiven Einschätzung überschritten wird, kann die gesamte Statik der beruflichen Leistungsarrangements in Gefahr geraten und sogar zusammenbrechen. Und dies kann (wenn nicht andere stabilisierende Faktoren wirksam sind) relativ abrupt erfolgen – ist also nicht unbedingt Folge eines kontinuierlichen Zuwachses einzelner Momente von Zeit- und Leistungsdruck.

8 Entstehungsbedingungen, Formen und Folgen von Zeit- und Leistungsdruck sowie Umgangsweisen von Betroffenen – eine Übersicht

Im Folgenden finden sich breit angelegte überblicksartige Aufstellungen aller wichtigen Ergebnisse zum Zeit- und Leistungsdruck, übergreifend zu den typisierenden Analysen der erfassten Tätigkeitsbereiche – geordnet entlang der vier Leitfragen der Studie: Ursachen/Entstehungsbedingungen, Formen und Folgen/Konsequenzen von Zeit- Leistungsdruck sowie Umgangsweisen der Betroffenen. Basis dafür ist der bei der Vorstellung des methodischen Vorgehens angesprochene Auswertungsschritt einer „deskriptiven Systematisierung der Detailbefunde" (vgl. Kap. 4.4.3.1).

Der Leser kann dies an dieser Stelle auch als eine weitergehende Zusammenfassung der Einsichten verstehen, die oben in den Tätigkeitsanalysen schon in Teilen mit Bezug auf die erfassten Tätigkeiten vorgestellt wurden, die die dort erfolgten Andeutungen zu übergreifenden Einsichten aber noch einmal vertieft.

Die Darstellungen tragen bewusst eine große Zahl von Einzelaspekten zusammen, sind aber keine reinen Auflistungen; das Material wird vielmehr analytisch mithilfe schon im Analyserahmen angesprochener und in den Tätigkeitsanalysen verwendeter Kategorien systematisiert. Ziel ist darzustellen, was im Feld auf Basis der eingesetzten Methoden und der damit generierten Materialien insgesamt im Detail zum Untersuchungsgegenstand erkennbar ist. Grund dafür ist, dass festgehalten werden soll, dass fast jeder Personen-, Tätigkeits- und Betriebsfall Besonderheiten und damit im Detail andere Bedingungen und Erscheinungen aufweist, zugleich aber fast alle Aspekte quer zu den Fällen zumindest in ähnlicher Weise durchgehend zu finden sind. Festgehalten werden soll damit auch, dass (mit nur wenigen Ausnahmen, die weiter unten noch einmal diskutiert werden) genau genommen kaum klare Zuordnungen etwa von distinkten Ursachen zu einzelnen Erscheinungen von Zeit- und Leistungsdruck auszumachen sind. Kurz: Zentraler Befund an dieser Stelle ist, dass Zeit- und Leistungsdruck höchst vielgestaltig ist und vielfältige Ursachen haben kann.

8.1 Entstehungsbedingungen von Zeit- und Leistungsdruck

Zeit- und Leistungsdruck kann nicht auf einige wenige und eindeutige Ursachen zurückgeführt werden, sondern wird durch komplexe und in ihrem Erleben durch betroffene Beschäftigte diffuse (und damit für sie wenig durchschaubare) Bedingungskonstellationen hervorgerufen. Konstellationen, die oftmals viele verschiedene Einzelfaktoren beinhalten und erst in ihrem Zusammenwirken den erlebten Zeit- und Leistungsdruck erzeugen. Die konkrete Ausgestaltung dieser Konstellationen variiert zudem nicht selten zwischen einzelnen Personen, Tätigkeitsbereichen und/oder Betrieben erheblich. Dennoch lassen sich in den untersuchten Tätigkeitsbereichen markante Einzelmomente identifizieren, die tätigkeitsbereichsübergreifend bei der Entstehung von Zeit- und Leistungsdruck offensichtlich eine wichtige Rolle spielen und so gewissermaßen als Grundentstehungsbedingungen angesehen werden können.

8.1.1 Kontext Betrieb: Markt und Betriebsstrukturen als Feld indirekter Entstehungsbedingungen

Im Bereich betrieblicher Kontextfaktoren für Zeit- und Leistungsdruck zeigen sich, was durchaus zu erwarten war, eine Vielfalt von Momenten, die so oder so ähnlich häufig in Betriebsanalysen erwähnt werden und als mehr oder weniger auch ursächlich für entstehenden Druck angesehen werden können. Für die erfassten drei Dienstleistungsunternehmen erweist sich aber ein Feld von betrieblichen Faktoren als besonders bedeutsam, das fast alle anderen Aspekte beeinflusst, wenn nicht gar tief greifend prägt oder überlagert und in besonderer Weise für die Entstehung von Druck relevant ist. Es geht um den oben geschilderten, sich auf unterschiedliche Weise im Krankenhaus, im Bildungsunternehmen wie auch im Technik- und Infrastrukturbetrieb des Verkehrsunternehmens auswirkenden Druck zu einer zunehmenden (aber unterschiedlich weit vorangeschrittener) Öffnung zu marktförmigen Nachfragestrukturen. Für die Beschäftigten entstehen daraus direkte, oft als „ökonomisch" erlebte und für sie nach wie vor neuartige Anforderungen und vielfältige weitere, verstärkt belastende Veränderungen aller Art, die letztlich, zumindest indirekt, ebenfalls Folge des Wandels hin zu einer Marktöffnung sind.

Kundenbeziehungen

Bei der Analyse des im weitesten als „wirtschaftlich" anzusehenden (oder so zunehmend thematisierten) Umfeldes der untersuchten Bereiche zeigt sich, dass, dienstleistungstypisch, Kundenbeziehungen ein wichtiger Bestandteil des Arbeitsalltags der Beschäftigten sind und eine nicht unerhebliche Rolle bei der Entstehung von Zeit- und Leistungsdruck spielen können. Die Frage danach, wer der „Kunde" ist und wie sich die Beziehung zu ihm in der Tätigkeit auswirkt, ist allerdings in den untersuchten Unternehmen keineswegs eindeutig zu beantworten, sodass nicht von einem einheitlichen Kundenbegriff ausgegangen werden kann. Die jeweilige Definition des „Kunden" (und ob man das eigene Klientel so wahrnimmt) ist gleichwohl für den Arbeitsprozess und dabei entstehende Belastungen, vor allem in ökonomischer Hinsicht, von enormer Bedeutung. Drei verschiedene Kundenarten lassen sich identifizieren und in ihrer Bedeutung für Zeit- und Leistungsdruck unterscheiden:

- Der „Kunde erster Ordnung" ist für das Unternehmen als Ganzes der wichtigste Kunde, da er derjenige ist, der unmittelbar für die Dienstleistung bezahlt und in den Unternehmen meist als „Geldgeber" bezeichnet wird. Kunden erster Ordnung fungieren als zentrale Auftraggeber, indem sie Leistungen ausschreiben, Aufträge erteilen und erbrachte Dienstleistungen vergüten. Je nach Höhe des Umsatzes, die der Kunde einbringt, variiert auch dessen „Wichtigkeit" innerhalb des Unternehmens und darüber vermittelt nicht zuletzt die Wahrnehmung eines daraus entstehenden Drucks auf der Tätigkeitsebene. In den hier untersuchten Bereichen zählen zu dieser Kundengruppe bspw. die Behörden, die Krankenkassen aber auch Konzern- bzw. Holdingunternehmen und eher selten „Kunden" auf irgendwie gearteten freien wirtschaftlichen Märkten.
- Der „Kunde zweiter Ordnung" ist meist nicht unmittelbarer Geldgeber, nimmt aber eine Art vermittelnde Funktion ein, indem er auf verschiedene Art und Weise Endkunden an das Unternehmen vermittelt und/oder an der Erbringung der Dienstleistung beteiligt ist und dafür eine Gegenleistung bekommt. Diese Kunden werden in den Unternehmen oft auch als „Kooperationspartner" o.Ä. bezeichnet. Als Beispiele aus den untersuchten Bereichen lassen sich verschiedene Bildungseinrichtungen, teilweise Konkurrenzunternehmen aber auch im medizinischen Bereich niedergelassene Praktiker oder Belegärzte nennen.
- Der „Kunde dritter Ordnung" ist der eigentliche „Endkunde", der die Dienstleistungen der Unternehmen in Anspruch nimmt, aber bei den erfassten Unternehmen nur in den seltensten Fällen der unmittelbare Geldgeber ist. So ist dieser Kunde der eigentliche Zielpunkt der Dienstleistung, aber in gewisser Weise für alle drei Unternehmen letztlich der ‚unwichtigste' Kunde, mit dem man zwar mehr oder weniger direkten Kontakt hat, der aber nicht direkt den erforderlichen Umsatz erzeugt. Hierzu zählen in den untersuchten Bereichen bspw. Patienten und ihre Angehörigen, Schüler bzw. Lehrgangsteilnehmer (gelegentlich sogar deren Familien), Infrastrukturnutzer etc.

Die Identifikation dieser drei Kundengruppen verweist auf ein strukturelles Problem, dem sich alle drei Unternehmen ausgesetzt sehen, denn die zentrale Konsequenz aus dieser Unterscheidung mündet in einer Entkoppelung von Geldgeber einerseits und konkreten Leistungsempfängern andererseits. Insbesondere zwischen den Kunden erster Ordnung und den Kunden dritter Ordnung besteht eine zentrale Vereinbarkeits- und sogar Konkurrenzproblematik, die sich durch das gesamte Unternehmen bis auf die unteren Hierarchieebenen erstreckt und die Beschäftigten mit einem hohen Konflikt- und dadurch Belastungspotenzial konfrontiert. Der Kernpunkt in der Unterscheidung von Kundengruppen, liegt darin, dass sie höchst unterschiedliche Interessen vertreten und oft widersprüchliche Anforderungen an die Unternehmen und deren Mitarbeiter stellen, die sich nur in seltenen Fällen miteinander vereinbaren lassen. So führt das von allen Unternehmen ausgegebene Postulat der Kundenzufriedenheit zu einer strukturellen Drucksituation innerhalb der Organisationen, da die Zufriedenheit des einen Kunden nahezu zwangsläufig zu einer Unzufriedenheit des anderen Kunden führt. Den Mitarbeitern wird zugemutet, dies auszuhalten und zu balancieren.

Diese Situation hat sich allerdings in allen drei Unternehmen erst innerhalb der letzten Jahre in der jetzt auftretenden Zuspitzung systematisch aufgebaut, da sich anfangs die Interessen aller Kundengruppen noch annähernd miteinander arrangieren ließen, was nun, so die Beschäftigten, kaum mehr gelingt. Die jetzt vorhandene strukturelle Drucksituation in den Tätigkeiten ist einerseits bedingt durch interne Umstrukturierungen (bspw. Einführung von Cost- oder Profitcenter-Prinzipien), andererseits durch nahezu monopolistische (aber jeweils sehr verschiedenartige) Geldgeberstrukturen bei allen Unternehmen und steht somit, wie oben angedeutet, auch stark in Zusammenhang mit dem auf eine Marktöffnung zielenden Transformationsprozess. Als Folge zeigt sich, dass alle drei untersuchten Unternehmen durch einen starken ökonomischen Druck vonseiten der Kunden erster Ordnung gekennzeichnet sind. Der ökonomische Druck äußert sich zunächst vor allem in einem starken Kosten- und Leistungsdruck auf die Organisation als Ganzes, zieht aber meist einen mehr oder weniger direkt steuernd in die Abläufe eingreifenden Druck durch die Kunden erster Ordnung und damit eine massive Abhängigkeit bzw. Fremdsteuerung der Organisationen nach sich. Dass dies in den Tätigkeiten als Druck auf die Beschäftigten durchschlägt, ist nicht verwunderlich.

In allen drei betrachteten Bereichen sind die Organisationen daher auch bestrebt den Anteil der Kunden erster Ordnung zu erweitern und vor allem zu variieren, um dadurch den Druck abzupuffern und möglichst wieder eine Deckung zwischen der Zufriedenheit der Kunden erster und dritter Ordnung herzustellen. Allerdings ist dies aufgrund unterschiedlichster Gründe wie etwa den Kontrahierungszwängen in der TID oder den systembedingten Barrieren des Finanzierungswesens im Gesundheitswesen nur schwer realisierbar, sodass davon auszugehen ist, dass sich zumindest kurz- bis mittelfristig diese Situation eher verschärfen und damit der Druck auf die Beschäftigten noch zunehmen wird.

Zwischenbetriebliche Konkurrenz

Auch aufgrund der starken Dominanz der Kunden erster Ordnung in den betrachteten Unternehmen wird der Beziehung zu konkurrierenden Unternehmen in den Berichten eine starke Bedeutung beigemessen. In allen drei Betrieben wird ein starker Konkurrenzdruck geschildert, der sich in einem enormen Kostendruck äußert, sodass die verschiedenen Unternehmen am Markt fast ausschließlich über den Preis miteinander in Konkurrenz stehen. Auch hier zeigen sich die monopolistischen Geldgeberstrukturen und der Einfluss der Kunden erster Ordnung deutlich. Denn diese erteilen Aufträge über die Erbringung einer Dienstleistung und stellen Bedingungen, die sich vor allem an der Höhe der Ausgaben orientieren, die nicht selten strukturell vordefiniert („gedeckelt") sind. Zudem vollzog sich innerhalb der letzten Jahre ein Wandel von pauschalisierten Auftragsvergaben hin zur Vergabe spezifischer Einzelleistungen, sodass auch die Bewerbungs- und Durchführungsverfahren wesentlich aufwendiger wurden. Die Konsequenz ist meist, dass weniger die zu erbringende konkret-fachliche Qualität einer Dienstleistung entscheidend für die Auftragsvergabe ist, sondern vielmehr der Preis. Somit ist der Druck auf die Organisationen, Kosten zu senken enorm gestiegen, was sich dann meist direkt als Druck unterschiedlichster Ausprägung in der Tätigkeit der Beschäftigten niederschlägt. Unternehmen mit hoher Tarifbindung und entsprechender Gewährung von Sozialleistungen für ihre Mitarbeiter geraten dadurch unter einen besonderen Druck, da bei Bieterverfahren häufig diejenigen Unternehmen die Zuschläge erhalten, die eben jene Voraussetzungen nicht bieten und somit günstiger am Markt agieren können. Für die Beschäftigten zeigt sich damit eine hohe Ambivalenz: ein Unternehmen mit hohem Sozialniveau gerät unter besonderen Druck, den die Betroffenen oft direkt zu spüren bekommen.

Betriebliche Strukturen

Insgesamt zeigt sich, dass die untersuchten Unternehmen in einem wirtschaftlichen Umfeld agieren, das durch starke Veränderungen innerhalb der letzten Jahre geprägt ist. Die damit einhergehenden zum Teil überaus tief greifenden, nicht selten fast kontinuierlichen Reorganisationen dauern weiterhin an. Insbesondere veränderte Kundenansprüche und neuartige Marktstrukturen sowie eine verschärfte Konkurrenz setzen neben weiteren Faktoren wie etwa der demografischen Entwicklung der Bevölkerung (und damit auch des Arbeitskräftepotenzials) oder auch der politischen Einflussnahme, die Organisationen als Ganzes zunehmend unter Druck, was sich letztendlich vor allem in einem starken Kosten- und Effizienzdruck niederschlägt.

Die Unternehmen reagieren auf diesen Druck mit unterschiedlichen Maßnahmen, die in ihrem Kern meist ähnliche Ziele des Kostenabbaus und der Effizienzsteigerung (etwa durch zentrale Steuerungssysteme) verfolgen und somit auch über die betrachteten Bereiche hinweg vergleichbar sind.

Zentrale Maßnahmen, die in allen drei betrachteten Unternehmen in Reaktion auf den steigenden Kostendruck vollzogen wurden und weiter betrieben werden, sind tief greifende Umstrukturierungsmaßnahmen auf allen Ebenen. Das primäre Ziel dieser Umstrukturierungen ist der Abbau dezentraler hin zu stärkeren zentralen Strukturen. Alle drei Bereiche sind traditionell eher dezentral aufgestellt. Mit der stärkeren Bedeutung des Kunden erster Ordnung erweisen sich die dezentralen Strukturen aber zunehmend als hinderlich und kostenintensiv, da diese sich vornehmlich an den Kunden dritter Ordnung ausgerichtet hatten. Der Hintergrund dessen lag darin begründet, dass dezentrale Strukturen besser geeignet sind, um auf regionale Besonderheiten oder spezielle Kundenanforderungen vor Ort eingehen zu können, und somit einzelne Teil- oder Regionalbereiche der Organisationen auf gewisse Autonomien und Handlungsfreiheiten aber auch auf entsprechende Personalressourcen zurückgreifen konnten. Im Zuge der genannten Veränderungsprozesse werden diese Strukturen (anders gelegentlich in Branchen mit echter Marktorientierung, die meist eine Kombination von Zentralisierung und Dezentralisierung versuchen) sukzessive zurückgenommen und eine Zentralisierung vorangetrieben.

Ein Element ist dabei das Auflösen einzelner (autarker) Bereiche bzw. deren Kombination mit anderen Bereichen oder die Integration in andere Bereiche. Das bedeutet meist die Zusammenlegung teilweise unterschiedlicher Beschäftigtengruppen in neuen Teilbereichen und geht oft mit einem Personalabbau, der Einführung neuer Lohn- und Gehaltsstrukturen, veränderten Führungsstrukturen und der Forcierung neuer Arbeitsformen einher. Dies bedeutet etwa, dass einerseits Führungsebenen wegfallen und dadurch Führungsspannen deutlich erhöht werden und andererseits verstärkt neue Arbeitsformen wie Projektarbeit (häufig neben der eigentlichen Linienaufgabe der Mitarbeiter) eingesetzt werden, im Zuge dessen immer häufiger Honorarkräfte bzw. unternehmensexterne Projektmitarbeiter in den Unternehmen anzutreffen sind. Hinzu kommen zum Teil inzwischen deutliche demografische Probleme der Unternehmen, die auch in Zusammenhang mit dem forcierten Personalabbau stehen. Da der Personalabbau, insbesondere in den Unternehmen des Bildungs- und Verkehrsbereichs, zu einem Großteil zu Lasten jüngerer Mitarbeiter geht, sehen sich die Unternehmen mit einer alternden Belegschaft und der daraus folgenden Konsequenz von immer weniger jungen Nachrückern konfrontiert.

Die Umstrukturierungen werden dabei meist durch Veränderungen der Infrastruktur flankiert. Zum einen baulich indem bspw. Standorte geschlossen und neue, meist größere und zentralere Gebäude errichtet werden, zum anderen finden sich auch stark technische, insbesondere informationstechnische, Veränderungen. Die Einführung neuer zentraler IT-Programme zur Effizienzsteigerung

Entstehungsbedingungen, Formen und Folgen 161

und Kosteneinsparung ist in allen untersuchten Bereichen ein elementarer Bestandteil der Zentralisierungsmaßnahmen.

Insgesamt gibt es in allen drei Unternehmen Planungen für weitere Umstrukturierungen, mit dem Ziel einer größeren wirtschaftlichen Unabhängigkeit, wobei sich das Krankenhaus insbesondere darauf konzentriert interne Umstrukturierungen zu forcieren, da die wirtschaftliche Abhängigkeit nur relativ schwierig aufgehoben werden kann. Momentan zeigt sich in allen drei Organisationen durch die Umstrukturierungen und einen weiter wachsenden Druck des Marktes bzw. der Kunden ein Bild der Unsicherheit und Instabilität.

8.1.2 Direkte Entstehungsbedingungen auf der Tätigkeitsebene

Infolge der geschilderten Situation in den Betrieben ergeben sich für deren Mitarbeiter veränderte Arbeitsbedingungen, die am Arbeitsplatz nicht selten unmittelbar als steigende Belastungen erlebbar werden und somit als direkte Ursachen für Zeit- und Leistungsdruck angesehen werden können. Wie ausgeführt, lassen sich auf der Ebene der direkten Arbeitsbedingungen eine Fülle von Einzelmomenten benennen, die in ihrer Zusammensetzung und im Zusammenwirken mit weiteren Faktoren die Entstehung von Zeit- und Leistungsdruck begünstigen können. Im Folgenden sollen beispielhaft die wichtigsten im Material aufscheinenden Bedingungen herausgegriffen und in deren Zusammenspiel mit den erwähnten Faktoren auf Betriebs- und Marktebene knapp erläutert werden. Diese direkten Ursachen finden sich unternehmens- und tätigkeitsunabhängig in allen untersuchten Bereichen, aber in verschiedenen quantitativen und qualitativen Ausprägungen.

Komplexität von Aufgaben und Arbeitsverdichtung

Infolge der unterschiedlichen Interessen und Anforderungen der Kundengruppen und der betrieblichen Reaktionsweisen darauf, wird auf der Tätigkeitsebene eine zunehmende Komplexität der Arbeitsinhalte sichtbar. Beginnend damit, dass aufgrund verschiedenster Umstrukturierungen v.a. im internen Organisationsgefüge, Zuständigkeiten und Arbeitsinhalte nicht mehr exakt bestimmt werden können, sodass die Beschäftigten einerseits Aufgaben übernehmen oder übernehmen müssen, die sie fachlich eigentlich nicht durchführen können und andererseits Aufgaben auch aus Mangel an Delegationsmöglichkeiten übernehmen und somit die Fülle aber auch die Intensität der Aufgaben stetig zunimmt.

Deutlich wird eine zunehmende Komplexität auch in einer Art ‚Dualität' der Arbeitsabläufe, die meist als erhebliche Belastung geschildert wird. Bei der Betrachtung des Arbeitsalltags der Probanden wird deutlich, dass diese oft zwei Arbeitsabläufe unterscheiden, wobei sich einer auf den Kunden dritter Ordnung und der andere auf den Kunden erster Ordnung bezieht. So gibt es einen realen im engeren Sinne fachlichen Arbeitsablauf, der mit der Umsetzung der Arbeitsaufgabe vor Ort in Zusammenhang steht und die alltägliche Arbeit mit oder für den Kunden dritter Ordnung beschreibt. Andererseits gibt es einen gegenüber den fachlichen Funktionen eher ‚abstrakten' Arbeitsablauf, der die nachträgliche Abstrahierung des realen Arbeitsablaufs, zumeist nach ökonomischen Aspekten und rigide formalisierten Dokumentationsvorschriften, vorsieht und sich auf die Anforderungen des Kunden erster Ordnung bezieht. Es zeigt sich dabei eine Entkoppelung von Zeit und Raum in der Tätigkeit, da der fachlich reale und der abstrakte Arbeitsablauf in beiden Dimensionen weit auseinanderfallen können. Zudem wird dem abstrakten Arbeitsablauf aus betrieblicher Sicht mehr Bedeutung zugemessen, als dem realen, da Ersterer in Form von Dokumentationen die Grundlage der Leistungsabrechnung bildet und somit keine oder fehlerhafte Abstrahierungen finanziellen Schaden nach sich ziehen.

Betriebliche Mobilitätsanforderungen

Als Folge der Umstrukturierungen zeigen sich fast überall erhöhte Mobilitätsanforderungen an die Mitarbeiter, dies aber auch hier in sehr unterschiedlicher Art und Weise. Durch das Zusammenlegen von Regionalbereichen bei gleichzeitigem Personalabbau erweitern sich etwa die Aufgabenbereiche und damit auch die regionalen Zuständigkeiten, sodass sich räumliche Arbeitsgebiete teilweise über eine große regionale Verbreitung (z.T. über mehrere Bundesländer) erstrecken können und somit häufig wechselnde Arbeitsorte mit erheblichem Mobilitätsaufwand entstehen. Typisch ist das etwa für die TID aber auch für das Bildungsunternehmen. Nicht zu unterschätzen sind allerdings auch Belastungen, die durch lange standortinterne Wege aufgrund neuer Gebäude oder Standortverlagerungen entstehen – ein keineswegs geringes Problem, etwa für viele Mitarbeiter im Krankenhaus, die ständig unter großem Zeitdruck zwischen verschiedenen Bereichen im „Haus" umher „hetzen".

Aufwand durch zunehmend komplexere Kooperationsbeziehungen

Auch die Kooperationsbeziehungen verändern sich und bekommen eine neue Bedeutung. Zunehmend zeigt sich auf allen Ebenen eine steigende Notwendigkeit, Kooperationsbeziehungen in alle Richtungen einzugehen und diese aufwendig zu koordinieren: innerhalb der Organisationen nach oben zu den höheren Ebenen, wie auch nach unten zu nachgeordneten Bereichen, aber ebenso auch seitwärts zu Kollegen auf gleicher Ebene in der eigenen Abteilung wie auch zu Kollegen in anderen Abteilungen. Die Forcierung von Projektarbeit und anderer Mechanismen matrixförmiger Strukturen ist dabei einer der zentralen Treiber. Eine weitere Bedeutungszunahme von anforderungsreichen Kooperationen ent-

Entstehungsbedingungen, Formen und Folgen 163

steht mit der steigenden Notwendigkeit, auch nach außen aufwendig und zeitkritisch zu kooperieren, also mit Kunden jeglicher Ordnung. Zudem zeigt sich, dass zunehmend nicht nur höhere Hierarchieebenen direkt mit den Geldgebern (den Kunden erster Ordnung) in Kooperation stehen, sondern meist auch die unteren Ebenen stärker unmittelbar mit den Geldgebern und ihren Vertretern kooperieren müssen. Neben der steigenden Zahl und Art der Kooperationspartner ist auch die Art und Weise der Kooperationsbeziehungen eine wichtige Komponente aus denen ein Druck entstehen kann, d.h. von welcher Qualität die Kooperation geprägt ist, ob sie bspw. durch Konstruktivität und Kollegialität oder eher durch Konkurrenz, Misstrauen und vielleicht sogar durch Destruktivität geprägt ist.

Begrenzte Personalausstattung

Ein zentrales Element des verschärften ökonomischen Drucks ist ein in allen untersuchten Bereichen berichteter zunehmender Personalabbau. Dies zeigt sich in zweifacher Hinsicht und wird in doppelter Hinsicht zu einer Quelle von Druck in der Tätigkeit: Zum einen durch die schlichte quantitative Reduzierung des für die gleiche (oft sogar auch einer zugleich steigenden) Arbeitsmenge zur Verfügung stehenden personellen Ressourcen. Andererseits erfordern die oben geschilderten komplexeren Arbeitsabläufe und Kooperationsbeziehungen ein entsprechend breiter qualifiziertes Personal, das aber nicht zur Verfügung steht. Es entsteht neben einer quantitativen zunehmend zugleich eine qualitative Personallücke. Und es ist gerade diese Kombination, die zu erheblichen Momenten von Druck in der Tätigkeit der (noch) vorhandenen Beschäftigten führen kann.

Probleme mit Technik, Infrastruktur u.Ä.

Eine nur auf den ersten Blick möglicherweise eher marginal erscheinende Quelle von Belastungen sind Probleme der sachlichen Ausstattung in der Tätigkeit. Dies betrifft vor allem die in allen Betrieben forcierte Implementierung von IT-Systemen aller Art (etwa auf Basis von SAP-Programmen), mit deren Hilfe mehrere Ziele erreicht werden sollen: die Erhöhung der Transparenz bei komplexen Arbeitsabläufen, Personaleinsparung, Simplifizierung von Kooperationsbeziehungen, generelle Kosteneinsparungen bspw. durch verringerten Papierverbrauch usw. Es sind nicht nur die Einführung oder Umstellung solcher Systeme und damit oft entstehende zusätzliche Belastungen in der Arbeit (etwa weil vieles nicht funktioniert), von denen berichtet wird. Mehr noch werden die damit verbundenen verstärkten Möglichkeiten zur Kontrolle der Tätigkeiten sowie eine Erschwerung von situativ flexiblem Handeln als Ursache für einen erlebten Druck in der Arbeit geschildert. Vergleichbare Probleme entstehen anscheinend, so wird berichtet, durch infrastrukturelle Veränderungen, etwa Umbauten oder

Verlegungen von Arbeitsräumen oder gar die Einführung von Großraumbüros – eine offensichtlich erhebliche Quelle von Belastungen.

Autonomie- bzw. Heteronomieempfinden

Wenn hier von Autonomie oder auch der Autonomiereichweite gesprochen wird, ist dies relativ weit zu verstehen und beschreibt das subjektiv empfundene Ausmaß der Selbstbestimmtheit bei der Tätigkeitsausübung und als Negativum dazu (und damit als potenzielle Bedingung für Zeit- und Leistungsdruck) das Ausmaß und die Qualität der Fremdsteuerung. Auch hier wirken verschiedene Faktoren zusammen und bestimmen über den erlebten Grad der Autonomie resp. Heteronomie. Hierzu zählen allerdings nicht nur Vorschriften und Vorgaben bei der Tätigkeitsdurchführung wie bspw. Art und Weise der Mittelan- und -verwendung, Priorisierung und Reihenfolge von Arbeitsschritten oder zeitliche Fristen und dann deren subjektive Einschätzung. Hinzu kommt die Beurteilung der Verfügbarkeit über die eigene Arbeitszeit, d.h. inwieweit die Probanden über ihre Arbeitszeit selbst bestimmen können (erlebte „Zeitautonomie"), sowohl rein tageszeitlich (zu welcher Uhrzeit) als auch inhaltlich (inwieweit können bspw. Termine selbst vereinbart werden und inwieweit werden eigene Termine durch Kunden, Kollegen, Vorgesetzte, Familie usw. bestimmt). Insbesondere bei höheren Positionen ist zudem die erlebte (und nicht die formell eingeräumte) Entscheidungsreichweite von Bedeutung, d.h. inwieweit können Aufgaben und Tätigkeiten tatsächlich selbstständig umgesetzt werden und inwieweit ist eine Angewiesenheit und Abhängigkeit von anderen Personen gegeben.

Wahrgenommene Unterstützung in der Tätigkeit

Dies steht in engem Zusammenhang mit dem erlebten Ausmaß der Unterstützung bei der Tätigkeitsausübung durch Kollegen, Kooperationspartner und nicht zuletzt durch Vorgesetzte, ja sogar durch unterstellte Personen. Denn mit zunehmender Abhängigkeit bzw. der Angewiesenheit von Zuarbeiten Dritter bekommen Kooperationsprozesse und gegenseitige Unterstützungsleistungen eine hohe Bedeutung, zumal diese Unterstützungsleistungen auch hier von allen Richtungen (oben, unten, Seite, außen) notwendig sind. Neben der sozusagen immateriellen im weitesten Sinne „sozialen" Unterstützung (dazu gehören vor allem auch Momente emotionaler Solidarität und erlebter Empathie) beeinflussen auch materielle Faktoren wie etwa die Technik- und Infrastrukturausstattung das erlebte Ausmaß der Unterstützung.

Erlebte Wertschätzung

Insbesondere auch die in der Tätigkeit wahrgenommene *Wertschätzung* ist ein wichtiger Faktor bei der Entstehung bzw. der Moderation der Ursachen von Zeit- und Leistungsdruck. Dabei kann auch die Wertschätzung auf unterschiedliche Art und Weise subjektiv wahrgenommen und darüber vermittelt wirksam werden. Ebenso wie bei Autonomie und Unterstützung wird auch die Wertschätzung von verschiedenen Seiten erbracht (bzw. nur begrenzt gewährt, vielleicht sogar verweigert) und auch erwartet: durch aufmunternde Zuwendungen und aktive Hilfeleistungen von Kollegen oder durch Rückmeldung von Vorgesetzten und sogar durch Untergebene sowie nicht zuletzt durch zufriedene (End-) Kunden. Ebenso werden aber auch materielle Unterstützungsleistungen aller Art, von der Gestaltung des Arbeitsplatzes und technisch-infrastrukturellen Ausstattung bis hin natürlich zur Gehaltszahlung als wertschätzend (oder abwertend) empfunden. Allgemeiner gesprochen kann dies auch so formuliert werden, dass das erlebte Betriebsklima und vor allem auch die Wahrnehmung der jeweiligen Führungskultur eine kaum zu überschätzende Rolle bei der Entstehung von Zeit- und Leistungsdruck zukommt.

8.1.3 Kontext Privatsphäre: die persönliche Lebenssituation als Feld indirekter Entstehungsbedingungen

Neben den betrieblichen und marktbezogenen Kontextbedingungen tragen auch die Bedingungen im privaten Kontext der Beschäftigten zu der Entstehung von Zeit- und Leistungsdruck im Arbeitsleben einen nicht unerheblichen Teil bei. Denn ähnlich den betrieblichen Kontextbedingungen finden sich hier etwa Anforderungen von Familienmitgliedern, Freunden, Bekannten und sogar aus dem weiteren sozialen Umfeld, die als für die Tätigkeit eigentlich externe (weil „private") Faktoren, doch erheblich die Arbeit tangieren und dort zu Druck führen und/oder bestehende Belastungen verschärfen können. Häufig genannt werden zum Beispiel folgende Momente:

Wohn- bzw. Familienort, private Mobilitätsanforderungen

Die Entfernung zum Wohn- bzw. Familienort und dessen Lage (von der z.B. die Verkehrsmittelwahl abhängt) beeinflusst die Anforderungen an die zwar private aber doch berufsbezogene Mobilität der Beschäftigten. Dies kommt nicht selten zur im engeren Sinne beruflich induzierten Mobilitätsanforderung (s.o.) hinzu. Je weiter (oder mobilitätstechnisch ungünstiger) etwa der Wohnort entfernt ist und je mehr Haushaltsmitglieder beruflich bedingt pendeln, umso komplexer und höher sind die raum-zeitlichen Anforderungen an die Mobilität und deren Koordinationsaufwand im Rahmen der Lebensführung. Was gelegentlich pauschal als Anforderungen der „Work-Life-Balance" beschrieben wird, zeigt sich gerade in diesem Punkt als ein sehr konkretes und oft erhebliches Moment, das im privaten Kontext eine Ursache hat, sich aber deutlich im Betrieb auswirken kann.

Care-Verpflichtungen

Ist die private Konstellation zudem mit einer Care-Verpflichtung verbunden, z.b. durch Kinder oder pflegebedürftige Angehörige, erhöht dies die Anforderungen zusätzlich, da etwa durch unaufschiebbare Termine (Kita-Öffnungszeiten, Schulzeiten, Arzt-Termine usw.) meist ein wesentlicher Verlust an beruflicher Flexibilität entsteht – was nicht selten vor allem dann zu massiven Belastungen führt, wenn mehrere Familienmitglieder berufstätig sind. Dieser Flexibilitätsverlust beschränkt sich zwar nicht nur auf direkte Care-Verpflichtungen (wichtig ist generell die Sorge für soziale Beziehungen, von den Verwandten bis zu Freunden und Nachbarn), wird aber in diesem Fall besonders deutlich.

Ausgleichsaktivitäten, Freizeit

Für die Entstehung von privat induzierten, sich aber beruflich als Belastung auswirkenden Anforderungen haben Ausgleichs- oder Reproduktionsaktivitäten der Probanden eine große Bedeutung. Gemeint sind Hobbys oder vor allem auch sportliche Aktivitäten. Auch hier sind dies nur auf den ersten Blick völlig private Angelegenheiten, denn zunehmend wird allen Beteiligten (und nicht zuletzt den Betrieben) klar, dass die steigenden Anforderungen in der Arbeitstätigkeit unabdingbar auf systematische Erholung und Gesunderhaltung angewiesen sind. Dass dies beruflichen Druck kompensieren kann ist deutlich – weniger gesehen (aber im Material berichtet) wird aber, dass die Sicherung des Ausgleichs selbst wiederum eine Anforderung (etwa terminlicher Art) ist und sich als ein Moment von Zeit- und sogar Leistungsdruck erweisen kann (körperlich und mental fit zu sein bzw. zu halten ist bspw. eine berufliche Anforderung und ein Ausweis von Kompetenz).

8.1.4 Entstehungsbedingungen auf Ebene des Subjekts

Neben den dargestellten Entstehungsbedingungen auf direkter wie indirekter betrieblicher und privater Ebene, finden sich auch auf unmittelbar personenbezogener Ebene, also bei den Subjekten selbst, Bedingungen die zum Entstehen von Zeit- und Leistungsdruck in der Arbeitstätigkeit beitragen können. Diese stehen aber auch hier nicht für sich allein, sondern sind in engem Zusammenhang mit den Entstehungsbedingungen für Belastungen auf den anderen Ebenen zu sehen, da sie insbesondere auf diese bezogen eine intervenierende Wirkung entfalten. Dies bedeutet, dass Faktoren auf Subjektebene das Erleben und Empfinden der Entstehungsbedingungen von Zeit- und Leistungsdruck auf den beiden anderen Ebenen im positiven wie auch im negativen Sinn beeinflussen, d.h. ob und wie Zeit- und Leistungsdruck von Betroffenen verarbeitet, damit als belastend (oder eventuell sogar als motivierend) wahrgenommen wird und erst darüber Wirkung entfaltet.

Persönliche Perspektiven – beruflich und privat

Ein sich mehrfach zeigender intervenierender Faktor auf der Subjektebene, sind von den Beschäftigten wahrgenommene Möglichkeiten der persönlichen Entwicklungsperspektiven oder auch deren Begrenztheit. Auch der Begriff der *Perspektive* ist hier relativ weit gefasst und bezeichnet die Absehbarkeit zukünftiger Entwicklungen bezüglich der eigenen Person bzw. ihrer beruflichen Situation im Betrieb oder darüber hinaus. Dies betrifft häufig erst einmal die Beschäftigungssicherheit bzw. generell die langzeitliche Perspektive im Unternehmen und damit auch die Weiterentwicklungsmöglichkeiten, sowohl fachlich (Weiterbildung, Ausbildung etc.) als auch karrierebezogen (Aufstieg im Unternehmen, Ausscheiden aus dem Betrieb, Pensionierung). Dies beinhaltet aber auch den Überblick über den engeren tätigkeitsbezogenen Zeithorizont, etwa die Kalkulierbarkeit von Arbeitsspitzen, die Dauer stressiger Phasen oder deren wiederholtes Auftreten und im Gegenzug die Absehbarkeit von kurz- und mittelfristigen Erholungsphasen. Hinzu kommt die Überschaubarkeit und Absehbarkeit konkreter Tätigkeitsinhalte bis hin zur Planbarkeit von Arbeitstagen, der Arbeitswoche und des Jahres. Die Wahrnehmung solcher Momente kann erheblich beeinflussen, ob objektive Bedingungen zu einem (noch) bewältigbar erscheinenden Druck werden oder ein Belastungslimit überschreiten, ja sogar, ob eine Situation überhaupt zum Druck wird, vielleicht sogar als herausfordernd erlebt wird.

Subjektive Faktoren im engeren Sinne – individuelle Restriktionen bzw. Ressourcen

Nicht zuletzt finden sich im Material schließlich immer wieder direkte oder indirekte Hinweise auf im engeren Sinne „subjektive", d.h. eng an die einzelne Person gebundene Momente, die erheblich auf die Wahrnehmung und Verarbeitung von Zeit- und Leistungsdruck und damit faktisch zu deren Entstehung bzw. ihrer Wirkung beitragen. Spätestens mit solchen mehr oder weniger psychologisch einzuschätzenden Faktoren, gerät die Studie aber an Grenzen der methodischen Möglichkeiten und natürlich auch der fachlichen Kompetenzen des soziologischen Projektes. Gleichwohl sind diese Momente derart offensichtlich in der Beurteilung des Gegenstandes Zeit- und Leistungsdruck und dessen Entstehung, dass sie zumindest nicht unterschlagen werden dürfen und ggf. bei den Interpretationen der Befunde zu beachten sind.

Gemeint ist hier ein ganzes Bündel vielfältigster „Faktoren" die sich eng auf das Subjekt selbst beziehen und unmittelbar mit der ausgeübten Tätigkeit verbunden sind oder dort wirksam werden: die Arbeits- und Berufsmotivation, die Identifikation mit der Tätigkeit und/oder dem Unternehmen, die Loyalität zum (oder die innere Bindung an den) Betrieb, dem Team und den Kollegen gegenüber oder auch zu einzelnen Bezugspersonen (bspw. dem Vorgesetzten). Hinzu kommen persönliche Standards oder auch qualitative Ansprüche, die mit der Ausübung der Tätigkeit verbunden werden, die häufig in enger Verbindung zu allgemeinen Werthaltungen oder einem Ethos stehen und nicht zuletzt die im weitesten Sinne gesundheitliche Prädisposition der Person.

All dies kann im negativen Fall deutlich Zeit- und Leistungsdruck (oft in Verbindung mit anderen der oben genannten Momente) (mit-)erzeugen oder verstärken. Es kann im positiven Fall aber auch ein wichtiges Moment der Verarbeitung oder der Reduzierung von Druck und damit ein Faktor der persönlichen Resilienz und Belastungsresistenz darstellen, bis hin zu gelegentlich bei Befragten zu spürenden regelrechten Verdrängungen oder Leugnungen eines vorhandenen Drucks.

8.1.5 Fazit zu den Entstehungsbedingungen

Zunächst bleibt noch einmal vor dem Hintergrund des vorliegenden empirischen Materials allgemein festzuhalten, dass Ursachen bzw. Entstehungsbedingungen von Zeit- und Leistungsdruck nicht eineindeutig auf einzelne Faktoren zurückzuführen sind, sondern dass diese vielmehr fast immer komplexe Ursachenkonstellation auf verschiedenen Ebenen darstellen, die sich zudem wechselseitig beeinflussen oder miteinander interferieren und oft gerade dadurch eine besonders stark emergente Dynamik für die Entstehung von Druck in der Tätigkeit entwickeln können. Es ist, so kann empirisch generell berichtet werden, selten ein spezifischer Faktor der einen spezifischen Druck ausmacht (obwohl dies natürlich möglich ist).

Wichtigstes Feld von Ausgangsbedingungen für das zu beobachtende generell hohe Niveau von Zeit- und Leistungsdruck sind vor allem die geschilderten strukturellen Veränderungen in den Organisationen. Diese äußern sich u.a. in veränderten Kundenbeziehungen und Konkurrenzsituationen, die die Organisationen als Ganzes unter massiven Kosten- und Erfolgs- (bzw. Effizienz-)Druck setzen, aus dem dann zur Bewältigung der Anforderungen, ein erheblicher Reorganisations- und Rationalisierungsdruck entsteht. Die erfassten Organisationen reagieren auf diesen Druck mit tief greifenden strukturellen Veränderungen, die oft mit Personalabbau, (Re-)Zentralisierung, Technisierung und Flexibilisie-

Entstehungsbedingungen, Formen und Folgen 169

rung von Organisationsstrukturen einhergehen und so zu einer internen organisatorischen „Entgrenzung" beitragen. Dies entspricht dem Vorgehen eines großen Teils von Organisationen in der sich aktuell systematisch durchgehend verändernden historischen Situation – aber es hat in den untersuchten Betrieben und darin den erfassten Tätigkeitsfeldern besondere Erscheinungsformen und Folgen, die kurz angedeutet wurden.

Diese indirekten, betrieblich „kontextuellen" Ursachen stellen die entscheidenden Randbedingungen für die Arbeitsbedingungen auf Tätigkeitsebene und dann einen in Verbindung damit entstehenden Zeit- und Leistungsdruck dar, die von den Beschäftigten an ihrem Arbeitsplatz direkt erlebt werden und sich für sie in komplexeren Arbeitsaufgaben, komplizierteren Kooperationsbeziehungen und dergleichen äußern. Neben einer solchen organisatorisch „internen Entgrenzung" zeigt sich auch eine zunehmende Relevanz von Faktoren aus der Privatsphäre der Beschäftigten am Arbeitsplatz, also eine externe „Entgrenzung hin zum Leben der Mitarbeiter", indem sich private Momente ebenso wie die betrieblichen als Faktoren für die Entstehung von Zeit- und Leistungsdruck am Arbeitsplatz auswirken. Inwieweit die Entstehungsbedingungen auf direkter und indirekter Ebene als belastend wahrgenommen werden, ist wiederum durch auf der Subjektebene zu verortende intervenierende Faktoren beeinflusst.

8.2 Erscheinungsformen von Zeit- und Leistungsdruck

Im Folgenden soll auch hier mit einem deskriptiven aber systematisierenden Blick eingehender dargestellt werden, wie sich Zeit- und Leistungsdruck konkret in den durchgeführten Untersuchungen darstellt.

Dabei ist vor dem Hintergrund der angelegten Forschungsperspektive zunächst einmal ganz allgemein festzuhalten, dass Zeit- und Leistungsdruck zwar auf verschiedenen Ebenen verursacht wird, sich aber letztendlich erst auf der Ebene der unmittelbaren Tätigkeit im Erleben der Beschäftigten real darstellt bzw. dort konkret seine Wirksamkeit entfaltet. Aus den oben geschilderten komplexen Entstehungsbedingungskonstellationen ergeben sich zudem ebenso komplexe Konstellationen von Erscheinungsformen eines Zeit- und Leistungsdrucks. Vor allem jedoch zeigt das Material, dass Zeit- und Leistungsdruck im Detail eine ausgesprochen vielfältige Angelegenheit ist, d.h. es gibt nicht ‚den' Zeit- und Leistungsdruck, sondern eine Vielzahl von Formen. Gleichwohl ermöglicht die angelegte analytische Annäherung, die vorgefundenen Erscheinungsformen von Druck in der Arbeit drei zentralen Komponenten zuzuordnen, die allerdings nicht unabhängig voneinander auftreten, sondern sich gegenseitig beeinflussen. Einerseits eine vielgestaltige zeitliche Komponente von Druck in der Arbeit („Zeitdruck"); andererseits Aspekte der inhaltlichen Arbeitsausführung, die der Kategorie „Leistung" zugeordnet werden und in doppelter Bezugsform auftreten (als Druck in Bezug auf die konkret zu verrichtende Arbeit selbst und als Druck, der durch die Notwendigkeit zur Reproduktion der Fähigkeit zur Leistungserbringung entsteht).

8.2.1 Zeitdruck

Der Begriff Zeitdruck bezieht sich auf den Faktor Zeit als markant eigenständig auftretende Dimension eines Drucks in der Arbeit. Diese findet sich in verschiedenen Facetten, die grob zu drei Formen analytisch gebündelt werden können.

Termine

Zeitdruck äußert sich in der Wahrnehmung der Beschäftigten im hier erfassten Sample vor allem in der spezifischen Form von Terminen oder Fristen bzw. allgemeiner in zeitlichen Restriktionen zum Ende oder Abschluss einer Aufgabe. Der Druck besteht also hier vor allem darin, diverse Aufgaben nicht nur allgemein schnell (und dann ggf. zunehmend schneller), sondern innerhalb eines bestimmten, meist systematisch knappen Zeitraums bearbeiten und mit definierten Ergebnissen bis dahin erfolgreich abschließen zu müssen. Die Qualität und dann vor allem Stärke des Drucks bemisst sich dabei an der Art der Aufgabe, der Anzahl der Aufgaben, der vorhandenen Ressourcen und dem dazu zur Verfügung stehenden mit seinem Ende festgelegten Zeithorizont. Letzterer tritt in Form von fixen und variablen Terminen auf, die mit langfristigen (damit eher planbaren) und kurzfristigen (also meist ad hoc zu bewältigenden) Fristen verbunden sind. Wird die subjektiv empfundene Druckintensität der Probanden zugrunde gelegt, so lässt sich zunächst festhalten, dass prinzipiell fixe und langfristige Termine, bspw. in Form fester Zeiten für Besprechungen oder Projekttreffen, weniger intensiv empfunden werden als kurzfristige und variable Termine, wie bspw. unangekündigte Überprüfungen, eilige Abfragen von höheren Ebenen oder auch Notfälle. Was allerdings in der Empirie deutlich wird, ist eine beständige Zunahme sowohl langfristig fixer ebenso wie kurzfristig variabler Termine. Für den einzelnen Mitarbeiter bedeutet dies, dass aus eigentlich relativ langfristig planbaren Aufgaben nun faktisch kurzfristige werden, da sich mehrere fixe Termine aneinanderreihen und der Vorteil einer langfristigen, individuellen arbeitsorganisatorischen Planbarkeit, der zu einer geringen Druckintensität beitragen und somit ggf. auch als begrüßenswerter und unterstützender Zeitdruck gesehen werden könnte, nicht mehr gegeben ist. Hinzu kommen dabei verstärkt kurzfristig-variable Aufgaben, die meist mit hoher Dringlichkeit versehen sind und somit per se als druckintensiver empfunden werden aber auch gleichzeitig den zeitlichen Druck hinsichtlich der fixen Termine erhöhen.

Zeitliche Verfügbarkeit

Neben Terminen und Fristen wird Zeitdruck auch in Bezug auf das Volumen und die Lage der eigenen Arbeitszeit bzw. dessen Verfügbarkeit deutlich. Konkret bedeutet dies für die Beschäftigten, dass sie zunehmend nicht mehr über den Großteil ihrer eigenen Arbeitszeit verfügen können, und zwar in der Hinsicht, dass sie nicht sicher sein können, dass ihre Arbeitszeit ausreicht, um Aufgaben durchzuführen. Der Druck ist in diesem Fall eher latent und äußert sich in Form von (mehr oder weniger expliziter) Mehrarbeit und vor allem der Erwartung einer Art faktischen Dauerpräsenz bzw. einer Dauerverfügbarkeit des einzelnen Mitarbeiters bspw. in Form einer permanenten persönlichen wie auch medialen Erreichbarkeit für Kunden, Mitarbeiter, Kollegen oder Vorgesetzte. Dies steht in Zusammenhang mit der Zunahme der oben beschriebenen ad hoc Termine, denn der latente Druck wird dadurch intensiviert, dass der einzelne Mitarbeiter nicht mehr weiß, ob er es schafft, eine begonnene Aufgabe im Rahmen der formell verfügbaren Zeit oder nach den eigenen zeitlichen Vorstellungen abzuarbeiten, sondern ständig damit rechnen muss, unterbrochen zu werden, Zusatzaufgaben zu bekommen oder vorzeitig ein Ergebnis abliefern zu müssen. Die „Furcht" vor dem Klingeln des Telefons oder dem Maileingangsgeräusch ist hierfür exemplarisch und sehr weit verbreitet.

Zeitliche Mobilität

Ein dritter Punkt, der primär ebenso mit Zeitverlust verbunden ist, betrifft den Faktor Zeit in Verbindung mit höheren Mobilitätsanforderungen. Der Zeitdruck äußert sich hier einerseits in der Form des betrieblich notwendigen Reiseaufwandes, andererseits auch schlicht in Form einer damit verbundenen Abwesenheit vom eigentlichen Arbeitsplatz (sofern dieser existiert). Für die Probanden bedeutet Mobilität in diesem Sinne daher primär zunächst einmal Zeitverlust, denn während des Reisens und dann der Abwesenheit bestehen meist nur eingeschränkte Arbeitsmöglichkeiten, sodass weniger Aufgaben bearbeitet werden können und somit der zeitliche Druck zunimmt. Zum anderen führt die Abwesenheit vom primären Arbeitsplatz dazu, dass bspw. Aufgaben die eine persönliche Anwesenheit erfordern nicht bearbeitet werden können, sich „Arbeitsberge" aufstauen und somit die Zeit zur Bearbeitung der Aufgaben insgesamt verringert wird und sich dadurch der zeitliche Druck erhöht.

Die hier beschriebenen Facetten des Faktors Zeit treten auch so gut wie nie einzeln auf, sondern meist gleichzeitig und bedingen sich gegenseitig, sodass es deren Zusammenwirken ist, die den subjektiv wahrgenommenen Zeitdruck ausmachen. Folge ist, dass im Einzelnen oft nicht präzise zu sagen ist, worin der Zeitdruck eigentlich genau besteht. Bei einem kurzen Rückblick auf die Ursachenkonstellationen wird komplementär deutlich, dass Zeitdruck in diesem

Sinne nicht auf einzelne Ursachenkomponenten zurückgeführt werden kann, sondern vielmehr fast immer mehrere Faktoren das Auftreten und die Intensität des wahrgenommenen Drucks in der Dimension erzeugen; auch hier mit der Folge, dass die genaue Quelle unklar bleibt oder nur diffus zu erkennen ist (man weiß nicht, wer oder was genau „schuld" ist). So steht der o.g. Termindruck auf der Ursachenebene bspw. in Zusammenhang mit veränderten Kooperationsbeziehungen, Personalausstattungen, Zuständigkeiten, Verantwortungsbereichen, Kundenansprüchen sowie Arbeitsverdichtung und -komplexität, wobei jeder einzelne Faktor einen gewissen Anteil an der Erzeugung der Drucksituation haben mag, die eigentliche Wirkung aber erst durch die wechselseitige Beeinflussung dieser und weiterer Faktoren erzeugt wird.

8.2.2 Arbeitsbezogener Leistungsdruck

Bei der Betrachtung von Erscheinungsformen des Leistungsdrucks in Bezug auf die konkrete Arbeit lassen sich auf Basis der vorliegenden Empirie im Wesentlichen zwei analytisch unterscheidbare Bezugspunkte erkennen, die allerdings miteinander in enger Verknüpfung stehen. Leistungsdruck bezieht sich danach einerseits auf den Arbeitsprozess und andererseits auf das Arbeitsergebnis.

Arbeitsprozessbezogener Leistungsdruck

Während des Arbeitsprozesses, also der Phase der Arbeitskraftverausgabung und der Leistungserstellung in der Tätigkeit, sind die Beschäftigten verschiedensten Formen des Leistungsdrucks ausgesetzt, d.h. einem Druck, diversen Anforderungen an den Arbeitsprozess zu genügen.

Dabei fällt zunächst auf, dass in allen untersuchten Bereichen die Anzahl der Aufgaben und somit auch die Anzahl einzelner Arbeitsprozesse, wenn für jede Aufgabe ein separater Arbeitsprozess zugrunde gelegt wird, in der Wahrnehmung der Betroffenen hoch ist und vor allem kontinuierlich zu nimmt. Meist gibt es für jeden dieser einzelnen Prozesse zudem quantitative Vorgaben und Standards aller Art zum Umfang der zu erbringenden Leistungen, die bei der Durchführung berücksichtigt werden müssen. Allein diese rein quantitative Zunahme erzeugt bei den Mitarbeitern einen Druck, viele und immer mehr Aufgaben in gleicher oder kürzerer Zeit (siehe auch oben) nach spezifischen Vorgaben umsetzen zu müssen. Allerdings wird der Druck nicht allein aufgrund des zeitlichen Faktors als solcher wahrgenommen, denn meist handelt es sich nicht nur um eine rein quantitative Zunahme der Arbeitsaufgaben, sondern in vielen Fällen sind sie auch qualitativ von anderer Art, d.h. diese sind meist qualitativ höchst anspruchsvoll und komplex und stellen insgesamt höhere Anforderungen an die Beschäftigten. Bereits das Auftreten nur einer dieser Formen für sich, also quantitative oder qualitative Aufgabenfülle, erzeugt eine Erhöhung des Drucks, wirkt in ihrer Verknüpfung aber oft deutlich stärker.

In engem Zusammenhang damit steht auch die Anforderung, eben jene Fülle von oft sehr unterschiedlichen Arbeitsprozessen miteinander in Einklang zu bringen. Die Probanden sprechen in diesem Zusammenhang häufig von einer „Kleinteiligkeit" der Arbeitsprozesse, die sie miteinander vereinbaren müssen. Kleinteiligkeit bedeutet, dass aufgrund der Vielzahl einzelner Arbeitsprozesse, die zudem in verschiedenen Kontexten und Zuständigkeiten (bspw. Linienaufgaben vs. Projektaufgaben) verortet sind, diese sich einerseits in immer kleinere Arbeitsschritte unterteilen und sich andererseits auch gegenseitig überschneiden. Der Druck besteht darin, bei der Priorisierung und Durchführung einzelner kleinteiliger Arbeitsprozesse Auswirkungen auf und Beeinträchtigungen von anderen Aufgaben und Arbeitsprozessen in zeitlicher wie inhaltlicher Hinsicht abzuschätzen und zu berücksichtigen, also insgesamt ein Gleichgewicht oder auch eine Balance zwischen den verschiedenen Arbeitsprozessen herzustellen, da die Fokussierung auf eine einzelne Aufgabe nahezu unmöglich erscheint.

Mit einer hohen Aufgabenfülle und der Balance unterschiedlicher Arbeitsprozesse ist ein weiterer, vornehmlich sozialer Aspekt von Druck innerhalb des Arbeitsprozesses verbunden, da die meisten Tätigkeiten nicht von einem Beschäftigten in Einzelarbeit, sondern in Kooperation durchgeführt werden. Der oft als aufwendig geschilderten Herstellung und Pflege eines Kooperationsgefüges kommt daher eine sehr hohe Bedeutung zu, der in der Folge von vielen Befragten als ein weiteres Moment arbeitsprozessbezogenem Drucks mit verschiedenen Facetten bewertet wird. Ein Druck zur Kooperation ergibt sich gewissermaßen aus einer Abhängigkeit bzw. auch Angewiesenheit von anderen Subjekten im Kontext des Organisationsgefüges, wobei dies nicht nur Kollegen, sondern bspw. auch Kunden sein können. D.h., um Aufgaben durchführen zu können, sind die Beschäftigten meist auf Zuarbeiten oder Unterstützung durch andere (in verschiedenste Arbeitsprozesse und Organisationseinheiten eingebundene) Personen angewiesen – wobei dies meist von Arten interner Konkurrenz zwischen Abteilungen, Standorten o.Ä. flankiert wird, was den Druck weiter verschärfen kann, da bspw. Zuarbeiten blockiert werden. Allerdings ist dies auch in entgegengesetzter Richtung möglich, indem bspw. starke Loyalitätsverpflichtungen zwischen Personen oder ganzen Abteilungen (die Probanden sprechen hier von „Verfilzungen" oder „Duz-Mentalität") dazu führen, dass die unbedingte Erfüllung der Kooperationsverpflichtungen Beschäftigte stark unter Druck setzen kann. Hinzu kommen ständige Koordinationsanforderungen (d.h. Terminfindungen, Teamtreffen, Absprachen usw.) und die Vermittlung bzw. Durchsetzung eigener Anliegen im Rahmen der Arbeitsprozesse bei einer ständig steigenden Anzahl von Akteuren.

Nicht zuletzt spielt ein Moment von Arbeitsprozessen eine Rolle, der als spezifische Form von Druck wahrgenommen wird, indirekt aber schon mit anderer Perspektive Thema war. Geraten Beschäftigte, wie oben geschildert, unter einen zeitlichen Verfügbarkeitsdruck, so ist dies eng damit verbunden, dass sie sich auch an verschiedenen Orten als verfügbar erweisen müssen. Eine solche räumliche Verfügbarkeitsanforderung kann eine ganz eigenständige Belastung darstellen, da es hier nicht allein darum geht, für eine Aufgabenerledigung schnell erreichbar (also zeitlich verfügbar) zu sein, sondern je nach Aufgabe an verschiedenen Orten anwesend zu sein. Selbst in Zeiten datentechnisch massiv erleichterter kommunikativer Verfügbarkeit für Aufgaben, scheint es nach wie vor wichtig zu sein, körperliche Präsenz zu zeigen, ja diese sogar demonstrativ zu zeigen („Präsentismus"). Dies bedeutet spätestens dann eine nicht unerhebliche Belastung, wenn die sich vervielfältigenden Aufgaben (s.o.) mit sich vervielfältigenden verschiedenen Orten verbunden sind und dieser Druck erfordert eben nicht nur ständig (also in der Zeit), sondern multilokal verfügbar zu sein (entsprechende Mobilität zwischen den Orten eingeschlossen, s.o.). Zumindest erscheint eine räumliche Nicht-Verfügbarkeit oder Anwesenheit häufig legitimationspflichtig zu sein. Neben diesen spezifischen und relativ „neuen" Formen des Leistungsdrucks im Arbeitsprozess, finden sich durchgängig vielfältige Hinweise auch auf klassische Formen eines prozessbezogenen Leistungsdrucks, etwa im Hinblick auf die Notwendigkeit des Beherrschens von Techniken, Arbeitsprogrammen, spezifischer handwerklicher Arbeitsprozesse, der Anwendung von Arbeitsmitteln, spezifischer Wissenspotenziale oder der Anforderung sorgfältig, qualitätsvoll und selbstständig zu arbeiten. Solches taucht faktisch im Material mehr oder weniger explizit gelegentlich auf (obwohl es mit Sicherheit ein durchgehendes Faktum ist), wird aber so gut wie nie als eine explizite, belastende Anforderung thematisiert – diese werden schlicht als normal oder eben „dazugehörend" gesehen. Ein Grund für die geringe Sichtbarkeit der genannten Aspekte ist sicherlich, dass „qualifizierte" Mitarbeiter befragt wurden, für die die Beherrschung dieser Anforderungen selbstverständlicher Teil ihrer Qualifikation ist und es in ihrer Wahrnehmung wenig in Frage kommt, dies als belastende Leistungsanforderungen zu bewerten.

Arbeitsergebnisbezogener Leistungsdruck

Neben Formen des Drucks in Bezug auf den Arbeitsprozess ergeben sich als Konsequenz aus der Arbeitsverrichtung auch Momente eines ArbeitsDrucks, die sich auf das Arbeitsergebnis beziehen. Der Druck, der bereits während des Arbeitsprozesses wirksam ist, setzt sich im Arbeitsergebnis fort, vor allem in der Hinsicht, dass ein durch verschiedene Akteure (etwa Kunden, Unternehmen, Kollegen, das Subjekt selbst) definiertes Qualitätsziel des Arbeitsergebnisses erreicht werden soll. Beides hängt unmittelbar zusammen, ist aber analytisch zu trennen und nicht zuletzt deswegen zu unterscheiden, weil dies auch im Material häufig getrennt thematisiert wird. Ein wesentliches Moment eines auf das Ergebnis bezogenen Drucks besteht genau darin, verschiedenartige und manchmal sogar sich, mehr oder weniger explizit, widersprechende Ansprüche an ein „qualitätsvolles" Produkt oder eine zu erbringende Leistung zu vereinbaren. Drei Formen sind hier besonders relevant und zu unterscheiden.

Wirtschaftlichkeitsaspekte auf der konkreten Tätigkeitsebene werden für die Beschäftigten auf besondere Weise dadurch problematisch (und erzeugen eine besondere Form von „Druck"), dass sie die Erstellung ihres Arbeitsergebnisses einer doppelten und letztlich meist widersprüchlichen Rationalisierung unterziehen müssen – eine Anforderung, die (so das Material) anscheinend erheblich zunimmt. Einerseits sind sie dem unternehmensseitigen Kostendruck ausgesetzt, der dazu führt, dass weniger (oder weniger qualitätsvolle) Ressourcen für die Erstellung des Produktes aufgewendet werden müssen. Andererseits soll nach wie vor ein Produkt hinreichender Qualität entstehen, das im Zuge einer verstärkt propagierten „Kundenorientierung" Akzeptanz beim Kunden findet und zugleich den Standards des jeweiligen Berufs oder der Profession und damit meist den je individuellen fachlichen Maßstäben entspricht. D.h. konkret: Auch wenn der Kunde (insbesondere der Kunde „dritter Ordnung") ausreichende und nicht selten sogar steigende Qualitäts- und Preisstandards erwartet, kann sich der Beschäftigte nicht allein (oft nicht einmal vorrangig) darauf konzentrieren, sondern muss meist in individueller Verantwortung eine widersprüchliche Ergebnisrationalität in manchmal kaum herstellbarer Verbindung von ökonomischen und sachlichen Anforderungen verfolgen und dies möglicherweise auch noch direkt beim Kunden rechtfertigen und durchsetzen.

Hinzu kommt, dass auch aufgrund der Anforderungen an eine umfassende Kostenreduktion der individuellen Ergebnisverantwortung (etwa bei Evaluierungen der persönlichen Leistung) eine steigende Bedeutung zukommt und damit zum Teil Fragen einer Haftung immer wichtiger werden. Ein daraus entstehender spezifischer Druck besteht vor allem darin, dass dem einzelnen Mitarbeiter einerseits oft mehr Verantwortung übertragen wird, aber dieser im Gegenzug auch stärker für das Ergebnis seines Handelns persönlich haftet, ja sogar teilweise auch für das Handeln nachgeordneter Ebenen verantwortlich ist – sowohl sachlich wie zum Teil auch juristisch. Folge ist, dass das eigene bzw. eigenverantwortliche Handeln und dessen Ergebnisse nicht selten einer betriebsinternen, wie zugleich extern auf den Kunden bezogenen Absicherung bedarf, meist in Form von umfangreichen Dokumentationen. Im täglichen Arbeitshandeln bewirkt dies, dass die Beschäftigten sowohl während des Arbeitsprozesses, wie auch dann im Hinblick auf das Arbeitsergebnis bereits im Vorhinein Abschätzungen über mögliche Komplikationen oder Abweichungen und entsprechende Begründungen zu einer möglichst dichten Absicherung vornehmen müssen, die ihr gesamtes Handeln überlagern. Daraus resultiert ein nicht unerheblicher zusätzlicher Druck völlig eigener Qualität, zumal die (mehr oder weniger ‚informellen') Anforderungen an Flexibilität und Improvisationsvermögen zugleich hoch sind und sich oft nicht mit einer strikten Orientierung an Standards und Vorgaben sowie den formalen Erfordernissen der Dokumentationen vereinbaren lassen.

Zusammenfassend lässt sich für diesen Abschnitt festhalten, dass sich die Qualität des Arbeitsergebnisses, aufgrund ökonomischer Vorgaben, verändert und dabei ein sich verschärfender Konflikt zwischen Kosten- bzw. Preisdruck auf der einen und sachlichen Qualitätserfordernissen bzw. berufsfachlichen Anforderungen sowie Qualitätserwartungen der Endkunden auf der anderen Seite entsteht. Für die Beschäftigten bedeutet beides je für sich einen nicht zu unterschätzenden Leistungsdruck, vor allem dadurch, dass meist ihnen die Aufgabe zufällt, beides in Form einer widersprüchlichen doppelten Rationalisierung zu vereinbaren, was den Druck verschärft und genau genommen sogar einen Druck neuer Art darstellt, insbesondere dann, wenn sie das Ergebnis den Endkunden vermitteln müssen. Hinzu kommen zunehmend Fragen der Haftung oder einer individualisierten Ergebnisverantwortung.

8.2.3 Reproduktiver Leistungsdruck

Formen eines Leistungsdrucks finden sich allerdings nicht nur während des Arbeitsprozesses oder in unmittelbarem Bezug auf das Arbeitsergebnis. Eine weitere zentrale Form des Leistungsdrucks bezieht sich auf die Arbeitskraft selbst, genauer: auf deren Reproduktion. Der Reproduktion der Arbeitskraft im Sinne der erforderlichen Regeneration der Arbeitsfähigkeit im weitesten Sinne wird von den Probanden durchweg eine hohe Bedeutung beigemessen und dies unter der Prämisse, dass sie davon ausgehen, dass eine ausreichende Regeneration zunehmend schwerer zu bewerkstelligen ist. Und dies ist weniger denn je in der Wahrnehmung der Betroffenen (zunehmend auch in jener der Betriebe) eine Privatsache, sondern wird als unmittelbar arbeitsbezogene Aufgabe gesehen.

Dass dies hier als eine Variante von Leistungsdruck thematisiert wird, ergibt sich daraus, dass es Beschäftigte explizit als einen Druck empfinden, ihre Arbeitskraft aktiv und zielgerichtet (also als Leistung) reproduzieren zu müssen und dies mit den vielfältigen Anforderungen ihrer Arbeitstätigkeit, wie nicht zuletzt den ebenfalls anforderungsreichen des privaten Kontextes, zu vereinbaren. Bei genauerer Betrachtung dieses ReproduktionsDrucks wird deutlich, dass sich dieser für die Probanden auf zwei Ebenen darstellt, die beide zunehmend als je eigene Dimensionen der Reproduktionsaufgaben wahrgenommen werden.

Individuelle Reproduktionserfordernisse

Zum einen findet sich die traditionelle Vorstellung von Reproduktion als individuelle auf die Person selbst bezogene (Wieder-)Herstellung des Arbeitsvermögens. Dies hat physische, aber zunehmend auch psychische oder im weiteren Sinne emotionale/mentale (etwa auf den mit der Arbeit verbundenen „Sinn" bezogene) Aspekte. Die Probanden sprechen in diesem Zusammenhang von Erholung und Gesunderhaltung oder von Ausgleich durch Hobbys, Sport usw. bis hin zu meditativen oder spirituellen Praktiken. Und es wird erkennbar, dass dies nicht nur als lustvolle Freizeitbetätigung erscheint, sondern durchaus auch als anspruchsvolle und sogar anstrengende, eben leistungsorientierte Anforderung, deren Erledigung die Person unter Druck setzen kann.

Soziale Reproduktionserfordernisse

Zum anderen findet sich jedoch bei den meisten Probanden als wichtigere Form der Reproduktion die Herstellung und Sicherung des sozialen Lebensrahmens, der deutlich als existenziell notwendige Basis ihres Lebens und damit schließlich ihrer Arbeitsfähigkeit wahrgenommen wird. Für den Großteil der Probanden ist Privatleben nicht nur mit Einsamkeit, persönlicher Ruhe und individueller Erholung verbunden (das natürlich auch), sondern mit sozialen Beziehungen, allen voran die Familie bzw. Lebenspartnerschaft, aber auch Freunde, Verwandte und Bekannte. Demnach ist die Reproduktion der Arbeitskraft in hohem Maße an die Reproduktion sozialer Beziehungen gekoppelt, die sich selbst aber wieder als anspruchsvolle Aufgabe darstellt, die eine Dimension von Druck bedeutet, die keineswegs in der Privatsphäre verbleibt, sondern systematisch in die Arbeitstätigkeit hineinwirkt, und zwar zunehmend. Die Sorge um die Familie wird deutlich als Dimension eines Drucks erlebt, der in der Arbeit aufscheint und auch dort in vielen Aspekten bewältigt werden muss.

Deutlich wird sowohl bei der individuellen, vor allem aber der sozialen Reproduktion, dass dies von den Probanden als eine Art zusätzliche und anstrengende zu erbringende Leistung gedeutet wird. Denn in beiden Fällen setzt die Reproduktionsleistung einen nicht unerheblichen Anteil an Planung, Koordination und sogar Kompetenzen voraus, die sich verkürzt dargestellt in einen sachlichen (d.h. was bzw. welche Tätigkeiten sind für die Reproduktion notwendig?), einen zeitlichen (wann kann die Reproduktionsarbeit durchgeführt werden?) und einen sozialen (wen benötige ich für die Reproduktion und wie arrangiere ich mich mit dieser Person?) Part unterteilen.

Die individuelle Reproduktion ist oft leichter handhabbar, da bspw. Individualsportarten leichter in bestehende Zeitstrukturen (vor allem in Bezug auf die Berufstätigkeit) integriert werden können. Die soziale Reproduktion jedoch erfordert eine oft aufwendige Koordination mit weiteren Akteuren und ist daher weit schwieriger realisierbar und mit der Berufstätigkeit vereinbar. Eine anscheinend relativ neue und zunehmend relevante Entwicklung scheint dabei eine Art doppelte Vereinbarkeitsproblematik zu sein, die sich aus der Notwendigkeit der Verknüpfung zunehmend komplexer und daher verschiedener Arbeitsprozesse einerseits und den Anforderungen einer komplizierten Balance von Beruf und Privatheit (und dort einer Koordination verschiedenster Anforderungen) andererseits ergibt und sich als eigene Form des Drucks mit starker Wirksamkeit im beruflichen Kontext entfaltet. Entscheidend ist dabei, dass die Herstellung der „Work-Life-Balance", wie aufgezeigt, nicht allein der Privatsphäre, sondern gleichzeitig auch der Arbeitssphäre zuzurechnen ist. Denn es sind bei jedem Versuch die Balance und die Vereinbarkeit zwischen den verschiedenen Arbeitsprozessen herzustellen, die Anforderungen des privaten Kontextes mit einzubeziehen (und umgekehrt), was insgesamt zu einer recht labilen Konstruktion führen und den Zeit- und Leistungsdruck als Ganzes stark prägen kann.

8.2.4 Fazit zu den Erscheinungsformen

Auch die Formen von Zeit- und Leistungsdruck stellen sich nicht als unverbundene Ansammlung einzelner Faktoren dar. Vielmehr wirken auch diese Formen, ähnlich wie bei den geschilderten Entstehungsbedingungen, in komplexer Weise zusammen und ergeben in ihrer jeweiligen Zusammensetzung und Zusammenwirkung eine je spezifische Zeit- und Leistungsdruckkonstellation. Diese beinhaltet zeitliche Formen ebenso wie Formen des Drucks bezüglich des Arbeitsprozesses oder des Arbeitsergebnisses, erweitert um Formen die sich auf die Arbeitskraft selbst und ihr soziales Umfeld beziehen. In ihrem Zusammenspiel ergibt sich daraus für das Subjekt eine meist sehr komplexe Zeit- und Leistungsdruckkonstellation die als Ganzes auf dieses als Druck einwirkt. Dabei ist aufgrund der komplexen Zusammensetzung dieser Konstellation im Einzelnen meist nicht nachvollziehbar, was wirklich einzelne Momente von Druck sind und welche Aspekte stärker belastend wirken als andere. Bei den Probanden zeigt sich solches etwa darin, dass sie sich ‚insgesamt' unter Druck und überlastet fühlen, unabhängig von einzelnen Elementen, die (wenn überhaupt) eher beispielhaft Erwähnung finden.

8.3 Umgangsweisen

Gerade auch bei der Aufstellung von Umgangsweisen der Beschäftigten mit erlebtem Zeit- und Leistungsdruck ist noch einmal die Perspektive des Projektes zu betonen: Was erfasst und im Folgenden zusammenfassend dargestellt wird,

Entstehungsbedingungen, Formen und Folgen 179

sind Berichte über Handlungsweisen und/oder kognitive Verfahren von Personen. Die Sichtung des Materials zeigt aber zugleich, dass dies nicht nur direkt auf die Person selbst bezogen und daher analytisch auf Ebene der „Subjekte" zu verorten ist, sondern vor allem auch ihre arbeitsbezogene „Tätigkeit" betrifft und sogar darüber hinaus gehen kann, nämlich dann, wenn sich Umgangsweisen auf den „Kontext" der Tätigkeit, d.h. den Betrieb (als Organisation) und nicht zuletzt auch das private Umfeld beziehen.

Wie bei den vorhergehenden Darstellungsbereichen zu Entstehungsbedingungen und Erscheinungsformen soll im Folgenden vor allem die Breite erfasster Umgangsweisen allgemein festgehalten sowie analytisch strukturiert und dazu kategorisiert werden.

Festzuhalten ist dazu schon an dieser Stelle, dass sich Formen des Umgangs unabhängig von der Art der Tätigkeit und des betrieblichen Kontextes stark ähneln, sich also kaum Unterschiede zwischen den Untersuchungsgruppen zeigen.

8.3.1 Umgangsweisen in Bezug auf die eigene Person

Umgangsweisen auf der Ebene des Subjekts sind primär daran ausgerichtet, sich selbst und das eigene Handeln an den empfundenen Druck anzupassen und sind stark kognitiv angelegt, beinhalten aber auch handlungspraktische wie langfristig ausgerichtete, vorwiegend biografisch orientierte Strategien:

Kognitiver Umgang

Auf kognitiver Ebene finden sich insbesondere Verfahren oder Strategien, mit denen die Person versucht, im Umgang mit sich selbst eine entlastende mentale Anpassung an den in der Arbeit erlebten Druck zu vollziehen. Ziel ist also nicht, den Druck und seine Ursachen zu beeinflussen. Da es sich damit um ‚innere' Vorgänge der Personen handelt, liefert das Material dazu allein Aussagen der Betroffenen, oft auch nur vage Indizien in den Gesprächen (oder aus den Beobachtungen) aus denen Rückschlüsse auf derartige Entlastungsversuche gezogen werden können. Solche Verfahren sind vor allem gedankliche Umdeutungs-, Umlenkungs-, Relativierungs- und auch Resignationspraktiken, oft verbunden mit wertenden Momenten, wie Sarkasmus und Zynismus.

Hierunter fallen aber auch gezielte Versuche, der Variation von eigenen Ansprüchen und Standards an die Arbeit (zum Teil auch darüber hinaus), häufig als Veränderungen der Priorisierung verschiedener Standards. Gelegentlich nimmt dies auch die Form einer aktiven kognitiven Selbstsorge an, etwa durch Neudefinition von Werten oder überhaupt der Beschäftigung mit Lebenswerten.

Ebenso finden sich hier Verfahren, die als kognitive Entschleunigungstechniken bezeichnet werden können. Eine Entschleunigung wird dabei dadurch versucht zu erreichen, dass gezielt im Alltag eine Orientierung an Ruhe oder Beruhigung, Langsamkeit, Verzögerung angelegt wird. Häufiger jedoch ist dies eher eine Orientierung an Zeitgewinn, Zeitverdichtung oder zeitlicher Effektivierung. Zum Teil geht dies mit einem Banalisieren körperlicher Signale oder einem Ignorieren und Verschieben von Bedürfnissen einher.

Praktischer persönlicher Umgang

Der praktische Umgang auf der Ebene des Subjekts steht insbesondere in engem Zusammenhang mit der oben mehrfach erwähnten Reproduktion der Arbeitskraft und wird stark durch Aspekte einer praktischen Selbstsorge getragen. Vieles ähnelt dem, was eben als kognitive Verfahren gesehen wurde – hier geht es jedoch darum, dass daraus auch konkrete Praktiken werden.

Meist geht es um sehr persönliche Aktivitäten, mit denen ein Ausgleich zu einem Zeit- und Leistungsdruck hergestellt werden soll, sich aber (noch) nicht gezielt auf die Tätigkeit bezieht oder systematisch in den Kontext eingreift. Hierunter fallen etwa häufig individuell praktizierbare Sportarten, eine Ernährungsumstellung oder Praktiken zur Selbstberuhigung und Konzentrationssteigerung (Autogenes-Training, Meditation). Meist nur in Andeutungen wird erkennbar, dass vermutlich nicht Wenige auch gezielte therapeutische Maßnahmen in Anspruch nehmen, etwa von Psychologen, Heilpraktikern, Supervisoren, Fitness- und/oder Mental-Coaches. Der praktische Umgang mit Zeit- und Leistungsdruck hat aber auch eine Seite, die darin besteht, ganz persönlich im Alltag generell Zeit einzusparen: Zeit für einzelne Aktivitäten zu verdichten, den Tagesablauf zu organisieren und zu optimieren, Schlaf einzusparen, früher aufzustehen usw. Dies sind zumindest ambivalent zu bewertende und vermutlich zum Teil psychisch nicht unproblematische Momente.

(Berufs-)Biografischer Umgang

Eine spezifische, aber im Material nicht selten auftauchende persönliche Umgangsweise bezieht sich auf die Berufsbiografie, nicht selten auch auf die Lebensplanung insgesamt. In gewisser Weise sind dies auch kognitive Praktiken, haben aber eine andere Relevanz. Konkret geht es dabei etwa darum, dass sich Beschäftigte mit ihrer weiteren eigenen Karriereplanung (was noch erreicht werden soll) und der Karrieresteuerung (wie es erreicht werden kann) gezielt deswegen befassen, um sich damit von einem erlebten Druck zu entlasten oder zumindest zu reflektieren, wie sie damit umgehen können, wenn er anhält oder sogar zunimmt. Dies beinhaltet vor allem Überlegungen in Richtung auf gezielte Exit-Entscheidungen verschiedenster Art (Unternehmenswechsel, Tätigkeits-

Entstehungsbedingungen, Formen und Folgen 181

oder Bereichswechsel, hierarchischer Auf- und Abstieg, Weiterbildung, berufliche Umorientierung aber auch Familienplanung u.ä.) oder auch nur entlastende Reflexionen darüber, mit der Vorstellung (oder Selbsttäuschung), man hätte ja die Möglichkeit dazu (Exit-Option).

8.3.2 Umgangsweisen in Bezug auf die Tätigkeit

Ein wichtiges Feld von Umgangsweisen sind Praktiken, die sich direkt auf die konkrete Tätigkeit im Arbeitszusammenhang beziehen. Diese sind nicht (nur) darauf ausgerichtet, sich zu entlasten, sondern haben das Ziel, durch Veränderungen der Tätigkeit den realen Druck zu reduzieren, oder durch einen anderen Umgang mit der Tätigkeit zumindest eine Änderung des Druckerlebens zu bewirken. Dies kann sich auf die individuelle Tätigkeit beziehen, schließt aber zum Teil auch das soziale Umfeld im Betrieb (Kollegen, Vorgesetzte usw.) mit ein.

Individueller Umgang in der Tätigkeit

Eine häufige Umgangsweise auf Tätigkeitsebene besteht darin, die Tätigkeit insgesamt, oder ganz konkret zumindest einige Arbeitstage über einen längeren Zeitraum voraus zu planen und zu strukturieren, was aber, wie sich häufig zeigt, aufgrund der weiter vorn beschriebenen Verdichtungsprozesse zunehmend schwieriger zu werden scheint. Versuche der entlastenden Planung und Strukturierung der Tätigkeit stehen dabei in engem Zusammenhang mit den o.g. kognitiven Umgangsweisen wie bspw. der Priorisierung von Teilaspekten oder Teilaufgaben. Der Planung des eigenen Tages oder möglichst auch einer Woche kommt dabei eine hohe Bedeutung zu, da sie insbesondere als entlastende Orientierung in Reaktion auf die zunehmend erlebte Arbeitsverdichtung und Komplexitätssteigerung wirkt. Als Unterstützung dieser Strukturierungen kommen verschiedenste Hilfsmittel zum Einsatz, angefangen bei einfachen Notizen oder Notizbüchern über die Nutzung von Planungssystemen, To-do-Listen in Mailprogrammen bis hin zu komplexen IT-Programmen. Nur gelegentlich erwähnt werden explizite Zeitmanagement- oder Arbeitsorganisationsstrategien in Anschluss an gezielte Ausbildungskurse. Vermutlich ist dies sehr unterschiedlich ausgeprägt, und nicht zuletzt schwer einzuschätzen wie erfolgreich solche Praktiken sind oder wie nachhaltig sie praktiziert werden.

Eine wichtige Umgangsweise scheinen Strategien der gezielten Begrenzung oder Abwehr von Anforderungen zu sein, die darauf ausgerichtet sind zusätzliche Aufgaben oder Tätigkeiten fernzuhalten und somit eine weitere Zunahme der Arbeitsverdichtung zu unterlaufen. Hierzu zählen insbesondere Delegation von Aufgaben und Tätigkeiten an Dritte (Vorgesetzte, Kollegen, Untergebene, Kunden etc.) aber auch die schlichte Verweigerung der Übernahme weiterer

Aufgaben. In beiden Fällen muss die Voraussetzung dafür allerdings gegeben sein, d.h. dass bspw. betriebliche Möglichkeiten der Delegation vorhanden sind.

Nicht selten werden aber auch Umgangsweisen angedeutet, die darauf hinwirken „das System irgendwie auszutricksen", indem bspw. einzelne Aufgaben weggelassen werden, Vorgaben oder Vorschriften bewusst ‚variabel' ausgelegt oder auch gezielt unterwandert bzw. ignoriert werden. In Verbindung mit Delegationen wird auch die Möglichkeit angedeutet, den Delegationsempfänger selbst einem stärkeren (meist Zeit-)Druck auszusetzen, um selbst wiederum mehr Zeit zu gewinnen und eine Selbstentlastung zu erreichen.

Auch auf der Ebene der konkreten Tätigkeit (also nicht nur kognitiv) finden sich Entschleunigungsstrategien, die sich vornehmlich als Versuche der Effizienzsteigerung der Tätigkeitsdurchführung zeigen, bspw. durch paralleles Arbeiten oder Multitasking, aber auch, so paradox es klingt, durch schlichtes schneller arbeiten, durch das Zeitpuffer oder Pausen erzeugt werden sollen (eine bekannte Praxis in der industriellen Produktionsarbeit: „Vorderwasser"). Im Gegenzug finden sich aber offensichtlich reichlich problematische Praktiken, etwa der Verzicht auf Pausen, ja sogar auf Essen und Trinken, was zumindest mit einer massiven zeitlichen Verdichtung einhergeht oder auch ein aktives Bemühen Schlafdefizite auszuhalten (etwa bei überlangen Schichten) und weitere ähnliche Versuche, die dem Zeitgewinn dienen.

Und natürlich gehört zu den Umgangsweisen auch das große Feld von mehr oder weniger freiwillig praktizierter zeitlicher Mehrarbeit (täglich, wöchentlich, im Jahresverlauf bis hin zum Verfall von Urlaubstagen usw.), der Gewährleistung einer hohen zeitlichen Erreichbarkeit und der Arbeitsdurchführung in räumlich der Freizeit- oder Privatsphäre zuzurechnenden Lebensbereichen (Arbeit zuhause, am Urlaubsort, im Café, bei Freizeitaktivitäten, abends und morgens im Hotel auf Dienstreisen).

Sozialer Umgang in der Tätigkeit

Als soziale Umgangsweisen werden Praktiken gesehen, die gemeinsam mit anderen Akteuren durchgeführt werden, um dem Zeit- und Leistungsdruck entgegen zu wirken. Hierunter fallen vor allem Unterstützungs- und Hilfsleistungen innerhalb einer Gruppe (bspw. eines Teams oder einer Projektgruppe) mit dem Ziel einer umfassenden Entlastung für die gesamte Gruppe. Dazu zählen materielle wie auch ideelle Unterstützungsleistungen (bspw. mit Arbeitsmitteln aushelfen, Aufgaben übernehmen, Abläufe oder Aufgaben erklären, Ratschläge erteilen, darüber hinwegsehen, wenn jemand Probleme hat etc.), ebenso wie offene Kommunikations- und Feedbackstrukturen (bspw. verbindliche Absprachen innerhalb eines Teams, worunter auch eine festgelegte gemeinsame Pause fallen oder die ritualisierte Durchführung gemeinsamer Essen). Hinweise auf solche Praktiken sind aber selten.

8.3.3 Umgangsweisen in Bezug auf den betrieblichen und privaten Kontext

Schließlich lassen sich auch Umgangsweisen finden, die auf das weitere Umfeld des Subjekts und seiner konkreten Arbeitstätigkeit Bezug nehmen und (wie sich zeigt) primär auf eine aktive Änderung von Kontextbedingungen im Betrieb, wie nicht zuletzt auch in der Privatsphäre, ausgerichtet sind.

Umgangsweisen in Bezug auf den betrieblichen Kontext

In Bezug auf den betrieblichen Kontext zeigen sich vor allem mehr oder weniger erfolgreiche Bestrebungen der instrumentellen Nutzung betrieblicher Institutionen, um auf diesem Wege Veränderungen und dadurch eine Reduzierung von Formen des Drucks herbeizuführen, bspw. durch diverse Gremien, Betriebsräte. Parallel dazu finden sich auch vereinzelt Hinweise in Richtung einer instrumentellen Vereinnahmung von Kundenbeziehungen zur Veränderung der Kontextbedingungen, etwa indem gezielt positive Reaktionen von Kunden als Hebel benutzt werden, um Druck abzuwehren. Insgesamt finden sich im Material in Bezug auf Versuche der Einflussnahme auf den betrieblichen Kontext zur Reduzierung von Druck oder zumindest der Entlastung vergleichsweise wenige Hinweise bzw. werden derartige Praktiken von den Befragten kaum angesprochen oder genutzt, was darauf hindeutet, dass die Einflussmöglichkeiten auf den betrieblichen Kontext als eher begrenzt angesehen werden.

Umgangsweisen in Bezug auf den privaten Kontext

Weit größere Einflussmöglichkeiten scheinen sich für die Probanden im Bereich der privaten Kontextbedingungen zu bieten. So finden sich nicht wenige Hinweise auf Versuche, über eine Gestaltung der Privatsphäre einen entlastenden Umgang mit erlebtem Druck in der Arbeit zu erreichen. Zentral ist hierbei die Organisation der Familie (Absprachen mit Partnern und Kindern hinsichtlich Arbeitszeit und -umfang, Gestaltung der beruflichen Mobilität, Wahl des Wohnortes, familiäre Alltagsorganisation, Freizeitgestaltung etc.). Aber einen gewichtigen Anteil nimmt offensichtlich auch die Gestaltung der weiteren sozialen Beziehungen ein, also die Organisation oder ‚Pflege' des Verwandten-, Freundes- und Bekanntenkreises sowie eine gezielte Steuerung sozialer Ausgleichsaktivitäten wie bspw. Gruppensportarten oder von Hobbys bzw. Freizeitaktivitäten, die mit anderen Personen betrieben werden. Versuche einer flexiblen (Um-)Organisation der privaten Kontextbedingungen in diesem Sinne als Form des Umgangs mit Druck in der Arbeit, sind für nahezu alle Probanden ein wichtiger elementarer Baustein im Umgang mit den Phänomenen des Zeit- und Leistungsdrucks.

8.3.4 Fazit zu den Umgangsweisen mit Zeit- und Leistungsdruck

Ähnlich wie bei den geschilderten Ursachen und Erscheinungsformen von Zeit- und Leistungsdruck sind auch die Umgangsweisen nicht als Einzelmomente zu sehen, sondern nur in ihrem Zusammenwirken, also als Konstellationen angemessen zu verstehen, mit vielfältigen einzelnen Bestandteilen von (wie deutlich werden sollte) oft sehr ambivalenter Wirkung. Zudem ist das Material so zu deuten, dass sich primär Strategien der Anpassung an den Zeit- und Leistungsdruck zeigen – und dies insbesondere auf Ebene des Umgangs der Betroffenen mit sich selbst und mit ihrer Tätigkeit. Strategien der aktiven Reduktion von Druck durch Einfluss auf betriebliche Bedingungen sind selten zu finden, was vermutlich auf fehlende Gestaltungsspielräume und geringe institutionelle Möglichkeiten der Einflussnahme auf den betrieblichen Kontext zurückgeht. Auch soziale Umgangsweisen sind nicht (mit Ausnahme von Entlastungspraktiken im privaten Kontext) die primär bevorzugten Strategien der Probanden bei der Bewältigung von Zeit- und Leistungsdruck, vielmehr stehen individuelle Strategien und Lösungsansätze im Zentrum – zumindest ausweichlich dessen, was durch das Material erkennbar wird. Demzufolge scheinen reflexive und selbstbezogene (oder „selbst-sorgende") Umgangsweisen in Verbindung mit der Herstellung selbstbezogener Ressourcen und Kompetenzen eine möglicherweise nicht unerhebliche und vielleicht sogar zunehmende Bedeutung zu haben.

8.4 Konsequenzen von Zeit- und Leistungsdruck

Dieser Abschnitt befasst sich mit den aus Zeit- und Leistungsdruck direkt wie indirekt resultierenden Folgen bzw. Konsequenzen für die Person, ihre Tätigkeit und den betrieblichen sowie privaten Kontext im Sinne des beschriebenen analytischen Rahmens.

Vorab sei dazu erneut auf einige methodische Aspekte verwiesen und damit auf gerade auch hier sich daraus ergebende Einschränkungen für die folgenden Betrachtungen: Die dargestellten Konsequenzen des Zeit- und Leistungsdrucks gehen (wie auch bei den anderen Abschnitten dieses Teils) auf das mit dem in der Untersuchung angewandten Methodenmix erfasste Material zurück. Dies bedeutet zum einen, dass die daraus gewonnenen Erkenntnisse auf punktuellen Beobachtungen und bezüglich vergangener Zeiträume allein auf retrospektiven Aussagen der Probanden beruhen. Zum zweiten gehen die Materialien allein auf die Schilderungen von Personen sowie auf punktuelle (aber intensive) Be-

Entstehungsbedingungen, Formen und Folgen 185

obachtungen von Betroffenen und deren Interpretationen bei der Auswertung zurück. Eine wichtige Dimension der „Konsequenzen" sind aber im engeren Sinne persönliche und sogar nur ‚innerhalb' der Personen auftretende Erscheinungen, etwa wenn es um empfundene Beeinträchtigungen geht. Spätestens hier ist das, was geschildert wird streng „subjektiv" – es ist deswegen aber keineswegs irrelevant, im Gegenteil: was die Betroffenen berichten (oder was man bei den Begleitungen über sie erfährt) ist das, was sie als Konsequenzen von Zeit- und Leistungsdruck erleben und dadurch hohe Handlungsrelevanz bekommt. Dies aber mit zwei Einschränkungen: Zum einen schildern Betroffene (so die Erfahrung der Feldarbeit) zwar durchaus von Beeinträchtigungen, aber oft nur sehr zurückhaltend, verklausuliert oder in Form von Andeutungen, oder derartiges wird in ihrem Verhalten spürbar, muss aber interpretiert werden. Zudem stoßen die Methoden des Projektes und insbesondere die fachliche Expertise als Soziologen hier an Grenzen. Kurz: Es konnten und sollten keine irgendwie gearteten psychologischen oder gar medizinischen Diagnoseverfahren angewandt werden und es wurde auch darauf verzichtet, solches durch schlichte Erhebungen zu ersetzen. Gleichwohl wurde in der für die angewandte Methodik typischen situativ offenen Befragungsweise (die sich eng an eine sogenannte „natürliche Gesprächssituation" anlehnt) das Thema der Konsequenzen angesprochen, es dann aber den Reaktionen der Betroffenen überlassen, wie sie damit umgehen. Dies erwies sich als durchaus aufschlussreich, bleibt aber unvermeidlich im Umfang wie auch in der Tiefe und Differenziertheit der Informationen beschränkt – und Schlüsse dahingehend, ob es sich hier wirklich um unmittelbare „Konsequenzen" handelt, verbieten sich genau genommen (auch wenn manches sehr plausibel ist). Und nicht zuletzt sind gerade auch zu findende Schilderungen über Konsequenzen zum „Kontext", also für den Betrieb auf der einen und zum Privatleben außerhalb des Betriebes auf der anderen Seite, meist nur höchst vermittelte punktuelle Darstellungen – die gleichwohl auch hierbei keineswegs substanzlos sind.

Wie bereits im Analyserahmen geschildert, wurde im Zuge der Auswertung des Materials deutlich, dass sich zwei Arten von Konsequenzen von Zeit- und Leistungsdruck unterscheiden lassen. Einerseits Konsequenzen, die möglicherweise unmittelbar aus Erscheinungsformen von Zeit- und Leistungsdruck hervorgehen, direkt auf Betroffene einwirken und in Folge dessen, Reaktionen in Form spezifischer Umgangsweisen hervorrufen. Als Folge von solchen Umgangsweisen können sich allerdings wieder indirekte Konsequenzen (sozusagen „Konsequenzen zweiter Art") ergeben, sowohl bei den Personen selbst wie auch auf den anderen geschilderten „Ebenen" (Tätigkeit, betrieblicher und privater Kontext). Das Material zeigt aber kaum klare Unterschiede zwischen direkten und indirekten Konsequenzen, sodass nachfolgend nicht zwischen beiden Arten unterschieden werden soll, sondern lediglich punktuell auf einzelne unterschiedliche Aspekte verwiesen wird, sofern dies deutlich wird.

8.4.1 Konsequenzen für die eigene Person

Auch die Konsequenzen von Zeit- und Leistungsdruck zeigen vielfältige und vielschichtige Ausprägungen. Diese sind, wie angedeutet, zunächst und primär auf der Ebene des Subjekts, also in Bezug auf die einzelne Person im engeren Sinne zu verorten und können im weitesten Sinne als „psychische" Folgen gesehen werden. Dies wird nicht verwundern, wenn die eingangs angedeuteten Forschungsbefunde über die erheblichen Ausmaße gerade solcher Konsequenzen (und deren Zunahme) vor Augen geführt werden. Daneben finden sich aber auch Konsequenzen die als physiologische oder körperliche bzw. psycho-somatische Folgen eingeordnet werden können, auch wenn die Grenzen fließend sind und spätestens bei solchen Unterscheidungen die soziologische Interpretation äußerst zurückhaltend sein muss. Nicht zuletzt finden sich Schilderungen über akute bzw. potenzielle Folgen für den weiteren Lebensverlauf von Betroffenen, die als (berufs-)biographische Konsequenzen beschrieben werden können.

Psychische Konsequenzen

Hier finden sich Konsequenzen von Zeit- und Leistungsdruck (und zum Teil des Umgangs damit) die sich auf die psychische Verfassung der Probanden (Ängste, Unlust, Konzentrationsstörungen, Niedergeschlagenheit usw.) oder auf mentale Momente bzw. auf Orientierungen der Betroffenen beziehen (Arbeitsmotivation, Arbeitsmoral, Wertvorstellungen, Ziele, Identifikation mit der Tätigkeit usw.). Derartige Auswirkungen von Zeit- und Leistungsdruck sind bei den Probanden deutlich und (auch wenn sich dies nur sehr eingegrenzt so bewerten lässt) durchaus häufig direkt (in den Schilderungen) oder indirekt (bei den Begleitungen) erkennbar.

Diese äußern sich bspw. in Veränderungen der Identifikation mit der eigenen Tätigkeit und dem Unternehmen. So zeigen sich häufig Anzeichen von Gefährdungen des mit der Arbeit verbundenen Sinns oder der inneren Bindung an die Tätigkeit, was wiederum mit Veränderungen der Identifikation mit dem Unternehmen und in Folge mit Veränderungen des Loyalitätsempfindens verbunden sein kann. So finden sich etwa häufig starke Anzeichen von Demotivation oder Resignation, die insbesondere mit dem Bild eines sich auftürmenden und (zumindest langfristig) nicht mehr bewältigbaren „Arbeitsbergs" umschrieben werden. Ein Berg, der nie kleiner zu werden scheint und mit erheblicher Zeitnot einhergeht, was in Verbindung mit einer erlebten Sinngefährdung eine stark belastende Wirkung entfalten kann.

Entstehungsbedingungen, Formen und Folgen 187

Dies ist wiederum häufig mit Schilderungen einer wachsenden inneren Unruhe verbunden, die einerseits mit dem Gefühl verbunden ist, nicht abschalten zu können („von der Arbeit überall hin verfolgt zu werden"), was mit Gefühlen von Frust, Enttäuschung, Ärger bis hin zu Wut einhergehen kann, sich aber auch in Zerstreutheit, Konzentrationsmängeln und Vergesslichkeit äußert.

Hinzu kommen deutliche Hinweise auf eine offensichtliche Zunahme der Verunsicherung oder (belastender) einem expliziten Unsicherheitsempfinden, was meist mit einem Gefühl, des „auf sich allein gestellt seins" und des vielleicht „nicht mehr bewältigen Könnens" verbunden ist. Die Bandbreite ist auch hier weit gefasst und reicht von Unsicherheit hinsichtlich der Tätigkeitsdurchführung, etwa als ein zunehmendes Bedürfnis nach Absicherung in der Arbeit, bis hin zu generellen Bedenken hinsichtlich der langfristigen eigenen Leistungsfähigkeit, der zukünftigen Entwicklung und nicht zuletzt der Sicherheit des Arbeitsplatzes oder der Überlebensfähigkeit des eigenen Unternehmens (Zukunftsangst).

Physische (oder psycho-somatische) Konsequenzen

Hinsichtlich der Auswirkungen auf die körperliche Gesundheit lassen sich verschiedenste Symptome erkennen. Diese sind allerdings oft nur vage von den eben geschilderten Symptomen abzugrenzen und spätestens hier können kaum eindeutige Zusammenhänge zum Zeit- und Leistungsdruck gezogen werden, obwohl zumindest ein kausaler Anteil des Zeit- und Leistungsdruck an der Entstehung der körperlichen Beschwerden zu vermuten ist bzw. nicht ausgeschlossen werden kann. Nachfolgend sollen daher nur grob physische Symptome aufgezählt werden, die häufig von den untersuchten Personen geschildert werden.

Besonders auffällig sind Schilderungen von konkreter Müdigkeit (oder auch einer allgemeinen Mattigkeit) in Verbindung mit Schlafproblemen aller Art, Schilderungen von Kraftlosigkeit. Berichtet wird aber auch von Muskel-Skelett-Erkrankungen wie Bandscheibenvorfälle, häufiger aber Rücken- oder Nackenbeschwerden oder auch von Beschwerden hinsichtlich des Nervensystems, wie Kopfschmerzen oder Augenbeschwerden. Weniger häufig sind hingegen (was verwundert) Beschwerden des Verdauungssystems, wie bspw. Magenschmerzen.

8.4.2 Konsequenzen für die (Berufs-)Biografie

Biographische Konsequenzen resultieren primär aus den Umgangsweisen des Subjektes und sind somit keine direkten, sondern (in der Terminologie des Projektes) indirekte Folgen auf Subjektebene. Solche ergeben sich meist als Konsequenz erlebter Unsicherheiten und/oder Überforderungen, die dann zu einer

Kalkulation von kurz- oder langfristigen Möglichkeiten eines „Ausstieges" aus einer als belastend empfundenen Situation führen. Folgen für die berufliche Biografie ergeben sich meist als Konsequenz der praktischen wie auch theoretischen Wahrnehmung verschiedener Exit-Optionen und äußern sich in Kontinuitäten wie Diskontinuitäten des Berufsverlaufs. Ebenso kann es in einer Aktivität oder Passivität des Karriereverlaufs münden, wobei hier auch der Grad der Selbstbestimmtheit von Bedeutung ist, d.h. inwieweit das Subjekt seine Karriere aktiv selber steuert oder sich passiv steuern lässt oder auch inwieweit Karrierewege eröffnet oder verhindert werden können.

8.4.3 Konsequenzen für die Tätigkeit

Auswirkungen auf der Tätigkeitsebene ergeben sich aus den auf die Arbeitstätigkeit im Betrieb gerichteten Umgangsweisen mit Zeit- und Leistungsdruck und können sich auf die Tätigkeit der einzelnen Person aber auch auf die direkten Sozialbeziehungen in der Tätigkeit beziehen.

Individuell

Als eine zentrale Konsequenz auf der individuellen Tätigkeitsebene wird von den Befragten übergreifend und oft sehr deutlich von einer zunehmenden Illegalität ihres Handelns berichtet, was meist mit Bezeichnungen wie „Grauzone" oder „Gratwanderung" umschrieben wird. Illegalität wird hier als ein Verstoß gegen Vorschriften und Regeln verstanden. Dabei kann es sich um das (bewusste) Missachten oder Unterlaufen betrieblicher Vorgaben und Vorschriften in unterschiedlichem Ausmaß handeln. Genauso sind aber auch Andeutungen zu einer Praxis von diversen expliziten Illegalitäten im rechtlichen Sinne zu finden. In diesem Zusammenhang kommt dem bereits erwähnten Absicherungsgedanken eine hohe Bedeutung zu, der sich auf der Tätigkeitsebene in Form diverser Praktiken zur Absicherung des eigenen Handelns äußert.

Zentral sind in diesem Zusammenhang auch stark geäußerte Bedenken im Hinblick auf die Einschränkungen der Qualität des Arbeitshandelns. Ein Großteil der Probanden sieht eine deutliche Beeinträchtigung der subjektiv wahrgenommenen Arbeitsqualität in vielen fachlichen Dimensionen, d.h. dass die von den Probanden erwarteten Qualitätsansprüche nicht oder nur noch schwer umgesetzt werden können.

Eine weitere Konsequenz auf dieser Ebene betrifft die tätigkeitsbezogene Flexibilität bzw. deren Einschränkung. Dies steht in engem Zusammenhang mit den Umgangsweisen in Bezug auf den privaten Kontext. Grundlegend ist hierfür die Vereinbarkeitsproblematik im Sinne des o.g. reproduktiven Leistungsdrucks. Diese wirkt aus dem privaten Kontext des Subjekts in die Arbeitstätigkeit hinein

Entstehungsbedingungen, Formen und Folgen 189

und schlägt sich direkt als Einschränkung der zeitlichen wie räumlichen Flexibilität in Bezug auf die Tätigkeit nieder. Klassisches Beispiel dafür ist ein Kind, das von der Kindertagesstätte geholt werden muss und in der Folge kurzfristig anberaumte Meetings o.Ä. nicht wahrgenommen werden können, insbesondere dann, wenn sie an einem anderen Ort stattfinden. Das Ganze verschärft sich (zum Teil dramatisch) bekannterweise dann, wenn die Elternperson alleinerziehend ist oder beide Eltern Vollzeit erwerbstätig sind. Ähnliche Konstellationen lassen sich auch in Bezug auf Termine und Planungen mit Freunden, Bekannten, weiteren Verwandten u.Ä. finden.

Sozial

Im Hinblick auf Konsequenzen für das nähere betriebliche soziale Umfeld, ergibt sich aus einem Zeit- und Leistungsdruck häufiger eine große Vielfalt konfliktbehafteter Situationen mit Kollegen, Vorgesetzten, Untergebenen aber auch mit Kunden. Konkret werden die Anzahl der innerbetrieblichen Auseinandersetzungen bspw. hinsichtlich Zuständigkeiten, Zuarbeiten, Unterstützungsleistungen, Mehrarbeit, Zuverlässigkeit u.v.m. von den Probanden als deutlich in Folge von Zeit- und Leistungsdruck ansteigend beschrieben.

Nicht zuletzt werden derartige Konsequenzen sogar in Bezug auf ganze Gruppen (Teams, Abteilungen) geschildert, zum Beispiel in Form der Verunsicherung und tendenziellen Demotivation von Teams oder als erhöhtes Konflikt- und Stressniveau von Abteilungen, wenn etwa eine Umstrukturierung oder Personaleinsparungen angekündigt werden.

8.4.4 Konsequenzen für den betrieblichen und privaten Kontext

Auswirkungen von Zeit- und Leistungsdruck auf den betrieblichen und privaten Kontext entstehen aus dem Zusammenwirken der verschiedenen auf die Kontextbedingungen gerichteten Umgangsweisen. Wobei hier noch einmal darauf hingewiesen werden soll, dass eine eingehende Untersuchung des Kontextes nicht Ziel der Untersuchung war, sodass sich Erkenntnisse dazu primär auf die subjektbezogenen Erhebungen (Aussagen der Probanden und Beobachtungen), ergänzt durch die Expertenbefragungen, stützen. Daher werden im Folgenden mögliche Folgen in Bezug auf den Kontext nur kurz angedeutet.

Betrieblich

Auf betrieblicher Ebene finden sich aus Sicht der Probanden deutliche Auswirkungen von Zeit- und Leistungsdruck vor allem im Hinblick auf den Verlust von Information, Daten und Wissen, der insbesondere mit den Umstrukturierungsmaßnahmen und den sich daraus ergebenen Folgen wie Personalabbau, Personalfluktuation, Technisierung verbunden wird. Berichtet wird auch von Gefährdungen der Unternehmensflexibilität und -vitalität (bspw. wird das Unterlassen von Neueinstellungen oder die Wiederbesetzung freier Stellen durch jüngere Kollegen als „Ausbluten" bezeichnet). In den Experteninterviews finden sich zudem Hinweise auf eine Veränderung der Qualitätsansprüche auf betrieblicher Ebene, die mit dem geschilderten Eindruck des Qualitätsverlustes auf Ebene der Personen und ihrer Tätigkeit übereinstimmen bzw. offensichtlich eng einhergehen. Ebenso finden sich Schilderungen über einen möglichen (oder befürchteten) Wandel der Außenwirkung der Unternehmen als Folge von Zeit- und Leistungsdruck, etwa in Form eines Imageverlustes des Unternehmens bzw. seiner Leistungen.

Privat

In Bezug auf den privaten Kontext finden sich vor allem zwei oft stark thematisierte Auswirkungen:

Einerseits erschweren direkt aus betrieblichem Druck entstehende erhöhte organisatorische Anforderungen in der Tätigkeit (Meetings, Dienstreisen, Mehrarbeit) oft massiv spontane aber auch geplante private Aktivitäten, erzeugen also einen Organisationsstress im privaten Kontext („Spontanität muss geplant werden"). Zugleich erzeugt umgekehrt der private Vereinbarkeitsdruck wie geschildert in der Tätigkeit massive Organisationsanforderungen, die sich dann rückwirkend als komplementäre Inflexibilitäten und steigende organisatorische Anforderungen (mit entsprechenden Belastungen, sei es auch nur als schlechtes Gewissen gegenüber Abhängigen) im privaten Kontext niederschlagen.

Eine Folge sind andererseits aber auch explizite emotionale Belastungen und sogar Gefährdungen des privaten Lebenszusammenhangs, mit dem Risiko potenzieller sozialer Isolationen. Immer wieder finden sich Andeutungen darüber, dass die Arbeit mental oder ganz konkret in die Familiensphäre einwirkt (bspw. durch „Erreichbarkeit") und darunter die Beziehungsqualität leidet. Nicht selten wird von Trennungen, Scheidungen (oder auch nur der Angst, dass dies eintreten könnte) sowie vom Verlust oder dem Einschlafen von Freundschaften, Verwandtschaftsbeziehungen oder sonstigen sozialen Aktivitäten außerhalb der engeren Familie als Folge von Zeit- und Leistungsdruck berichtet.

8.4.5 Fazit zu den Konsequenzen von Zeit- und Leistungsdruck

Als Fazit in Form eines allgemeinen Befundes lässt sich auch hier festhalten, dass (wie in den Analysen durch eine große Zahl von Beispielen belegt wird) die Konsequenzen des Zeit- und Leistungsdrucks sehr vielschichtig und vor allem sehr komplex miteinander verschachtelt sind. Am deutlichsten sind Folgen auf der Ebene des Subjekts und in Teilen auch noch tätigkeitsbezogen erkennbar – was eine Folge der eingesetzten subjektnahen Methoden sein kann, möglicherweise aber auch darauf hindeutet, wie die Folgen erlebt werden, nämlich vor allem individuell. Wenn kontextbezogene Konsequenzen zum Thema werden, dann, so scheint es, stehen private Folgen im Vordergrund, die zwar nicht häufig erwähnt werden, aber dann relativ unbefangen Thema sein können. Betriebliche Konsequenzen werden nur selten offen thematisiert.

9 Zum Umgang mit Zeit- und Leistungsdruck – Eine Typologie

Die im vorangegangenen Abschnitt dargestellten tätigkeitsspezifischen Konstellationen von Zeit- und Leistungsdruck sowie der Zeit- und Leistungsdruck im Allgemeinen wirken, wie schon anfangs aufgezeigt, nicht per se für die Beschäftigten überlastend. Zudem kann (und sollte) das erhobene Material belastende Auswirkungen, trotz der angelegten subjektorientierten Perspektive, nicht im engeren psycho-physischen Sinne personenbezogen erfassen – dies wäre eine psychologische oder sogar medizinisch diagnostische Vorgehensweise, für die das Projekt mit der angewendeten soziologischen Vorgehensweise keine Expertise besitzt. Auswirkungen des Zeit- und Leistungsdrucks für den Einzelnen im Hinblick auf eine mögliche Fehl- oder Überbelastung zeigen sich im erhobenen Material (neben gleichwohl zu findenden, gelegentlich direkten, meist aber eher indirekten und damit interpretativ aufzuschließenden Berichten über psychosomatische, alltagspraktische, soziale oder ähnliche Beeinträchtigungen) vor allem in Verbindung mit Schilderungen der „Umgangsweisen" der Betroffenen, mit denen sie einen erlebten Zeit- und Leistungsdruck versuchen praktisch in der Tätigkeit zu bewältigen.

Mit dieser Thematik verlässt die Darstellung der Befunde des Projektes die bisherige (und für den Untersuchungsansatz leitende) Konzentration auf die untersuchten Tätigkeiten in ihrem jeweiligen betrieblichen Rahmen und nimmt stärker als bisher die einzelne Person in den Blick – empirisch, indem das Material subjektbezogen ausgewertet wird, und interpretativ verallgemeinernd, indem die Ebene des „Subjekts" in den Fokus gerät. Dazu wird im Folgenden mit Bezug auf zwei aus dem Untersuchungsmaterial gewonnenen zentralen Dimensionen der personalen Auswirkungen von Zeit- und Leistungsdruck (die subjektiv erlebte Qualität der eigenen Arbeit und die interpretativ erschließbare Befindlichkeit der Betroffenen) eine empirisch basierte Typologie personaler Umgangsweisen vorgestellt.

Dazu wird zunächst die methodische Verfahrensweise bei der Konstruktion der Typologie dargestellt, bevor die einzelnen Typen vorgestellt werden. Vorab sei bereits darauf hingewiesen, dass es sich bei den hier vorgestellten Typen nicht um Realtypen, sondern um empirisch basierte Idealtypen handelt, die als Resultate von Isolierung und Zuspitzung einzelner Merkmale noch stärker als die bisher dargestellten Befunde einen thesenförmigen (oder in gewisser Weise auch „hypothetisch" zu nennenden) Charakter aufweisen, worauf nachfolgend noch näher eingegangen wird.

9.1 Methodik der Typenbildung

Die Analyse von auf Zeit- und Leistungsdruck bezogenen Umgangsweisen mit dem Ziel einer Typologie löst sich, wie angedeutet, von den untersuchten Tätigkeitsbereichen und kontrastiert erstmalig personale Auswirkungen von Zeit- und Leistungsdruck. Basis sind hier Interpretationen des empirischen Materials nicht nur mit Fokus auf die „Subjekte", sondern (methodisch gesehen) auch über eine personenbezogene Auswertung des Materials, also einer Bearbeitung der konkreten Personenfälle und damit zwar nicht unabhängig vom jeweiligen Tätigkeitsbezug, aber mit einer dazu ‚quer' liegenden oder übergreifenden Perspektive. Ziel ist gleichwohl nicht eine Individualanalyse, sondern eine von den konkreten Personen abstrahierende Verallgemeinerung.

9.1.1 Allgemeine Vorgehensweise

Auch die Konstruktion der Typologie der personalen Reaktionen auf Zeit- und Leistungsdruck folgt dem Analyserahmen der Untersuchung: sie fokussiert auf das Zusammenspiel von „Umgangsweisen" mit Zeit- und Leistungsdruck (in Verbindung mit den teilweise im Material erkennbaren „direkten Konsequenzen") und den daraus resultierenden „indirekten Konsequenzen" für die Betroffenen oder einen durch Umgangsweisen „vermittelten" Zeit- und Leistungsdruck.

Um die Umgangsweisen in diesem Sinne typisierend erfassen und benennen zu können, liegt der Ausgangspunkt der Typenbildung im Sinne des Analyserahmens gewissermaßen am „Ende" des Prozesses, also bei den personalen Konsequenzen. Ziel der Konstruktion der Typologie ist es damit, kausallogisch ‚retrospektiv' anhand einer Kontrastierung empirisch erarbeiteter, für die Subjekte als zentral erlebter Konsequenzen des Zeit- und Leistungsdrucks, Aufschluss über Umgangsweisen und (soweit erkennbar) dahinterstehender Entstehungsbedingungen zu erhalten.

Zu Beginn der Interpretationsarbeiten in diesem Arbeitsschritt stand demnach die Generierung zentraler personaler Konsequenzen des Zeit- und Leistungsdrucks aus dem Material, die die Grundlage der Typenkonstruktion bilden sollten. Um die allgemeinen Voraussetzungen einer Typenbildung hinsichtlich interner Homogenität und externer Heterogenität (vgl. Kelle/Kluge 2010) sicherzustellen und das Datenmaterial entsprechend gezielt auswerten zu können, wurde zuerst die Auswahl relevanter Konsequenzen maximal reduziert, welche die kontrastbildenden Dimensionen und damit die Randparameter der Typologie bilden sollten. Das gesamte empirische Material aus den Phasen 1 bis 4 wurde dazu nach für die Subjekte zentralen Konsequenzen des Zeit- und Leistungsdrucks hin auf Ebene der Personenfälle analysiert. Ausschlaggebend waren dabei nicht primär die Häufigkeit der Nennungen einzelner Aspekte, sondern die Art und Weise bzw. die Intensität der Schilderungen (in den Interviews wie auch den Expertengesprächen) sowie der Beobachtungen (bei den Begleitungen) von Konsequenzen. Über diesen Prozess ergaben sich zwei leitende Dimensionen:

– Auswirkungen von Zeit- und Leistungsdruck auf die erlebte Qualität der Ergebnisse der geleisteten Arbeit werden bei den Analysen im Hinblick auf die Ebene der „Tätigkeiten" durchgehend deutlich und bestätigen damit eine zentrale Vorannahme des Projektes. Bereits bei der Auswertung der Experteninterviews, wie vor allem dann bei den tiefergehenden Analysen der Tätigkeiten auf Basis der Interviews und Begleitungen zeigten sich Auswirkungen auf das Erleben der Qualität der Arbeitsergebnisse, insbesondere durch die (wie oben mit vielen Beispielen in den Tätigkeitsanalysen gezeigt) von den Betroffenen erlebten Verschärfungen und damit oft auch Redefinitionen vorgegebener Kriterien für Arbeitsqualität, die als Folgen des in allen drei Bereichen beschriebenen Strukturwandels der Arbeit auftreten. Vor allem aber zeigte sich, dass dies durch die Probanden subjektiv als sie belastende problematische Veränderungen und oft auch dezidiert als substanzieller Verlust von (bisheriger) Arbeitsqualität empfunden wird. Erfasst wird damit, um es zu betonen, nicht eine irgendwie geartete (und gemessene) Veränderung der objektiven Arbeitsqualität, sondern, ob dies von den untersuchten Personen als solche erlebt wird.
– Im engeren Sinne personale Auswirkungen von Zeit- und Leistungsdruck, im Sinne des Analyserahmens also auf der Ebene der „Subjekte", finden sich, wie geschildert, im Material oft nur indirekt, sind trotz mancher Gemeinsamkeiten im Einzelnen verschiedenartig, variieren zwischen den Probanden, zum Teil auch zwischen den Tätigkeitsbereichen. Insgesamt erweisen sich jedoch jene personalen Auswirkungen des Zeit- und Leistungsdrucks als hoch relevant. Auch dies wurde vermutet (und war Teil des Auftrags), zeigte sich aber im Zuge der empirischen Arbeiten immer deutlicher. Werden die personalen Konsequenzen zusammenfassend betrachtet, ergibt sich ein Aspekt der hier (mit bewusst begrenztem Anspruch und gezielter Allgemeinheit) als „Befindlichkeit"[7] bezeichnet wird. Damit wird pauschal ausgedrückt, was sich bei der Interpretation des Materials darüber

---

7 Der Begriff wurde gewählt, um u.a. eine Verwechslung mit dem spezifischen und aufwändig operationalisierten und eher objektivierten psychologischen Konstrukt „Befinden" (vgl. z.B. Lohman-Haislah 2012) oder einer ähnlichen Begriffsverwendung in der Medizin auszuschließen; der hier verwendete Ausdruck entspricht eher (aber keinesfalls systematisch) dem auch in der Psychologie gelegentlich zu findenden, deutlicher am subjektiven Erleben angelehnten Begriff des „Befindens" (vgl. Genkova 2013).

zeigt, wie sich die Probanden in ihrer aktuellen Situation im weitesten Sinne mit mehr oder weniger expliziten Symptomatiken „fühlen" und inwieweit sie dies als Folge eines (zunehmenden) Zeit- und Leistungsdrucks erleben.

Die Randdimensionen der unten als Matrix vorzustellenden Typologie bildeten somit zwei, konzeptionell vorbereitete, dann aber empirisch bestätigte und vertiefte sowie aus dem Material extrahierte und als zentral bewertete Momente der personalen Konsequenzen des Zeit- und Leistungsdrucks. Anhand dieser Momente wurde eine vertiefende Auswertung und auf eine Typisierung abzielende Kontrastierung der einzelnen Personenfälle vorgenommen. Die Typologie kontrastiert somit zwei entscheidende ‚Zielpunkte' der Umgangsweisen der Beschäftigten; kurz gesagt: darauf, was sie versuchen mit ihren Umgangsweisen ‚positiv' zu beeinflussen, nämlich die Qualität ihres Arbeitsergebnisses und die Qualität ihrer persönlichen Befindlichkeit (man könnte auch von Lebensqualität sprechen).

Nach der Festlegung dieser Dimensionen, wurde das empirische Material in einem ersten Schritt einmal entlang der Personenfälle dahingehend ausgewertet, ob die Probanden sich in der Qualität ihrer Befindlichkeit eher beeinträchtigt oder eher nicht beeinträchtigt sehen und danach nochmals in Bezug dazu, ob sie sich in der erlebten Qualität ihrer Arbeit eher beeinträchtigt oder eher nicht beeinträchtigt sehen. Hierzu wurden schrittweise (beginnend mit offenen diskursiven Intensivanalysen von gezielt ausgewählten „Key-Cases" und dann übergehend zu stärker formalisierten Auswertungen aller Fälle des Gesamtmaterials) personenbezogene Einzelfallanalysen zu der jeweiligen Dimension durchgeführt und die Aussagen, Codes und Beobachtungen jedes Personenfalls in ihrer Gesamtheit bewertet und einer der beiden Ausprägungen der Dimensionen zugeordnet. Diese sind jedoch nicht als absolute trennscharfe dichotome Kategorien (etwa im Sinne von eindeutigen „Ja" oder „Nein" Aussagen) zu verstehen, sondern bewusst kontrastierende interpretative Zuordnungen der Personenfälle zu der einen oder anderen Ausprägung des Qualitätsempfindens und der Befindlichkeitswahrnehmung.

9.1.2 Operationalisierung der Dimensionen

Arbeitsqualität

Die Dimension „Arbeitsqualität" bezieht sich auf die subjektiv erlebte Qualität des entstehenden Ergebnisses der Arbeit der Subjekte. Diese ist in den einzelnen Bereichen, wie in den Tätigkeitsprofilen aufgezeigt, nicht gleichförmig, sondern bezieht sich jeweils auf unterschiedliche Kriterien und Ergebnisse der Arbeitstätigkeit (die medizinische Betreuung und der Versorgungs-/Behandlungserfolg im Krankenhaus, die technische Dienstleistung mit der darauf bezogenen Führungsleistung im Technik- und Infrastrukturunternehmen, die pädagogische Arbeit und der Bildungserfolg im Bildungsunternehmen). Das Material wurde jedoch nicht tätigkeitsspezifisch, sondern betriebs- und bereichsübergreifend und damit unabhängig von der jeweiligen Tätigkeit der einzelnen Probanden allgemein nach der Frage analysiert: „Was lässt das Material darüber erkennen, wie die Probanden die Ergebnisqualität ihrer Tätigkeit aktuell, ggf. auch für die Zukunft einschätzen?"

Um diese Einschätzung für jeden Probanden erfassen zu können, wurde das empirische Material im Hinblick auf Passagen hinsichtlich der Arbeitsqualität analysiert. Darauf aufbauend wurde dann mit Bezug auf die Gesamtheit aller Aussagen des Probanden sowie der Beobachtungen der Forscher im Feld eine Zuordnung hinsichtlich einer subjektiv wahrgenommenen allgemeinen Beeinträchtigung oder Nicht-Beeinträchtigung in dieser Dimension für jeden einzelnen Probanden durchgeführt.

Folgende beispielhafte Äußerungen von Krankenhausärzten für eine wahrgenommene und eine nicht wahrgenommene Beeinträchtigung der Arbeitsqualität können zur Illustration dienen und sollen beispielhaft einen Eindruck von der Vorgehensweise vermitteln.

- Äußerung für eine eher empfundene Qualitätsbeeinträchtigung:
  „Und gut zu sein, ich frage mich immer, ob das überhaupt noch möglich ist, als Arzt gut zu sein, wie es die Menschen bräuchten."
- Äußerung für eine eher nicht empfundene Qualitätsbeeinträchtigung:
  „Also ich habe es eigentlich am liebsten, wenn ich die Leute selber aufnehme, die ich auf meiner Station liegen habe und die ich so bis zum Ende betreuen kann. Dann hat man so ein Bild. Dann ist das rund. Das finde ich eigentlich am angenehmsten. Und wenn man dann selber noch bestimmte Sachen bei dem Patienten durchführt, dann ist das auch eine gute Beziehung zu denen. Die sind da sehr dankbar. Das klappt eigentlich ganz gut."

Derartige Aussagen in den Interviews ergeben in Verbindung mit den Beobachtungsprotokollen und den Eindrücken und Beobachtungen der Forscher vor Ort in der interpretativ verdichtenden Gesamtbetrachtung für jeden einzelnen Personenfall ein Bild der Einschätzungen des Probanden hinsichtlich des Qualitätsstandes in seinem Bereich.

Befindlichkeit

Die Dimension „Befindlichkeit" zielt ebenso auf ein Gesamtbild des subjektiven Beeinträchtigungsempfindens der Probanden. Dabei geht es nicht um eine Aufsummierung einzelner Berichte über konkrete gesundheitliche o.ä. Beschwerden, sondern die Verfahrensweise der Auswertung entspricht der zur Dimension der Arbeitsqualität. Das heißt, das empirische Material wurde betriebs- und bereichsübergreifend nach Passagen hin analysiert, die Aussagen hinsichtlich der persönlichen Befindlichkeit der Probanden direkt beinhalten oder entsprechende Deutungen ermöglichen. Dies folgt der Frage: „Was lässt das Material darüber erkennen, wie Probanden ihre im weitesten Sinne gesundheitsrelevante Befindlichkeit mit Bezug auf ihre Tätigkeit erleben?" Erfasst wurden damit direkte Aussagen oder interpretierbare allgemeine Äußerungen und Berichte der Probanden sowie interpretierbare Beobachtungen über im weitesten Sinne körperliche Beschwerden genauso wie über psychische und/oder soziale Befindlichkeiten. Auch hier wurde anschließend für jeden einzelnen Probanden auf Grundlage der Gesamtheit der Aussagen und Beobachtungen eine interpretative Zuordnung hinsichtlich einer potenziellen Befindlichkeitsbeeinträchtigung vorgenommen. Zur Illustration wieder jeweils eine beispielhafte Äußerung von Probanden aus dem Bildungsunternehmen für eine wahrgenommene und eine nicht wahrgenommene Befindlichkeitsbeeinträchtigung:

- Äußerung für eine eher empfundene Befindlichkeitsbeeinträchtigung:
„Vor Kurzem war wieder so eine Situation. Da war ich so leer. Ich hab so viel gearbeitet und so viel gemacht und hatte da so viel Zeit investiert und war richtig enttäuscht und hab gedacht (...) ich kann das gerade nicht. Es war so, ich will nicht. Also ich will gerade nicht mehr, ich kann das gerade nicht mehr noch mal."
- Äußerung für eine eher nicht empfundene Befindlichkeitsbeeinträchtigung:
„Es ist trotzdem viel Stress. Also man merkt schon (...) dass man abends auch platt ist. Ganz klar ist hier ein psychischer Stress und Druck da, der aber aushaltbar ist. Aushaltbar heißt: Ich gehe abends nicht nach Hause und sage: ,Auf keinen Fall komme ich morgen wieder. Ich kann nicht mehr.'"

9.1.3 Typenkonstruktion

In einem nächsten Schritt wurden die Personenfälle anhand ihrer dichotom kontrastierten Ausprägungen in den beiden Dimensionen zusammengeführt, sodass für jeden Personenfall eine spezifische Kombination von Ausprägungen der Dimensionen vorlag. Die Personenfälle wurden anschließend dieser Kombination entsprechend gruppiert, sodass vier Gruppen von Personenfällen entstanden, welche innerhalb der Gruppe die gleichen Dimensionsausprägungen besaßen. Anschließend wurden die Personenfälle jeder Gruppe einer vergleichenden Analyse im Hinblick auf Gemeinsamkeiten hinsichtlich ihres Umgangs mit Zeit- und Leistungsdruck unterzogen, sodass als Ergebnis für jede Gruppe eine spezifische Konstellation von Umgangsweisen entstand. Diese vier Konstellationen wurden anschließend miteinander verglichen, um typische Unterschiede in den Umgangsweisen der vier Gruppen zu erfassen und durch gezielte Kontrastierung ein höheres Abstraktionsniveau auf Typenebene zu erhalten. Den Hintergrund der Analyse im Hinblick auf Umgangsweisen bildeten die allgemeinen Erkenntnisse zu den Formen des Umgangs mit Zeit- und Leistungsdruck (Kap. 8.3), wobei das Augenmerk hier auf Umgangsweisen in Relation zur Tätigkeit lag. Dabei erwiesen sich in der Kontrastierung als besonders relevant,

- Umgangsweisen in praktischem Bezug auf die Tätigkeit, insbesondere Strategien der Be- und Entschleunigung sowie der Be- und Entgrenzung der Tätigkeit;
- Umgangsweisen in personalem Bezug zur Tätigkeit, insbesondere Formen des kognitiven sowie des berufsbiografischen Umgangs mit Zeit- und Leistungsdruck.

Diese finden sich nun nach Abschluss der typisierenden Analyse in den zentralen Dimensionen der Umgangsweisen der Typologie wieder.

Bei den auf diese Weise generierten Typen handelt es sich um ‚reine' Typen (etwa im Sinne des Konzeptes der Idealtypen nach Weber, vgl. 1968, s.a. Schmid 1994)[8]; die hier jedoch systematisch empirisch basiert sind, aber gleichwohl abstrahierend synthetisierende wissenschaftliche Konstruktionen darstellen, sogenannte „constructed types" (McKinney 1966: 25). Dies bedeutet auch, dass Unterschiede zwischen den, als Zwischenschritt der Typenkonstruktion, zugeordneten Personen innerhalb einer Gruppe, durch die Typenbildung nicht nur weitgehend vernachlässigt, sondern gezielt ausgeklammert wurden, da das Ziel der Analyse darin bestand, durch das Aufzeigen prinzipieller Gemeinsamkeiten innerhalb einer Gruppe eine Gleichförmigkeit des jeweiligen Typus zu erreichen, um dann anschließend systematische Unterschiede zwischen den gleichförmigen Typen durch die kontrastive Konstruktion der Typologie herauszuarbeiten.

Zudem ist es wichtig zu beachten, dass hier nicht Personen (und schon gar nicht reale Personen) typisiert werden, sondern „Umgangsweisen" zur Bewältigung von Zeit- und Leistungsdruck und auch diese in typisierend ‚bereinigter' Form. Reale Personen können durchaus verschiedene Momente der Typen in unterschiedlichen Situationen anwenden bzw. praktizieren in der Regel Mischformen, die situativ auch unterschiedlich aussehen können. Gleichwohl ist es nicht unplausibel, zu vermuten, dass Personen tendenziell den einen oder anderen Typus des Umgangs bevorzugen und im Material finden sich durchaus Personen, die bei den von ihnen verwendeten Umgangsweisen einzelnen Typen mehr oder weniger weitgehend nahe kommen. Solche Fälle helfen, die Logik

---

8   Max Weber formuliert dies in seiner klassischen Definition so: Idealtypen resultieren aus einer „einseitigen Steigerung eines oder einiger Gesichtspunkte und durch Zusammenschluss einer Fülle diffus und diskret, hier mehr, dort weniger, stellenweise gar nicht, vorhandenen Einzelerscheinungen, die sich jenen einseitig herausgehobenen Gesichtspunkten fügen, zu einem in sich einheitlichen Gedankengebilde" (Weber 1968: 191).

eines Typus zu verstehen, sie sind aber nicht das Thema der Typologie. Wenn die Darstellung der Typen bei dem Leser personenbezogene Assoziationen erzeugen sollte, dann ist dies dem Bemühen geschuldet, die Typen möglichst anschaulich zu beschreiben und zu benennen.

Tab. 2: Typen des Umgangs mit Zeit- und Leistungsdruck

"Arbeitsqualität" \ "Befindlichkeit"	Beeinträchtigung	Keine Beeinträchtigung
Beeinträchtigung	Allseitig wertorientierte Umgangsweise (Typ A)	Begrenzend pragmatische Umgangsweise (Typ B)
Keine Beeinträchtigung	Radikal perfektionistische Umgangsweise (Typ C)	Instrumentell selbstorientierte Umgangsweise (Typ D)

Die Darstellung der Typen orientiert sich an der dargestellten Systematik der Typenkonstruktion, ist aber eher beschreibend angelegt, sodass die Systematik nicht in jedem Punkt streng eingehalten wird und beispielsweise kognitive Elemente wie Wertvorstellungen oder persönliche Standards in die Beschreibung an passender Stelle eingeflochten werden.

9.2 Kontrastive Typen personaler Umgangsweisen mit Zeit- und Leistungsdruck

9.2.1 Allseitig wertorientierte Umgangsweise (Typ A)

Die wertorientierte Umgangsweise führt sowohl aufseiten des arbeitsbezogenen Qualitätsempfindens wie auch aufseiten der persönlichen Befindlichkeit zu einer negativen Ausprägung. Dies resultiert aus dem Anspruch, die Anforderungen beider Dimensionen auf der Grundlage einer starken Orientierung an beruflichen wie persönlichen Werten, umfassend auf hohem Niveau miteinander zu vereinbaren, was dann aber nicht gelingt. Zentrale Basis der Umgangsweise ist eine hoch ausgeprägte Identifikation mit dem Beruf, verbunden mit einem weitreichenden Qualitätsanspruch an die konkrete Tätigkeit wie zugleich an die persönliche Lebenssituation. Dies geht mit einem sehr hohen Einsatz in der Arbeit in allen Momenten (zeitlich, sachlich usw.) einher, um den weitreichenden Ansprüchen an die Qualität der Arbeit und darüber vermittelt auch an die eigene Person trotz wachsender Schwierigkeiten der Umsetzung gerecht zu werden. Dass es bei dieser Umgangsweise trotz des großen Einsatzes nicht erreicht werden kann, dem doppelten und in sich tendenziell widersprüchlichen Anspruch zu entsprechen und faktisch dann doch erhebliche Abstriche hinsichtlich der Arbeitsqualität hingenommen werden müssen, zugleich aber keine Möglichkeiten bestehen, dieser Situation zu entgehen, kann bei Betroffenen zum Erleben eines Scheiterns führen.

Die Bewältigungsstrategie des wertorientierten Umgangs verfolgt eine passive Anpassung (betreibt also keine aktive Gegenwehr), die durch eine hohe Sach- und Selbstorientierung getragen wird. Der Erfolg dieser Strategie bemisst sich dabei an einem ausgeprägten beruflichen wie persönlichen Ethos, der sich trotz des doppelten Anspruchs genau besehen im Zweifel primär auf die Inhalte der Tätigkeit bezieht und erst in zweiter Linie auf das persönliche Wohlbefinden. Die hier typischen konkreten Umgangsweisen in Reaktion auf Zeit- und Leistungsdruck dienen daher vor allem der Aufrechterhaltung eines hohen tätigkeitsbezogenen Anspruches, wofür tendenziell sogar eine Vernachlässigung der Selbstsorge mit der Gefahr einer Selbstgefährdung in Kauf genommen wird.

Nachfolgend sollen beispielhaft einzelne Strategien dieser Umgangsweise näher beschrieben werden.

• *Bewältigungsstrategien*

Charakteristisch für die wertorientierte Umgangsweise sind praktische Bewältigungsstrategien, die darauf ausgerichtet sind, persönliche Ansprüche an die sachliche Arbeitsqualität und deren Umsetzung in der Tätigkeit aufrechtzuerhalten und (bewusst oder unbewusst) die persönliche Befindlichkeit im Zweifel dem unterzuordnen – im Extremfall sogar auf Kosten der Gesundheit und damit letztlich sogar der Arbeitsfähigkeit. Dies folgt der Annahme, durch eine Verteidigung der inhaltlich anspruchsvollen und wertebasierten Qualitätsstandards in der Tätigkeit, auch etwaige Beeinträchtigungen auf der Befindlichkeitsebene zu kompensieren und so dann doch ein Gleichgewicht zwischen beiden Dimensionen herstellen zu können. Doch aufgrund der Höhe des erlebten Drucks gerät diese Strategie an die Grenzen der Dauerhaftigkeit und Nachhaltigkeit, sodass eine Reduktion der Ansprüche (entgegen der eigentlichen Zielrichtung der Umgangsweise und entgegen der erklärten Intention der Person) aus der Not heraus faktisch dann doch unumgänglich wird – dies betrifft zuerst die persönliche Befindlichkeit und tangiert dann aber auch die Arbeitsqualität. Aufgrund dieser erzwungenen Anpassung von Ansprüchen scheitert die grundlegende Intention der Umgangsweise, arbeitsbezogenes Qualitätsempfinden und persönliche Befindlichkeit auf hohem Niveau in beiden Bereichen in Ausgleich zu bringen, was in Verbindung mit fehlenden Exit-Möglichkeiten, zu einer erheblichen Belastung eigener Qualität und damit zu einer potenziellen Gefährdung für die Person werden kann.

Bewältigungsstrategien in Bezug auf die Tätigkeit

In Bezug auf die hohen Belastungen durch die Arbeitszeit ist diese Umgangsweise vor allem durch Extensivierungspraktiken gekennzeichnet. Das Verhalten ist demnach daran ausgerichtet, möglichst viel Zeit für eine sachorientiert qualitätsvolle Ausübung der Tätigkeit zu gewinnen und zur Verfügung zu haben. Dies soll einerseits durch einen weitgehenden Verzicht auf Pausen oder Unterbrechungen während des Arbeitstages erreicht werden, aber auch durch die Bereitschaft zu Überstunden bzw. zusätzlichen Arbeitseinheiten und weitreichender Erreichbarkeit zu Hause, am Wochenende, also außerhalb regulärer Dienstzeiten.

In deutlichem Kontrast zur Umgangsweise des Typus C, die eine umfassende Entgrenzungsstrategie beinhaltet, werden hier durchaus Begrenzungsstrategien versucht anzuwenden und von dem Bewusstsein getragen, dass diese prinzipiell stärker forciert werden müssten. Aber aufgrund der hohen wertebasierten Grundeinstellung zu starkem sachorientierten Einsatz misslingt dies jedoch häufig. Zugleich werden (ohnehin nur marginal vorhandene) Delegations- und Externalisierungsmöglichkeiten kaum angewandt, da dies entweder mit der Befürchtung einer dadurch sogar steigenden Mehrarbeit einhergeht oder möglichen Delegationsempfängern nicht zugetraut wird, die Aufgaben nach den eigenen hohen Vorstellungen zu bearbeiten. Die Umgangsweise geht mit einer passiven betrieblichen Einbettung einher, die von einem intensiven Gefühl der „Getriebenheit" geprägt ist. Die begrenzten Vernetzungsmöglichkeiten, die mit der betrieblichen Position (etwa als für einen Bereich allein verantwortliche Führungskraft) einhergehen, erschweren zudem einen ausreichenden Informationsfluss und tragfähige Austausch- und damit Entlastungsmöglichkeiten, was die Tendenz verstärkt, im Zweifel alles selber zu machen.

Die Möglichkeit, Kompromisse einzugehen ist aufgrund der primären Orientierung der Strategien an den Sacherfordernissen der „Kunden 3. Ordnung" (Endkunden) eingeschränkt. Eine mögliche entlastende Distanzierung zum Arbeitsgegenstand wird durch die hohen sachbezogenen Qualitätsstandards und die weitreichenden, fachlich intrinsischen Motivationen erschwert. Folge ist eine wachsende Emotionalisierung der Tätigkeit, die angesichts der Widersprüchlichkeiten, die diese Umgangsweise mit sich bringt, Gefahr läuft, sich aufzuschaukeln, sodass es im weiteren Verlauf zunehmend schwerer möglich wird, das Arbeitshandeln angemessen pragmatisch auch auf die meist primär ökonomisch konnotierten Anforderungen der „Kunden 1. Ordnung" auszurichten und ggf. die Anforderungen der Endkunden zumindest in Teilen oder zeitweise zurückzustellen, um sich zu entlasten. Der wertorientierte Anspruch, immer wieder beide Anforderungen zu erfüllen, wird trotz der Schwierigkeiten nicht aufgegeben, was die ausgeprägte Extensivierungsstrategie (durch zeitliche

Mehrarbeit, Erreichbarkeit usw.) weiter vorantreibt, sodass eine sich verschärfende Konfliktspirale entsteht. Auffällig ist bei dieser Strategie nicht zuletzt, dass der private Kontext kaum als Ausgleichs- oder Rückzugspunkt fungiert, sondern im Gegenteil sogar so gesehen wird, dass dieser die ausufernden Extensivierungsstrategien nicht nur akzeptieren, sondern aktiv unterstützen soll. Konkret heißt das: Ständige lange Arbeitszeiten im Betrieb, Arbeit regelmäßig mit nach Hause nehmen, weitgehend erreichbar zu sein, familiäre und andere soziale Belange zurückstellen usw. All dies sind, mit den entsprechenden Folgen, häufig genutzte Praktiken dieser Umgangsweise. So selbstverständlich dies betrieben und so dezidiert dies mit den Ansprüchen an die sachlichen Aufgaben gerechtfertigt wird, sind die daraus folgenden Belastungen durchaus bewusst, was den erlebten Druck verschärft und dazu beiträgt, dass eine dauerhafte Umsetzung dieser Umgangsweise sehr schwierig ist.

Bewältigungsstrategien in Bezug auf die eigene Person

Charakteristisch für die wertorientierte Umgangsweise ist der Umstand, dass mögliche Alternativen in Form von Exit-Optionen entweder tatsächlich nicht zur Verfügung stehen oder mögliche Alternativen zur aktuellen Situation ausgeblendet und/oder nicht realisiert werden. Dies liegt zum einen darin begründet, dass es nicht gelingt, eine Begrenzung der Tätigkeit zugunsten der privaten Sphäre herzustellen. Denn gerade aufgrund dieser Erfolglosigkeit verstärkt sich das Gefühl einer besonderen Verantwortung für das private Umfeld, was wiederum in einer erheblichen privaten wie auch beruflichen Inflexibilität mündet, da das Risiko einer Gefährdung familiärer Verantwortlichkeiten, Care-Verpflichtungen oder sozialer Gebundenheiten unter dem Druck der Existenzsicherung (bspw. als „Ernährer" der Familie) mit einem Exit, aufgrund der Unsicherheiten, steigt.

Darin wird noch einmal die hohe ethisch basierte Verantwortlichkeit des Typus deutlich, die sich allseitig erstreckt, vor allem aber nicht nur beruflich. Damit verbunden sind tief gehende Loyalitätsgefühle gegenüber konkreten einzelnen Kunden sowie (oft darüber vermittelt) gegenüber einzelnen Mitarbeitern, Kollegen und sogar Vorgesetzten. Daraus resultieren komplexe und sogar widersprüchliche Loyalitätsempfindungen, die mit erheblichen und kaum auflösbaren Loyalitätskonflikten einhergehen. Denn im Gegensatz zu den Typen B und D, würde für die wertorientierte Umgangsweise ein Exit gleichzeitig ein „Im-Stich-Lassen" konkreter Personen bedeuten, was mit dem zugrunde liegenden ethischen Anspruch nicht vereinbar ist – was wiederum eine Art ‚Blindheit' für Alternativen begünstigt.

Das Selbstsorgeverhalten des Typus geht von der Annahme aus, dass die Erfüllung der Ansprüche an die Qualität der Tätigkeit und die Orientierung an den hohen ethischen Vorstellungen mit einem persönlichen Wohlergehen vereinbar ist, ja, dass es dazu beiträgt. Diese Einstellung verhindert jedoch eine gezielte Veränderungs- oder auch nur eine aktive Anpassungsstrategie, die entlastend wirken könnte. Denn eine Veränderung der Situation, die etwa eine pragmatische Relativierung der Qualitätsansprüche beinhalten würde, steht der berufsethischen Orientierung fundamental entgegen und eine aktive Anpassungsstrategie, die etwa auf der anderen Seite explizit mit einer Vernachlässigung des sozialen Umfeldes einherginge, kollidiert mit privaten Loyalitätsverpflichtungen und allgemeinen moralischen Wertorientierungen. So bleiben in dieser widersprüchlichen Zwangskonstellation nur hilflose kognitive Umgangsweisen, vor allem sich über resignative Deutungen mit der Situation abzufinden und als kaum änderbar zu interpretieren.

Nicht zuletzt wird faktisch die eigene Gesundheit ein- und aufs Spiel gesetzt (krank auf Arbeit gehen, Symptome negieren usw.) wie auch wichtige private Ressourcen gefährdet (Arbeit und Erreichbarkeit nach Feierabend, am Wochenende, im Urlaub etc.). Da sich Letzteres aber sogar als eine Form der „Vereinbarkeit von Arbeit und Beruf" umdeuten lässt, wird die dadurch entstehende potenzielle Gefährdung der privaten Sphäre kaum bewusst (vielleicht aber geahnt). Das Selbstsorgeverhalten ist demnach durch einen kaum vorhandenen praktischen Selbstschutz und eine faktisch nicht erkennbare Selbstaufmerksamkeit geprägt, die aufgrund der Passivität mit einem Hang zu Fatalismus und letztlich zu einer mehr oder weniger leidenden Resignation einhergeht.

9.2.2 Begrenzend pragmatische Umgangsweise (Typ B)

Die begrenzend pragmatische Umgangsweise führt zu einem Erleben von mehr oder weniger deutlichen Einbußen der Qualität der Arbeit, das allerdings nicht mit (zumindest mit keinen wesentlichen) Beeinträchtigungen der persönlichen Befindlichkeit einhergeht.

Diese Umgangsweise führt in diesem Fall trotz erlebter Verletzungen von berufsfachlichen Standards, nicht zu Resignation oder gar zu einem Gefühl des Scheiterns. Im Gegenteil, sie ermöglicht vielmehr, die nicht unkritisch wahrgenommen Beeinträchtigungen in der Arbeit durch situativ variable pragmatische Anpassungen des beruflichen Handelns an (aus subjektiver Sichtweise) unvermeidlich sich häufig ändernde und oft auch widersprüchliche Erfordernisse mit daraus teilweise entstehenden Qualitätsverlusten zu akzeptieren und die Folgen für ihre persönliche Befindlichkeit zu kompensieren. Dabei liegen auch hier hohe Standards für die Qualität der Arbeit zugrunde, die erkennbar durchaus auf berufsethischen Orientierungen basieren. Wichtiger Unterschied zur Umgangsweise des Typus A ist aber, dass hier die hohen Ansprüche fallweise selbstbewusst aktiv begrenzt oder variabel gehandhabt werden, um die eigene Arbeitsfähigkeit zu gewährleisten und vor allem, um die arbeitende Person vor sich selbst zu schützen. Dass dies gelegentlich Züge einer ausgeprägten ethischen „Flexibilität" beinhaltet, vielleicht sogar gelegentlich in einen ignoranten Opportunismus umschlagen kann, ist nicht auszuschließen. Wichtige Faktoren, die eine derart situativ flexible Handlungsweise begünstigen, sind insbesondere die bereitwillige Nutzung vorhandener Unterstützungen im Betrieb, die Wahrnehmung und entlastende proaktive Realisierung von Handlungsspielräumen, eine erlebte Wertschätzung im Betrieb und nicht zuletzt relativ klar benennbare berufliche Perspektiven und damit biografische Alternativen. All dies ermöglicht es, die potenziell belastende Arbeitssituation zumindest in Teilen zu verändern und dem erlebten Zeit- und Leistungsdruck durch Versuche einer aktiven Selbst-Kontrolle über Arbeitszeiten und Arbeitsleistungen entgegenzuwirken. Zentrale Grundlage dieser Umgangsweise ist eine aktive Kompensations- und sogar Veränderungsstrategie, die auf einer selbstbewusst-pragmatischen Sach- und nicht zuletzt auch einer ausgeprägten Selbstorientierung beruht. Das Handeln ist relativ nüchtern (um nicht zu sagen distanziert „gelassen") und nicht nur, aber doch deutlich erkennbar an einer positiven Ausprägung der persönlichen Befindlichkeit orientiert, ohne jedoch zu einer Schonhaltung zu werden – im Zweifel ist die Qualität der Arbeitsergebnisse aber eher in zweiter Hinsicht wichtig. Die konkreten Bewältigungspraktiken sind daher deutlich strategisch und sogar vorausschauend angelegt, um die berufliche (und dann auch die private) Situation auf Dauer bewältigbar zu gestalten und im Zweifel zugunsten eines persönlichen Wohlbefindens zu verändern.

- *Bewältigungsstrategien*

Prägend sind Bewältigungspraktiken, die darauf gerichtet sind, die Arbeitsfähigkeit auch angesichts eines erlebten durchaus teilweise sehr hohen Zeit- und Leistungsdrucks aufrecht zu erhalten, also Befindlichkeitsbeeinträchtigungen möglichst zu minimieren, was hier vorwiegend zulasten der empfundenen Ergebnisqualität der Arbeit ermöglicht wird, die gleichwohl ernst genommen wird. Diese Strategie setzt demnach auf eine aktive Veränderung zwar nicht der Anforderungen, die zum erlebten Zeit- und Leistungsdruck führen, aber der entstehenden Folgen. Zentral ist dabei die Kombination aus tätigkeitsbezogenen Entschleunigungs- und Begrenzungspraktiken, der Öffnung und ggf. Nutzung von Exit-Optionen und eine gezielte aktive Selbstsorge.

Bewältigungsstrategien in Bezug auf die Tätigkeit

Auch hier finden sich vielfältige Praktiken der Entschleunigung der Arbeit, die etwa darauf abzielen während des Arbeitstages ein Maximum an Zeit für die

Durchführung der Arbeitsaufgaben zu erlangen. Dies mündet meist darin, dass komplett durchgearbeitet wird und bspw. Pausen nicht oder nur sehr kurz in Anspruch genommen werden. Echte Hektik wird aber vermieden, Multitasking zwar intensiv eingesetzt, gleichzeitig aber immer wieder auch begrenzt, um eine Konzentration auf wirklich wichtige Aufgaben zu ermöglichen.

Im klaren Gegensatz zur wertorientierten Umgangsweise werden hier zugleich sehr strikt Begrenzungsstrategien angewandt, die sich in mehreren Facetten äußern und sich primär auf die Tätigkeit und den betrieblichen Kontext (und weniger auf die private Sphäre) beziehen. Deutlich ist dabei ihr aktiver Charakter, der sich auch hierin klar vom eher passiv-reaktiven Charakter der wertorientierten Umgangsweise absetzt. So werden hier die verfügbaren Möglichkeiten der Delegation und Externalisierung sehr konsequent ausgenutzt, um eine Entlastung von Zeit und Leistungsdruck zu erreichen. Damit verbunden ist die ausgeprägte Fähigkeit sich unter Nutzung aller Möglichkeiten über den gezielten Aufbau von Vernetzungen regelmäßig und frühzeitig mit entscheidenden Informationen zu versorgen, um sich darüber langfristig zu positionieren und auch dadurch eine Entlastung zu erhalten. Der Austausch und die Vernetzung mit Dritten stellt eine zentrale Ressource für die Anwendung der pragmatischen Umgangsweise dar.

Die dabei genutzten Bewältigungsformen sind zudem auf entscheidende Weise durch eine ausgeprägt pragmatische und professionell nüchtern wirkende Distanz zum engeren Arbeitsgegenstand und einen variabel-situativen Umgang mit entsprechenden Standards gekennzeichnet. Die unmittelbare Sachorientierung bzw. die Orientierung am „Kunden 3. Ordnung" (den Endkunden) ist deutlich geringer ausgeprägt als beim wertorientierten Typus, bei Bedarf ist sie berufsethisch erstaunlich flexibel und selektiv. Dadurch entsteht eine nüchternselbstbewusste normative Selbstbegrenzung, die mit den Umgangsweisen des Typus A und wie dann auch bei C kaum möglich sind. Damit verbunden ist eine vor dem Hintergrund einer solchen Distanzierung möglich werdende explizite und im Zweifel auch ausgesprochen strikte Priorisierung von Arbeitsaufgaben und Ergebnisparametern, die dazu beiträgt, die als unvermeidbar wahrgenommene (wenn auch bedauerte) mehr oder weniger durchgängige partielle Beschränkung der sachbezogenen Arbeitsqualität (und dazu auch der eigenen Ansprüche) ohne größere Skrupel zu vollziehen.

Auffällig ist nicht zuletzt eine, mit der ausgeprägten Arbeitsorientierung vielleicht nicht immer ganz konfliktfreie, aber dennoch gezielt praktizierte starke Fokussierung auf den privaten Kontext. Diesem wird eine hohe Bedeutung beigemessen und gezielt mit gleichem Selbstbewusstsein wie beim pragmatischen Umgang mit dem Beruf aktiv als Ausgleichspunkt genutzt. Die Herstellung einer „Work-Life-Balance" ist hierbei nicht nur deklamatorisch, sondern unmittelbar praktisch von hoher Bedeutung und die Bewältigungsstrategien sind stark auch daran ausgerichtet.

Bewältigungsstrategien in Bezug auf die eigene Person

Neben der konkreten Offenhaltung von entlastenden Veränderungsoptionen im Betrieb ist für die pragmatische Umgangsweise in Bezug auf die eigene Person charakteristisch, dass gezielt nach weiteren beruflichen Aus- oder Umstiegswegen Ausschau gehalten wird, auch wenn nicht die unmittelbare Absicht besteht, diese zu nutzen. Damit geht auch eine eher begrenzte Loyalität (aber keine explizit Illoyalität) zum Unternehmen einher, die insbesondere dann zum Tragen kommt, wenn sich die Arbeitsbedingungen so auswirken, dass eine signifikante Reduzierung der Befindlichkeit wahrgenommen wird oder gar die Befürchtung einer dauerhaften ernsthaften Belastung oder gar einer potenziellen Gefährdung besteht. In einem solchen Fall wäre die Nutzung alternativer beruflicher Angebote und das Verlassen des Unternehmens eine mögliche und sehr wahrscheinliche Reaktion, selbst wenn dies mit biografischen Kosten einhergehen sollte.

Die gegenüber dem vorhergehenden Typus stärkere Orientierung der pragmatischen Umgangsweise an der persönlichen Befindlichkeit zeigt sich auch im Hinblick auf das Selbstsorgeverhalten. Dies ist stets an einer positiven Ausgestaltung der Lebensqualität und vermittelt darüber auch an einer befriedigenden sozialen Einbindung ausgerichtet, ohne jedoch zum engen Instrumentalismus zu werden. Dabei zeigen sich zwar im Ansatz ähnliche Strategien wie bei Typus A, etwa dann, wenn es eher als unrealistisch angesehen wird, den Zeit- und Leistungsdruck und dessen Ursachen grundlegend ändern zu können. Dies führt hier allerdings nicht zu Fatalismus oder sogar Resignation, sondern eher zum praktischen Widerstand gegen eine Beeinträchtigung der Befindlichkeit, und sei es nur dadurch, dass mittels Umdeutungen der eigenen Lage verhindert wird, in eine Motivationskrise zu geraten. So etwas zeigt sich etwa darin, den „Papierkrieg" im Betrieb als ein Spiel zu sehen, bei dem der Gegner auch geärgert und besiegt werden kann, oder in der Interpretation von belastenden betrieblichen Umstrukturierungen als sportlich zunehmende „Herausforderungen". Wie weit dies eine wirkliche selbstsorgende Entlastung ermöglicht, sei dahingestellt. Deutlich ist aber, dass diese Umgangsweise einen auf Dauer selbstgefährdenden Einsatz der Gesundheit oder anderer privater Ressourcen weitestgehend zu vermeiden sucht und damit zumindest teilweise erfolgreich ist.

9.2.3 Radikal perfektionistische Umgangsweise (Typ C)

Die radikal perfektionistische Umgangsweise zeichnet sich dadurch aus, dass sie stark darauf abzielt, auf keinen Fall eine Beeinträchtigung des auf die Arbeit bezogenen Qualitätsempfindens hinzunehmen, dafür aber im Hinblick auf die persönliche Befindlichkeit eine faktisch starke Beeinträchtigung entsteht.

Dies geschieht vor dem Hintergrund einer sehr weit und tief gehenden Fokussierung auf die Durchsetzung von stark ausgeprägten fachlichen Qualitätsvorstellungen, denen hier alle anderen Aspekte der Arbeit sowie nicht zuletzt des Lebens überhaupt, radikal untergeordnet werden. Auch hier sind, wie bei Typus A, die hohen beruflichen Ansprüche von hohen Wertvorstellungen getragen. Diese sind aber weniger im engeren Sinne moralisch-ethisch (höchstens auf sehr allgemeine Weise „politisch") aufgeladen, als vielmehr an ganz konkreten Vorstellungen von sachbezogen guter Arbeit und dabei vor allem an den auf die Erfordernisse konkreter Endkunden („Kunden 3. Ordnung") und damit der praktischen Nutzer der Arbeitsleistungen bezogenen Qualitätsaspekten orientiert.

Dieser Umgangsweise liegt eine dezidierte Strategie der aktiven Anpassung zugrunde. Diese ist nicht nur von einer kompromisslosen Sachorientierung, sondern auch von einer regelrecht das Wohlergehen der eigenen Person verleugnenden Selbstorientierung getragen; von einer Selbstsorge kann hier nicht gesprochen werden, oder wenn, dann nur von einer Form, die in eine fast schon autoaggressive Selbstgefährdung umschlägt. Die in der Arbeit offensiv und durchaus erfolgreich verteidigten Qualitätsansprüche stehen dabei im Vordergrund der Orientierung, was mit hohen persönlichen Kosten einhergehen kann, die entweder negiert oder sogar bereitwillig hingenommen werden.

• *Bewältigungsstrategien*

Wie der Name sagt, liegen dieser Umgangsweise starke auf den Beruf bezogene perfektionistische Orientierungen zugrunde. Dementsprechend sind auch die Bewältigungsstrategien ausgelegt. Diese sind jedoch nicht von moralisch-ethischen Vorstellungen (Typus A) oder rein pragmatischen Gesichtspunkten (Typus B) geprägt, auch wenn hier ebenfalls eine starke Wertbasis zugrunde liegt. Die Orientierungen dieses Typus tragen vielmehr deutlich stärker ‚egoistische' Züge, die sich allerdings nicht in einer dominanten Orientierung an positiver persönlichen Befindlichkeit oder aktiver Selbstsorge äußern, sondern vielmehr das genaue Gegenteil bewirken. Die Bewältigungsstrategien sind eher darauf ausgerichtet, ausgeprägte persönliche Vorstellungen von Qualität kompromisslos mehr oder weniger offen (möglicherweise aber auch subversiv) durchzusetzen. Dies gelingt auch, sodass die Umgangsweise durchaus als „erfolgreich" gesehen werden muss. Gleichzeitig erzeugt sie aber eine starke, potenziell das ganze persönliche Leben berührende Befindlichkeitsbeeinträchtigung, die aber entweder verdrängt oder mutwillig verleugnet wird. Im Vergleich aller vier Typen des Umgangs, sind die Bewältigungsstrategien hier als regelrecht selbstdestruktiv einzuschätzen, was den Schluss zulässt, dass sie nicht dauerhaft praktizierbar sind, da sie zwangsläufig irgendwann in einem erzwungenem Ausstieg aus der Tätigkeit, welcher Art auch immer münden dürften.

Bewältigungsstrategien in Bezug auf die Tätigkeit
Auch hier werden im Hinblick auf die Arbeitszeit ausgeprägte Extensivierungs- und Entschleunigungsstrategien genutzt, um möglichst umfassend Zeit der Arbeit widmen zu können – möglicherweise von allen Typen am häufigsten und intensivsten. Das beinhaltet auch ein tägliches Durcharbeiten, also den Verzicht auf Pausen, gepaart mit massiver Arbeitsverdichtung und einer hohen Bereitschaft zu „Überstunden", die aber nie wirklich als solche gesehen werden. Dies wird dadurch ergänzt, dass ohne Zögern auch nach Dienstschluss, am Wochenende oder generell auch außerhalb der Dienstzeiten von zu Hause aus oder im Büro gearbeitet und eine weitreichende Erreichbarkeit sichergestellt wird. Das heißt, dass die hier eingesetzten Extensivierungsstrategien im Vergleich zu den restlichen Umgangsweisen der Typologie mit Abstand deutlich intensiver ausgeprägt sind und nahezu einen allumfassenden, vielleicht sogar totalen Charakter besitzen.

Dementsprechend wird zugleich eine umfassende Entgrenzungsstrategie verfolgt: So wird bspw., im Gegensatz zur Umgangsweise des Typus A, keinerlei Versuch der Begrenzung der Arbeit unternommen, sondern alles der Tätigkeit und vor allem dem hohen Qualitätsanspruch untergeordnet. So werden bspw. Delegationsmöglichkeiten nur wahrgenommen, wenn sie dazu dienen den Qualitätsanspruch durchzusetzen, doch dies kommt eher selten vor. Vielmehr ist davon auszugehen, dass es für die Umsetzung der Ansprüche von entscheidender Priorität ist, dass über eine größtmögliche Kontrolle über den Arbeitsprozess verfügt wird, um die Qualitätsvorstellungen sicherstellen zu können, und im Gegenteil eher mehr Aufgaben übernommen werden, wenn es die Situation erfordert. Daher spielen auch Austausch- und Vernetzungsmöglichkeiten hier eine eher untergeordnete Rolle, da sie nur von Interesse sind, wenn sie der Umsetzung und Durchsetzung der Qualitätsvorstellungen dienen und im Zweifel störend wirken.

Für die perfektionistische Umgangsweise ist insbesondere eine starke Orientierung des Arbeitshandelns an der Sache bzw. an den Kunden 3. Ordnung prägend und damit eine letztlich sehr problematische Unfähigkeit zur Distanz gegenüber dem Arbeitsgegenstand. Wenn der Typus deutlich Züge eines Workaholic aufweist, dann ist das Ziel nicht „Karriere", sondern der kompromisslose

Bezug auf den engeren Arbeitsgegenstand, genauer, auf den Nutzen für den Endkunden. Den neuen (vor allem ökonomischen) Anforderungen der Kunden 1. Ordnung wird höchst ablehnend gegenüber gestanden und die Erfüllung dieser in den Hintergrund gerückt. Denn ähnlich wie bei Typus B, ist mit der Orientierung an Qualität und Sache eine strikte Priorisierung der Aufgaben verbunden, die sich hier allerdings auf die Aufrechterhaltung einer sachbezogenen Qualitätsvorstellung und somit an den Bedürfnissen der Kunden 3. Ordnung ausrichtet und zunächst ausschließlich diese zu erfüllen versucht. Anders als bei Typus A ist hier genau nicht davon auszugehen, dass zusätzlich auch die „externen" Anforderungen des Kunden 1. Ordnung erfüllt werden. Dem wird nur mit größten Vorbehalten, wenn nicht gar mit aktiver Widerständigkeit, und dann auch nur im Rahmen des unbedingt nötigen nachgekommen.

Vor diesem Hintergrund ist verständlich, dass diese Umgangsweise der Privatsphäre eine weitgehende, wenn nicht sogar eine nahezu vollständig untergeordnete Rolle zuweist. Das Privatleben soll weder ausgleichend (Typus B und D) noch unterstützend (Typus A) wirken, sondern stellt vielmehr eine Art „Erweiterung" der Arbeitssphäre dar, sodass keine Begrenzung in dieser Hinsicht praktiziert wird. Dass dies dort massive Kosten verursacht, ist naheliegend.

Bewältigungsstrategien in Bezug auf die eigene Person

Charakteristisch für die perfektionistische Umgangsweise ist die hohe und dann letztlich radikale Loyalität allein der Sache gegenüber. So lange dies im Vordergrund steht und die Vorstellungen von Qualität aufrecht erhalten werden können, sind Exit-Optionen eher nicht von Bedeutung, zumal, ähnlich Typus A, Alternativen nicht wirklich vorhanden sind und auch nicht gesucht werden. Dies kann sich allerdings dann ändern, wenn die unbedingte Sachorientierung, bspw. aufgrund eines immer stärkeren Drucks zur Erfüllung anderer Qualitätskriterien, nicht mehr aufrechterhalten werden kann. In diesem Fall ist Exit durchaus eine denkbare Alternative, die möglicherweise sehr plötzlich wahrgenommen wird – was mit der eher egoistisch-sachorientierten Grundeinstellung unmittelbar konform geht. Denn anders als bei der wertorientierten Umgangsweise steht hier zwar ebenfalls der engere Arbeitsgegenstand (bzw. die Kunden 3. Ordnung) im Vordergrund, aber ein Exit wäre hier weniger ein „Im-Stich-Lassen" der Endkunden, sondern vielmehr ein Weg, die persönlichen Vorstellungen an anderer Stelle und unter günstigeren Bedingungen doch noch (oder besser) umsetzen zu können. Allerdings stehen meist keine wirklichen Ausstiegsmöglichkeiten zur Verfügung, sodass die wahrscheinlichere Exit-Variante darauf hinausläuft, dass aufgrund der kompromisslosen Hingabe und einer damit einhergehenden mangelnden Selbstsorge eine ernste Krankheit (im Zweifel ein Burn-Out) den Ausstieg erzwingt – vielleicht aber auch ein sich zuspitzender Konflikt in der Tätigkeit, wenn die radikal einseitig am Endkunden ausgerichtete Auslegung der Arbeitsanforderungen betrieblich auffällig wird und nicht mehr tragbar erscheint (möglicherweise sogar beides). Das Selbstsorgeverhalten dieser Umgangsweise ist Teil einer aktiven Anpassungsstrategie zur Durchsetzung der radikalen Unterordnung unter den eng ausgelegten beruflichen Qualitätsanspruch. Für den Umgang mit sich selbst lässt sich demzufolge vermuten, dass es nichts gibt, was den Begriff „Selbstsorge" wirklich verdient. Vermutlich wird bei der Anwendung einer perfektionistischen Umgangsweise immer darauf verwiesen, dass man schon „alles im Griff" habe und es eines Selbstsorgeverhaltens oder bestimmter Selbstschutzmaßnahmen nicht bedarf (was möglicherweise auch als ein Zeichen von Schwäche gedeutet werden könnte). Das sprichwörtliche „Leben für die Arbeit" findet bei dieser Umgangsweise die stärkste Entsprechung. Das Selbstsorgeverhalten ähnelt damit zwar auf den ersten Blick dem des Typus A, da es durch einen kaum vorhandenen Selbstschutz geprägt ist, es mündet hier aber nicht in Fatalismus, sondern findet seinen Ausdruck eher in selbstbewusstem Trotz und sogar systematischem Widerstand auch gegen sich selbst (und in sich vielleicht nach und nach sich zeigenden Symptomatiken für gesundheitliche Störungen). Der Verzicht auf Selbstsorge und die Ignoranz gegenüber Befindlichkeitsstörungen ist demnach tendenziell Element einer mehr oder weniger bewussten Strategie, um mit durchaus vorhandenen Befindlichkeitsbeeinträchtigungen umzugehen.

9.2.4 Instrumentell selbstorientierte Umgangsweise (Typ D)

Die instrumentell-selbstorientierte Umgangsweise zielt auf eine weitgehende Vermeidung von Beeinträchtigungen hinsichtlich beider beschriebener Dimensionen, d.h. sie führt sowohl aufseiten des arbeitsbezogenen Qualitätsempfindens wie auch aufseiten der persönlichen Befindlichkeit zu einer positiven Ausprägung. Dies wird insbesondere vor dem Hintergrund einer betrieblich-organisatorischen Einbettung in eine Art ‚Schutzraum' möglich (bspw. auf einer mittleren oder unteren nicht leitenden Positionoder auch im Rahmen von Ausbildungs- oder Dienstvorbereitungspositionen, die Raum zum beruflichen ‚Lernen und Entfalten' geben sollen) durch welchen der erlebte Zeit- und Leistungsdruck abgemildert wird. Aber auch diese Umgangsweise wird zunächst durchaus von einem nicht geringen fachlichen Anspruch an die eigene Tätigkeit und die Qualität der Arbeitsergebnisse getragen, der jedoch nur begrenzt auf einer berufsethischen Fundierung beruht. Zudem geht dies mit einer dem Alter der Betreffenden geschuldeten optimistisch-selbstbewussten und teilweise selbstzentrierten Orientierung an einer beruflichen und privaten Selbstverwirklichung einher. Zugleich ist eine Verschärfung des Zeit- und Leistungsdrucks durch partielle ‚Risse' in dem o.g. geschützten Raum (der als solcher nicht erkannt wird) jederzeit möglich, der in einer zunehmenden Aufweichung der organisatorischen Bedingungen münden kann, die für eine relativ entspannte Situation trotz der nicht geringen Anforderungen sorgen. In einer solchen Situation könnten Verringerungen der positiven Ausprägungen von Arbeitsqualität und Befindlichkeit zunehmend erkennbar werden und die Umgangsweise infrage stellen.

Tendenziell zeigen sich bei der selbstorientierten Umgangsweise in Bezug auf die Arbeitsbedingungen und insbesondere bei den Bewältigungsstrategien Züge, die denen des begrenzend pragmatischen Typus ähneln. Im Gegensatz dazu, wird hier (auch aufgrund einer wenig exponierten Stellung und stark spezialisierten Funktion innerhalb der Organisationsstruktur) jedoch weniger eine aktive, als vielmehr eine strukturell gewährte und damit eher passive Möglichkeit zur Begrenzung des erlebten Zeit- und Leistungsdrucks wirksam. Hinsichtlich des konkreten Umgangs, wird daher eine eher passive Strategie der Bewältigung von Druck verfolgt, die sich auf eine zwar nicht sehr hohe aber doch deutlich erkennbare instrumentelle Berufs- und Selbstorientierung bezieht und durch ein Bewusstsein vielfacher Exit-Möglichkeiten gestützt wird.

Die Bewältigungsstrategien sind stark an einem Ausgleich zwischen Qualitätsempfinden und Befindlichkeit ausgerichtet, die insgesamt einer breiten Selbstverwirklichung im Sinne eines gleichermaßen ausgefüllten Arbeits- wie Privatlebens dienen sollen. Die Bewältigungsstrategien sind daher nicht in einem engen (etwa rein finanziellen) sondern sehr breiten Sinne als „instrumentell" zu verstehen, die im Zweifel situativ flexibel (und von weitergehenden überpersönlichen, berufsethischen oder gar politischen Zielen eher unbelastet) angewendet werden – wichtig ist ein persönlich befriedigender Ausgleich zwischen Leistungs- und Lebensqualität.

• *Bewältigungsstrategien*

Die Umgangsweisen des Typ D sind, wie gezeigt, darauf ausgerichtet zwischen Befindlichkeit und Qualität einen Ausgleich zu finden und beides so zu gestalten, dass weder das Qualitätsempfinden noch die eigene Befindlichkeit ernsthaft beeinträchtigt wird. Die dazu eingesetzten Bewältigungsformen beruhen auf eher passiven, also nicht aktiv herbeigeführten Versuchen der Reduzierung des Zeit- und Leistungsdrucks, die vor allem auf eine instrumentelle Bewältigung von Druck als Basis für die Herstellung einer umfassenden Selbstverwirklichung abzielen.

Bewältigungsstrategien in Bezug auf die Tätigkeit

Der selbstorientierte Umgang setzt, wie die anderen drei beschriebenen Umgangsweisen, eine hohe Investition von Zeit und Energie in die Arbeit voraus, was auch hier in einer Tendenz zum Durcharbeiten im Verlauf der Tage, eine nicht geringe Arbeitsverdichtung und/oder ein Multitasking mündet. Allerdings finden sich im Vergleich zu den anderen Typen Versuche, wenigstens eine größere Pause in den Arbeitstag zu integrieren und die Arbeitstage nicht regelmäßig oder übermäßig zu überziehen, sodass die Extensivierungsstrategien im Vergleich als eher moderat anzusehen sind.

Zugleich finden sich gezielte Begrenzungsstrategien, die aber im Vergleich zur pragmatischen Umgangsweise weniger konsequent, sondern situativ variabel gehandhabt werden. So wird auf eine Priorisierung von Arbeitsaufgaben gesetzt, die allerdings flexibel eingesetzt werden kann. Im Unterschied zu Typus B wird bei der Priorisierung der Arbeitsaufgaben zwar vorrangig die Sache (bzw. der Kunde 3. Ordnung) in den Vordergrund gestellt, dies aber noch nicht einmal im Ansatz so radikal durchgezogen wie bei der perfektionistischen Umgangsweise. Zugleich wird die Sachorientierung im Zweifel mit erheblicher Flexibilität praktiziert, sodass in Phasen von hohem Zeit- und Leistungsdruck unkompliziert davon Abstriche gemacht werden können und ähnlich Typus B ohne größere Skrupel eine Distanzierung vom eigentlichen Arbeitsgegenstand vorgenommen wird. Begrenzte Delegationsmöglichkeiten werden dabei konsequent ausgenutzt, um fallweise Freiräume zu schaffen, wobei verstärkt und ohne Ängste die Delegation nach oben bevorzugt (also der Vorgesetzten um Entlastung gebeten) wird und stärker auf Zuständigkeitsbereiche sogar dezidiert Abgrenzungen gegenüber den Kollegen geachtet wird. Austausch- und Vernetzungsmöglichkeiten sind weitere Ressourcen, die ohne Zögern zu einer Entlastung und Begrenzung von Druck genutzt werden, wenn sie verfügbar sind.

Eine hohe Bedeutung nimmt die Privatsphäre ein, die nicht nur einen aktiv genutzten Ausgleichspunkt zur Tätigkeit darstellt, sondern eine Sphäre mit hohem eigenem Wert im Rahmen der hier zugrunde liegenden Orientierung auf Selbstverwirklichung bedeutet. Dies geht damit einher, dass nur in Ausnahmefällen Arbeit mit nach Hause genommen wird und Überstunden möglichst vermieden werden, was aber zum Bedauern der Betreffenden nicht immer durchzuhalten ist. Die Nutzung moderner Kommunikationsmittel, die eine faktische Dauererreichbarkeit ermöglichen, wird dabei zwar als selbstverständlich akzeptiert, aber ohne Zögern auch als Mittel der Begrenzung von Druck (etwa zu Anforderungen von Entlastungen oder zur Externalisierung von Aufgaben) genutzt. Der Ausgleich zwischen Arbeits- und Privatsphäre (und wenn Kinder vorhanden sind, ein ausgewogenes Verhältnis zwischen Beruf und Familie) hat eine große Bedeutung, wobei im Zweifel der Privatsphäre (und dann ggf. die Familie) die größere Bedeutung zugeteilt wird, für deren Gestaltung und Verteidigung nicht wenig Aufwand betrieben wird – und die im Notfall sogar offensiv gegenüber betrieblichen Zumutungen verteidigt werden würde.

Bewältigungsstrategien in Bezug auf die eigene Person

Die selbstorientierte Umgangsweise fußt stark auf der bewussten Wahrnehmung verschiedener alternativer Möglichkeiten zur aktuellen Tätigkeit, die vorrangig im Zusammenhang mit einer beruflichen „Weiterentwicklung" wahrgenommen wird. Das Offenhalten möglichst vieler Optionen im Hinblick auf die weitere berufliche Zukunft mit Fokus auf ein möglichst weites Feld interessanter Tätigkeiten („breit aufstellen") zeichnet diese Umgangsweise aus. Es wird dabei sehr stark auf eine Weiter-Entwicklung im Sinne einer betriebsübergreifenden „Karriere" geachtet, die aktiv und ganz individuell (auch hier mit dem Ziel der Selbstverwirklichung) gesteuert wird. Betriebliche Angebote sind dabei nur eine Option, und nicht immer die attraktivsten. Somit geht diese Umgangsweise mit einer eher geringen Identifikation oder Loyalität in Bezug auf die Organisation und im Zweifel auch in Bezug auf die konkrete aktuelle Tätigkeit einher. Fachlich hingegen ist dies etwas anders zu bewerten: der Beruf und damit die fachlichen Anforderungen bedeuten dennoch eine hohe intrinsische Motivation, die antreibt, situativ Stärke verleiht, manchmal gegen Überlastung schützt und nicht zuletzt eine Offenheit für Wechsel unterstützt. Die Möglichkeit, im Zweifelsfall verschiedene Exit- Möglichkeiten in Erwägung ziehen zu können, spielt somit in Verbindung mit den Selbstverwirklichungswerten gerade auch im Hinblick auf eine Selbstsorge und biografische Selbstbestimmung eine wichtige Rolle und ist für diese Umgangsweise die möglicherweise zentrale Ressource der Bewältigungsstrategien.

Das Selbstsorgeverhalten wird durch einen gewissen (jugendlichen?) Grundoptimismus und ein nüchtern pragmatisches Selbstbewusstsein getragen, die darauf gründen, den momentanen, geschützten Zustand im Hinblick auf die Aufrechterhaltung eines positiven Qualitätsempfindens und guter Befindlichkeit, längere Zeit erhalten zu können und nicht in die Zeit- und Leistungsdruck-Falle zu geraten. Dass sich der Zeit- und Leistungsdruck in der Tätigkeit deutlich verschärfen kann, ist dabei durchaus, wie beschrieben, präsent, was eine Orientierung auf die instrumentell präventiven Bewältigungsstrategien stärkt. So zeigt sich auch hier, dass im Zweifel trotz der hohen fachlichen Ansprüche und der intrinsischen Berufsmotivation, das eigene Wohlergehen und damit die eigene Befindlichkeit (und die des privaten Umfeldes) einer unbedingten Aufrechterhaltung von Qualitätsstandards der aktuellen Tätigkeit vorgezogen wird.

10 Zusammenfassung und Diskussion wichtiger Ergebnisse

Im Folgenden werden die zentralen empirischen Befunde des Projektes sowie direkt damit verbundene allgemeine Einsichten zusammengefasst und ansatzweise mit Blick auf ausgewählte Aspekte diskutiert. Der Aufbau orientiert sich an den Forschungsfragen.

10.1 Zeit- und Leistungsdruck – Begriff und empirisch erfasste Formen

10.1.1 Was ist Zeit- und Leistungsdruck? Zur Begrifflichkeit

Gegenstand der Untersuchungen ist der „Druck", den Beschäftigte als Folge belastender Arbeitsanforderungen und -bedingungen in ihrer konkreten Tätigkeit und für sich als beeinträchtigend erfahren (vgl. Böhle 2010: 451f). Methodisch gesehen: was Arbeitende direkt oder indirekt sowie unvermeidlich selektiv darüber ggf. mit Bezug auf einzelne von ihnen wahrgenommene Ursachen berichten und/oder was bei den Begleitungen als von ihnen erlebter Druck interpretierbar wurde. Dieses ‚Erleben' ist es, was Auswirkungen auf ihre Tätigkeit und deren Ergebnis (und damit auf den Betrieb) sowie auf sie als Person und damit auf ihr Leben hat; kurz: für ihre Arbeits- und Lebensqualität.

Die Empirie bestätigt zudem den schon früh im Forschungsprozess entstandene Befund, dass das Erleben von Druck rekursiv, durch die jeweiligen personalen Bemühungen der Bewältigung eines „unmittelbar" empfundenen Drucks, „vermittelt" wird. Erst über diese, als intervenierendes Moment verstehbaren „Umgangsweisen", entsteht das, was dann praktisch im Alltag der Tätigkeiten zu konkreten Beeinträchtigungen wird und dann zu Folgen für Arbeit und Person führt. Erst dies ist es, was praktisch als erlebter „Druck" für die Person in der Tätigkeit erscheint. Kann ein Druck in diesem Sinne mit geeigneten personalen Umgangsweisen in seiner subjektiven Wirkung begrenzt werden, wird er, wie die Empirie zeigt, nur wenig (manchmal auch gar nicht) als eine tiefergehende Beeinträchtigung erlebt. Gelingt dies nicht oder nicht ausreichend, kann eine Überlastung entstehen, mit der potenziellen Folge von mehr oder weniger ernsthaften „Risiken" oder „Gefährdungen" für die Person (vgl. ebd.). Man kann das auch als Druck im ‚engeren Sinne' ansehen, denn die Empirie zeigt auch, dass oft erst das von den Untersuchten explizit als „Druck" thematisiert wird, nämlich Beeinträchtigungen, die sie trotz ihrer Bemühungen des Umgangs damit nicht mehr aushalten, zumindest nicht auf Dauer.

An den übergreifenden Begriff anschließend konnte mit einer ersten empirisch generierten Differenzierung auf die Dimensionen „Zeit" und „Leistung" (mit den Teildimensioen „Prozess" und „Ergebnis") bezogene Formen von Druck in der Arbeit unterschieden werden. Der vom Projekt aus ersten empirischen Erkenntnissen abgeleitete Analyserahmen (vgl. Kap. 6) verbindet einige dieser Kategorien, zeigt die vermuteten zentralen Zusammenhänge allgemein auf und bildet den kategorialen Hintergrund der folgenden Ausführungen.

10.1.2 Vielfältige Einzelformen in komplexen Konstellationen von Zeit- und Leistungsdruck in allen Bereichen

Im erfassten empirischen Material finden sich unterschiedlichste Erscheinungsformen eines von Beschäftigten in ihrer Arbeit erlebten Drucks im geschilderten Sinne. Diese lassen sich entlang der angelegten begrifflichen Unterscheidung grob zwei Bereichen zuordnen:

– Zeitbezogener Druck (z.B. Arbeitsgeschwindigkeit, Beschleunigung, Termindruck, Unterbrechungen usw.).
– Leistungsbezogener Druck:
   1) arbeitsprozessbezogen (Aufgabenfülle, Terminvielfalt und -anzahl, Tätigkeitsverdichtung, Aufgabenkomplexität, Kooperations-/Koordinationsaufwand, Zusatzaufgaben, bürokratische Restriktionen, Mobilitätsanforderungen, komplizierte Kunden usw.);
   2) arbeitsergebnisbezogen (Fachanforderungen, komplexe, unklare und v.a. widersprüchliche Anforderungen usw.);
   3) reproduktionsbezogen (Anforderungen infolge der Notwendigkeit zur Erholung, Gesunderhaltung, Qualifikationserhalt, Stabilisierung des sozialen Umfeldes usw.).

Diese Einteilung ist nur analytisch zu verstehen und soll keine Klarheit suggerieren, die der Vielfalt der Erscheinungen im Material nicht entspricht. Demgegenüber ist als Befund festzuhalten, dass sich Zeit- und Leistungsdruck nicht auf einzelne Formen reduzieren lässt, sondern in Form von komplexen, in vielfacher Weise vermittelten und kontingenten (d.h. sich situativ und im Zeitverlauf verändernden) Konstellationen verschiedenster Momente auftritt.

Damit ist gesagt, dass auch potenziell beeinträchtigende Auswirkungen auf die Betroffenen nur als Ergebnis komplexer Zusammenhänge gesehen werden dürfen. Es sind nicht je spezifische Momente von Druck, die zu spezifischen Beeinträchtigungen führen. Wie der regelmäßig vielgestaltige Druck wirkt, ist von ‚außen' nicht klar erkennbar (oft noch nicht einmal von den Betroffenen

Zusammenfassung und Diskussion 217

selbst). Vor allem, so legt das Material nahe, ist nicht bestimmbar, wann und wodurch der Druck ‚umkippt' und zu einer nicht mehr ausreichend bewältigbaren ernsthaften Beeinträchtigung wird. Gelegentlich legt das Material jedoch nahe, dass es einzelne zeitliche, prozessuale und/oder ergebnisbezogene zu einem als „normal" erlebten einfachen Druck hinzukommende Momente sein können, die das sprichwörtliche „Fass" zum Überlaufen bringen und den Druck gesundheitlich und im mentalen Erleben an eine Grenze bringen, ab der er in seiner ‚Summe' (ein falsches Bild, das aber gelegentlich im Material verwendet wird) als potenziell nicht mehr bewältigbar erscheint. Oft sind es Aspekte, die als Einzelbelastung möglicherweise gar nicht besonders schwerwiegend sind, aber je nach Konstellation dann doch zu besonders sensiblen Punkten werden.

Bei genauerem Hinsehen zeigt sich zudem, dass gelegentlich nur wenig genau zwischen den Formen des Drucks auf der einen und möglichen Entstehungsbedingungen (ist eine große Aufgabendichte Ursache von Druck oder schon der Druck selbst), dem subjektiven Erleben/Bewerten des Drucks sowie den Umgangsweisen auf der anderen Seite unterschieden werden kann. Auch hier ist der Befund: Es handelt sich um komplexe Konstellationen dieser nur analytisch trennbaren Felder – sogar in Bezug auf die möglichen Wirkweisen.

Formen von Druck finden sich bei allen untersuchten Tätigkeitsbereichen, Betrieben und Personen – jedoch in jeweils unterschiedlichen Ausmaßen, Relevanzen und Konstellationen. Wie das konkret aussieht, wird in den Tätigkeitsanalysen detailliert beschrieben (vgl. Kap. 7). Isolierte Formen von Druck mit eindeutig herausragender Bedeutung können dabei nicht erkannt werden – mit Ausnahme von Folgen der erwähnten widersprüchlichen Anforderungen. Es kann allerdings festgehalten werden, dass im Material häufig drei typische Syndrome für erlebten Druck erkennbar sind:

– Zeitdrucksyndrom: Eine sachlich vielfältige und zeitlich eng getaktete Terminfülle mit zu knappen Deadlines, die zu hoher zeitlicher Arbeitsverdichtung und -beschleunigung, Multitasking sowie ständiger zeitlicher Erreichbarkeit auch außerhalb von Dienstzeiten zwingt und durch einen unaufhörlichen Strom von Störungen sowie immer wieder neuen ungeplanten Terminen unterbrochen wird;
– Arbeitsprozessdrucksyndrom: In Umfang und Vielfalt komplexe Arbeitsprozess- und Kooperationsanforderungen, die sich häufig ändern, wenig durchschaubar und kaum planbar sind. Dies geht meist mit einem hohen sachlichen Zuständigkeitsdruck und Erreichbarkeitserfordernissen einher, sodass man sich mangels Delegations- oder Unterstützungsmöglichkeiten allein gelassen fühlt und ein Gefühl großer Fremdbestimmung entsteht. Oft ist dieser Zustand mit Zusatzanforderungen verbunden, für die keine explizite Zuständigkeit (oft auch keine ausreichende Kompetenz) besteht, und

die durch wenig einsichtige, aber aufwendig zu bearbeitende bürokratische Kontrollen/Regulierungen erschwert werden;
- Arbeitsergebnisdrucksyndrom: Komplexe sachliche Leistungsanforderungen mit stark konfligierenden Zielparametern, die auf konträr agierende innerbetriebliche Kooperanden, vor allem aber auf externe Kundengruppen/Partner mit explizit widersprüchlichen Erwartungen zurückgehen; oft als Anforderungen, die die Umsetzung persönlicher Qualitätsstandards erschweren und der berufsgruppenspezifischen, wenn nicht sogar der allgemeinen persönlichen Wertbasis entgegenlaufen.

Derartige syndromatische Konstellationen von Druck finden sich im Einzelfall nicht in idealtypischer Reinform, sondern sind konkret jeweils unterschiedlich zusammengesetzt – aber in Annäherung bestimmen sie mit Varianten an vielen Stellen das Bild. Zudem treten sie meist in Kombination auf, sodass die Druckwirkung kumuliert.

10.1.3 Hohes und möglicherweise steigendes Niveau von Zeit- und Leistungsdruck

Die den Kern der Untersuchung ausmachenden Tätigkeitsanalysen in den drei erfassten Bereichen zeigen allgemein ein verbreitetes Erleben von Zeit- und Leistungsdruck in zumindest einfacher Ausprägung. Dabei finden sich weithin die oben genannten Konstellationen, aber mit aufschlussreichen Unterschieden zwischen den Tätigkeiten der Ärzte im Krankenhaus, der Fachkräfte im technisch-infrastrukturellen Dienstleistungsbetrieb und der Lehrenden im Bildungsunternehmen.

Bei allen Variationen, die sich personen- und tätigkeitsspezifisch ergeben, und mit der Einschränkung, dass das Projekt den Druck nicht objektiv messen konnte, kann insgesamt festgehalten werden, dass in den Begleitungen und Interviews weithin von einem hohen bis teilweise auch sehr hohen Niveau von Druck und daraus entstehenden Beeinträchtigungen berichtet wurde. In der Gesamtschau kommt das Projekt zu dem Schluss, dass gerade in diesem Punkt die Gemeinsamkeiten überwiegen: Der von den Betroffenen erlebte Druck ist überall erheblich.

Zugleich ist festzuhalten, dass die Befragten dies zwar mehrheitlich deutlich so erleben, aber meistens irgendwie trotzdem damit „zurechtkommen", zumindest „noch" (so typische Formulierungen[9]). Zu beachten ist dabei jedoch, dass diejenigen, die damit überhaupt nicht zurechtkommen, aus verschiedensten

---

9   Alltagssprachliche Formulierungen dieser Art sind auch im Folgenden Zitate aus dem Material.

Zusammenfassung und Diskussion

Gründen im Sample nicht vertreten sind (z.B. weil sie akut krank sind, für die Studie nicht zur Verfügung standen oder nicht mehr im Betrieb sind). Aber im Material finden sich dennoch Probanden, die möglicherweise auf der ‚Kippe' zu einem entgrenzten Druckerleben stehen, sodass gefragt werden muss, wie es mit ihnen weitergeht. Festhalten lässt sich nicht zuletzt, dass vor allem eine Zunahme der Komplexität und insbesondere der Konflikthaftigkeit und Widersprüchlichkeit von Anforderungen erlebt wird, wodurch der insgesamt erlebte Druck sich hier einem Punkt nähern könnte, an dem die daraus resultierenden Belastungen für die Beschäftigten als nicht mehr akzeptierbar und möglicherweise auch nicht mehr bewältigbar erscheinen. Es sind genau solche Aspekte die, so scheint es, dazu führen können, dass das Druckerleben umkippt und aus einfachem ein gefährdender entgrenzter Druck wird. Siehe mehr dazu unten (10.2.2). Es finden sich auch vielfache Hinweise darauf, dass der Zeit- und Leistungsdruck als seit „einiger Zeit" deutlich zunehmend erlebt und eine weitere Verschärfung befürchtet wird. Da keine Wiederholungsmethodik angelegt wurde, ist dies nur aus den rückblickenden Bewertungen der erfassten Personen ersichtlich – oft nur auf dem Wege der Interpretation. Der Druck scheint demnach im untersuchten Feld in kurzer Zeit substanziell gestiegen zu sein.

10.2 Entstehungsbedingungen von Zeit- und Leistungsdruck – Zusammenhänge

Methodisch und perspektivisch bedingt konzentriert sich das Projekt auf die systematisierende Beschreibung von Erscheinungsformen von Zeit- und Leistungsdruck im Erleben der erfassten Beschäftigten in den drei untersuchten Tätigkeitsfeldern. Gleichwohl stellt sich die Frage nach erklärenden „Entstehungsbedingungen". Im Analyserahmen wurde dazu u.a. aufgezeigt, wie sich aus Sicht des Projektes Zusammenhänge zwischen Entstehungsbedingungen, Erscheinungsformen und Folgen (insbesondere auch Umgangsweisen) auf den Ebenen „Subjekt", „Tätigkeit" und „Kontext" darstellen. Dazu ist Folgendes festzuhalten:

10.2.1 Komplexe Konstellationen von Entstehungsbedingungen

Auch zur Frage nach den Entstehungsbedingungen kann als zentraler empirischer Befund gelten, dass keine prominenten Einzelursachen zu erkennen sind. Schon allein das oben festgehaltene Ergebnis, dass sich Zeit- und Leistungsdruck als äußerst differenzierte Erscheinung darstellt, legt nahe, dass auch die Suche nach Entstehungsbedingungen keine einfachen Zusammenhänge generiert.

Auch die Entstehungsbedingungen von Zeit- und Leistungsdruck stellen sich also als komplexe Konstellationen von Ursachenmomenten dar, die konkret zudem eng mit den Erscheinungsformen vermittelt sind. Daher auch die enge Verbindung von Erscheinungen und Entstehungsbedingungen bei den Tätigkeitsanalysen, wo mit exemplarischen Fallstudien differenziert gezeigt wird, wie solche Konstellationen konkret aussehen. Gleichwohl soll auch hier noch einmal anhand ausgewählter Aspekte dem nachgegangen werden, wie sich im Material die Entstehungsbedingungen darstellen.

10.2.2 Ursachen-Konstellationen auf verschiedenen Ebenen

Das Projekt thematisiert Zeit- und Leistungsdruck auf den genannten drei konzeptionellen Ebenen, denen es auch empirisch gefolgt ist. Im Zentrum steht dabei die Ebene der „Tätigkeit" in Verbindung mit dem „Subjekt", also die eine Arbeit ausführende Person. Aus dieser Perspektive wird die Ebene des Betriebes und des privaten Umfeldes der Beschäftigten als „indirektes" Moment gesehen – beides sind wichtige Felder, erscheinen aber in Bezug auf Tätigkeit und Subjekt als „Kontext".

Auf allen drei Ebenen sind wichtige Entstehungsbedingungen für Zeit- und Leistungsdruck zu erwarten. Sie werden mit der Perspektive des Projektes aber unterschiedlich thematisiert und wurden aufgrund der subjektbezogenen Methodik empirisch selektiv erfasst:

- In der Tätigkeit zeigen sich unmittelbar vielfältige direkte Ursachen von Zeit- und Leistungsdruck, vor allem in Form der erwähnten komplexen Konstellationen, wie sie die Tätigkeitsanalysen detailliert vorstellen.
- Das Subjekt ist mit seinen individuellen Eigenschaften, seinem Erleben und seinen Aktivitäten eine intervenierende Größe für die Entstehung des konkreten Zeit- und Leistungsdrucks in der Tätigkeit, vor allem aber für Umgangsweisen und personale Folgen. Auch dies erscheint in den Tätigkeitsanalysen, aber nur indirekt und in Einzelmomenten.
- Aus dem Betrieb resultieren entscheidende (bezogen auf die Tätigkeit) Kontext- Bedingungen für die Entstehung von Zeit- und Leistungsdruck. Komplementär gilt dies auch für die Privatsphäre. Beides erscheint ebenfalls im Material (und wird in den Betriebsprofilen sowie partiell in den Tätigkeitsanalysen vorgestellt), war aber auch hier nur indirekt und partiell zugänglich – systematische industriesoziologische Betriebsanalysen und Analysen der privaten Lebensführung waren nicht das Ziel. Das gilt erst recht für hinter beiden Kontexten stehende gesellschaftliche Momente (Ökonomie, Politik, Sozialstruktur, allgemeine Lebensverhältnisse etc.), die ohne Zweifel auch zum weiteren Feld von Entstehungsbedingungen gehören, aber nur

Zusammenfassung und Diskussion 221

begrenzt zugänglich waren (obwohl manches im Material zu ahnen ist bzw. punktuell angesprochen wurde).

Das damit potenziell sehr weitreichende Feld möglicher Hintergründe von Zeit- und Leistungsdruck sollte und konnte angesichts der zur Verfügung stehenden Ressourcen in seiner Gesamtheit nicht die Untersuchung leiten. Wenn solche Momente Thema sind, dann in der geschilderten abgestuften Weise. Im Zentrum steht die Tätigkeit (mit dem indirekt erscheinenden Kontext Betrieb), dann darauf bezogen und schon deutlich eingeschränkt das Subjekt mit seinen Eigenschaften und mit seinem privaten Kontext. Was auf diese Weise erkennbar wird, ist in den Tätigkeitsanalysen ausführlich exemplarisch dargelegt.

Trotz der genannten Einschränkungen können einige über die Detailbeschreibungen in den Tätigkeitsanalysen hinausgehende bzw. in besonderer Weise deutlich werdende Ursachen für den erlebten Druck hervorgehoben werden:

- Entstehungsbedingungen in der Tätigkeit – Paradoxien als wichtige Quelle für diffusen Zeit- und Leistungsdruck

– Ein erstes zentrales Moment für die Entstehung von Druck direkt in der Tätigkeit sind die angedeuteten komplexen Syndrome von Zeit- und/oder Leistungsdruck. Es sind äußerst verschachtelte, sich wechselseitig beeinflussende Aspekte der Arbeit (meist als Folge komplizierter arbeitsteiliger Kooperations- und Direktionsbeziehungen) eines Großteils der erfassten Personen, in denen sich Druck nicht nur äußert, sondern auch entsteht, und dadurch systematisch verstärkt. Auffällig ist, dass die Betroffenen das zwar irgendwie spüren, aber angesichts der Komplexität die Wirkungsbeziehungen nicht vollständig durchschauen (und objektiv auch nicht durchschauen können), obwohl sie in der Regel gut ‚durchblicken', was ihre Angelegenheiten anbelangt. Für sie ist es ein diffuses Geschehen mit einem daraus sich ergebenden diffusen Gefühl von Druck. Konsequenz ist, dass man nicht weiß, wer und was „schuld" ist und gegen wen oder was man sich wehren könnte, ja dass man noch nicht einmal genau weiß, worin eigentlich der empfundene Druck besteht. Es könnte daher auch von einem generalisierten Druckempfinden gesprochen werden, welches das Erleben prägt.[10] Viele Beschäftigte erleben dabei vor allem faktisch geringer werdende Handlungsspielräume als belastend. Daraus entsteht nicht selten ein irritierendes allgemeines Gefühl großer Fremdbestimmung, das die Betroffenen erheblich „unter Druck" setzt und langfristig zu demotivieren droht. Dieses

---

10 Diese Formulierung lehnt sich an die Unterscheidung von „spezifischen" und „generalisierten" Ängsten an (vgl. ICD-10, F 41.1).

diffuse Heteronomieempfinden steht oft in Kontrast zu einer eigentlich eingeräumten Autonomie und betrieblich erwarteten Selbstständigkeit und Selbstverantwortung. Der Druck ist auf paradoxe Weise sogar genau dadurch zumindest mitverursacht, da es ja die Beschäftigten selbst sind, die die vielen Kooperationen eigenständig anbahnen, organisieren und aufrechterhalten müssen und dann darin gefangen sind; was sie meist genau wissen und trotzdem nicht ändern können („den Druck mach ich mir ja selbst").

– In ähnlich paradoxer Weise wirkt, als zweites Moment, dass formell gewährte und faktisch auch vorhandene, mit weitreichenden Selbstorganisationsanforderungen verbundene (und von den Betroffenen hochgeschätzte) Autonomien oft im Zuge derselben Betriebsstrategien systematisch konterkariert werden. Es sind vor allem die im Rahmen sog. „indirekter" Steuerungsformen (vgl. z.B. Moldaschl 2001, Peters/Sauer 2005, Sauer 2010) eingeführten peniblen Zielvorgaben, kleinteiligen Leistungs- bzw. Ergebniskontrollen (meist über abstrakte Kennziffern) und bürokratisch aufwändigen Dokumentations- und Rechtfertigungsverpflichtungen (oft gegenüber betriebsexternen Akteuren, vor allem den gerade deswegen oft negativ eingeschätzten „Kunden 1. Ordnung"), die hier als zentrale Quelle eines spezifischen Zeit- und Leistungsdrucks aufscheinen, der gerade durch seinen Kontrast zur vermeintlichen Autonomie zur Belastung und dann ganz persönlich nicht selten zur regelrechten Kränkung wird.

– Ein drittes besonders wirkmächtiges Moment für die Entstehung von Zeit- und Leistungsdruck auf der Tätigkeitsebene findet sich im Feld der jeweiligen konkreten Aufgabe der Personen. Nicht wenige Beschäftigte erleben, dass sie auf der einen Seite zu hoher Qualität in der unmittelbaren fachlichen Tätigkeit angehalten werden, oft in Verbindung mit einer betrieblich demonstrativ geforderten „Kundenorientierung". Auf der anderen Seite werden sie zugleich zunehmend damit konfrontiert, dass implizit die Bedingungen für qualitätsvolles Arbeiten beschränkt werden, oder sie sogar explizit veranlasst werden, die in ihren Augen erforderliche fachliche Qualität einzuschränken (vgl. ähnlich Voß/Handrich 2013). Oft sind es mehr oder weniger klar kommunizierte allgemeine Kostenzwänge, nicht selten aber faktisch Reduktionen konkret notwendiger Ressourcen aller Art (Personal, Arbeitsmittel, Zeit usw.), die sie in eine Situation bringen, bei der sie Gefährdungen von Qualität und Professionalität passiv hinnehmen oder sogar aktiv betreiben müssen. In Verbindung mit der für fast alle persönlich höchst wichtigen Orientierung an fachlichen Qualitätskriterien und beruflichen Standards entsteht daraus eine brisante Mischung: ein Druck eigener Art, der auch hier sehr diffus wirkt und oft keinen für die Betreffenden klar erkennbaren Urheber hat, den sie verantwortlich machen könnten. „Ökonomische Entwicklungen", der „Preisdruck der Kunden", „Kosten- und Einsparungszwänge", dadurch unvermeidliche „Rationalisierungen", „Umstrukturierungen" u.a.m. sind Faktoren, die auch sie in Teilen dem betrieblichen Kontext zuordnen. Der damit vermittelte konkrete Druck entsteht aber direkt in ihrer Tätigkeit, und sie selbst sind es, die ihn praktisch generieren und auf sich anwenden und dann meist an andere (Mitarbeiter, Kooperanden) weitergeben.

- Intervenierender Faktor Subjekt – berufsethische Orientierungen als Quelle der Reduzierung wie auch der Verschärfung von Druck

Immer wieder zeigt sich im Material, das fachliche Qualitätskriterien und berufsspezifische Standards für das Erleben der Tätigkeitsausübung und der entstehenden Arbeitsergebnisse (also der Leistung) bei der Entstehung von Druck eine wichtige Rolle spielen – auch hier in paradoxer Weise:

- Zum einen sind fachbezogene Qualitätsvorstellungen und Normen im weitesten Sinne (die sich nicht selten aus berufsethischen Grundorientierungen speisen und oft eine Fundierung in persönlichen Wertorientierungen haben) ein zentraler Faktor dafür, wie stark Momente der eigenen Tätigkeit als belastend wahrgenommen werden. Kann man qualitätsvoll und berufsethisch arbeiten, ist dies ein Faktor, der das Erleben von Druck deutlich abschwächen kann. Muss man aber gegen Standards verstoßen, verschärft dies vorhandenen Druck, oder es entsteht ein Druck eigener Qualität und Dignität, der zu anderen Druckformen hinzukommt.
- Zum anderen sind berufsethische Orientierungen ein Faktor, der dazu führt, dass viele Beschäftigte bereit sind, selbst drastische Einschränkungen in Form von steigendem Zeit- und Leistungsdruck faktisch hinzunehmen, da sie sich der von ihnen verantworteten Sachaufgabe (konkret meist den End-Kunden und ihren Bedürfnissen) hochgradig verpflichtet fühlen und trotz der widrigen Umstände mit großer Anstrengung versuchen, die Umsetzung ihrer fachlichen Maßstäbe aufrecht zu erhalten. Folge ist ein oft persönlich sehr tief gehender Druck, dem sich Beschäftigte selbst aussetzen, um qualitätsvoll zu arbeiten. „Selbstausbeutung" ist eine dafür mehrfach verwendete Formulierung, in der leidvolle Resignation und zugleich ambivalent selbstironischer Stolz mitschwingen. Gelegentlich wird dabei sehr klar erkannt, dass Qualitätsansprüche und berufsethische Orientierungen eine „Falle" sein können, die dazu führt, dass „man" (wie es gelegentlich im Material heißt) ständig steigenden Zeit- und Leistungsdruck „mit uns ja machen kann".

- Indirekte Ursachen im Kontext der Tätigkeit – Versorgungsdienstleistung und Privatsphäre unter Entgrenzungsdruck

Auch wenn im Projekt der Betrieb (in Verbindung mit der Privatsphäre der Beschäftigten) gegenüber der zentral thematisierten Sphäre der Tätigkeit als Kontext und damit nur indirekt als eine für die Entstehung von Zeit- und Leistungsdruck relevante Ebene qualifiziert wird, ist dies natürlich in jeder Hinsicht ein zu beachtendes Thema. Gleichwohl wird diese Ebene als ein Feld von Ursachen für Druck gesehen, die sozusagen ‚hinter' den in der Tätigkeit unmittelbar wirksamen Entstehungsbedingungen stehen, gewissermaßen als ‚Ursachen-Ursache'. Diese Einordnung ist nicht einer akademischen Spitzfindigkeit geschuldet, sondern genauso erscheinen derartige Entstehungsbedingungen auch im Material – erst in ‚zweiter Linie', abstrakter, selektiver, weniger ausführlich als die direkten Momente. Welche trotzdem erkennbaren relevanten Erkenntnisse über kontextuelle Bedingungen für die Entstehung des in der Tätigkeit von den Beschäftigten erlebten Zeit- und Leistungsdrucks können festgehalten werden, die über die auf der Tätigkeitsebene erkannten Zusammenhänge hinausgehen?

Betrachten wir dazu zuerst den betrieblichen Kontext: Es ist (arbeitssoziologisch gesehen) trivial, soll aber doch noch einmal allgemein hervorgehoben werden, dass die verschiedenen Erscheinungen von Druck und ihre unmittelbaren Faktoren in der Tätigkeit durchgehend auf betriebliche Praktiken der direkten und immer häufiger auch indirekten Steuerung von Arbeit zurückgehen. Gemeint ist damit an dieser Stelle jedoch, dass dies durch eine für alle Betroffenen erlebbare Verschärfung und steuerungspraktische Veränderung ökonomisch induzierter betrieblicher Rationalisierungsstrategien bewirkt wird, hinter denen wieder verschärfte Marktanforderungen und teilweise auch politisch induzierte Veränderungen im weitesten Sinne stehen. Die Arbeitssoziologie liefert dazu seit Langem umfangreiche Erkenntnisse (vgl. Böhle et al. 2010). Hier interessiert, ob sich im erfassten Erleben der Beschäftigen betriebliche Momente als Bedingungen ‚zweiter Art' zeigen, die für den erkennbaren Wandel und eine anscheinende Verschärfung von Druck in den erfassten Bereichen spezifisch und besonders auffällig sind. Zwei Momente sind hervorzuheben:

– Alle untersuchten Betriebe sind Dienstleistungsanbieter, mit einem historischen Hintergrund als öffentliche Versorger im weitesten Sinne – hier in den Feldern Gesundheit, Transport/Logistik und Bildung. Gemeinsam ist den Betrieben trotz aller Unterschiede, dass sich alle in einem Prozess der Marktöffnung befinden – gegenüber Märkten unterschiedlicher Art und meist auf einer eher frühen oder noch unvollständigen Stufe verstärkter Marktorientierung. Daraus entstehen Arbeitssteuerungspraktiken, die einerseits (noch) der Logik einer öffentlichen „Versorgung" verhaftet sind, ande-

Zusammenfassung und Diskussion 225

rerseits aber (schon) marktgerichtete Modi der Ökonomisierung anwenden, oder wenigstens mehr oder weniger konsistent damit experimentieren.
– Dies schlägt sich meist direkt in Steuerungspraktiken nieder, die von den Beschäftigten als widersprüchliche oder paradoxe Leistungsanforderungen erlebt werden: einerseits eine sachbezogen an den Dienstleistungsendkunden oder Versorgungsempfängern („Kunden 3. Ordnung") ausgerichtete konkret praktische Arbeitsqualität – andererseits eine an (oft diffus erlebten) wirtschaftlichen Zielen ausgerichtete Leistungsqualität ganz anderer Art, die oft auf Kostenträger oder institutionelle Auftraggeber („Kunden 1. Ordnung") zurückgeht. Folge ist, dass auch die Betroffenen zwischen sachorientiert-öffentlichen und marktlich-ökonomischen Orientierungen schwanken, und dann das Gefühl haben, weder das eine noch das andere richtig zu machen. Die Beschäftigten erleben nicht nur die zunehmende Widersprüchlichkeit von Anforderungen, sondern vor allem, dass dabei die sachliche Qualitätsorientierung in Gefahr gerät. Wie geschildert ist das für sie ein unmittelbarer Druck besonderer Art, weil sie mehrheitlich primär an einem sachbezogenen Qualitätsverständnis mehr oder weniger im Sinne von „Versorgung" orientiert sind, das sich einmal aus den professionellen Standards ihres jeweiligen Berufes speist und für das sie auch betrieblich sozialisiert wurden. Dieses Qualitätsverständnis geht zum anderen aber auch in den Unternehmen (noch) deutlich erkennbar auf das Selbstverständnis als sachorientierte öffentliche Versorger zurück, das zumindest den Älteren noch lebhaft in Erinnerung ist und den Betriebsstrukturen noch in den unternehmenskulturellen ‚Fundamenten' steckt. Weithin erkennbar ist dabei, dass es letztlich den Betroffenen zugemutet wird, die Widersprüchlichkeiten zu bewältigen; d.h. Umgangsweisen zu entwickeln, mit denen sie die resultierenden Konflikte aushalten und dabei arbeitsfähig bleiben können.

Der Blick auf den privaten Kontext ergibt ein komplementäres, wenn auch weniger deutliches Bild: Erwartet wurde, dass die Materialien zumindest ansatzweise Einsichten zu den privaten Lebensbedingungen und von dort ausgehenden Bedingungen für die Entstehung von Zeit- und Leistungsdruck deutlich werden lassen – vor allem für den oben genannten reproduktiven Leistungsdruck. Annahme war dabei, dass angesichts des soziostrukturellen Wandels der Privatsphäre (vgl. z.B. Jürgens 2010, Jürgens/Voß 2007, Heiden/Jürgens 2013) und darin insbesondere der Geschlechterverhältnisse (vgl. z.B. Aulenbacher 2010) erweiterte Anforderungen an die Beschäftigten in ihrer Arbeit entstehen, die ein druckverschärfendes Moment in der Arbeit bedeuten – etwa durch zunehmende Care-Verpflichtungen. Annahme war außerdem, dass die steigenden Anforderungen des Berufsbereichs eine Notwendigkeit erzeugen, dem privaten Rückzugs- und Reproduktionsbereich mehr Aufmerksamkeit zukommen zu lassen, weil man ihn als Ressource dringend benötigt und er nicht mehr problem- oder fraglos zu Verfügung steht. Das generierte Material erwies sich dann aber in dieser Hinsicht nur teilweise als substanziell – auch deswegen, weil für dieses Thema ein größerer methodischer Aufwand hätte betrieben werden müssen (etwa im Sinne der Lebensführungsforschung, vgl. Projektgruppe 1995, aktuell Jurczyk et al. 2015), was aber im Rahmen des Projektes nicht möglich war. Ein weiterer Grund ist, dass bei Untersuchungen vor Ort in den Arbeitszusammenhängen der Blick auf die komplementäre Privatsphäre generell reduziert ausfällt (vgl. z.b. Becker-Schmidt 1980). Gleichwohl erlaubt das Material einige aufschlussreiche Einsichten zu möglichen Entstehungsbedingungen von Zeit- und Leistungsdruck in der Privatsphäre:

Nirgends finden sich Hinweise, dass die Privatsphäre die betrieblichen Angelegenheiten und dann konkret den in den Tätigkeiten sich zeigenden Zeit- und Leistungsdruck unberührt lässt. Den Beschäftigten ist durchgehend bewusst, dass etwa die persönliche Work-Life-Balance und familiäre Verpflichtungen entscheidende Themen sind, denen sie sich stellen müssen und die in ihrer Tätigkeit zumindest indirekt als erlebter Druck präsent sind. Niemand zeigt eine (bisher meist männlich konnotierte) Haltung, die auf eine strikte Trennung von Beruf und Privatleben hinausläuft oder das Privatleben gegenüber Betrieb und Beruf als nebensächlich ansieht. Auch wenn nicht viel darüber gesprochen wurde, das persönliche Leben und dabei vor allem die Familie oder die Partnerschaft sind allen offensichtlich sehr wichtig. Daher kann angenommen werden, dass die Privatsphäre im Betrieb ‚angekommen' ist und dort zumindest als latente Anforderung wirkt, die mit dem betrieblich induzierten Druck interferiert und diesen vermutlich verstärkt.

10.3 Der Umgang mit Zeit- und Leistungsdruck – Konsequenzen

In der Perspektive und dann in der empirischen Fragestellung des Projektes sind mögliche Konsequenzen des erfassten Zeit- und Leistungsdrucks ein zentrales Thema. Konzeptionell können solche potenziell auf den drei im Analyserahmen aufgeführten Ebenen verortet werden (Subjekt, Tätigkeit, Kontext). Im Zentrum der folgenden Ausführungen steht erneut die Verbindung von „Tätigkeit" und arbeitendem „Subjekt" – nun aber mit verstärktem Fokus auf die Person selbst.

Der Analyserahmen zeigt, dass neben direkten Auswirkungen von Zeit- und Leistungsdruck, vor allem indirekte Konsequenzen erwartet werden, die durch „Umgangsweisen" der Person mit dem direkt erlebten Druck vermittelt sind. Hintergrundannahme ist also, dass Personen auf Druck reagieren und erst so für

Zusammenfassung und Diskussion

sie bedeutsame Auswirkungen entstehen. Dies hat sich in der Forschungspraxis bestätigt.[11]

10.3.1 Faktoren des Umgangs

Umgangsweisen reagieren auf das ganze Spektrum von Druckformen, die das Projekt identifizieren konnte: zeitliche, arbeitsprozessspezifische, arbeitsergebnisbezogene usw. (s.o.). Dabei kann erst einmal personenfallübergreifend nicht genauer erkannt werden, auf welche Formen von Druck mit welchen Umgangsweisen im Einzelnen geantwortet wird (u.a. weil sich Formen des Drucks wie gezeigt meist als komplexe Konstellationen zeigen). Genauso wenig lässt sich identifizieren, wie und in welchem Maße aus Zeit- und Leistungsdruck spezifische Beeinträchtigungen und einzelne Umgangsweisen entstehen.

Paradoxien als zentraler Faktor für Umgangsweisen

Die oben erwähnten paradoxen Problemkonstellationen auf Ebene der Tätigkeit finden sich jedoch be-reichsübergreifend und können als persönlich besonders belastend (und für das schon angesprochene Umkippen in entgrenzten Druck zentral verantwortlich) eingeschätzt und dann mit Umgangsweisen verbunden werden:

- Das Gefühl geringer werdender Spielräume und erheblicher Fremdsteuerung im belastenden Kontrast zu formell eingeräumten Autonomien und Selbstverantwortungsanforderungen veranlasst Beschäftigte, Wege zu finden, damit umzugehen.
- Ähnlich wirkt der Widerspruch zwischen Autonomien und Selbstständigkeitserwartungen auf der einen und kleinteiligen Kontrollen, Bewertungen, bürokratischen Restriktionen, Dokumentationsverpflichtungen usw. auf der anderen Seite.
- Vor allem jedoch für die Bewältigung der zunehmend widersprüchlichen Anforderung von einerseits hohen konkret fachlichen Qualitätserwartungen (des Betriebs, aber auch der Beschäftigten selbst, bzw. der Nutzer von Leistungen) und andererseits dem entgegenstehenden, meist ökonomisch konnotierten anderen Leistungszielen, mit der Folge, dass die aus Sicht der

---

11 Forschungen zu diesem Thema scheinen selten zu sein, zumindest in den Sozialwissenschaften; vgl. jedoch Newton et al. (1995) und aktuell Heiden/Jürgens (2013), Heiden (2014) und Reid (2015). Inwieweit die Coping-Forschung (vgl. etwa Snyder 1999) oder die psychologische Forschung zur individuellen Belastungs- oder Stressbewältigung (vgl. z.B. Bartholdt/Schütz 2010, Kaluza 2011, Gapp-Bauß 2014, s.a. Ulich 2011: 485ff) relevant sein könnte, wäre zu prüfen.

Beschäftigten primär wichtigen fachlichen Momente ihrer Arbeit vernachlässigt werden, müssen Umgangsweisen gefunden werden.

Wird mit dem Material nach einzelnen Faktoren gefragt, die die Reaktionen der Beschäftigten auf Druck beeinflussen, werden zwar immer wieder Hinweise auf diverse Ressourcen und Restriktionen deutlich, aber sie ergeben kein eindeutiges Bild. Folgende Momente auf Ebene des Subjekts, der Tätigkeit und im Kontext scheinen gleichwohl eine besondere Bedeutung für den Umgang mit Druck zu haben.

Subjektfaktoren

Auf Ebene des einzelnen Subjekts sind Persönlichkeitseigenschaften (Stressresistenz, internale Kontrollüberzeugungen, Resilienz, stabiles Selbstbewusstsein, psychophysische Gesundheit usw.) sicherlich wichtige intervenierende Variablen für den Umgang mit Druck. Solches wurde aber nicht systematisch erhoben und entzieht sich im Prinzip auch der Expertise des Projektes. Zwei Momente aber haben auch soziologisch Relevanz und sollen hier noch einmal mit Blick auf spezifische Aspekte hervorgehoben werden:

– Durchgehend finden sich bei den Beschäftigten fachbezogene Qualitätsvorstellungen, die oft auf explizit berufsethischen und teilweise auch allgemeinen persönlichen Wertorientierungen beruhen. Wichtig ist, dass dies professionelle Orientierungen sind, die an der jeweiligen Sache, d.h. der Fachthematik orientiert sind: Vorstellungen von zuverlässiger fachlicher Leistung, hoher Qualität, verwendungsorientierter Verantwortung usw., die sich auf die konkrete betriebliche Funktion und darüber auf den Endnutzer der praktischen Dienstleistung richten. In den untersuchten Tätigkeiten ist es das „Heilen und Pflegen", „Instandhalten und Transportieren", „Lehren und Erziehen", sowie bei Leitungskräften als besonderes berufliches Ethos das personenbezogene „Führen". Solche Orientierungen sind zum einen eine überaus wichtige Ressource, mit der Beschäftigte in der Lage sind, auch große Anstrengungen zu bewältigen, Konflikte auszuhalten, Druckformen als „dazugehörig" zu akzeptieren, also mit Belastungen positiv umzugehen. Zum anderen jedoch führen sie, wie schon erwähnt, dazu, dass man bereit ist, entgegen eigenen Überzeugungen einen eigentlich nicht akzeptierten Druck ohne Gegenwehr hinzunehmen oder sich zu sehr ohne Distanzierung mit möglicherweise hohem gesundheitlichen Risikopotenzial in die Sache (die Probleme der „Kunden 3. Ordnung") hineinziehen zu lassen. Eine wichtige Ressource für funktionalen Umgang mit Druck wird auf diese Weise zur „Falle", indem sie einen nachhaltig positiven Umgang verhindert. Kurz: Ethiken können schützen, aber auch gefährden.

Zusammenfassung und Diskussion 229

- Eine zweite wichtige Art positiven Umgangs mit Druck ist die inzwischen fachübergreifend intensiv thematisierte „Selbstsorge" (z.B. Flick 2011, Jürgens 2006, Klinger 2014, grundlegend Foucault, z.B. 2009). Gemeint ist damit die Fähigkeit wie vor allem auch die Bereitschaft von Beschäftigten, generell, besonders aber bei druckvollen Arbeits- und Lebensbedingungen, aktiv auf sich ‚aufzupassen'. Das betrifft nicht nur eine gesundheitsförderliche allgemeine Aufmerksamkeit und Achtsamkeit, sondern ganz konkret eine aktive praktische Sorge um die persönliche Begrenzung von Belastungen und förderliche Bewältigungspraktiken, die aber ohne Zweifel damit beginnt, dass dafür überhaupt ein Bewusstsein besteht.

Tätigkeitsfaktoren

Am deutlichsten konnten im Material auf der Ebene der Tätigkeit Einzeldimensionen erkannt werden, die bei der Entwicklung und Praktizierung vom Umgangsweisen eine Rolle spielen. Sie können auch hier gleichzeitig als Ressourcen und als Restriktionen für einen positiven Umgang gesehen werden, je nachdem wie sie angelegt und ausgeprägt sind. Als relevant erwiesen sich vor allem: der Grad und die Form der betrieblichen Vernetzung, Chancen zur Delegation von Aufgaben (nach unten wie nach oben) und damit auch Möglichkeiten, Unterstützung zu erhalten, ausreichend Information, aktiv und flexibel nutzbare Autonomien (oder die Abwehr von Fremdbestimmung), glaubwürdige Anerkennung und Wertschätzung der eigenen Tätigkeit, Perspektiven für eine betriebliche Weiterentwicklung oder Veränderung zur Reduzierung von Druck.

Kontextfaktoren

Wird schließlich die Ebene des Kontextes betrachtet, wird das Bild im Material aufgrund der Perspektive des Projektes erneut unschärfer. Zwei Momente können aber hervorgehoben werden:

- Im tätigkeitsübergreifenden betrieblichen Kontext ist naheliegenderweise von großer Bedeutung, dass ein Rahmen besteht, der in den eben genannten Dimensionen ausreichend positiv nutzbare Ressourcen für einen Umgang mit Zeit- und Leistungsdruck bietet bzw. behindernde Bedingungen beschränkt. Das gilt etwa für eine glaubwürdige allgemeine betriebliche Anerkennung der Tätigkeiten und Leistungen von Beschäftigten und für eine überzeugend wertschätzende und in Bezug auf Belastungen achtsame Führungskultur.
- Auch der private Kontext bietet wichtige, nicht unmittelbar auf die Person bezogene Ressourcen zur Entwicklung und Praktizierung eines druckbewältigenden Umgangs. Dies berührt eine Fülle von sozialen Faktoren

(unterstützende Familien- und Partnerschaftssituation, stabilisierende Freunde und Nachbarschaft, belastungsausgleichende und/oder gesunderhaltende Aktivitäten u.v.a.m.). All das sind keineswegs triviale und selbstverständlich vorhandene Ressourcen. Es sind Faktoren, die auch betrieblich verstärkt in den Fokus geraten müssen. Hervorzuheben ist dabei besonders, dass eine wichtige Ressource für den Umgang mit Druck in der Tätigkeit biografische Alternativen zu einer möglicherweise nicht mehr veränderbaren belastenden Betriebs- oder sogar Berufssituation darstellen. Denn sind Exit-Optionen vorhanden, ist dies zum einen unmittelbar in der Tätigkeit entlastend und zum anderen eine zur Not nicht zu unterschätzende praktische Strategie für den Umgang mit Druck.

Gruppenunterschiede der Umgangsweisen

Eine für die Soziologie zentrale Frage richtet sich auf gruppenspezifische Unterschiede. Aufgrund des eingeschränkten Samples gibt es hierzu nur begrenzt Ergebnisse, da eine systematische Deklination von Gruppenaspekten nicht durchgeführt werden konnte. Folgende Aspekte jedoch deuten auf mögliche Gruppenspezifika bei den Umgangsweisen hin:

– Es zeigt sich, dass Führungskräfte Zeit- und Leistungsdruck bereitwilliger (ist „normal", „gehört dazu") akzeptieren, möglicherweise auch besser damit umgehen können – offensichtlich in direkter Relation zum betrieblichen Status. Vor allem akzeptieren sie deutlicher als andere, dass sie (auch) ökonomische Aufgaben haben, und sie sind daher auch eher bereit, die Verantwortung für eine notfalls auch radikale Ökonomisierung ihrer Bereiche zu übernehmen. Aber auch hier herrscht Ambivalenz: Auf direkte Nachfrage geben sich Leitungskräfte zwar auf diffuse Weise allgemein weniger belastet, in ihren konkreten Schilderungen sprechen sie dann aber doch häufig von Druck und Belastungen, oder sind so zu interpretieren. Viele erzeugen den Eindruck, dass sie trotz aller Belastung es „schon hinkriegen" (wie es oft heißt), ja, dass sie vielleicht sogar auf den Druck und ihre Fähigkeiten, ihm standzuhalten stolz sind. Zu fragen ist daher, ob Führungskräfte den Druck, dem sie ausgesetzt sind, nicht gezwungenermaßen sich selbst und ihrer Umgebung gegenüber akzeptieren und so sich und anderen eine hohe Belastungsresistenz suggerieren, egal wie es ihnen dabei wirklich geht.
– Eine interessante Erkenntnis ist, dass die angesprochenen ethischen Orientierungen von Berufsgruppen bei genauerem Hinsehen verschiedenartig zu wirken scheinen. So können etwa Ärzte trotz ihres moralischen Berufsbildes anscheinend aufgrund einer in der Ausbildung eingeübten naturwissenschaftlichen und funktionspraktisch selektiven Orientierung eine professio-

Zusammenfassung und Diskussion 231

nelle Distanz zu ihren Patienten wahren, was sie vor manchen Belastungen schützt. Die erfassten (Sozial-) Pädagogen dagegen lassen sich oft in das persönliche Gesamtschicksal ihrer ‚Kunden' verwickeln, was sie einer spezifischen Gefährdung aussetzt, vor allem, wenn sie erleben müssen, dass die Qualität ihrer Arbeit zunehmend beschränkt wird und dies deutliche Nachteile für ihr Klientel hat. Noch einmal anders ist es bei den Beschäftigten in der technisch-infrastrukturellen Dienstleistung. Sie haben eine im engeren Sinne technische Orientierung, die zwar auch mit durchaus hohen Qualitätsvorstellungen einhergeht, aber diese sind eben technisch und nicht personenbezogen. Schwierig wird es für sie aber dann, wenn die Endnutzer der gewarteten Anlagen oder Kollegen potenziellen Gefährdungen ausgesetzt werden; dann greift ziemlich hart ein Berufsethos, das auf die lange Tradition ihres Bereichs als Anbieter öffentlichen Transports zurückgeht. Die Führungskräfte dagegen akzeptieren ihre ökonomische Funktion und sie haben, wenn überhaupt, primär dieser gegenüber eine normative Orientierung (kurz: Kosten und Beitrag zum Profit müssen stimmen). Was sie aber tendenziell moralisch tangiert ist ihre Funktion als Führungs-Kraft, also die Verantwortung für ihre Mitarbeiter; das lässt sie nicht ‚kalt', besonders wenn auch sie erleben, dass sie diese Funktion vernachlässigen müssen. Derartige Unterschiede zwischen den Berufsgruppen scheinen sich direkt auf die Praxis der Umgangsweisen und vor allem auf ihre ambivalenten, also entund zugleich belastenden Konsequenzen auszuwirken.

10.3.2 Allgemeine Logik der Umgangsweisen – Ambivalenzen und Anpassung

Wird das Thema Umgangsweisen mit interpretativem Abstand betrachtet, lassen sich Charakteristika erkennen, die für eine Gesamteinschätzung wichtig sind:

– Ganz offensichtlich dominieren bei den Umgangsweisen Anpassungsstrategien. Dabei lassen sich zwar eher passive Anpassungen (Druck hinnehmen, ausblenden usw.) von aktiven Anpassungen (man arrangiert sich, gestaltet kleinere Umstände so, dass man irgendwie zurechtkommt usw.) unterscheiden, aber der Befund bleibt: Hinweise auf dezidiert aktive und systematische Handlungen, die auf die Erscheinungen oder gar die Entstehungsbedingungen eines erlebten Druck einzuwirken versuchen (möglicherweise sogar kollektiv), um ihn zu reduzieren oder in seiner Wirkung zu beeinflussen, sind nicht festzustellen. Die vorhandenen betrieblichen Bedingungen und daraus entstehender Zeit- und Leistungsdruck werden weitgehend als unveränderbar wahr- und dann hingenommen. Die meisten Umgangsweisen beschränken sich auf ‚Arrangements'; zur Not ist es noch die Option eines

"Exit", was aber wohl meistens eher eine Fantasie bleibt (vgl. zu dieser Kategorie Hirschman 1974).
- Wie geschildert sind Umgangsweisen nicht selten sehr ambivalent. Selbst wenn sie partiell Entlastung ermöglichen, können sie an anderer Stelle oder zeitlich verschoben neue Belastungen erzeugen, die den Druck letztendlich eher verstärken oder derart gravierende persönliche Folgen generieren, dass von einem „selbstgefährdenden Verhalten von Arbeitnehmern" (Chavalier/ Kaluza 2015, s.a. Krause et al. 2015, Peters 2011) gesprochen werden muss. Derartiges tritt spätestens dann auf, wenn Umgangsweisen zwar situativ wirksam sind, aber ihre Nebenwirkungen mangels Selbstsorge unbeachtet bleiben. Typisch ist das etwa bei selbst generierter Arbeitsverdichtung und -beschleunigung, exzessivem Multitasking, regelmäßiger Arbeitszeitverlängerung, Arbeit in der Privatsphäre, Verzicht auf Pausen usw. Obwohl kaum als wirklich ‚freiwillig' gewählt zu bewerten, sind es von den Beschäftigten oft selbst entwickelte und praktizierte Umgangsweisen, die sie brauchen, um akut zurechtzukommen, die sie aber langfristig erheblich beeinträchtigen können.

Die Bewältigung betrieblich entstehenden Zeit- und Leistungsdrucks muss also faktisch weitgehend von den Arbeitenden vermittelt werden, ja wird regelrecht von ihnen übernommen – und sie werden damit systematisch alleingelassen. Nicht selten wird der Druck betrieblich ignoriert, gelegentlich sogar (zum Teil wider besseres Wissen) geleugnet, und oft wird Druck einfach von oben nach unten „weitergedrückt". Eine substanzielle betriebliche Unterstützung für einen entlastenden Umgang mit Druck findet sich nicht. Bei den Untersuchungen wurde zwar mehrfach erlebt, dass das Thema „Druck" im Betrieb durchaus angesprochen wurde (gelegentlich auch vonseiten des Managements, aber nur abseits der formellen Kontakte) – dann aber nicht selten mit erheblicher Besorgnis über die Folgen („hart an der Kante", „geht so nicht weiter"), individuell wie institutionell.

10.3.3 Typische Formen des Umgangs

Das Projekt legt eine empirisch generierte Typologie von Umgangsweisen vor (vgl. Kap. 9). Es werden in analytischer Kontrastierung vier idealtypische Formen beschrieben, wie Beschäftigte auf erlebten Zeit- und Leistungsdruck reagieren und dessen Folgen zu bewältigen versuchen: eine „allseitige wertorientierte Umgangsweise", eine „begrenzend pragmatische Umgangsweise", einen „radikal perfektionistische Umgangsweise" und eine „instrumentell selbstbezogene Umgangsweise". Die Gegenüberstellung folgt zwei empirisch als besonders signifikant erkannten Dimensionen für die Charakterisierung von Umgangswei-

Zusammenfassung und Diskussion

sen: Das Erleben der Konsequenzen von Druck in der Arbeit auf die fachliche „Qualität" der ausgeführten Tätigkeit und auf die persönliche „Befindlichkeit" – beides mit positiver und negativer Ausprägung; pointiert formuliert: gute oder schlechte „Leistungsqualität" und „Lebensqualität". Diese beiden Momente sind in Verbindung mit Zeit- und Leistungsdruck für die Beschäftigten entscheidend, und sie gehen in charakteristisch unterschiedlicher Weise damit um. Die Typen sollen hier nicht noch einmal ausführlich beschrieben werden. Festgehalten werden soll hier resümierend vielmehr Folgendes:

Zwei Typen sind dimensional gleichsinnig, die beiden anderen gegenläufig, wie ist das zu verstehen? Mit der selbstbezogenen Umgangsweise wird sowohl die Arbeitsqualität als auch die persönliche Befindlichkeit rundum positiv erlebt; man könnte vermuten, dass diese Umgangsweise besonders positiv einzuschätzen ist, aber so einfach ist es nicht. Die wertorientierte Umgangsweise führt im Kontrast dazu in beiden Dimensionen zu einer negativen Ausprägung, sowohl in der für sie besonders wichtigen Qualität der Arbeit als auch in der erlebten Lebensqualität; diese Umgangsweise ist damit diejenige, mit der die größte Gefahr des Scheiterns des Umgangs mit Zeit- und Leistungsdruck entsteht. Die begrenzend pragmatische Umgangsweise stabilisiert eine ausreichende Lebensqualität; mit ihr muss dafür aber teilweise eine reduzierte Ergebnisqualität der Arbeit akzeptiert werden, was aber mit nüchterner Pragmatik bereitwillig akzeptiert, vielleicht sogar aktiv betrieben wird. Die radikal perfektionistische Umgangsweise zieht im Kontrast dazu offensiv eine konsequente Strategie der Sicherung der für hier zentral bedeutsamen Leistungsqualität durch, nimmt dafür aber eine deutlich eingeschränkte persönliche Befindlichkeit oder Lebensqualität in Kauf, was bis an die Grenze der Selbstgefährdung gehen kann.

Insgesamt ist erkennbar, dass all diese Umgangsweisen erst einmal einen Weg aufzeigen, mit erlebtem Zeit- und Leistungsdruck umzugehen; aber alle haben einen Preis (auch die selbstbezogene Umgangsweise). Damit stellt sich die Frage, was aus den verschiedenen Umgangsweisen im weiteren Zeitverlauf folgen könnte. Eine mögliche Prognose:

Die wertbezogene Umgangsweise könnte aufgrund der mit ihr verbundenen Unfähigkeit zum Kompromiss potenziell in eine persönliche Krise Betroffener münden und sogar dazu führen, dass man an der Unerreichbarkeit der hohen Ziele verzweifelt (Anzeichen dazu finden sich im Material) – potenziell mit der Folge eines Burn-Out. Die begrenzende Umgangsweise führt dazu, dass man sich arrangiert, man kommt persönlich gut zurecht, könnte aber in beruflicher Ignoranz, im Opportunismus oder sogar im Zynismus gegenüber der fachlichen Qualität der Arbeit landen. Die perfektionistische Umgangsweise kann bedeuten, dass sich Betroffene die diese bevorzugt anwenden damit langfristig mit ihrer radikalen Qualitätsorientierung einigeln, sie könnten zu nervtötenden Kollegen (und zu anstrengenden Untergebenen oder Vorgesetzten) werden, die ihre

Gesundheit riskieren und das private Umfeld in Gefahr bringen, aber betrieblich gut ausbeutbar sind; vermutlich wird eine solche Umgangsweise dazu führen, dass man letztendlich den Bereich verlassen muss, weil sich die hohen Fachansprüche auf Dauer doch nicht realisieren lassen. Die selbstbezogene Umgangsweise kann zur Folge haben, dass man sich nur um den Preis des Selbstbetruges in dem jeweiligen Schonraum halten kann; irgendwann wird sich zeigen, ob der angelegte Instrumentalismus dann doch die Arbeits- oder eher die Lebensqualität gefährdet, spätestens wenn Betroffene sich beruflich weiterentwickeln. Vielleicht lernt man mit dieser Umgangsweise aber auch, ähnlich der begrenzenden Umgangsweise, Kompromisse einzugehen – der wahrscheinlichere Weg.

Was lässt sich daraus folgern? Die begrenzend pragmatische Umgangsweise ist möglicherweise der stabilste Typus, weil sie diejenige ist, mit der Berufstätige am besten ein Leben und Arbeiten unter den sich verändernden gesellschaftlichen Verhältnissen ermöglichen können, und vielleicht ist sie sogar die betrieblich funktionalste Form des Umgangs mit Zeit- und Leistungsdruck.

Mit dieser langfristigen Prognose steht die arbeitssoziologisch nicht unbedeutende Frage nach den in der Typologie möglicherweise aufscheinenden gesellschaftlichen Perspektiven im Raum. Mit Bezug auf die aktuell geführte Debatte zu einer sich abzeichnenden neuen Generation von Berufstätigen mit veränderten Wertorientierungen und beruflichen Praktiken soll dies kurz beleuchtet werden:

Die Diskussion um die „Generation Y" (vgl. u.a. Hurrelmann/Albrecht 2014) ist im Moment noch eher eine mediale Aufregung, auch wenn es schon einige ernst zu nehmende Beiträge gibt. Die Aussagen schwanken zwischen der pessimistischen Prognose einer neuen Generation von opportunistisch-instrumentellen Leistungsverweigerern mit neo-konservativen Orientierungen und der politisch optimistischen Prognose einer sich der steigenden Ausbeutung in der Berufssphäre mit Ansprüchen an Work-Life-Balance, soziale Sicherung, sinnvolle Arbeit usw. selbstbewusst verweigernden neuen Generation. Wird die vorgelegte Typologie mit Abstand betrachtet, finden sich dort beide Sichtweisen: Die selbstbezogene Umgangsweise könnte die Rolle des Instrumentellen übernehmen und der pragmatisch begrenzende Umgang nähert sich dem Bild desjenigen an, der selbstbewusst auf seine Lebensqualität pocht, ohne sich der Leistung völlig zu verweigern. Aus Sicht des Projektes sind beide Pfade denkbar – vermutlich werden sich, wie immer, in der Praxis vielfältige Zwischenformen einstellen.

Deutlich ist aus Sicht der Studie jedoch, dass die begrenzende Umgangsweise die realistischere Option bedeuten könnte: Sie repräsentiert die zukünftig immer wichtigere Notwendigkeit, sich angesichts eines vermutlich weiter steigenden Drucks in der Arbeit nicht gesundheitlich, sozial, motivational usw. ver-

Zusammenfassung und Diskussion

schleißen zu lassen oder selbst zu verschleißen. Dafür zahlt man mit dieser Umgangsweise (nicht zuletzt auch der Betrieb) den Preis einer pragmatisch nüchternen Distanzierung von ultimativen fachlichen Leistungserwartungen – eine Selbstbegrenzung in einer auch für diesen Typus nicht unwichtigen Dimension (auch mit dieser Umgangsweise will man gut arbeiten, Erfolg haben, Befriedigung aus seiner Tätigkeit ziehen usw.), die es aber ermöglicht, angesichts einer sich immer mehr entgrenzenden und zunehmend in verschiedensten Formen prekären Arbeitswelt mit steigendem Zwang zur Selbstverantwortung (bei nur wenig betrieblichen, sozialpolitischen und möglicherweise sogar angesichts des Wandels der Geschlechterverhältnisse sich einschränkenden privaten Unterstützungen) nachhaltig arbeits- und lebensfähig zu bleiben, also schlicht auf Dauer zu ‚überleben'. Dass hier dieser Typus des Umgangs mit Zeit- und Leistungsdruck als das wahrscheinlichste Zukunftsmodell angesehen wird, mit der vermutlich größten Nähe zu dem, was sich da in der Realität möglicherweise als neue Generation von Berufstätigen abzeichnet, könnte einleuchten.

Eine pragmatisch begrenzende Umgangsweise könnte nicht zuletzt Kernmoment einer neuen Qualität von Professionalität sein, mit der Berufstätige mehr als bisher in der Lage sein müssen, widersprüchliche Anforderungen, in der Arbeit wie im Leben, flexibel auszugleichen. Sie können auf einer solchen Basis je individuell in der Lage und bereit sein, situativ und zeitlich kontingent (also immer wieder neu), verschiedenste Ansprüche (auch ihre eigenen) ausreichend zu berücksichtigen, ohne von dieser Anforderung überfordert zu sein, und sie könnten daraus sogar eine neue Qualität des Selbstbewusstseins ziehen. Vor dem Hintergrund eines sich zumindest in Teilbereichen abzeichnenden Fachkräftemangels stehen die Chancen für eine Verbreitung eines solchen Typus nicht schlecht. Es könnte angesichts einer sich generell verstärkt subjektivierenden Arbeitswelt daher auch von einer „subjektivierten Professionalität" gesprochen werden, die sich mit erweiterter Flexibilität, Kompromissfähigkeit, Pragmatik und Offenheit für berufliche Anforderungen und Veränderungen deutlich vom Idealbild des bisherigen Professionellen absetzt, der völlig andere Bedingungen erfordert und historisch auch vorfand (vgl. Voß 2012a, 2012b).

Zugleich soll betont werden, dass eine solche Veränderung von Professionalität nicht ohne ein potenziell erhebliches Risiko für die Betriebe ist. Eine Berufs- und Arbeitsorientierung, die sich angesichts des Wandels der Arbeitswelt darauf konzentrieren muss, Ansprüche an die Professionalität von Arbeitsprozessen und die Qualität der Ergebnisse (kurz: an die „Leistung" der Arbeitenden) ‚variabel' zu handhaben, bedeutet, dass Betriebe nicht mehr mit einer in jedem Aspekt uneingeschränkten Qualitätsorientierung rechnen können. Aber wie das Material zeigt, sind es ja nicht selten die Betriebe selbst, die (etwa aus Kostengründen) faktisch einen begrenzten Umgang mit Qualitätsansprüchen erwarten – und dann gelegentlich die Augen vor möglichen Folgen verschließen.

Ein solches ‚Wegducken' wird vermutlich zukünftig weniger denn je möglich sein. Betriebe müssen im Zuge einer solchen Entwicklung mehr als bisher, sehr differenziert und aufmerksam mit der gelegentlich leichthändig artikulierten Forderung nach „total quality" umgehen. Muten sie Beschäftigten verstärkt zu, Widersprüche im Verständnis von „Qualität" pragmatisch auf ‚eigene Faust' zu bewältigen, müssen sie ihnen Hilfen zur Verfügung stellen, wie dies praktisch umgesetzt werden kann und darf, wenn sie nicht in ernste Probleme geraten wollen. Dabei geht es nicht nur darum, wie man mögliche Risiken für die Prozess- und Ergebnisqualität von Arbeit aus Sicht der Betriebe systematisch in kalkulierbaren Grenzen hält, sondern darüber vermittelt auch für die Nutzer von Leistungen und damit für die verschiedenen Kategorien von „Kunden". Mehr noch: Es geht auch darum, mit den Beschäftigten Wege zu finden, wie diese bei aller erforderlichen Pragmatik des Umgangs mit Druck, die für sie (wie hier mehrfach gezeigt) nach wie vor und vielleicht sogar mehr denn je wichtige Sachorientierung auf hohem Niveau aufrechterhalten können, um ihre Leistungsmotivation und Leistungsfähigkeit nicht systematisch zu beschädigen.

Das heißt auch zu verhindern, dass die mit einem pragmatisch begrenzenden Umgang mit Druck entstehenden Risiken (etwa rechtlicher Art) nicht schlicht auf die Arbeitenden externalisiert werden. Insgesamt bedeutet dies, dass die mit der aufgezeigten zunehmenden Widersprüchlichkeit von Anforderungen an Arbeitsprozesse und damit die von Arbeitenden verstärkt erforderliche Flexibilität des Verständnisses von Leistung, noch stärker als bisher höchste Aufmerksamkeit der Betriebe darauf erfordert, was „Qualität" konkret wirklich sein soll, und wie man sie herstellen kann. Wer hier klug abwägende Lösungen findet, könnte durchaus nicht nur die für den Wirtschaftsstandort Deutschland so entscheidende Dimension auch weiterhin sichern, sondern sogar steigern. Denn die vorgelegte Studie zeigt auch, dass Beschäftigte zwar erheblichen „Druck" in ihrer Arbeit erleben, aber weiterhin „Leistung" erbringen wollen. Ja sie könnten sogar bereit sein, ihre Leistung zu steigern, denn Druck in der Arbeit muss nicht per se leistungsfeindlich sein, ganz abgesehen davon, dass es nur selten möglich sein wird, Druck schlicht wieder pauschal zurückzufahren. Ziel muss es vielmehr sein, eine differenzierte betriebliche Gestaltung von Anforderungen und damit von Druck zu entwickeln, die es Beschäftigten ermöglicht, damit professionell derart umzugehen, dass weder ihre Leistungsqualität noch sie selbst (und ihr soziales Umfeld) gefährdet sind. Dazu im folgenden Ausblick einige weiterführende Überlegungen.

11 Professioneller Umgang mit Zeit- und Leistungsdruck? Befunde und Gestaltungsoptionen

Wenn hier von „Professionalität" die Rede ist (vgl. ausführlicher Voß 2012 a,b), ist damit gemeint, dass in der Untersuchung Hinweise auf Momente eines personalen Umgangs mit Zeit- und Leistungsdruck erkennbar werden, die eventuell in Zukunft eine Option für nachhaltigere Bewältigung von Belastungen sein können. Es könnte darin eine Perspektive auf ein Modell für qualifizierte Berufstätigkeit gesehen werden, das in einer sich zunehmend entgrenzenden und subjektivierenden Arbeitswelt Ansatzpunkte bietet, trotz steigender Belastungen auf persönlich, betrieblich und gesellschaftlich verantwortliche Weise leistungsfähig und ‚professionell' zu arbeiten.

In einem ersten Schritt werden vor dem Hintergrund des empirischen Materials verallgemeinernde Folgerungen zu einem „professionellen Umgang" mit Druck entwickelt. Den konzeptionellen Ebenen des Projektes entsprechend, geht es dabei in erster Linie um Gestaltungsoptionen für das „Subjekt" und seine „Tätigkeit", sowie ansatzweise auch um Bezüge zum „Kontext" seiner Tätigkeit.

Ein zweiter Schritt öffnet den Blick und geht der Frage nach, was daraus für die „Betriebe" folgen müsste. Es soll dabei auf jeden Fall der Eindruck vermieden werden, dass ein nachhaltiger Umgang mit Zeit- und Leistungsdruck allein Sache der „Subjekte" wäre. Die Entwicklung und Praktizierung eines „professionellen Umgangs" durch Beschäftigte benötigt, so die Feststellung, komplementär unterstützende Strukturen und Ressourcen auf allen Ebenen, vor allem in den Organisationen. Für eine zukunftsfähige Bewältigung des vermutlich weiter steigenden Zeit- und Leistungsdrucks sind nicht nur die betroffenen Personen verantwortlich, sondern in mindestens gleichem Maße auch die „Betriebe", die organisatorisch ebenfalls einen „professionellen Umgang mit Zeit- und Leistungsdruck" entwickeln müssen. Zur Konkretisierung dessen sollen dazu einige Gestaltungsoptionen formuliert werden.

11.1 Professioneller Umgang der Arbeitenden mit Zeit- und Leistungsdruck – individuelle Gestaltungsmöglichkeiten

Es geht im Folgenden um eine synthetisierende Verallgemeinerung und Detaillierung der im empirischen Material zu findenden Hinweise auf für die Betroffenen hilfreiche Reaktionen im Alltag ihrer Tätigkeit. Die beim „begrenzenden" Umgang aufscheinende pragmatische Ausbalancierung und situative Begrenzung von Ansprüchen und Anforderungen ist dabei ein zentrales Moment. Wie sich zeigen wird, werden nicht nur Umgangsweisen aufgeführt, die Zeit- und Leistungsdruck direkt entgegenstehen, sondern auch Formen, die Druck partiell oder zeitweise sogar verschärfen können, aber trotzdem eine Entlastung bedeuten; das Plädoyer richtet sich dann darauf, solches dosiert und selbstverantwortlich einzusetzen, um eine Selbstgefährdung zu vermeiden.

Die Darstellung folgt auch hier der konzeptionellen Systematik des Projekts. Dass beim „Subjekt" begonnen wird, hat aber inhaltliche Gründe, da es an dieser Stelle mehr denn je um die Person geht.

11.1.1 Subjektbezogener Umgang

Die besondere Rolle der Person zu betonen, ist hier Ausdruck eines dezidierten Statements: Angesichts einer zunehmend entgrenzten und sich dabei „subjektivierenden" Arbeitswelt (mit neuartigen Formen des Drucks in der Arbeit) kann eine positive Bewältigung von Belastungen nur gelingen, wenn das „Subjekt" auf neue Weise Verantwortung für sich selbst übernimmt; aber nicht als Folge einer „neoliberalen" Haltung, die Probleme und deren Lösung auf das Subjekt abschiebt. Es wird unterstellt, dass Beschäftigte systematisch verstärkt eine Rolle spielen müssen, wenn es um die Bewältigung von Arbeitsproblemen geht. Damit ist gleichzeitig unterstellt, dass für Berufstätige, die unter den veränderten Bedingungen „professionell" sein sollen und wollen, Kompetenzen erforderlich sind, die jenseits einer eng fachlichen Ebene liegen und mehr denn je sog. „Selbst-Kompetenzen" sind. Kurz, ohne einen Selbstumgang neuer Art ist auch ein Umgang mit Zeit- und Leistungsdruck nicht wirklich möglich. Diese Kompetenzen können drei Dimensionen zugeordnet werden:

Kognitiver Selbstumgang
Hier geht es darum, dass Beschäftigte (möglicherweise erstmalig) eine systematische Aufmerksamkeit für sich entwickeln müssen: in Bezug auf ihre Arbeit und darüber hinaus auf sich als Person und ihr gesamtes Leben. Damit ist z.B. die Fähigkeit gemeint, erlebten Druck und seine akuten oder potenziellen (z.B. gesundheitlichen) Folgen als solchen zu registrieren und ernst zu nehmen. Es könnte auch von einem neuen Gesundheitsbewusstsein gesprochen werden, aber letztlich umfasst es wesentlich mehr. Darunter fällt auch die Fähigkeit, hin und wieder mal gelassen wegzuschauen, Druck zu ignorieren, zu relativieren, zu ironisieren usw. Die Bilanz muss ein selbstbewusstes realistisches Bild seiner selbst und des erlebten Drucks ergeben.

Befunde und Gestaltungsoptionen 239

Praktischer Selbstumgang
Praktisch muss daraus ein nachhaltiger Selbstumgang (oder eine aktive „Selbstsorge") in nahezu jeder Hinsicht, i.e.S. körperlich, psychisch, mental, motivational usw. erwachsen. Das betrifft nicht nur den akuten ‚kurativen' Umgang mit Druck, sondern mehr noch den ‚präventiven' Umgang, um gegenüber zukünftigem Druck gewappnet zu sein. Wird darauf verzichtet, kommt es schnell zur Selbstvernachlässigung mit der Folge der Selbstgefährdung, und auf diesem Wege ist ein positiver Umgang mit Druck auf keinen Fall möglich. Es kann zwar unter Umständen sinnvoll und gelegentlich auch gewollt sein, kurzfristig an seine Belastungsgrenzen zu gehen, um damit an anderer Stelle Druck ‚aus dem System' zu nehmen (oder situativ begrenzt eine außeralltägliche Spitzenleistung zu erzielen), aber die Bilanz muss im Sinne eines salutogenetischen Verhaltens positiv bleiben.

Normativer Selbstumgang
Von einem normativen Selbstumgang ist dann zu sprechen, wenn es darum geht, dass Beschäftigte zur Bewältigung von Druck in der Lage sein müssen, eine belastbare Selbstachtung (ggf. auch eine sog. „Achtsamkeit") oder Selbstrespekt zu entwickeln. Voraussetzung dafür ist ein Bewusstsein der individuellen Wertebasis, also der zentralen Lebens-Werte und Lebens-Ziele (nicht zu verwechseln mit narzisstischer Selbstüberschätzung). Ohne ein gelassenes normatives Bewusstsein der eigene Würde, des persönlichen Wertes und der individuellen Werte, generell und beruflich, ist ein positiver Umgang mit Druck nicht möglich – besonders dann, wenn der Druck die eigene Würde zu verletzen droht. Dies schließt gelegentliche Selbst-Zweifel, nüchterne Einsicht in die faktische Selbst-Begrenztheit und eine gelassene Relativierung der eigenen Normen ein, was letztlich in jeder Hinsicht sogar ‚gesund' und biografisch weiterführend sein kann, und einem nachhaltigen Umgang mit Zeit- und Leistungsdruck sehr zugutekommt.

11.1.2 Tätigkeitsbezogener Umgang

Für Fragen nach einem professionellen auf die Tätigkeit bezogenen Umgang mit Druck kann grob der Systematik der Tätigkeitsanalysen und der Typenbildung zu den „Umgangsweisen" gefolgt werden.

11.1.2.1 Zeit

Entschleunigung, Pausen
Zentrale Umgangsweise in direkter Reaktion auf klassischen Zeitdruck sind Strategien der Entschleunigung: durchgehend oder immer wieder langsamer

arbeiten (bzw. eine geringere Menge von Vorgängen in gegebene Zeiteinheiten integrieren). Dazu gehört auch, der Tendenz zur kontinuierlichen Beschleunigung (egal woher diese stammt), eine gezielte Taktik der Verzögerung entgegen zu setzen – ein traditionelles Verfahren des Arbeiterwiderstandes (das sog. „Bremsen" oder „Bummeln"), das aber unter veränderten historischen Bedingungen neu definiert und von neuen Gruppen gelernt werden muss. Unter Bedingungen indirekter Steuerung von Arbeit hat dabei der Umgang mit Termindruck eine besondere Bedeutung. Hier hilft ein schlichtes „langsamer" so gut wie nichts, sondern die Entschleunigung besteht darin, von vornherein Deadlines und zeitliche Milestones realistisch zu gestalten oder Termine gezielt hinauszuschieben und/oder kalkuliert zu überschreiten. Da das sog. „Shopfloor-Wissen" der Arbeiterschaft hier wenig hilft, müssen neue Techniken der Zeitgestaltung und Verzögerung entwickelt werden.[12]

Zentral sind außerdem regelmäßige und nachhaltige Pausen – im tagtäglichen Prozess wie vor allem auch als gezielt entschleunigte Übergangsphasen zwischen Projekten. All das mag erst einmal trivial klingen oder ist zugleich in vielen Bereichen möglicherweise nicht so ohne Weiteres umzusetzen. Trotz allem ist Wissen und vor allem ein aktives Gestalten von alten und neuen Entschleunigungstechniken entscheidend für die Bewältigung von Druck. Entschleunigung muss dabei keineswegs betrieblichen Interessen systematisch entgegenlaufen, sondern kann im Gegenzug oft die Produktivität und Qualität der Tätigkeiten erhöhen. Qualität braucht Zeit! Zugleich zeigt das Material der vorliegenden Studie, dass Beschäftigte zur Bewältigung von Zeitdruck auch zum konträren Mittel der Beschleunigung greifen. Je nach Situation schnell zu arbeiten, oder gezielt sogar sehr schnell, kann entlasten, aber nur dann, wenn es Druck aus Prozessen herausnimmt, an anderer Stelle Entschleunigung ermöglicht und insgesamt begrenzt bleibt. Ein durchgehendes Beschleunigen (und ein sachliches Verdichten) von Tätigkeiten oder eine sehr hohe Arbeitsgeschwindigkeit führen, auch wenn manche Zeitratgeber gegenteiliges behaupten, mehr oder weniger direkt in die Überlastung.

Reduzierung von Unterbrechungen
Wird die mit den Pausen schon angesprochene zeitliche Mikrologik noch genauer betrachtet, ist ein häufig genanntes Problem zeitlichen Drucks eine belastende Vielfalt von Unterbrechungen oder Störungen der Tätigkeiten. Diese ergeben sich meist durch die oben angesprochenen komplexen Kooperationsbeziehungen, aus denen oft kontinuierliche Kontaktaufnahmen erfolgen, meistens mit der Anforderung einer sofortigen Erledigung der Anfrage. Folge ist eine

---

12   Ob die populäre Debatte zur „Entschleunigung" hilfreich ist, sei dahingestellt (vgl. u.a. Rosa 2005).

Befunde und Gestaltungsoptionen 241

häufig zu beobachtende Verhinderung der konzentrierten Beschäftigung mit einer Aufgabe, mit entsprechenden Konsequenzen für die Person und die Qualität der Aufgabenerledigung. Sich dagegen zu wehren, ist eine entscheidende und zugleich schwierig umzusetzende Aufgabe (man will Kollegen nicht „hängen lassen"[13]). Vorschläge, wie mit Unterbrechungen umgegangen werden kann, finden sich vielfältig in diversen Ratgebern; die entscheidende Leistung ist dabei aber, sich selbst und vor allem auch der Umgebung, die Notwendigkeit und Legitimität der Störungsabwehr klar zu machen. Das bedeutet nicht, sich gegenüber Kontaktaufnahmen und kurzfristigen Anforderungen generell abzuschotten (was kaum durchzuhalten wäre), sondern Techniken einer dosierten Abwehr und Akzeptanz von Unterbrechungen zu entwickeln, etwa durch Sperr- oder Konzentrationszeiten, zeitliche Kontaktkorridore und Sprechzeiten, in denen man für Anfragen erreichbar ist.

Limitierung zeitlicher Erreichbarkeit und Mehrarbeit
In modernen subjektivierten Arbeitsverhältnissen ist die Limitierung zeitlicher Erreichbarkeit oft wichtiger als etwa das traditionelle Bummeln, da Arbeit oft nicht mehr über den Maßstab Geschwindigkeit, sondern (neben der Terminsetzung) durch zeitliche Verfügbarkeitserwartungen gesteuert wird. Hier müssen Techniken entwickelt werden, die eine limitierende Gestaltung der Erreichbarkeit ermöglichen (vgl. u.a. Streit 2010). Da eine Begrenzung der Erreichbarkeit durch Orientierung an tariflich fixierten Arbeitszeiten oft nicht mehr möglich ist, erfordert das flexibel eingesetzte situative Maßnahmen: formelle oder notfalls informelle persönliche Sperr- bzw. begrenzte Erreichbarkeitszeiten, sachlich (nach Problemen) und/oder sozial (nach Gruppen von Kooperanden) abgestufte Erreichbarkeit, ggf. mit technischer Unterstützung (Priorisierung von Anrufen, Programme zur Begrenzung des Internetzugangs) usw. Die Beispiele zeigen zugleich, dass es gar nicht so sehr darum geht, nach förmlichem Dienstende überhaupt nicht mehr erreichbar zu sein, sondern wann, für wen, für welches Thema und zur Not dann ggf. auch zu „ungewöhnlichen" Zeiten – gezielte Erreichbarkeit kann Verfügbarkeitsdruck verringern.

Eine große Rolle bei dem im Projekt registrierten zeitlichen Druck spielt die regelmäßige und nicht selten erhebliche Überschreitung festgelegter Arbeitszeiten (von „Überstunden" ist nur selten die Rede) bzw., im Fall von nicht klar definierten Zeiten (etwa bei Vertrauensarbeitszeit oder manchen AT-Beschäftigten), eine übermäßige zeitliche Mehrarbeit, bezahlt oder auch nicht. Damit professionell umzugehen bedeutet auch hier, aktiv sich selbst, dem kollegialen Umfeld und dem Betrieb insgesamt gegenüber eine Begrenzung der Arbeitszeiten einzufordern und dann allerdings auch persönlich umzusetzen, denn nicht

---

13 Derartige alltagssprachliche Ausdrücke sind i.d.R. Zitate aus dem Material.

selten erfolgen Arbeitszeitüberschreitungen mehr oder weniger ‚freiwillig'. Ziel muss es sein, ein selbstgefährdendes „Arbeiten ohne Grenzen" zu verhindern und gleichzeitig zu ermöglichen, situativ auch einmal bei Bedarf länger oder zu ungewöhnlicher Zeit zu arbeiten, um etwa eine Aufgabe konzentriert abzuschließen und dadurch wiederum Druck zu begrenzen. Insgesamt geht es gerade bei diesem Thema darum, Möglichkeiten der zeitlichen Beschränkung und Ausdehnung taktisch klug und strategisch selbstverantwortlich zu gestalten, indem beides ausbalanciert wird.

11.1.2.2 Arbeitsprozess

Ein professioneller Umgang mit Zeit- und Leistungsdruck jenseits der besonders spezifischen Dimension Zeit bezieht sich im Wesentlichen auf zwei Bereiche des Arbeitsprozesses: die sachbezogene Tätigkeit und die mit arbeitsteiligen Strukturen verbundenen Kooperationsbeziehungen. Aus beiden Bereichen erwachsen aber auch wichtige Ressourcen für den Umgang mit Druck.

Entdichtung
Zentral für Arbeitsprozessdruck ist eine quantitative und qualitative Verdichtung von Aufgaben. Umgang bedeutet hier, im Rahmen der Gegebenheiten, den Arbeitsprozess zu entdichten oder zu extensivieren, indem man Aufgaben gezielt bündelt, sich bei der Erledigung auf zentrale Aspekte fokussiert oder eigenständig Prioritäten setzt, oft in Verbindung mit einer seriellen, in Teilaufgaben zerlegten schrittweisen Abarbeitung. Auch hierzu findet sich Vieles in der Ratgeberliteratur. Oft sind es betriebsorganisatorische Techniken, die hier auch für die eigene Entlastung genutzt werden können. Betrieblich heikel wird es aber spätestens dann, wenn es nicht mehr nur um die eigene Arbeitsorganisation geht, sondern darum, sich zur Entdichtung der Tätigkeit nach eigenen Kriterien informell zu entlasten (etwa indem man etwas „liegen" oder „schleifen" lässt) oder eine steigende Aufgabenfülle und -vielfalt formell abzuwehren. Zugleich darf auf der anderen Seite nicht vergessen werden, dass eine Vielfalt von Aufgaben (zwischen denen man ggf. eigenständig wechseln kann) ein klassisches Moment „humaner" Arbeit ist, das auch individuell eingesetzt werden kann, um zumindest das Empfinden von Druck durch Abwechslung von Tätigkeiten zu verringern. Auch hier scheint zu gelten, dass die Kunst des professionellen Umgangs mit Druck einmal in der Bewusstwerdung von Belastungen und dann der Entwicklung von praktischen Entlastungsmöglichkeiten unter Berücksichtigung möglicher gegenteiliger Folgen besteht.

Befunde und Gestaltungsoptionen 243

Limitierende Gestaltung von Kooperationen
Kooperationsstrukturen und daraus entstehende Anforderungen sind, so wurde gezeigt, eine wichtige Quelle von Druck und insbesondere des belastenden Gefühls der „Fremdbestimmung" oder des „Getriebenseins". Ein professioneller Umgang damit bedeutet, sich (ähnlich wie bei den Themen Erreichbarkeit und Störungen) gezielt um Praktiken der limitierenden Gestaltung sozialer Kontakte zu bemühen (welcher Kontakt wird wann und in welcher Weise zugelassen). Zugleich sind Kooperationsbeziehungen aber auch hilfreich, wenn es darum geht, sich von belastenden Aufgaben zu entlasten und Druck zu reduzieren, indem man „delegiert" (oder „externalisiert"). Das gilt sowohl nach „unten" (Untergebene) als auch „horizontal" (Kollegen und gelegentlich Kunden) und nicht zuletzt sogar nach „oben" (Vorgesetzte). Diese Delegationsvarianten zu beherrschen, ist eine wichtige ‚Kunst' in Arbeitsbeziehungen, vor allem wenn es um Entlastung geht – auch für Führungskräfte. Es ist durchaus, was selten gesehen wird, in manchen Bereichen (zumindest bei „kooperativ" agierenden Führungskräften) möglich, um Entlastung auch bei hierarchisch übergeordneten Funktionsträgern zu bitten oder sie gezielt in Aufgaben einzubinden, um zumindest informell eine Reduktion von Druck zu erreichen. Eine solche Aufwärtsdelegation, d.h. eine variable Handhabung von Hierarchie, kann ein entscheidendes Mittel zum Umgang mit Druck sein, es muss es nur professionell eingesetzt werden können.

Unterstützende Kooperationen
Vor allem aber sind Kooperationsbeziehungen ein entscheidendes Feld, um sich punktuelle Unterstützung oder über Vernetzung dauerhafte Unterstützungspotenziale zu sichern, die für eine professionelle Bewältigung von Druck nutzbar sind. Oft geht es dabei schlicht darum, ausreichend formelle und vor allem wichtige informelle Informationen zu bekommen, die benötigt werden, um eine Arbeit stressfrei zu bewältigen oder eben akuten Druck abzufedern. So gesehen, ist betriebliches und sogar überbetriebliches Networking, also der Aufbau und die Pflege von Vertrauensbeziehungen, essenziell; nicht nur für die Karriere oder Statussicherung im Betrieb, sondern ebenso für die Aufgabenausführung und dabei nicht zuletzt für den Umgang mit Druck. Wer betrieblich nicht ausreichend sozial integriert und deswegen von Informationen abgeschnitten ist, gerät unausweichlich unter Druck; wer ausreichend vernetzt ist, kann sich dagegen über „Beziehungen" vielfältig entlasten. Das mag trivial erscheinen, aber Networking ist eine anspruchsvolle professionelle ‚Kunst', die erst einmal nicht von jedem beherrscht wird.

11.1.2.3 Arbeitsergebnis

Oben wurde mehrfach gezeigt, dass besonders konfligierende oder explizit widersprüchliche Erwartungen an das Arbeitsergebnis zu Belastungen führen. In dieser Situation ist ein professioneller Umgang besonders anspruchsvoll. Druck erzeugende Widersprüchlichkeiten sind speziell in Dienstleistungstätigkeiten vielfach ‚verschachtelt', sodass auch ihre Bewältigung ausgesprochen komplex ist:

Balancierender und begrenzender Umgang mit widersprüchlichen Erwartungen
Zum einen finden sich, wie beschrieben, oft sehr weitgehende Widersprüche zwischen den Anforderungen verschiedener Kategorien von „Kunden": die konkrete Dienstleistung nutzende Endkunden („Kunden 3. Ordnung"), ökonomisch meist entscheidende institutionelle Kunden (Auftraggeber, Kostenträger, also „Kunden 1. Ordnung") und gelegentlich auch für Einzelaufgaben dazwischen geschaltete Kooperationspartner, Unterauftragnehmer usw. („Kunden 2. Ordnung"). Zumindest eher operativ agierende Beschäftigte stehen meist den Endkunden der Dienstleistung und dem jeweiligen konkreten Problem einer Person motivational und emotional am nächsten, obwohl sie sich gelegentlich aus ihrer beruflichen Sicht heraus auch einem allgemeinen Sachproblem verpflichtet sehen, das nicht immer mit den je individuellen Bedürfnissen personaler Einzelkunden übereinstimmt (typisch etwa bei Ärzten). Diese verschiedenen Kategorien von Anforderungen treten in fast jeder Dienstleistung auf und können je für sich schon einen erheblichen Druck bereiten. Vor allem aber ist belastend, wenn solche Anforderungen aufgrund konfligierender Ausrichtung nicht in gleicher Weise berücksichtigt werden können, sodass einzelne Interessenbereiche systematisch zurückstehen müssen und die Beschäftigten gezwungen sind, all das in ihrer Arbeit auszuhalten. Hinzu kommt, dass die Beschäftigten ja nicht nur die zu bearbeitenden Sachprobleme oder die (End-)Kundeninteressen sowie eben zugleich Kundenanforderungen ganz anderer Art im Auge haben müssen, sondern auch ihre ganz persönlichen Interessen; vor allem (neben klassischen „Arbeitskraftinteressen": Entlohnung, Karriere usw.) ihre individuelle Befindlichkeit in der Tätigkeit und ihren privaten Kontext („Subjektinteressen": Reproduktion, Anerkennung, soziale Einbindung) (vgl. Schumann et al. 1982). So gut wie immer stehen die berufliche „Leistungsqualität" und die persönliche „Lebensqualität" in einem komplizierten und oft widersprüchlichen Verhältnis, das Druck erzeugt und mit einem professionellen Umgang bewältigt werden muss.

Wird all das mit dem in der Dienstleistungsforschung etablierten „Dienstleistungs-Dreieck" (hier um die „Sache" als vierten ‚Akteur' erweitert) in den Blick genommen, wird schnell erkennbar, in welch komplexen Spannungsbeziehungen zwischen konfligierenden Anforderungen die Beschäftigten stehen (siehe Abb. 2).

Befunde und Gestaltungsoptionen 245

Die Frage nach einem möglichen professionellen Umgang mit dem in dieser Konstellation entstehenden hoch ‚verschachtelten' Druck kann unter Bezug auf die Materialien des Projektes mit Verweis auf zwei erkennbare Strategien beantwortet werden:

Zum einen müssen Beschäftigte den Umgang mit Anforderungen so gestalten, dass sie nicht in die unauflösbare Falle geraten, alle Interessen berücksichtigen zu wollen. Wer dies versucht, wird scheitern. Die professionelle Kunst besteht darin, die verschiedenen Anforderungen situativ auszubalancieren, also je nach „Lage" den einen oder den anderen Bereich vorrangig zu bedienen. Es geht nicht nur um die populäre „Work-Life-Balance", sondern auch um eine Art Work-Work-Balance verschiedener Anforderungen innerhalb der Tätigkeit und schließlich sogar um eine Balance zwischen diesen beiden Balanceaufgaben, also um eine Balance von Balancen. Dass das kunstvoll, ja geradezu ‚akrobatisch' ist, sollte jeder nachvollziehen können.

Das bedeutet aber zum anderen auch, dass Beschäftigte in der Lage und bereit sein müssen, die Berücksichtigung von einzelnen Interessen und der darauf bezogenen Ergebnisqualität ihrer Arbeit situativ zu begrenzen, d.h. sich von

Abb. 2: Vermittlung konfligierender Anforderungen in der interaktiven Dienstleistungstätigkeit durch die Beschäftigten

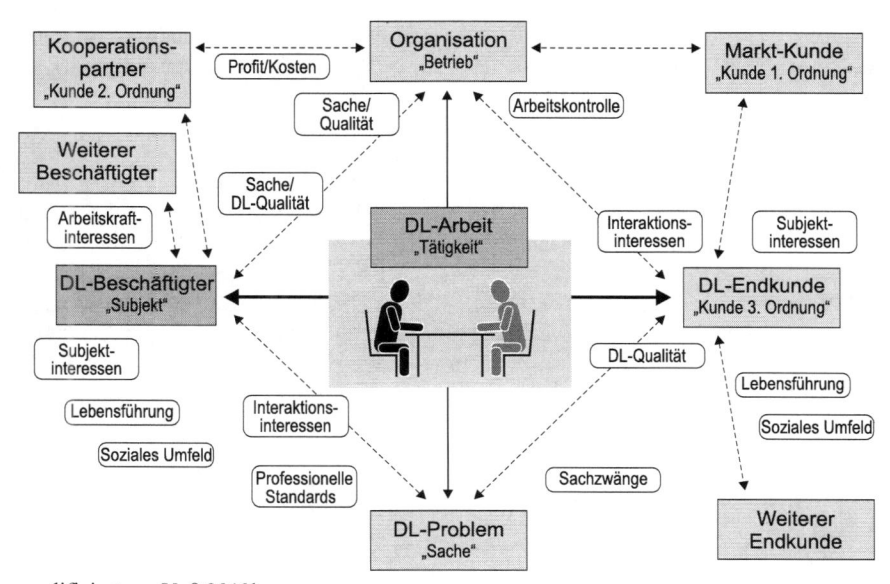

modifiziert aus Voß 2012b

deren Wahrnehmung in Teilen (sachlich), bei bestimmten Gruppen (sozial) und/ oder vorübergehend (zeitlich) mehr oder weniger zu distanzieren. Zur Akrobatik der Balance von Anforderungen gehört also besonders die Kunst der pragmatischen Selbstbeschränkung, die aber nicht in Resignation, Ignoranz, Sarkasmus oder sogar destruktiven Zynismus umschlagen darf, will man dauerhaft arbeits- und lebensfähig bleiben. Und nicht zuletzt erfordert das einen anspruchsvollen (und oft heiklen) ‚flexiblen' Umgang mit moralischen Werten und ethischen Normen, der recht schnell Gefahr läuft, in einen Zynismus umzuschlagen.[14]

‚Professionalität' zeigt sich hier als die gezielte Abwehr eines fremden oder eigenen Anspruches an eine sachliche Alleinverantwortlichkeit und normativ gesehen an eine umfassende Werteverfolgung, da dieser wegen der geschilderten komplexen ‚Verschachtelung' von Anforderungen und Interessen nicht zu leisten ist. Diese Einsicht ist manchmal mühsam zu erlangen und noch mühsamer in die Tat umzusetzen. Sie ist aber unumgänglich, um gerade hier Druck auf einem bewältigbaren Niveau zu halten.

11.1.3 Kontextbezogener Umgang

Der individuelle Umgang mit Zeit- und Leistungsdruck, wie er hier konzeptionell und empirisch thematisiert wird, ist erst einmal ein Komplex von Handlungen oder Praktiken der Person, die sich auf das „Subjekt" und seine „Tätigkeit" beziehen. Diese Ebenen sind für die Betroffenen direkt erreichbar. Indirekt kann die Person aber auch auf den Kontext ihrer Tätigkeit versuchen einzuwirken, also vor allem auf den Betrieb und schließlich auch auf die Privatsphäre.

Aktive Rückwirkung auf den betrieblichen Kontext
Das Subjekt hat auf die Entstehungsbedingungen von Druck im Kontext „Betrieb" in der Regel nur bedingten Einfluss, ist ihnen aber je nach Konstellation auch nicht völlig machtlos ausgeliefert. Gleichwohl kann ein sich darauf beziehender Umgang nur zu „indirekten" Mitteln greifen. Es sind meist appellative, reklamierende oder informell einwirkende Praktiken, in Grenzen auch arbeits- oder tarifrechtlich fixierte formelle Möglichkeiten sowie hin und wieder auch explizit konfrontative Formen eines individuellen oder kollektiven Bemühens (im letzteren Fall auch „Kampfes") um die Reduzierung des Zeit- und Leistungsdrucks.[15] Festhalten lässt sich auf jeden Fall:

---

14 Vgl. das Konzept der „Moralstufen" von Kohlberg (1996, s.a. Becker 2011), das eine „postkonventionelle Moral" beschreibt, die es erlaubt, mit normativen Standards auf Basis allgemeiner Werte situativ flexibel umzugehen.
15 Die Labour-Process-Forschung gibt darüber teilweise Auskunft; vgl. z.B. Edwards (1981), vgl. zu alltäglichen Praktiken Heiden (2014), Hoffmann (1981).

Befunde und Gestaltungsoptionen 247

- Es ist wichtig, den indirekten Charakter der kontextbezogenen Umgangsweisen zu beachten, da sie handlungspraktisch eine andere Qualität haben, als die unmittelbaren Umgangsweisen, und von daher andere Handlungskompetenzen erfordern (Konfliktfähigkeit, Verhandlungsgeschick usw.).
- Festzuhalten ist auch, dass diese indirekten Möglichkeiten eines professionellen Umgangs mit Zeit- und Leistungsdruck potenziell den gesamten Bereich arbeits- und betriebsorganisatorischer Ursachen für Druck zum Objekt haben. Dabei wird es aber weniger darum gehen, den Druck schlicht aufzuheben, als darum, einen Druck (gemessen woran auch immer), partiell abzuschwächen. Vor allem aber geht es darum, Entstehungsbedingungen spezifischer Druckformen und ihrer Konstellationen (oder den jeweiligen Druck selbst) so zu gestalten, dass ein besserer Umgang damit möglich wird.
- Es ist also entscheidend für einen professionellen Umgang mit Zeit- und Leistungsdruck, durch Bezug auf den Betrieb förderliche Rahmenbedingungen und Ressourcen für den direkten Umgang mit Druck zu sichern. Das Material zeigt, dass vier Momente eine besondere Bedeutung für Betroffene haben:
  - Entlastende betriebliche Unterstützungen für Beschäftigte, etwa gesicherte Möglichkeiten, bei Überlastung Arbeitsanteile in andere Bereiche externalisieren zu können;
  - Zur Reduzierung von Druck flexibel nutzbare gesicherte Handlungsspielräume, etwa zur zeitlichen Verteilung von Belastungen;
  - Glaubwürdige Wertschätzung der Person und ihrer Tätigkeit, die zumindest psychodynamisch zu einer Entlastung beiträgt;
  - Perspektiven für eine berufliche Veränderung, etwa Wege zum Wechsel in Positionen mit persönlich besser bewältigbarem Druck, notfalls auch zu einem vollständigen betrieblichen oder sogar beruflichen „Exit".

Diese Punkte werden noch einmal zur Sprache kommen, wenn nach betrieblichen Gestaltungsmöglichkeiten gefragt wird.

Sorgender Umgang mit dem privaten Kontext
Auch der private Kontext ist für das „Subjekt" und seine Umgangsweisen nur indirekt zugänglich, aber doch weitgehend anders als gegenüber dem Betrieb. In der Privatsphäre ist die Person zwar auf die sozialen ‚Anderen' in ihrem Umfeld in vielfacher Hinsicht angewiesen, aber sie ist ihnen nicht formal nachgeordnet oder von ihnen strukturell abhängig. Das Subjekt hat daher aufgrund der mehr oder weniger gleichgestellten Positionen hier im Vergleich zum Betrieb dann doch wesentlich direktere Möglichkeiten der Gestaltung. Vor diesem Hintergrund lässt sich festhalten:

- Für die Umgangsweisen mit Druck in der Tätigkeit (und in Bezug auf sich selbst) ergibt sich aus der spezifischen sozialen Qualität der Privatheit einerseits durchaus, dass von dort ausgehender und sich in der Tätigkeit niederschlagender Druck nicht völlig unmittelbar gesteuert oder gar unkompliziert direktiv unterbunden werden kann. Es kann aber andererseits doch deutlich stärker und vor allem weniger vermittelt darauf Einfluss genommen werden – etwa bei der familiären Verteilung von Verpflichtungen. Gleichwohl erfordert ein professioneller Umgang mit arbeitsrelevantem Druck und seinen Entstehungsbedingungen im privaten Kontext angesichts sich ändernder Geschlechterrelation dann doch oft ein partnerschaftliches ‚Aushandeln' mit erst einmal offenem Ausgang – eine Form der indirekten Einflussnahme, die sich ähnlich auch im Betrieb findet.
- Besonders wichtig ist es, die Privatsphäre als ein Feld zu sehen, in dem wichtige Ressourcen generiert und/oder mobilisiert werden können, die für den professionellen Umgang mit Druck in der Arbeit nutzbar und zum Teil unverzichtbar sind: vor allem emotionale Stabilisierung und Solidarität, Unterstützung bei der psycho-physischen Rekreation, Möglichkeiten zur Ausgleichsbetätigung u.v.a.m.
- Solche Ressourcen können nicht selbstverständlich vorausgesetzt werden, sondern müssen in der Privatsphäre auch gemeinschaftlich hergestellt, reproduziert und weiterentwickelt werden, und darum muss sich die Person im Rahmen einer professionellen Umgangsstrategie systematisch aktiv kümmern.
- Nicht zuletzt wird mit diesen Themen deutlich, dass der private Kontext zwar nicht die einzige, aber vermutlich eine entscheidende Sphäre ist, in der das große Feld von Selbst-Achtsamkeit, Selbst-Sorge usw. praktiziert und fundiert wird, und dafür erforderliche Selbst-Kompetenzen erworben und eingeübt werden können.

11.1.4 Leitprinzipien eines professionellen individuellen Umgangs mit Zeit- und Leistungsdruck

Wird versucht aus der Auflistung von möglichen professionellen Formen des Umgangs mit Zeit- und Leistungsdruck einen Kern von übergreifenden entscheidenden Prinzipien (und daraus abzuleitenden Kompetenzen) heraus zu präparieren, lässt sich Folgendes festhalten, das mit pointierten Begriffen als Entwicklungsschritte präsentiert wird und notwendigerweise eine normative Sprache verwendet:

Bewusstwerdung und Akzeptanz

Erstes Moment eines professionellen Umgangs ist das Bewusstwerden und Akzeptieren, dass überhaupt ein Druck in der eigenen Tätigkeit existiert, der belastend ist und eine spezielle Umgangsweise erfordert.

Reflexion

Daran muss eine Reflexion anschließen, mit der versucht wird, die konkrete Qualität und das Ausmaß der eigenen Belastung zu verstehen und zu ergründen, wie der Druck ‚funktioniert'. Letzteres ist vor allem dann bedeutsam, wenn es sich um Druck handelt, der einer schwer zu durchschauenden Logik folgt, insbesondere wenn es um konfligierende oder widersprüchliche Anforderungen geht oder Mechanismen des Drucks Betroffene in „Fallen" führen (vgl. Peters 2011). Dazu gehört auch, gut zu unterscheiden, wie und wo man keinesfalls selbst ‚schuld' ist am erlebten Zeit- und Leistungsdruck, und wie und wo man sich „selber Druck macht".

Aktivierung

Wichtig ist außerdem eine Aktivierung der Betroffenen, die sie aus der vielfach beobachteten passiven Haltung und dem ‚leidenden' Hinnehmen von Druck herausführt, und eine aktive Gestaltung des Umgangs mit Druck zumindest versuchen lässt – wenn möglich auch mit Bezug auf die betrieblichen Entstehungsbedingungen.

Selbst-Begrenzung

Aus Sicht des Projektes ist es entscheidend, Praktiken und Fähigkeiten zur aktiven Selbst-Begrenzung zu entwickeln. Damit ist vor allem eine kognitive und sogar normative Selbst-Begrenzung und damit Fähigkeit zur Distanzierung von eigenen (und fremden) Anforderungen und/oder Maßstäben in Bezug auf die Qualität der Arbeit gemeint. Wie geschildert ist ein derart ‚pragmatischer' Umgang eine zentrale Voraussetzung dafür, konfligierende oder sogar ausschließende Anforderungen so handhaben zu können, dass man nicht in eine unbewältigbare Drucksituation gerät.

Balancierung

Die Selbst-Begrenzung ist insbesondere eine Voraussetzung dafür, dass Beschäftigte schließlich in die Lage versetzt werden, konfligierende Anforderungen situativ zeitlich, sozial, sachlich usw. gegeneinander abzuwägen, also in flexibler Balancierung einmal diese Anforderungen, einmal jene, einmal diese Interessenposition, einmal jene, einmal diese Erwartung auf diese Weise und jene Sachanforderung in einer davon abweichenden Weise (kundenorientiert formuliert) zu „bedienen".

Selbst-Sorge
Basis all dessen ist ein nachhaltiger Selbstumgang und darauf bezogene ausreichende Selbst-Kompetenzen: Ohne Selbst-Achtung, persönliche Selbst-Achtsamkeit und ein in diesem Sinne ‚gesundes' Selbst-Bewusstsein ist ein professioneller Umgang mit Druck kaum denkbar. So wichtig das ist, es bleibt wirkungslos, wenn daraus nicht eine aktive Selbst-Sorge erwächst, die sich nicht auf eine individuelle „Sorge um sich selbst" beschränken darf, sondern als „Sorge um andere" auch einen nachhaltigen Umgang mit den reproduktiv erforderlichen signifikanten Personen des privaten Umfeldes einschließen muss.

11.2 Professioneller Umgang der Betriebe mit Zeit- und Leistungsdruck – organisatorische Gestaltungsmöglichkeiten

Dieser Abschnitt wechselt die Perspektive. Hier wird nun gefragt, was aus den Befunden über den Umgang der Beschäftigten mit erlebtem Druck in ihrer Tätigkeit arbeits- und betriebsorganisatorisch folgen müsste.

Leitende Annahme ist dabei, dass nicht nur die Betroffenen, sondern auch diejenigen einen „professionellen Umgang mit Zeit- und Leistungsdruck" entwickeln müssen, die ihn an entscheidender Stelle hervorrufen: die „Betriebe". Allerdings deuten die empirischen Erfahrungen des Projektes darauf hin, dass dort diese Verantwortung noch nicht überall erkannt wird, ja nicht einmal gesehen wird (oder nicht gesehen werden will), wie stark der Druck in vielen Bereichen ist. Zwar registrieren Personalverantwortliche zum Teil mehr „stressbedingte" Ausfälle, aber deren Tragweite wird möglicherweise unterschätzt – auch wenn Interessenvertretungen gelegentlich „Alarm" geben und inzwischen sogar die Politik sich des Themas annimmt. Und wenn Betriebe reagieren, weil sich Probleme aufschaukeln, die auch ihre Interessen schmerzhaft berühren, dann erscheinen die ergriffenen Maßnahmen gelegentlich oft kurzschlüssig und hilflos.

Vor diesem Hintergrund sollen mit Bezug auf die Erkenntnisse dieser Studie einige weiterführende Überlegungen angedeutet werden. Sie greifen die Befunde und Thesen zum Umgang mit Zeit- und Leistungsdruck der Beschäftigten und dabei nicht zuletzt der erarbeiteten Typologie von Umgangsweisen auf, drehen diese aber sozusagen um: Wo könnte und sollte betrieblich angesetzt werden, um den Betroffenen die mehr als bisher erforderliche aktive Bewältigung von Druck zu erleichtern (und nicht zu erschweren)?

Befunde und Gestaltungsoptionen 251

11.2.1 Verringerung des Zeit- und Leistungsdrucks durch die Betriebe?

Es geht mit der formulierten Frage nicht primär darum, ob und wie Betriebe Zeit- und Leistungsdruck substanziell ‚abschaffen' oder verringern könnten, indem sie an den von ihnen kontrollierten Entstehungsbedingungen ansetzen. Gleichwohl soll betont werden, dass die Betriebe vermutlich manches zur Verhinderung oder zumindest zur Verringerung von ausufernden belastenden Anforderungen tun könnten und sollten, indem sie an den betriebsstrukturellen ‚Wurzeln' von Druck ansetzen – auf allen Ebenen und Feldern der Arbeits- und Betriebsorganisation sowie nicht zuletzt bei den Beschäftigungsbedingungen. Das Projekt hat dazu durchaus manches in den Untersuchungen gefunden, auch wenn dies nicht im zentralen Fokus stand – fast nie als explizite Forderungen der Befragten (oder wenn, dann nur als vage Andeutungen.), durchaus hin und wieder aber als indirekte Hinweise darauf, welche unausgesprochenen ‚Wünsche' oder ‚Vorschläge' die Beschäftigten möglicherweise hätten, damit der weithin erlebte betriebsseitige Druck geringer wird.

Dazu nur kurz einige Stichworte. Hilfreich wären beispielsweise betriebs- und arbeitsorganisatorische Maßnahmen der folgenden Art:

in der Dimension Zeit ...
– die klassische Forderung nach einer Verkürzung der formellen Arbeitszeiten – vor allem aber der faktisch erwarteten zeitlichen Verfügbarkeit und damit letztlich von ausufernder Mehrarbeit;
– die Verhinderung oder zumindest Begrenzung von Wochenendarbeit und/oder einer betrieblichen Inanspruchnahme während des Urlaubs sowie der Erschwerung von längeren Urlaubsabwesenheiten auf absolute Notfälle;
– geregelte und unkompliziert in Anspruch zu nehmende ausreichende Erholungszeiten („Pausen") oder andere entlastende Auszeiten, etwa im Verlauf der Woche;
– im Sinne der Beschäftigten nutzbare „flexible" Arbeitszeiten;
– eine bessere Planbarkeit von kommenden Aufgaben und der damit verbundenen zeitlichen Anforderungen
– besseres Zeitmanagement bspw. für Meetings und stärkere Nutzung von Video- und Telefonkonferenzen, um Dienstreisen zu vermeiden;
– ausreichende Abstände zwischen anforderungsreichen Aufgaben, vor allem bei Projektarbeit und nach anstrengenden Dienstreisen oder längeren Aufenthalten an weit entfernten Standorten;
– eine Sicherung zeitgenauer Ablösungen bei Schichtarbeit;

bezogen auf den Arbeitsprozess ...
- Begrenzung von Mehrfach- und Zusatzfunktionen, vor allem bei Projektarbeit;
- Reduzierung von Anforderungen an die sachliche Zuständigkeit und damit Erreichbarkeit für Aufgaben;
- Begrenzung von Nebenaufgaben und bürokratischen Verpflichtungen („Dokumentationsaufwand");
- Sicherung ausreichender Informationen für die Durchführung von Aufgaben, d.h. zielgruppengerechter Zuschnitt und Transport von Informationen;
- ausreichend personelle, finanzielle und sachliche Ressourcen („mehr Leute",
- „mehr kollegiale Unterstützungsmöglichkeiten", „mehr Geld", „bessere Sachausstattung" usw.);
- Begrenzung von Mobilitätsanforderungen – bei Dienstreisen wie vor allem für die Flexibilität bezüglich der Einsatzorte;
- frühzeitige und offene Information über betriebliche Änderungen;
- klare und wirksame Stellvertreterregelungen;
- klare Zuständigkeitsbereiche und Vermeidung zu großer Überschneidungen;

hinsichtlich der Arbeitsergebnisse ...
- Klare, realistische und sachgerechte Leistungserwartungen – vor allem eine Begrenzung ständig steigender Anforderungen;
- Zielvereinbarungen, die keine Zieldiktate sind.

Solche und manch andere denkbare Vorschläge für betriebliche Möglichkeiten zur Verringerung von Druck sollen und können hier nicht im Einzelnen ausgeführt werden – auch weil es letztlich müßig wäre, da derartige Ansatzpunkte für eine direkte Reduzierung von belastenden Anforderungen in den einschlägigen Wissenschaften meist hinlänglich bekannt sind und oft, wenn auch kontrovers, thematisiert werden.

Nicht zuletzt kann und soll hier nicht darüber spekuliert werden, inwieweit Betriebe angesichts des ökonomischen Drucks, dem sie ihrerseits unterliegen, überhaupt weitergehend in der Lage und damit bereit sind, an der ‚Stellschraube' der Entstehungsbedingungen von Zeit- und Leistungsdruck auf ihrer Ebene zu ‚drehen'. Die Betriebskontakte des Projekts zeigen aber auch, dass dies in der Praxis manchmal nicht so „einfach" ist und konkrete Maßnahmen sehr unterschiedlich aussehen müssten. Das gilt vor allem unter den Arbeits- und Beschäftigungsbedingungen von Arbeitskräftegruppen, wie sie hier untersucht wurden: bei hoch qualifizierten Fach- und Führungskräften, die nicht selten außertariflich und/oder zum Teil auch unter wenig geschützten Bedingungen

Befunde und Gestaltungsoptionen 253

(Befristung, Zeit- oder Auftragskräfte) beschäftigt sind und/oder durchaus bereit sind ein gewisses Maß an Druck zu akzeptieren, wenn die Rahmenbedingungen stimmen. Damit zu möglichen Ansatzpunkten für eine betriebliche Gestaltung, die am zentralen Fokus des Projekts ansetzen, nämlich am Umgang der Beschäftigten mit Zeit- und Leistungsdruck.

11.2.2 Ansatzpunkte für einen gestaltenden betrieblichen Umgang mit Zeit- und Leistungsdruck

Die Forderung, dass Betriebe mit dem Phänomen Zeit- und Leistungsdruck ihrer Beschäftigten und der Art und Weise, wie diese versuchen, darauf zu reagieren ihrerseits „umgehen" müssen, mag gewöhnungsbedürftig sein. Die Perspektive des Projektes zeigt aber, dass Betriebe zwar entscheidend den von ihren Mitarbeitern empfundenen Druck verursachen, diese dann aber tendenziell damit allein lassen, selbst wenn man erkannt hat, dass es Probleme gibt. Wie auch immer Betriebe den von Mitarbeitern empfundenen Druck bewerten, er kann ihnen spätestens dann nicht mehr gleichgültig sein, wenn daraus ernsthafte betriebliche Schwierigkeiten entstehen, etwa hinsichtlich des Krankenstandes. Soziologisch sind Betriebe ‚Handlungseinheiten', die lernen können und müssen, mit den Folgen und vor allem mit den Folge-Folgen ihres Handelns umzugehen. Die aus dieser Sicht relevante Ebene eines betrieblichen Umgangs mit Druck in der Arbeit sind die hier thematisierten Umgangsweisen der Betroffenen. Es geht also darum, was Arbeitende benötigen, damit sie auch unter Bedingungen großen Drucks mit ihrer Arbeit zurechtkommen.

Im empirischen Material hatten sich dazu vier Momente als bedeutsam erwiesen (arbeitsbezogen: „Unterstützung", „Autonomie"; personenbezogen: „Wertschätzung", „Perspektiven"), die hier aufgegriffen werden und denen ein weiterer Punkt vorangestellt wird. Die Ausführungen dazu sind allgemeine Hinweise auf mögliche Gestaltungsdimensionen – verbunden mit einzelnen Beispielen für vermutlich relevante betriebliche Handlungsfelder und denkbare organisationspraktische Konkretisierungen.

Ernsthaftes Problembewusstsein

Auch wenn die Befragten es selten explizit betonen, scheint es für sie von großer Bedeutung zu sein, dass die Betriebe ernsthaft anerkennen, dass ein hoher und steigender Zeit- und Leistungsdruck in vielen Bereichen besteht. Mehr noch: es wäre für die Beschäftigten wichtig, zu wissen, dass das Problem ernst genommen wird und (mit ihnen) versucht wird, Ursachen und Erscheinungsformen zu verstehen – und nach Lösungen zu suchen.

Konkret könnte das heißen, dass für jeden Bereich (vielleicht sogar für jeden Beschäftigten) im Detail eruiert werden müsste, worin der Druck genau besteht (in welchen „Konstellationen" er auftritt), wie er zumindest punktuell reduziert werden könnte und/oder was dem Einzelnen den Umgang erleichtern würde. Die arbeitswissenschaftlich und datentechnisch geschulten Verantwortlichen für Prozessoptimierung sollten nicht nur Vorgänge kostenreduzierend verdichten/beschleunigen, sondern sich auch dafür verantwortlich sehen, Abläufe so zu gestalten, dass Druck begrenzt und bewältigbar bleibt und trotzdem effektiv gearbeitet werden kann.

Voraussetzung wäre, dass nicht mehr verschleiert oder sogar geleugnet wird, dass es Probleme gibt, sondern sich die Verantwortlichen dem vorhandenen Faktum des Drucks in der Arbeit ihrer Mitarbeiter nüchtern stellen; dass sie nicht erst reagieren, wenn der Krankenstand zu einem gravierenden und offen kommunizierten betrieblichen Problem wird.

Hilfreich wäre sicherlich, Frühindikatoren für steigenden Druck zu entwickeln, um vorbeugend tätig werden zu können – und nicht zu warten, bis die „Bude brennt" und dann auf das betriebliche Gesundheitsmanagement zu verweisen.

Substanzielle Unterstützung
Zentraler Befund des Projektes ist, dass Beschäftigte dringend praktisch nutzbare betriebliche Unterstützungen brauchen, auf die sie problemlos und legitim zugreifen können, wenn Zeit- und Leistungsdruck ein bewältigbares Maß zu übersteigen droht.

Gemeint sind hier vor allem Möglichkeiten, Unterstützung bei Überlastung anzufordern ohne Sanktionen fürchten zu müssen. Es sollte möglich sein und als professionelles Verhalten gelten, Überforderung zu erkennen zu geben und aufgrund dessen anzufragen, wohin und wie man Arbeitsanteile umstandslos delegieren kann: auf Kollegen (die natürlich dafür Potenziale brauchen), Untergebene (die nicht selber überlastet sein dürfen) und Vorgesetzte (die bereit sind, „einzuspringen").

Letztlich geht es um etwas Altmodisches: dass es normal ist, sich zu „helfen", wenn „Land unter" ist, d.h. Hilfe offen anzufragen und bereitwillig zu gewähren. Da das aber oft nicht mehr voraussetzungslos gegeben ist, muss es darum gehen, gezielt nutzbare Unterstützungsnetzwerke aufzubauen und eine explizite Unterstützungskultur im Betrieb zu pflegen, für die der Begriff „Solidarität" offensiv neu definiert werden könnte. Eine viel zu wenig genutzte Möglichkeit ist z.B., Positionen mit mehreren Personen zu besetzen, die dann gemeinsam Verantwortung für einen Bereich übernehmen und sich dadurch systematisch und regelmäßig ‚Unterstützung' gewähren.

Ganz praktisch geht es dabei oft schlicht darum, dass Mitarbeiter rechtzeitig alle erforderlichen Informationen für ihren Bereich zur Verfügung haben (was nicht selbstverständlich zu sein scheint) ohne im Gegenzug mit für sie irrelevanten Informationen überflutet zu werden (was häufig beklagt wird), dass eine offene kollegiale Kommunikationskultur besteht (und Informationen nicht monopolisiert werden) und dass Vorgesetzte systematisch nach unten kommunizieren (und keine Geheimniskrämerei betreiben oder mit Informationszurückhaltung Macht ausüben) und dergleichen mehr.

Eine große Entlastung könnte darin bestehen, betrieblich offen über widersprüchliche Erwartungen zu sprechen, um dann gemeinsam nach Kompromissen im Umgang mit konfligierenden Erwartungen zu suchen und den Betroffenen Wege zu ermöglichen, situativ flexibel auf sich vermeintlich (oder tatsächlich) ausschließende Anforderungen zu reagieren.

Oft mangelt es anscheinend auch an einer systematischen Einarbeitung von neuen Kollegen. Es wäre wichtig, dass neue Mitarbeiter nicht nur in ihre jeweiligen Tätigkeiten, sondern in alle für sie relevanten Bereiche eingeführt werden (woraus dann ein Unterstützungsnetzwerk entstehen könnte), und dass sie ein ständiges Mentoring und Coaching durch erfahrene Kollegen (und Vorgesetzte) erhalten – nicht nur für wenige Tage und von anderen belächelt, sondern als regelmäßig offensiv genutztes Assistenzsystem, das für jeden aufgebaut wird. Eine solche Unterstützung könnte wesentlich hilfreicher sein als ein gelegentlicher Zeitmanagementkurs oder das nicht selten belächelte Stressbewältigungsseminar.

Das betriebliche Gesundheitsmanagement (auf das von Betrieben gerne stolz verwiesen wird) sollte aus der kurativen Reparatur-Funktion herausgeholt und zu einem systematisch präventiven System werden, das explizit auch belastenden Druck auf die Mitarbeiter thematisiert. Es muss darum gehen, dass psychosoziale Probleme enttabuisiert und systematisch zu einem Thema der Gesundheitspolitik der Betriebe werden (z.B. bei Gefährdungsbeurteilungen, vgl. BAuA 2014, Treier 2015). Mehrwert verspricht hier eine systematische Verzahnung des betrieblichen Gesundheitsmanagements mit dem Bereich des Personalmanagements (vgl. Ahlers 2015), insbesondere der Personalentwicklung, indem bei der Umsetzung gesundheitsbezogener Maßnahmen immer auch Gesichtspunkte der Personalentwicklung Berücksichtigung finden und umgekehrt; d.h. z.B. individuell auf spezifische befindlichkeitsrelevante Aspekte der Beschäftigten zugeschnittene Entwicklungsperspektiven oder Förderungsangebote.

Nicht zuletzt geht es um ein systematisch fürsorgliches Führungsverhalten, für das es zum guten Stil gehört, Druck nicht einfach „nach unten weiter zu geben" und aufmerksam für den von Beschäftigten erlebten Arbeitsdruck zu sein. Vorgesetzte sollten sich nicht als Multiplikatoren und Distributoren von Druck verstehen (die etwa meinen, Mitarbeiter aus ihrer „Komfortzone" herausdrängen zu müssen), sondern als Gestalter von Anforderungen, die Druck gezielt (und offen) so dosieren und formieren, dass untergebene Bereiche damit nicht überfordert werden. Vorgesetzte sollten sich eher als Druckpuffer sehen, die ihre „Leute" durchaus fordern und gleichzeitig vor Überlastung schützen. Führungskräfte können dabei auch in dem Sinne Vorbild sein, dass sie zu erkennen geben, wenn sie selbst überlastet sind und so Untergebene animieren, ebenfalls offen und nüchtern über Druck zu kommunizieren. (vgl. Reid 2015).

Echte Autonomie
Die ambivalente Qualität von Autonomien in der Arbeit ist ein wichtiges Thema in den Materialien des Projektes. Daraus folgt aber keineswegs, dass Handlungsspielräume per se problematisch sind, sondern, dass es wichtig ist, sie so anzulegen, dass sie für die Bewältigung von Zeit- und Leistungsdruck genutzt werden können und nicht zusätzlichen Druck erzeugen. Zentral ist dabei, dass Autonomien nicht nur für eine ständige Forcierung der Prozesse eingeräumt werden, sondern auch explizit dafür genutzt werden dürfen und können, auftretende Überlastungen abzufedern.

Konkret kann es darum gehen, gesicherte und wirklich einsetzbare Autonomien zur Verfügung zu haben, um zeitlich, sachlich, räumlich usw. flexibel Belastungen auszugleichen. Das können etwa Rechte auf individuell verwendbare zeitliche Mikropuffer sein, die man ohne schlechtes Gewissen zur Entschleunigung oder zur Erholung nach Stressphasen einsetzen kann. Das ist mehr und etwas völlig anderes als die tarifvertraglich festgelegte „Pause", etwa legitime „Slow-Go-Tage" als Entlastungspuffer nach einem „harten" Projekt. Und natürlich geht es um „flexible Arbeitszeiten", deren Flexibilität nicht nur im Betriebsinteresse, sondern als echte „Zeitautonomie" für die individuelle Belastungsregulierung verwendet werden darf, ohne Nachteile zu befürchten. Oder anders gesagt: Es geht um ein Anrecht auf und sogar um eine Wertschätzung von individuell variablen Begrenzungen von Arbeitszeiten – mit einer solchen Unterstützung durch echte Autonomien sind vermutlich viele fallweise durchaus bereit, auch hart und lange zu arbeiten.

Ähnlich kann mit Erreichbarkeiten umgegangen werden. Das Problem „ständiger Erreichbarkeit" ist vermutlich nur in einzelnen Bereichen mit pauschalen Einschnitten zu lösen, etwa durch betriebsweites Abschalten der Email-Kommunikation zu bestimmten Zeiten. Auch hier muss es um Angebote zur flexiblen individuellen Beschränkung und sogar individuellen „Gestaltung" (z.B. Priorisierung und Kanalisierung) der persönlichen und technischen Verfügbarkeit gehen, die durch „digitale Verhaltensregeln" unterstützt werden. Es sollte durchaus möglich sein, das eine Mal „jederzeit" und das andere Mal überhaupt nicht erreichbar zu sein und sich (auch technisch) für definierte No-Go-Zeiten „auszuklinken", ohne Nachteile befürchten zu müssen.

Von großer Bedeutung ist außerdem eine explizite Thematisierung der widersprüchlichen Wirkung von Autonomien, um der Gefahr der „interessierten

Selbstgefährdung" (Peters 2011) vorzubeugen. Solches kann Gegenstand von Trainings sein, ist aber vor allem alltägliche Aufgabe von Vorgesetzten in Bezug auf jede konkrete Situation. Zugleich muss es immer darum gehen, Handlungsspielräume zu erhalten und sogar ‚druckrelevant' zu gestalten – damit man flexible Möglichkeiten hat, auf widersprüchliche Interessen oder Anforderungen zu reagieren und aus den „Fallen" zu hoher Qualitätsvorstellungen heraus zu kommen.

Häufig wird es darum gehen, eine gezielte Durchforstung oder sogar einen massiven Abbau einer sachwidrigen Kennziffernsteuerung, penibler Detailkontrollen, kleinlicher Anwesenheitsregelungen und bürokratisch überzogener Dokumentations- und Recht- fertigungspflichten vorzunehmen. Es handelt sich um autonomiewidrige Rigiditäten und Restriktionen, die in Widerspruch zur gleichzeitigen Erwartung an Selbstverantwortung stehen und faktisch Selbstständigkeit (und die Bereitschaft dazu) paralysieren sowie die Rede von „Verantwortung" als hohle Phrase, wenn nicht sogar als systematische Ideologie entlarven.

Nicht zuletzt wird es an vielen Stellen darum gehen, überkomplexe Zuständigkeitsverschachtelungen, eine ausufernde Projektorganisation und Terminfluten zu begrenzen. Auch hier ist nicht eine pauschale Einschränkung der richtige Weg (meist von Betroffenen auch nicht gewünscht), sondern Betroffenen flexible Möglichkeiten einer selbstbewussten Beschränkung und Steuerung von Kooperationszwängen zu gewähren, in Verbindung damit, dass die verbreitete Gefahr eines Fremdsteuerungs- und Entfremdungsempfindens erkannt und darauf Rücksicht genommen wird.

Glaubwürdige Wertschätzung

Die personenbezogene Frage nach der Wertschätzung sollte auf keinen Fall als Softfactor für den Umgang mit Zeit- und Leistungsdruck eingeschätzt werden. Das Material des Projektes zeigt immer wieder, wie wichtig Beschäftigten dieses Thema ist. Es ist keine Frage, dass eine Anerkennung der Personen, ihrer Tätigkeit und der Arbeitsergebnisse erheblich die Bereitschaft und Fähigkeit erhöht, auch unter Druck zu arbeiten. Nicht nur die Burn-Out-Forschung belegt deutlich die hohe Wirkung von Wertschätzung für die Prävention und sogar für die Behandlung (vgl. Burisch 2006), sondern seit Langem zeigt die Forschung zu „Anerkennung" in der Arbeitswelt (vgl. Holtgrewe et al. 2000, Koch-Falkenberg et al. 2012), wie bedeutsam diese ist.

Konkret wird es wohl zuerst einmal betrieblich darum gehen, nicht nur deklamatorisch eine Wertschätzung der einzelnen Person in ihrer Individualität und dabei insbesondere ihrer persönlichen Werte zu signalisieren, sondern alltäglich im Handeln (etwa der Führungskräfte) und mit letztlich allen betrieblichen Äußerungen zu praktizieren. Dass dies viel mit der Anerkennung der

„Diversity" der Belegschaften zu tun hat, liegt auf der Hand – auch mit der Vielfalt dessen, wie Personen mit Zeit- und Leistungsdruck umgehen. Es geht aber nicht nur um die einzelne Person, sondern auch um die Anerkennung der jeweiligen Besonderheit und der Wertschätzung der individuellen Lebenslage (also auch der Privatheit) und biografischen Lebensphase von Beschäftigten. Dies beschränkt sich keineswegs auf die inzwischen fast schon zur Phrase verkommene „Work-Life-Balance", auch wenn diese ohne Zweifel eine bedeutsame Rolle spielt. Ein Schlüsselmoment gerade für den Umgang mit widersprüchlichen Anforderungen ist die ernsthafte Anerkennung sachbezogener Qualitätsmaßstäbe und professioneller Orientierungen (oft betrieblich missachtet oder gering geschätzt). Es sind genau diese moralisch oder berufsethisch bedeutsamen Sachorientierungen, die es den Mitarbeitern ermöglichen, auch anstrengende Tätigkeiten nicht nur auszuhalten, sondern als sinnvolle Aufgaben oder sogar als die oft zitierte „Herausforderung" zu erleben. Nicht zuletzt geht es darum, dass betrieblich formulierte Qualitätskriterien oder die viel zitierte „Kundenorientierung" in der Organisation wirklich ernst genommen werden (und von den Beschäftigten persönlich ernst genommen werden dürfen). Entscheidend für eine glaubwürdige Wertschätzung der Mitarbeiter ist auch eine glaubwürdige Wertschätzung der End-Kunden einer Dienstleistung durch den gesamten Betrieb.

Betriebe müssen insgesamt eine wertschätzende Führungskultur, die jeden Verantwortlichen einbezieht, aufbauen und praktizieren. Darunter fällt Vieles von dem was schon Thema war: Eine Anerkennung von Arbeitsdruck als verbreitetes Phänomen, über das offen gesprochen werden muss (und diejenigen, die darüber sprechen nicht als „Weicheier" und „Underperformer" zu diskriminieren), Führungskräfte aller Ebenen als Vorbilder im Umgang mit Druck, systematische arbeits- und betriebsorganisatorische Verfahren zur Unterstützung des Umgangs mit Druck für alle Beschäftigten (und nicht nur für diejenigen, denen der Luxus eines individuellen „Coachings" zugestanden wird), ein für Belastungen und insbesondere psychische Fragen sensibles Gesundheitsmanagement usw. Zentral ist an dieser Stelle, dass Führung auf allen Ebenen in der tagtäglichen Arbeit Selbst-Sorge, psychische Belastung und nicht zuletzt das Thema (psychische) Krankheit als legitime Fragen anerkennt und sich der Betrieb im Rahmen seiner Führungskultur dafür verantwortlich fühlt, dass ein nachhaltiger persönlicher Umgang der Beschäftigten mit Druck (und dessen Folgen) als geschätzte ‚Leistung' begriffen wird.

Dass eine angemessene Gratifizierung nach wie vor eine große Rolle als wertschätzendes Indiz und in der Folge als druckentlastender Faktor spielt, wurde dem Projekt auch häufig signalisiert. Es geht dabei nicht nur um die Höhe (und Form), sondern auch um einen möglichst konkurrenzfreien (aber durchaus statusangemessenen) Umgang mit Entlohnungen. Und nicht zuletzt geht es im

Gegenzug um einen Verzicht auf kleinliche Lohndrückerei und/oder einen rigiden Umgang mit (vermeintlich) leistungsabhängigen Gehaltsanteilen, die Motivationen vernichten und einen positiven Umgang mit Druck verunmöglichen können.

Entlastende Perspektiven
Die empirischen Arbeiten zeigen, dass für Beschäftigte die Option eines langfristigen biografischen Ausweichens gegenüber Belastungen oder zumindest sie allgemein entlastende berufliche Aussichten wesentlich sein können, um Druck zu verarbeiten.

Es kann sich darunter z.B. die betrieblich eingeräumte Möglichkeit vorgestellt werden, angesichts von überforderndem Zeit- und Leistungsdruck unkompliziert und ohne Gesichtsverlust die Position oder die Funktion (eventuell nur vorübergehend) zu wechseln. Das kann hilfreich sein, um etwa nach einer Stressphase oder einem herausforderungsreichen Großprojekt „Luft zu holen". Unbedingt notwendig kann so eine Möglichkeit nach einer stressbedingten Krankheit sein, um wieder in den Beruf zurückzufinden (auch jenseits einer formellen „Wiedereingliederungsmaßnahme"). Ein derartiger teilweiser „Exit" muss dabei keineswegs als ein Ausweichen interpretiert werden, sondern kann mit einer für alle Seiten fruchtbaren Neuorientierung oder Weiterentwicklung verbunden werden. Eine kluge Personalpolitik hat solche Alternativen sicherlich im Gestaltungsrepertoire, sollte diese aber weniger denn je als selten erforderliche Notlösung, sondern als Standardmöglichkeit zur Unterstützung eines Umgangs mit Druck sehen.

Eine entlastende Perspektive kann natürlich immer die Aussicht auf einen möglichen betrieblichen Aufstieg sein – besonders, wenn er in Bereiche führt, die vielleicht weniger belastend sind. Die Dimension „Karriere" kann für einen Umgang mit Druck aber auch ganz anders genutzt werden (was oft noch ungewohnt ist, im Material des Projektes jedoch mehrfach als Andeutung auftaucht): als „Verzicht auf Karriere" oder gar als selbstbewusste (vielleicht auch nur zeitweilige) Rücknahme eines Karriereschrittes. Das ist dann eine ‚gesunde' Möglichkeit, wenn die Personalpolitik und damit die Führungskultur eines Unternehmens dies nicht als „Rückschritt" definiert, sondern als selbstverständliche Option, um eingearbeitete und motivierte Mitarbeiter, die unter Druck geraten sind, zu halten und positiv neu auszurichten.

Jene Möglichkeiten des Umgangs mit Arbeitsdruck, die angesichts von nicht mehr bewältigbaren Belastungen Chancen in einem Betriebs- oder auch Berufswechsel sehen, reichen sogar über den betrieblichen Kontext hinaus. Für eine betriebliche Personalpolitik mag dies kontraproduktiv erscheinen, kann aber durchaus eine hilfreiche Möglichkeit sein, Beschäftigte beim Umgang mit Druck zu unterstützen. Häufig wird dies bei einem ernsthaft stressbedingt erkrankten

Mitarbeiter ohnehin zur Disposition stehen, da therapeutisch den Betroffenen (etwa nach langer Abwesenheit vom Betrieb) oft geraten wird, sich biografisch und beruflich neu zu orientieren.

Ganz zum Schluss soll hier schließlich eine entlastende Perspektive ganz anderer Art angesprochen werden, die weithin von großer Bedeutung ist. Beschäftigte können oft passabel mit Druck umgehen, wenn sie im Gegenzug von einer zumindest halbwegs glaubwürdigen beruflichen Sicherheit ausgehen können. Obwohl es vielleicht auf Dauer kein wirklich gesunder ‚Deal' ist, scheint es (so zeigt das Material) zumindest emotional entlastend zu wirken. Wenn es dabei nicht nur um eine sichere Betriebsbindung geht, sondern um gute Chancen, nötigenfalls auch an anderer Stelle mit dem eigenen Beruf oder den beruflichen Erfahrungen problemlos unterzukommen, dann ist das sogar eine ‚echte' Perspektive, die in der akuten Situation entlastend wirken kann. Eine kluge Personalpolitik kann solches durchaus aufgreifen und positiv unterstützen. Diese und andere denkbare mögliche Maßnahmen von Betrieben verweisen insgesamt darauf, dass es darum geht, ein strategisches Management der verantwortlichen Gestaltung von Druck zu entwickeln und dies in Absetzung von einem rein kurativen, punktuellen (oder gar nur symbolischen) Reagieren auf die Folgen. Ein in diesem Sinne betrieblich gut gestalteter Druck, der Beschäftigten eine systematische Unterstützung dahingehend bietet, professionell mit hohen Anforderungen umzugehen, kann verhindern, dass einfacher Druck entgleist und zu einem die Arbeitenden potenziell gefährdenden entgrenzten Druck wird. Wird dies in glaubwürdiger Wertschätzung zusammen mit den Beschäftigten praktikabel umgesetzt, kann erlebter Druck möglicherweise sogar zur oft geforderten positiven „Herausforderung" werden.

Literatur

Ahlers, E. (2015). Leistungsdruck, Arbeitsverdichtung und die (ungenutzte) Rolle von Gefährdungsbeurteilungen. WSI-Mitteilungen, 68 (3), 194–201.

Alsdorf, N. & Fuchs, S.M. (2011). Leistung. In R. Haubl & G.G. Voß (Hrsg.), Riskante Arbeitswelt im Spiegel der Supervision eine Studie zu den psychosozialen Auswirkungen spätmoderner Erwerbsarbeit (S. 18–26). Göttingen: Vandenhoeck & Ruprecht.

Aulenbacher, B. (2010). Rationalisierung und der Wandel von Erwerbsarbeit aus der Genderperspektive. In F. Böhle, G.G. Voß & G. Wachtler (Hrsg.), Handbuch Arbeitssoziologie. Wiesbaden: VS Verlag.

Bartholdt, L. & Schütz, A. (2010). Stress im Arbeitskontext: Ursachen, Bewältigung und Prävention. Weinheim; Basel: Beltz.

Becke, G., Bleses, P. & Schmidt, S. (2010). Nachhaltige Arbeitsqualität. Ein Gestaltungskonzept für die betriebliche Gesundheitsförderung in der Wissensökonomie. Wirtschaftspsychologie, 2010 (3), 60–68.

Becker, G. (2011). Kohlberg und seine Kritiker. Die Aktualität von Kohlbergs Moralpsychologie. Wiesbaden: Springer VS.

Becker-Schmidt, R. (1980). Widersprüchliche Realität und Ambivalenz. Arbeitserfahrungen von Frauen in Fabrik und Familie. Kölner Zeitschrift für Soziologie und Sozialpsychologie, 32 (4), 705–725.

Belschak, F., Jacobs, G. & Grimmer, W. (2004). Die Bedeutung des Leistungsmotivs für das Stresserleben in Leistungssituationen. Wirtschaftspsychologie, 2004 (4), 45–55.

Berger, J. & Offe, C. (1980). Die Entwicklungsdynamik des Dienstleistungssektors. Leviathan, 8, 41–75.

Birken, T., Koch-Falkenberg, C., Kratzer, N. & Weihrich, M. (2012). Interaktive Arbeit in der Infrastrukturdienstleistung. Zwischen Unsichtbarkeit und Notwendigkeit. In W. Dunkel & M. Weihrich (Hrsg.), Interaktive Arbeit. Theorie, Praxis und Gestaltung von Dienstleistungsbeziehungen (S. 259–290). Wiesbaden: Springer.

Boes, A. & Bultemeier, A. (2008). Informatisierung – Unsicherheit – Kontrolle. Analysen zum neuen Kontrollmodus in historischer Perspektive. Rückkehr der Leistungsfrage. Leistung in Arbeit, Unternehmen und Gesellschaft (S. 59–90). Berlin: edition sigma.

Boes, A., Kämpf, T., Roller, K. & Trinks, K. (2010). Handle, bevor Dein Körper für Dich handelt...". Eine neue Belastungskonstellation in der IT-Industrie und die Notwendigkeit nachhaltiger Gesundheitsförderung. Wirtschaftspsychologie, 2010 (3), 20–28.

Bogner, A., Littig, B. & Menz, W. (2005). Das Experteninterview: Theorie, Methode, Anwendung (2., Aufl.). Wiesbaden: VS Verlag für Sozialwissenschaften.

Böhle, F. (2010). Arbeit und Belastung. In F. Böhle, G.G. Voß & G. Wachtler (Hrsg.), Handbuch Arbeitssoziologie (S. 451–481). Wiesbaden: VS Verlag für Sozialwissenschaften.

Böhle, F., Stöger, U. & Weihrich, M. (2015). Interaktionsarbeit gestalten: Vorschläge und Perspektiven für humane Dienstleistungsarbeit. Berlin: edition sigma.

Böhle, F., Voß, G.G. & Wachtler, G. (Hrsg.). (2010). Handbuch Arbeitssoziologie. Wiesbaden: VS Verlag für Sozialwissenschaften.

Bohnsack, R. (Hrsg.). (2001). Die dokumentarische Methode und ihre Forschungspraxis. Grundlagen qualitativer Sozialforschung. Wiesbaden: VS Verlag für Sozialwissenschaften.

Boxall, P. & Macky, K. (2014). High-involvement work processes, work intensification and employee well-being. Work, Employment & Society, 28 (6), 963–984.

Braverman, H. (1985). Die Arbeit im modernen Produktionsprozess. Frankfurt a.M./New York: Campus.

Bundesanstalt für Arbeitsschutz und Arbeitsmedizin. (2013). Arbeitswelt im Wandel. Zahlen – Daten – Fakten. Dortmund: Bundesanstalt für Arbeitsschutz und Arbeitsmedizin.

Bundesanstalt für Arbeitsschutz und Arbeitsmedizin. (2014). Gefährdungsbeurteilung psychischer Belastung: Erfahrungen und Empfehlungen. Berlin: Schmidt.

Bundespsychotherapeutenkammer. (2010). Komplexe Abhängigkeiten machen psychisch krank. BPtK-Studie zu psychischen Belastungen in der modernen Arbeitswelt. Berlin: BPtK.

Bundespsychotherapeutenkammer. (2012). Psychische Erkrankungen und Burnout. Berlin: BPtK.

Bundespsychotherapeutenkammer. (2013). Psychische Erkrankungen und gesundheitsbedingte Frühverrentung. Berlin: BPtK.

Bundespsychotherapeutenkammer. (2015). Psychische Erkrankungen und Krankengeldmanagement. Berlin: BPtK.

Burisch, M. (2006). Das Burnout-Syndrom. Theorie der inneren Erschöpfung. Heidelberg: Springer.

Chavalier, A. & Kaluza, G. (2015). Psychosozialer Stress am Arbeitsplatz. Indirekte Unternehmenssteuerung, selbstgefährdendes Verhalten und die Folgen für die Gesundheit. Gütersloh: Bertelsmann Stiftung.

Denzin, N.K. (2009). The research act a theoretical introduction to sociological methods. Chicago: Aldine.

Dethloff, C. & Heitkamp, A. (2005). Zeitstrategien. Über den erfolgreichen Umgang mit der Ressource Zeit. Wirtschaftspsychologie, 2005 (3), 53–62.

Deutsche Angestellten Krankenkasse. (2005). DAK Gesundheitsreport 2005. Hamburg: DAK.

DGFP – Deutsche Gesellschaft für Personalführung. (2011). Psychische Beanspruchung von Führungskräften und Mitarbeitern. Düsseldorf: DGFP.

Dunkel, W., Kratzer, N. & Menz, W. (2010). Psychische Belastungen durch neue Steuerungsformen. Befunde aus dem Projekt PARGEMA. In H. Keupp & H. Dill (Hrsg.), Erschöpfende Arbeit. Gesundheit und Prävention in der flexiblen Arbeitswelt (S. 97–118). Bielefeld: Transcript.

Dunkel, W. & Rieder, K. (2003). Interaktionsarbeit zwischen Konflikt und Kooperation. In A. Büssing & J. Glaser (Hrsg.), Dienstleistungsqualität und Qualität des Arbeitslebens im Krankenhaus. Organisation und Medizin (S. 163–180). Göttingen: Hogrefe.

Dunkel, W. & Voß, G.G. (Hrsg.). (2004). Dienstleistung als Interaktion: Beiträge aus einem Forschungsprojekt Altenpflege – Deutsche Bahn – Call Center. München, Mering: Hampp.

Dunkel, W. & Weihrich, M. (2010). Arbeit als Interaktion. In F. Böhle, G.G. Voß & G. Wachtler (Hrsg.), Handbuch Arbeitssoziologie (S. 177–202). Wiesbaden: VS Verlag für Sozialwissenschaften.

Dunkel, W. & Weihrich, M. (2012). Interaktive Arbeit. Theorie, Praxis und Gestaltung von Dienstleistungsbeziehungen. Wiesbaden: VS Verlag für Sozialwissenschaften.

Edwards, R. (1981). Herrschaft im modernen Produktionsprozeß. Frankfurt a.M./New York: Campus.

Faller, G. (2013). Gesundheitsfördernde Führung – eine machbare Utopie. Jahrbuch für kritische Medizin und Gesundheitswissenschaften/Gesundheitspolitik in der Arbeitswelt (S. 105–121). Hamburg: Argument Hamburg.

Flick, S. (2011). Leben durcharbeiten. Selbstsorge in entgrenzten Arbeitsverhältnissen. Frankfurt a.M./New York: Campus.

Flick, U. (2007). Qualitative Sozialforschung. Eine Einführung. Reinbek bei Hamburg: Rowohlt.

Foucault, M. (2009). Hermeneutik des Subjekts. Frankfurt a.M.: Suhrkamp.

Gapp-Bauß, S. (2014). Stress-Management: Zu sich kommen, statt außer sich geraten. Ahlerstedt: Param.

Genkova, P. (2013). Kulturelle Dimensionen und subjektives Wohlbefinden im Kulturvergleich. In P. Genkova, T. Ringeisen & F.T.L. Leong (Hrsg.), Handbuch Stress und Kultur. Interkulturelle und kulturvergleichende Perspektiven (S. 315–342). Wiesbaden: Springer VS.

Glaser, B.G. (1967). The Discovery of grounded theory. Strategies for qualitative research. Berlin: De Gruyter.

Glaser, B.G. & Strauss, A.L. (2005). Grounded Theory. Strategien qualitativer Forschung. Bern: Huber.

Gläser, J. & Laudel, G. (2010). Experteninterviews und qualitative Inhaltsanalyse als Instrumente rekonstruierender Untersuchungen. Wiesbaden: VS Verlag für Sozialwissenschaften.

Glißmann, W. (2001). Mehr Druck durch mehr Freiheit. Die neue Autonomie in der Arbeit und ihre paradoxen Folgen. Hamburg: VSA.

Gottschall, K. & Voß, G.G. (Hrsg.). (2005). Entgrenzung von Arbeit und Leben: Zum Wandel der Beziehung von Erwerbstätigkeit und Privatsphäre im Alltag. München, Mering: Hampp.

Grzech-Šukalo, H. & Hänecke, K. (2011). Auswirkungen der Arbeit von Jugendlichen am Abend und in den Nachtstunden. Dortmund: Bundesanstalt für Arbeitsschutz und Arbeitsmedizin.

Hahn, H. (1992a). Nacht- und Schichtarbeit 1. Gesundheitliche Auswirkungen, soziale Auswirkungen, Berufsverlauf. Bremerhaven: Wirtschaftsverlag NRW.

Hahn, H. (1992b). Nacht- und Schichtarbeit 2. Belastung durch Wechselschicht, ökonomische Probleme der Schichtarbeit, wichtige Rechtsvorschriften für die Nacht- und Schichtarbeit. Bremerhaven: Wirtschaftsverlag NRW.

Hamel, J., Dufour, S. & Fortin, D. (1993). Case study methods. Newbury Park: Sage Publications.

Handrich, C. (2011). Professionalität und Qualität der Arbeit. In R. Haubl & G.G. Voß (Hrsg.), Riskante Arbeitswelt im Spiegel der Supervision eine Studie zu den psychosozialen Auswirkungen spätmoderner Erwerbsarbeit (S. 11–17). Göttingen: Vandenhoeck & Ruprecht.

Handrich, C. (2013). Professionalität und gute Arbeit. In R. Haubl, G.G. Voß, N. Alsdorf & C. Handrich (Hrsg.), Belastungsstörung mit System. Die zweite Studie zur psychosozialen Sitaution in deutschen Organisationen (S. 49–64). Göttingen: Vandenhoeck & Ruprecht.

Harding, G. (2012). Topmanagement und Angst Führungskräfte zwischen Copingstrategien, Versagensängsten und Identitätskonstruktion. Wiesbaden: Springer VS. Haubl, R. (2013). Praxis der Selbstfürsorge. In R. Haubl, G.G. Voß, N. Alsdorf & C. Handrich (Hrsg.), (S. 65–78). Göttingen: Vandenhoeck & Ruprecht.

Haubl, R. & Voß, G.G. (2009). Psychosoziale Kosten turbulenter Veränderungen. Arbeit und Leben in Organisationen 2008. Positionen. Beiträge zur Beratung in der Arbeitswelt, 2009 (1), 2–8.

Haubl, R. & Voß, G.G. (Hrsg.). (2011). Riskante Arbeitswelt im Spiegel der Supervision eine Studie zu den psychosozialen Auswirkungen spätmoderner Erwerbsarbeit. Göttingen: Vandenhoeck & Ruprecht.

Haubl, R., Voß, G.G., Alsdorf, N. & Handrich, C. (Hrsg.). (2013). Belastungsstörung mit System: Die zweite Studie zur psychosozialen Situation in deutschen Organisationen. Göttingen: Vandenhoeck & Ruprecht.

Häußermann, H. & Siebel, W. (1995). Dienstleistungsgesellschaften. Frankfurt a.M: Suhrkamp.

Heiden, M. (2014). Arbeitskonflikte: Verborgene Auseinandersetzungen um Arbeit, Überlastung und Prekarität. Berlin: edition sigma.

Heiden, M. & Jürgens, K. (2013). Kräftemessen: Betriebe und Beschäftigte im Reproduktionskonflikt. Berlin: edition sigma.

Hirschman, A.O. (1974). Abwanderung und Widerspruch. Reaktionen auf Leistungsabfall bei Unternehmungen, Organisationen und Staaten. Tübingen: J.C.B. Mohr.

Hoffmann, A. & Weihrich, M. (2011). „Wissen Sie, wo hier Schließfächer sind?"„Das trifft sich gut! Wir machen ein Forschungsprojekt und würden Sie gern bei der Suche begleiten". Die Begleitung als interaktive Methode in der Arbeitssoziologie. Arbeits- und Industriesoziologische Studien, 4 (1), 5–18.

Hoffmann, R.-W. (1981). Arbeitskampf im Arbeitsalltag: Formen, Perspektiven und gewerkschaftspolitische Probleme des verdeckten industriellen Konflikts (Campus Forschung). Frankfurt a.M./New York: Campus.

Holtgrewe, U., Voswinkel, S. & Wagner, G. (2000). Anerkennung und Arbeit. Konstanz: UVK.

Huchler, N., Voß, G.G. & Weihrich, M. (2012). Markt, Herrschaft, Solidarität und Subjektivität.: Ein Vorschlag für ein integratives Mechanismen- und Mehrebenenkonzept. Arbeits- und Industriesoziologische Studien, 5 (1), 78–99.

Hurrelmann, K. & Albrecht, E. (2014). Die heimlichen Revolutionäre: Wie die Generation Y unsere Welt verändert. Weinheim: Beltz Juventa.

Literatur

Immerfall, S. (2013). Zeitdruck als kulturübergreifender Stressor. In P. Genkova, T. Ringeisen & F.T.L. Leong (Hrsg.), Handbuch Stress und Kultur. Interkulturelle und kulturvergleichende Perspektiven (S. 449–456). Wiesbaden: Springer VS.

Jacobsen, H. (2010). Strukturwandel der Arbeit im Tertiarisierungsprozess. In F. Böhle, G.G. Voß & G. Wachtler (Hrsg.), Handbuch Arbeitssoziologie (S. 203–228). Wiesbaden: VS Verlag für Sozialwissenschaften.

Jurczyk, K., Schier, M., Szymenderski, P., Lange, A. & Voß, G.G. (2009). Entgrenzte Arbeit – entgrenzte Familie. Grenzmanagement im Alltag als neue Herausforderung. Berlin: edition sigma.

Jurczyk, K., Voß, G.G. & Weik, E. (2015). Alltägliche Lebensführung – theoretische und zeitdiagnostische Potentiale eines subjektorientierten Konzepts. In E. Alleweldt & J. Steinbicker (Hrsg.), Lebensführung heute – Klasse, Bildung, Individualität. München: Beltz Juventa.

Jürgens, K. (2006). Arbeits- und Lebenskraft. Reproduktion als eigensinnige Grenzziehung. Wiesbaden: VS Verlag für Sozialwissenschaften.

Jürgens, K. (2010). Arbeit und Leben. In F. Böhle, G.G. Voß & G. Wachtler (Hrsg.), Handbuch Arbeitssoziologie (S. 483–511). Wiesbaden: VS Verlag für Sozialwissenschaften.

Jürgens, K. & Voß, G.G. (2007). Gesellschaftliche Arbeitsteilung als Leistung der Person. Aus Politik und Zeitgeschichte, 2007 (34), 1–9.

Kaluza, G. (2011). Stressbewältigung: Trainingsmanual zur psychologischen Gesundheitsförderung. Berlin: Springer.

Kelle, U. & Kluge, S. (2010). Vom Einzelfall zum Typus. Fallvergleich und Fallkontrastierung in der qualitativen Sozialforschung. Wiesbaden: VS Verlag für Sozialwissenschaften.

Kleemann, F., Krähnke, U. & Matuschek, I. (2009). Interpretative Sozialforschung eine praxisorientierte Einführung. Wiesbaden: VS Verlag für Sozialwissenschaften.

Kleemann, F., Matuschek, I. & Voß, G.G. (2003). Subjektivierung von Arbeit – Ein Überblick zum Stand der soziologischen Diskussion. In M. Moldaschl & G.G. Voß (Hrsg.), Subjektivierung von Arbeit (S. 57–114). München, Mering: Hampp.

Klinger, C. (2014). Selbst- und Lebenssorge als Gegenstand sozialphilosophischer Reflexionen auf die Moderne. In B. Aulenbacher, B. Riegraf & H. Theorbald (Hrsg.), Sorge: Arbeit, Verhältnisse, Regime (S. 21–39). Baden-Baden: Nomos.

Koch, C. (2009). Ökonomisierung des Krankenhauses. Zum Wandel der Arzt-Patient- Beziehung unter den Bedingungen der Diagnosis Related Groups. Saarbrücken: VDM.

Koch-Falkenberg, C., Kratzer, N. & Treske, E. (2012). Gestaltung bei DB Services: Sichtbarkeit verbessern, Wertschätzung erhöhen. In W. Dunkel & M. Weihrich (Hrsg.), Interaktive Arbeit. Theorie, Praxis und Gestaltung von Dienstleistungsbeziehungen (S. 419–435). Wiesbaden: VS Verlag für Sozialwissenschaften.

Koch-Falkenberg, C. & Weiß, C. (2012). Der Preis der Optimierung. Wie wirtschaftlicher Druck die Arbeitswelt verändert. Im OP, 2 (5), 231–234.

Kohlberg, L. (1996). Die Psychologie der Moralentwicklung. Frankfurt a.M: Suhrkamp.

Kotthoff, H. & Reindl, J. (1990). Die soziale Welt kleiner Betriebe: Wirtschaften, Arbeiten und Leben im mittelständischen Industriebetrieb. Göttingen: O. Schwartz.

Kotthoff, H. & Wagner, A. (2008). Die Leistungsträger: Führungskräfte im Wandel der Firmenkultur – eine Follow-up-Studie. Berlin: edition sigma.

Kratzer, N. (2003). Arbeitskraft in Entgrenzung. Grenzenlose Anforderungen, erweiterte Spielräume, begrenzte Ressourcen. Berlin: edition sigma.

Kratzer, N., Dunkel, W., Becker, K. & Hinrichs, S. (2011). Arbeit und Gesundheit im Konflikt. Analysen und Ansätze für ein partizipatives Gesundheitsmanagement. Berlin: edition sigma.

Kratzer, N. & Nies, S. (2009). Neue Leistungspolitik bei Angestellten: ERA, Leistungssteuerung, Leistungsentgelt. Berlin: edition sigma.

Krause, A., Baeriswyl, S., Berset, M., Deci, N., Dettmers, J., Dorsemagen, C. et al. (2015). Selbstgefährdung als Indikator für Mängel bei der Gestaltung mobil-flexibler Arbeit. Zur Entwicklung eines Erhebungsinstrumentes. Wirtschaftspsychologie, 2015 (01), 49–59.

Kreft, U., Meyer, E. & Uske, H. (2010). Darf man als IT-Spezialist psychisch krank werden? Diskursive Rahmenbedingungen für einen präventiven Gesundheitsschutz in Unternehmen der IT-Branche. Wirtschaftspsychologie, 2010 (3), 11–19.

Landesinstitut für Gesundheit und Arbeit. (2009). Gesunde Arbeit NRW 2009: Belastung. Auswirkung. Gestaltung. Bewältigung. Düsseldorf: LIGA.NRW.

Lohmann-Haislah, A. (2012). Stressreport Deutschland 2012. Psychische Anforderungen, Ressourcen und Befinden. Dortmund, Berlin, Dresden: Bundesanstalt für Arbeitsschutz und Arbeitsmedizin.

Lohr, K. & Nickel, H.M. (Hrsg.). (2005). Subjektivierung von Arbeit. Münster: Westfälisches Dampfboot.

McKinney, J.C. (1966). Constructive Typology and Social Theory. New York: Appleton-Century-Crofts.

Meuser, M. (1991). ExpertInneninterviews – vielfach erprobt, wenig bedacht. Ein Beitrag zur qualitativen Methodendiskussion. In D. Garz & K. Kraimer (Hrsg.), Qualitative-empirische Sozialforschung. Konzepte, Methoden, Analysen (S. 441–471). Wiesbaden: Westdeutscher Verlag.

Minssen, H. (Hrsg.). (2000). Begrenzte Entgrenzungen. Wandlungen von Organisation und Arbeit. Berlin: editon sigma.

Moldaschl, M. (2000). Internalisierung des Marktes - Zur neuen Dialektik von Kooperation und Herrschaft. In H. Minssen (Hrsg.), Begrenzte Entgrenzungen. Wandlungen von Organisation und Arbeit (S. 205–223). Berlin: editon sigma.

Moldaschl, M. (2001). Herrschaft durch Autonomie. Dezentralisierung und widersprüchliche Arbeitsanforderungen. In B. Lutz (Hrsg.), Entwicklungsperspektiven von Arbeit. Ergebnisse aus dem Sonderforschungsbereich 333 der Universität München (S. 269–303). Oldenburg: Akademie-Verlag.

Moldaschl, M. & Voß, G.G. (Hrsg.). (2003). Subjektivierung von Arbeit. München, Mering: Hampp.

Neckel, S. & Wagner, G. (Hrsg.). (2013). Leistung und Erschöpfung: Burnout in der Wettbewerbsgesellschaft. Berlin: Suhrkamp.

Nerdinger, F.W. (2012). Emotionsarbeit im Dienstleistungsbereich. Report Psychologie, 37 (1), 8–18.

Literatur

Newton, T., Handy, J. & Fineman, S. (1995). Managing stress: Emotion and power at work. London; Thousand Oaks: Sage Publications.

Peters, K. (2011). Indirekte Steuerung und interessierte Selbstgefährdung. Eine 180- Grad Wende bei der betrieblichen Gesundheitsförderung. In: N. Kratzer, W. Dunkel, K. Becker & S. Hinrichs (Hrsg.), Arbeit und Gesundheit im Konflikt. Analysen und Ansätze für ein partizipatives Gesundheitsmanagement (S. 105–124). Berlin: edition sigma.

Peters, K. & Sauer, D. (2005). Indirekte Steuerung – eine neue Herrschaftsform. Zur revolutionären Qualität des gegenwärtigen Umbruchprozesses. Steuerungskonzepte im Betrieb. In I. Wagner (Hrsg.), „Rentier' ich mich noch?". Neue Steuerungskonzepte im Betrieb (S. 23–58). Hamburg: VSA.

Pongratz, H.J. & Trinczek, R. (2010). Industriesoziologische Fallstudien. Entwicklungspotenziale einer Forschungsstrategie. Berlin: edition sigma.

Projektgruppe „Alltägliche Lebensführung" (Hrsg.). (1995). Alltägliche Lebensführung. Arrangements zwischen Traditionalität und Modernisierung. Opladen: Leske + Budrich.

Przyborski, A. & Wohlrab-Sahr, M. (2014). Qualitative Sozialforschung. Ein Arbeitsbuch (Lehr- und Handbücher der Soziologie). München: Oldenbourg.

Rau, R., Gebele, N., Morling, K. & Rösler, U. (2010). Untersuchung arbeitsbedingter Ursachen für das Auftreten von depressiven Störungen. Dortmund, Berlin, Dresden: Bundesanstalt für Arbeitsschutz und Arbeitsmedizin

Rau, R. & Henkel, D. (2013). Zusammenhang von Arbeitsbelastungen und psychischen Erkrankungen: Review der Datenlage. Der Nervenarzt, 84 (7), 791–798.

Reichertz, J. (2011): Die Abduktion in der qualitativen Sozialforschung. Über die Entdeckung des Neuen. 2. Aufl. Wiesbaden: VS Verlag für Sozialwissenschaften.

Reid, E. (2015). Embracing, passing, revealing and the Ideal Worker image. How people navigate expected and experienced professional identities. Organization Science, 2015.

Rieder, K. (1999). Zwischen Lohnarbeit und Liebesdienst: Belastungen in der Krankenpflege. Weinheim; München: Juventa.

Rigotti, T., Holstad, T., Mohr, G., Stempel, C., Hansen, E., Loeb, C. et al. (2014). Rewarding and sustainable healthpromoting leadership. Dortmund, Berlin, Dresden: Bundesanstalt für Arbeitsschutz und Arbeitsmedizin.

Rosa, H. (2005). Beschleunigung: die Veränderung der Zeitstrukturen in der Moderne. Frankfurt a.M.: Suhrkamp.

Sauer, D. (2010). Vermarktlichung und Vernetzung der Unternehmens- und Betriebsorganisation. In F. Böhle, G.G. Voß & G. Wachtler (Hrsg.), Handbuch Arbeitssoziologie (S. 545–568). Wiesbaden: VS Verlag für Sozialwissenschaften.

Schmid, M. (1994). Idealisierung und Idealtypus. Zur Logik der Typenbildung bei Max Weber. In G. G. Wagner & H. Zipprian (Hrsg.), Max Webers Wissenschaftslehre (S. 415–444). Frankfurt a.M.: Suhrkamp.

Schmidt, B., Gamm, N., Bucksch, J., Borowczak, A., Höcke, A., Isensee, J. et al. (2010). Implikationen für die Strategieumsetzung im betrieblichen Leistungs- und Gesundheitsmanagement in der Wissensarbeit. Eine empirische Überprüfung des Strategy-Map-Konzepts. Wirtschaftspsychologie, 2010 (3), 79–89.

Schmiede, R. (2011). Macht Arbeit depressiv? Psychische Erkrankungen im flexiblen Kapitalismus. In C. Koppetsch (Hrsg.), Nachrichten aus den Innenwelten des Kapitalismus. Zur

Transformation moderner Subjektivität (S. 113–138). Wiesbaden: VS Verlag für Sozialwissenschaften.

Schneglberger, J. (2010). Burnout-Prävention unter psychodynamischem Aspekt: eine Untersuchung von Möglichkeiten der nachhaltigen betrieblichen Gesundheitsförderung. Wiesbaden: VS Verlag für Sozialwissenschaften.

Schumann, M., Einemann, E., Siebel-Rebell, C. & Wittemann, K.P. (1982). Arbeiter, Rationalisierung, Krise. Eine empirische Untersuchung der Industrialisierung auf der Werft. Hamburg: EVA.

Siebecke, D., Klatt, R. & Ciesinger, K.-G. (2010). Ressourcen für die psychische Gesundheit. Burnout-Prävention in der Wissensökonomie. Wirtschaftspsychologie, 2010 (3), 49–59.

Snyder, C.R. (Hrsg.). (1999). Coping: The psychology of what works. New York: Oxford University Press.

Spence, C. & Carter, C. (2014). An exploration of the professional habitus in the Big 4 accounting firms. Work, Employment & Society, 28 (6), 946–962.

Staab, P. (2014). Macht und Herrschaft in der Servicewelt. Hamburg: Hamburger Edition.

Strauss, A. & Corbin, J. (1996). Grounded Theory. Grundlagen qualitativer Sozialforschung. Weinheim: Beltz.

Strauss, A.L. (1991). Grundlagen qualitativer Sozialforschung. Datenanalyse und Theoriebildung in der empirischen soziologischen Forschung. München: Fink.

Streit, A. von. (2010). Entgrenzter Alltag - Arbeiten ohne Grenzen? Das Internet und die raum-zeitlichen Organisationsstrategien von Wissensarbeitern. Bielefeld: Transcript.

Strübing, J. (2004). Grounded Theory. Zur sozialtheoretischen und epistemologischen Fundierung des Verfahrens der empirisch begründeten Theoriebildung. Wiesbaden: VS Verlag für Sozialwissenschaften.

Techniker Krankenkasse. (2010). Gesundheitsreport 2010. Gesundheitliche Veränderungen bei Berufstätigen und Arbeitslosen von 2000 bis 2009. Hamburg: Techniker Krankenkasse.

Techniker Krankenkasse. (2013). Bleib locker Deutschland! TK-Studie zur Stresslage der Nation. Hamburg: Techniker Krankenkasse.

Thomas, G. (2011). How to do your case study: A guide for students and researchers. Los Angeles; London: Sage.

Thompson, E.P. (1973). Zeit, Arbeitsdisziplin und Industriekapitalismus. In R. Braun & W. Fischer (Hrsg.), Gesellschaft in der industriellen Revolution (S. 81–112). Köln: Kiepenheuer & Witsch.

Treier, M. (2015). Gefährdungsbeurteilung psychischer Belastungen: Begründung, Instrumente, Umsetzung. Heidelberg: Springer.

Ulich, E. (2008). Psychische Gesundheit am Arbeitsplatz. In Vorstand des Berufsverbandes Deutscher Psychologinnen und Psychologen (Hrsg.), Psychische Gesundheit am Arbeitsplatz in Deutschland (S. 8–13). Berlin: BDP.

Ulich, E. (2011). Arbeitspsychologie. Zürich: vdf.

Vater, G. & Niehaus, M. (2013). Das Betriebliche Gesundheitsmanagement: Umsetzung und Wirksamkeit aus wissenschaftlicher Perspektive. iga.report 24 (S. 13– 19).

Literatur

Virtanen, M., Stansfeld, S.A., Fuhrer, R., Ferrie, J.E. & Kivimäki, M. (2012). Overtime Work as a Predictor of Major Depressive Episode: A 5-Year Follow-Up of the Whitehall II Study. PLoS ONE, 7 (1), e30719.

Voß, G.G. (1998). Die Entgrenzung von Arbeit und Arbeitskraft. Eine subjektorientierte Interpretation des Wandels der Arbeit. Mitteilungen aus der Arbeitsmarkt- und Berufsforschung, 31 (3), 373–487.

Voß, G.G. (2010). Auf dem Weg zu einer neuen Verelendung? Psychosoziale Folgen der Entgrenzung und Subjektivierung der Arbeit. Vorgänge, 3, 15–22.

Voß, G.G. (2012a). Individualberuf und subjektivierte Professionalität. Zur beruflichen Orientierung des Arbeitskraftunternehmers. In A. Bolder, R. Dobischat, G. Kutscha & G. Reutter (Hrsg.), Beruflichkeit Zwischen Institutionellem Wandel Und Biographischem Projekt (S. 283–317). Wiesbaden: Springer VS.

Voß, G.G. (2012b). Subjektivierte Professionalität. Zur Selbstprofessionalisierung von Arbeitskraftunternehmern und arbeitenden Kunden. In W. Dunkel & M. Weihrich (Hrsg.), Interaktive Arbeit. (S. 353–386). Wiesbaden: Springer VS.

Voß, G.G. (2015). Arbeit, Leistung, Druck und Überdruck.: Zur Klärung des Begriffs „Zeit- und Leistungsdruck" mit Anleihen bei der Physik – zugleich erweiterte Überlegungen zum Begriff „Arbeit" (Workingpaper). Chemnitz: TU Chemnitz.

Voß, G.G. & Handrich, C. (2013). Ende oder Neuformierung qualitätsvoller und professioneller Arbeit? In R. Haubl, B. Hausinger & G.G. Voß (Hrsg.), Riskante Arbeitswelten.Zu den Auswirkungen moderner Beschäftigungsverhältnisse auf die psychische Gesundheit und Arbeitsqualität (S. 107–139). Frankfurt a.M./New York: Campus.

Voß, G.G., Handrich, C., Koch-Falkenberg, C. & Weiß, C. (2013). Zeit- und Leistungsdruck in der Wahrnehmung supervisorischer Experten. In M. Morschhäuser & G. Junghanns (Hrsg.), Immer schneller, immer mehr. Psychische Belastungen und Gestaltungsperspektiven bei Wissens- und Dienstleistungsarbeit. Wiesbaden: VS Verlag für Sozialwissenschaften.

Voß, G.G. & Pongratz, H.J. (Hrsg.). (1997). Subjektorientierte Soziologie. Opladen: Leske + Budrich.

Voß, G.G. & Pongratz, H.J. (1998). Der Arbeitskraftunternehmer. Eine neue Grundform der „Ware Arbeitskraft"? Kölner Zeitschrift für Soziologie und Sozialpsychologie, 50 (1), 131–158.

Voß, G.G. & Rieder, K. (2006). Der arbeitende Kunde. Wenn Konsumenten zu unbezahlten Mitarbeitern werden. Frankfurt a.M./New York: Campus.

Voß, G.G. & Weiß, C. (2005). Subjektivierung von Arbeit - Subjektivierung von Arbeitskraft. In I. Kurz-Scherf, L. Corell & S. Janczyk (Hrsg.), In Arbeit: Zukunft (S. 139– 155). Münster: Westfälisches Dampfboot.

Voß, G.G. & Weiß, C. (2013). Burnout und Depression - Leiterkrankungen des subjektivierten Kapitalimus oder: Woran leidet der Arbeitskraftunternehmer? In S. Neckel (Hrsg.), Leistung und Erschöpfung.Burnout in der Wettbewerbsgesellschaft (S. 29–57). Berlin: Suhrkamp.

Weber, M. (1968). Idealtypus, Handlungsstruktur und Verhaltensinterpretation. In M. Weber (Hrsg.), Methodologische Schriften (S. 65–167). Frankfurt a.M.: Fischer.

Wegge, J., Shemla, M. & Haslam, S.A. (2014). Leader behavior as a determinant of health at work. Zeitschrift für Personalforschung, 28 (1+2), 6–23.

Weiß, C. (2011). Psychosoziale Risiken moderner Arbeit. Sozialpsychiatrische Informationen, 2011 (4), 3–7.

Weiß, C. (2013). Von Angst- bis Zwangsstörung. Psychische Erkrankungen und ihre Verbreitung. In R. Haubl, G.G. Voß, N. Alsdorf & C. Handrich (Hrsg.), Belastungsstörung mit System.Die zweite Studie zur psychosozialen Sitaution in deutschen Organisationen (S. 186–206). Göttingen: Vandenhoeck & Ruprecht.

Witzel, A. (2000). Das problemzentrierte Interview. Forum Qualitative Sozialforschung, 1 (1).

Yin, R.K. (2013). Case Study Research. Design and Methods. London: Sage.

Verzeichnis der Abbildungen und Tabellen

Abb. 1	Zeit- und Leistungsdruck (ZuL) – Mögliche Zusammenhänge	72
Abb. 2	Vermittlung konfligierender Anforderungen in der interaktiven Dienstleistungstätigkeit durch die Beschäftigten	245
Tab. 1	Übersicht Erhebungsphasen	40
Tab. 2	Typen des Umgangs mit Zeit- und Leistungsdruck	200

Ebenfalls bei edition sigma – eine Auswahl

Mathias Heiden, Kerstin Jürgens: **Kräftemessen.** Betriebe und Beschäftigte im Reproduktionskonflikt
2013   295 S.   ISBN 978-3-8360-8756-8   € 21,90

Hartmut Hirsch-Kreinsen, Peter Ittermann, Jonathan Niehaus (Hg.): **Digitalisierung industrieller Arbeit.** Die Vision Industrie 4.0 und ihre sozialen Herausforderungen
2015   287 S.   ISBN 978-3-8487-2225-9   € 19,90

Stefanie Hürtgen, Stephan Voswinkel: **Nichtnormale Normalität?** Anspruchslogiken aus der Arbeitnehmermitte
2014   391 S.   ISBN 978-3-8360-8764-3   € 29,90

Karin Jurczyk, M. Schier, P. Szymenderski, A. Lange, G. G. Voß: **Entgrenzte Arbeit – entgrenzte Familie.** Grenzmanagement im Alltag als neue Herausforderung
2009   399 S.   ISBN 978-3-8360-8700-1   € 24,90

Klaus Kock, Edelgard Kutzner: **„Das ist ein Geben und Nehmen".** Eine empirische Untersuchung über Betriebsklima, Reziprozität und gute Arbeit
2014   343 S.   ISBN 978-3-8360-8762-9   € 24,90

Nick Kratzer, Wolfgang Menz, Knut Tullius, Harald Wolf: **Legitimationsprobleme in der Erwerbsarbeit.** Gerechtigkeitsansprüche und Handlungsorientierungen in Arbeit und Betrieb
2015   438 S.   ISBN 978-3-8487-2338-6   € 34,90

Nick Kratzer, Wolfgang Dunkel, Karina Becker, Stephan Hinrichs (Hg.): **Arbeit und Gesundheit im Konflikt.** Analysen und Ansätze für ein partizipatives Gesundheitsmanagement
2011   306 S.   ISBN 978-3-8360-3580-4   € 24,90

Sarah Nies: **Nützlichkeit und Nutzung von Arbeit.** Beschäftigte im Konflikt zwischen Unternehmenszielen und eigenen Ansprüchen
2015   380 S.   ISBN 978-3-8487-2458-1   € 39,00

edition sigma in der Nomos Verlagsgesellschaft
Waldseestr. 3-5   D – 76530 Baden-Baden
Tel. [07221] 2104-37   Mail shop@nomos.de
www.edition-sigma.de
www.nomos-shop.de